모든 것은 빛난다

ALL THINGS SHINING:

Reading the Western Classics to Find Meaning in a Secular Age
By Hubert Dreyfus and Sean Dorrance Kelly

모든 것은 빛난다

허무와 무기력의 시대,
서양 고전에서 삶의 의미 되찾기

휴버트 드레이퍼스 · 숀 켈리 지음

김동규 옮김

사월의책

모든 것은 빛난다

1판 1쇄 발행 2013년 7월 1일
1판 10쇄 발행 2021년 9월 10일
2판 1쇄 발행 2023년 9월 1일
2판 2쇄 발행 2024년 9월 20일

지은이 휴버트 드레이퍼스 · 숀 도런스 켈리
옮긴이 김동규
펴낸이 안희곤
펴낸곳 사월의책

책임편집 박동수
표지본문 디자인 이원우

등록번호 2009년 8월 20일 제2012-000118호
주소 경기도 고양시 일산서구 중앙로 1388 동관 B113호
전화 031)912-9491 │ 팩스 031)913-9491
이메일 aprilbooks@aprilbooks.net
홈페이지 www.aprilbooks.net
블로그 blog.naver.com/aprilbooks

ISBN 979-11-92092-25-6 03100

* 책값은 뒤표지에 있습니다.

주느비에브를 위하여,

그녀의 세계-내-존재* 방식이야말로

허무주의에 대한 나의 프랑스식 답변이다.

휴버트 드레이퍼스

———

도런스, 도로시, 브라이언, 그리고

셰릴, 벤저민, 너새니얼을 위하여,

지금까지 온 길, 그리고 앞으로 가야 할 길을

비춰주는 빛나는 그들을 위하여

숀 켈리

* being-in-the-world : '삶'에 대한 하이데거의 전문용어. 드레이퍼스가
프랑스 태생 아내의 삶을 칭송하기 위해 현학적으로 쓴 표현. ─옮긴이

차례

앞으로 고도의 문화를 가진 어느 시적인 민족이
그들의 타고난 권리로써 옛날의 쾌활한 오월제 신들을 불러내어,
오늘날의 이기적인 하늘 아래, 신들이 사라진 언덕에
그 신들을 다시 앉힌다면, 거대한 향유고래는 틀림없이
제우스처럼 높은 자리에 군림하게 되리라.

허먼 멜빌, 『모비 딕』에서

세계는 과거의 방식으로는 더 이상 우리에게 중요성을 띠지 못합
니다. 호메로스 시대의 그리스인들이 영위했던 열정적이고도 의
미심장한 삶, 그리고 단테의 중세 기독교 세계를 구성했던 의미의
거대한 위계질서는 모두 우리의 세속 시대와는 뚜렷한 대비를 이
루고 있습니다. 과거 세계는 다양한 형태로 성스럽고도 빛나는 사
물들의 세계를 이루곤 했습니다. 그러나 빛나는 것들은 이제 멀
리 사라진 듯합니다. 이 책은 그 빛나는 것들을 다시 한 번 가까
이 가져오고자 합니다.

우리들 저자의 이야기를 낳게 한 주제들은 철학적인 동시에 문학
적인 것입니다. 우리는 이 분야에 대한 전문 지식을 배경으로 이
주제들에 접근하고 있습니다. 하지만 『모든 것은 빛난다』는 전문
가가 아닌 사람들을 위해 쓴 것으로, 우리 저자들은 이 책이 더
넓은 범위의 사람들에게 이야기를 들려주기를 희망합니다.

오늘날의 세계를 살아가는 사람이라면 누구나 이 책을 읽을 수 있는 배경을 가지고 있습니다. 고전적인 철학서와 문학작품들의 빛 속에서 삶을 경험함으로써 자기 삶을 풍요롭게 만들고자 하는 사람이라면 누구나 여기에서 무엇인가를 발견할 수 있습니다. 빛 나는 것들을 다시 불러들이고자 하는 사람, 우리가 한때 경험했던 경이를 다시 밝혀내고자 하는 사람, 또한 그런 정조情調를 일으키는 세계를 드러내고자 하는 사람, 망설임과 기다림, 무표정과 상실, 슬픔과 불안의 시간을 끝내고자 하는 사람, 다음에 올 것이 무엇이든 그것을 준비하는 사람, 절망 대신 희망을 가지려는 사람, 또는 절망을 떨쳐내고 싶지만 아직 그 절망에 사로잡힌 사람, 이런 사람들이라면 누구나 이제 시작될 이야기에서 뭔가 가치 있는 것을 발견할 수 있을 것입니다. 우리는 적어도 그러기를 바라며 이 책을 썼습니다.

1

선택의 짐

도움이 필요한
누군가를 보았을 뿐

2007년 1월 2일은 따뜻했다. 그 주에 나온 신문들은 뉴욕 브루클린 식물원의 싱그러운 벚나무들에 꽃이 만발했다고 보도했다. 누가 시키지도 않았는데 모여든 시민들로 봄의 희망찬 분위기가 살아났다.[1] 그러나 점심시간 직후 맨해튼 브로드웨이 137번가 지하철 승강장에는 눈 깜박할 사이에 봄기운이 사라졌다. 스무 살의 영화학도 캐머런 홀로피터가 땅바닥에 고꾸라져 경련을 일으켰기 때문이다. 당시 신문 보도에 따르면, 한 남자와 두 여자가 그를 도우러 달려왔다고 한다. 그들의 도움으로 홀로피터는 그럭저럭 몸을 일으켜 세웠지만, 승강장 가장자리로 비틀거리며 걸어가다가 이내 지하철 선로 위로 떨어졌다.[2]

그 다음에 일어난 사건은 봄기운에 누그러진 뉴욕을 술렁이게 했다. 쉰 살의 건설노동자 웨슬리 오트리가 맨 먼저 홀로피터를 도우러 뛰어들었던 것이다. 어린 두 딸, 네 살짜리 시쉬와 여섯 살짜리 슈키를 승강장에 멀찍이 남겨둔 채였다. 1호 열차의 전조등이 나타났지만 그는 주저하지 않았다. 선로로 뛰어든 그는 다리 하나 깊이의 홈으로 홀로피터를 밀어 넣고서 자기 몸으로 그를 감쌌다. 그들 앞에서 열차의 제동장치가 날카로운 소리를 냈으나 열차는 멈추지 않았다. 이윽고 열차가 멈추었을 때는 다섯 대의 열차 칸이 굉음과 함께 두 사람 위를 간발의 차이로 지나친 뒤였다. 열차 밑에 깔린 채로 오트리는 구경꾼들이 위에서 혼비백산해서 외치는 소리를 들었다. 그는 소리쳤다. "여기 우리는 괜찮아요! 그런데 위에 제 딸아이 둘이 있어요. 애들한테 아빠가 괜찮다고 해주세요!" 탄성과 갈채가 승강장에서 터져 나왔다. 전기를 차단한 지 한참 뒤에야 작업인부들이 열차 아래에서 두 사람을 빼낼 수 있었다. 오트리의 푸른색 모자가 기름에 더러워지고 작은 찰과상을 입은 것을 빼면 두 사람은 전혀 다치지 않았다.

웨슬리 오트리는 신문들로부터 "지하철 영웅"이라는 별명을 얻었고, 대중지들의 폭발적인 반응도 누렸다. 정치인들은 그와 함께 있는 것을 보이려고 몰려들었고,[3] 학자와 문화비평가들은 그의 행동이 보통사람들보다 "더 영웅적 성향을 타고났기"[4] 때문인지, 아니면 아이오와 주의 더뷰크 같이 작은 마을에서나 찾을 수 있는 미덕과 배려의 태도가 뉴욕이란 대도시에도 여전히 남아있기 때문인지[5]에 관해 토론했다. 자화자찬하기 좋아하는 사람들은 그런 상황이 닥치면 자신들도 오트리처럼 했을 거라 주장했고, 근

웨슬리 오트리와 그에게 몰려든 취재진들.

엄한 경찰청장은 주위 사람들이 고통받을 때 오트리를 본받아 행
동하라고 뉴욕 시민들에게 조언했다.[6] 하지만 이 모든 소동에도
불구하고 오트리 자신은 그가 영웅이 아니며 보통사람에서 조금
도 벗어나지 않는다고 말했다. "제가 대단한 일을 했다고는 생각
하지 않아요. 단지 도움이 필요한 사람을 보았을 뿐입니다."[7]

　이 말을 듣고 사람들은 이렇게 생각했을 것이다. '영웅인데다
겸손하기까지 하다니!' 오트리의 행동이 정말 멋지고 영웅적이라
는 사실에는 의심의 여지가 없다. 그러나 겸손하게 들리는 이 말
이 실제로는 오트리 자신의 경험에 대한 가장 정직한 고백일는지
모른다. 물론 이와 같은 영웅적 행동이 드문 일이기는 하지만, 그
런 상황에서 누구나 했을 법한 일을 한 것뿐이라고 말하는 사람

에게 그것은 결코 특별한 일이 아니다. 당시 뉴욕대 의대 정신의학과 교수 찰스 굿스타인 박사는 이렇게 말했다.

> 전쟁이나 그와 비슷한 상황에서 영웅으로 불린 사람들의 이야기를 들어볼 때 우리는 그들 대부분이 정신적 준비가 되지 않은 상태에서 그렇게 행동했을 뿐이라고 말하는 걸 들을 수 있습니다. 그것은 자동적인 겁니다. 현실적인 성공 가능성에 대한 고민 없이, 그 순간의 상황에 대한 큰 고민 없이 이뤄진 거죠. 나는 그들이 스스로를 영웅이라 생각하지 않으며 다급하게 맞닥뜨린 일에 반응했을 뿐이라고 말하는 것이 실로 정직한 얘기라고 생각합니다.[8]

다른 누군가도 비슷한 상황에 처하면 실제로 똑같이 행동했을 거라는 점은 이 이야기의 요점이 아니다. 대부분의 사람들이 그렇게 하지 못한다는 증거는 차고도 넘친다. 그보다 오트리와 다른 사람들의 이 솔직한 고백들이 말해주는 것은 그들이 영웅적으로 행동하던 와중에도 스스로를 그런 행동의 원천으로 생각하지 않았다는 사실일 것이다. 오히려 그들에게서 행동을 이끌어낸 것은 상황 자체였던 것처럼 보인다. 일말의 불확실함이나 주저함도 없이 말이다. 오트리가 말했던 것처럼 그들은 "단지 도움이 필요한 누군가를 보았을" 뿐이다.

선택의 짐

이런 확실성의 느낌은 오늘날에는 상당히 드문 것이 되어 버렸다. 사실, 현대인의 삶은 그와는 정반대로 규정될 수 있을 것이다. 우리는 삶의 거의 모든 순간마다 선택의 무자비한 파도에 직면하며, 그때마다 심하게 흔들리는 자신을 인정하지 않을 수 없다. 우리 삶은 확실한 것, 주저하지 않는 것과는 거리가 멀다. 삶은 극한에서조차 주저와 미결정으로 가득 차 있는 것처럼 보이며, 아무런 근거도 없이 최종 선택을 내림으로써 그런 상황은 절정에 이르곤 한다.

이런 상황의 가장 극단적인 형태는 패러디물들에서 주로 볼 수 있다. 가령 우디 앨런 영화의 주인공이 겪는 것과 같은, 아무 결정도 내리지 못할 정도로 심각한 신경증은 다행히도 대다수의 경우가 아니다. 이런 패러디의 단적인 예로 T. S. 엘리엇의 유명한 시*를 생각해보자. 시의 화자話者 프루프록은 차를 마시기 전 한 순간이 불확실성의 끝없는 연결로 이루어져 아무것도 할 수가 없다.

그대와 나를 위한 시간이 있겠지
아직 백 번은 망설일 시간이,

---

* 「J. A. 프루프록의 연가(戀歌)」. 엘리엇은 이 시에서 지나치게 신중한(prudent) 성격과 프록코트 (frock coat)의 예의바른 이미지를 합쳐서 '프루프록'이라는 이름의 인물을 그려낸다.

백 번은 바라보고 백 번은 수정할 시간이 있겠지,

토스트를 먹고 차를 마시기 전까지는

이것이 비록 과장이라고는 해도 이 시는 일말의 진실을 담고 있기에 분명 우리 마음에 와 닿는 점이 있다. 계속 마주쳐오는 선택들 때문에 우리는 언제까지나 무력감에 젖어 있을 수는 없으며, 그 점에서는 하늘에 감사할 만하다. 하지만 그런 선택 상황이 계속될 것임을 우리는 안다. 그래서 때로는 어떤 근거로 그런 선택지 가운데 하나를 택해야 할지 묻는다.

우리가 마주치는 선택들은 모두에게 잘 알려진 것들이며, 그 가운데 일부는 사소하기까지 하다. 예컨대 자명종 시계 스위치를 다시 누를까? 셔츠에 주름을 너무 잡았나? 감자튀김을 먹을까 아니면 샐러드를 먹을까? 기타 등등. 그러나 우리가 접하는 선택들 중에는 더 심각하고 걱정스러운 것들도 많다. 그런 선택은 우리 존재의 심장부까지 베는 것처럼 느껴지곤 한다. 예컨대 이 관계를 끝낼 때가 되었나? 직장을 그만둘까? 이 기회를, 아니면 저 기회를 잡을까? 아예 아무것도 하지 말까? 이 후보자, 이 동료, 이 집단과 손을 잡아야 할까? 우리 삶의 많은 부분은 이런 종류의 선택들로 가득 차 있는 것 같다. 또 우리는 어떤 근거를 가지고 선택을 내려야 할지 궁금해 한다. 그러면서 이미 내린 선택을 후회하거나 다행으로 여긴다.

많은 사람들은 선택의 자유가 현대의 삶이 이룩한 위대한 진보의 표식 가운데 하나라고 지적할 것이다. 그리고 확실히 이런 견해에는 어느 정도 진실이 담겨 있다. 비참한 가난 속에서 살아가는 사람들에게는 아무런 선택의 여지도 없기 때문에 어떤 종류의 음식을 먹을지에 대해서도 걱정할 필요가 없다. 직업 선택의 자유란 것도 극심한 경제 불황으로 일자리가 없을 때는 의미가 없다. 그러나 현대 세계의 특징은 우리들 대다수에게 그 이전보다 선택─어떤 사람이 될지, 어떻게 행동할지, 누구 줄에 설지─의 폭이 더 넓어졌다는 바로 그 점에 있는 것이 아니다. 그보다는 우리가 이런 종류의 실존적 선택에 직면했을 때, 저것 아닌 '이것'을 선택하게끔 해주는 참다운 동기가 없다는 점에 있다. 웨슬리 오트리가 위험에 처한 사람과 마주쳤을 때 느꼈던 확실성을 우리 자신의 삶과 행동에서 발견하기란 사실 무척 어려운 일이다.

선택을 회피하는 첫 번째 방식

어쨌든 이 시대에 선택의 짐을 회피하는, 그것도 나쁜 방식으로 회피하는 사람들로는 두 부류가 있다. 첫 번째는 자기 확신self-confidence에 넘치는 사람이다(보통은 남자다). 그는 자신이 선택한 모든 행동에 확실하게 뛰어든다. 그는 그 세계를 명약관화한 것으로 여긴다. "지금 이처럼 올바른 결정을 하는 데 대해 어느 누가 의심하랴?"라고 묻는 것만 같다. 이런 확신으로 인해 그는 어떤 경우에는 다른 사람들까지도 자기와 함께하도록 끌어들인다.

이런 자기 확신형 인간은 종종 강요적 인간형이기도 하다. 그는 충동적이면서 자기중심적인 나머지 세상이 마땅히 이래야 한다는 자기 이상에 맞춰 세상을 정렬하는 데 골몰한다. 진정 그는 세상에 대한 자신의 이상이 훌륭한 것이고, 세상을 자기 의지대로 주조할 수 있다면 더 좋은 세계가 될 것이며, 때로는 더 좋은 세계를 위해 자신이 중대한 변화를 일으킬 수 있다고 믿는다. 하지만 이런 태도에는 위험도 따른다. 그런 헛된 자신감으로 가득 찬 사람은 대개 자신감의 어두운 기원을 감추고 있기 때문이다. 그것은 한갓 야심과 결탁한 거만함이거나 더 나쁘게는 일종의 자기기만이다. 계획들이 결국 실패로 돌아간 경우에도 자신감 넘치는 사람은 종종 실패한 것을 깨닫지도 못한다. 그는 사안들이 자기 이상대로 돌아가야만 한다는 생각에 완고하게 빠진 나머지 현실에 대응조차 하지 못한다. 자신감 넘치는 사람은 확신이 자신의 장점이라 믿는다. 이런 종류의 자신감이 극한에 이르면 광신주의로 귀결된다. 나중에 우리는 허먼 멜빌이 『모비 딕』에서 그려 보인 사람, 즉 단 하나에 미쳐버린 에이해브 선장에게서 그런 모습을 보게 될 것이다.

아마도 그런 외고집 성격의 좋은 사례로는 오손 웰스가 제시한 인물 초상을 들 수 있을 것이다. 웰스의 위대한 영화 「시민 케인」(1941)에 등장하는 언론계 거물 찰스 포스터 케인이 바로 그런 인물이다. 웰스가 그려낸 케인은 매력적이고 힘이 넘치며, 주

오손 웰스의 『시민 케인』에서 패기만만한 모습의 케인. 케인 역은 웰스가 직접 연기했다.

위 사람들에게 전적인 충성과 복종을 요구한다. 그는 엄청난 성공과 함께 막대한 부를 얻는데, 심지어 그는 신문의 영향력을 통해 역사의 흐름까지 지휘하려고 든다. 영화의 유명한 대사에서 그는 다음과 같이 말한다. "당신은 멋진 기사를 쓰시오, 내가 전쟁을 제공하겠소." 케인은 결코 뒤를 돌아보지 않는 사람이며, 나약함은 잠깐의 꿈속에서조차 꾸지 않는 사람이다. 그는 자신의 공격을 충분히 반박할 만한 민첩성이나 힘을 갖추지 못한 사람들을 경멸한다. 그러나 결국 그는 오만과 권력욕 때문에 파멸한다. 한 사건이 그의 결혼생활과 정치적 야망 모두를 파멸시키자 케인의 삶은 통제를 잃고 소용돌이에 빠진다. 그가 죽기 전에 남긴 말 "장미꽃 봉오리"(Rosebud)는 가난 속에서 살았던 시절, 자기 확신만으로는 아무런 욕구도 충족시킬 수 없던 인생의 그 시절을 그리워하는 말이었음이 드러난다.

케인에게 선택의 짐을 회피하도록 만든 것은 바로 자기 확신이었다. 그는 자신의 욕망을 분명하게 알고 있었고, 그 욕망을 충족시키기 위해 계속 앞으로 나아간다. 그러나 그가 자기 실존의 근거로 삼았던 자기 확신은 권력에 대한 갈망 외에는 아무런 토대도 갖지 않은 공허한 것임이 드러난다. 결국 그것은 가치 있는 삶을 이루기에는 충분치 않은 토양이었던 셈이다. 그와 반대로 오트리의 행동을 인도했던 종류의 참된 확신은 어떤 내적인 생각이나 욕망, 또는 미리 계산된 계획이나 원칙에 따라 나온 것이 아니다. 오트리의 경우처럼 실로 그것은 자기 바깥의 무엇인가에 이끌리듯 경험되는 것이다. 그런 확신은 일들이 실제로 돌아가는 방식에 기초를 둔 것이지, 확신에 찬 사람이 마치 일들이 자신을 위해 돌아가는 양 믿는 것에 기초를 둔 것이 아니다. 참된 확신의 대리자들은 확신을 제조해내는 것이 아니라 주위로부터 그것을 받아들인다.

선택을 회피하는
두 번째 방식

현대에는 선택의 짐을 회피하는 두 번째 길도 있는데, 이 길도 그다지 미덥지 못하다는 점에서는 제조된 확신의 길과 마찬가지다. 여기서 우리가 거론하려는 사람들은 강박이나 심취 또는 중독의 노예가 된 탓에 어떻게 행동할지에 대해 아무런 선택도 하지 못하는 사람들이다. 이들은 정말이지 자신을 넘어선 무언가에 이끌린 나머지, 자신이 하려는 일을 아예 잊어버린 사람들이다. 그러나 이런 사람들과 영웅적인 오트리 사이에는 엄청난 차이가 있다.

중독의 사례는 오늘날 잘 알려져 있으므로 그 갖가지 형태에 대해서는 언급할 필요도 없을 것이다. 늘 그러하듯이 마약이나 오락, 그밖에 자기 자신에 대한 감각마저 잃게 만드는 다양한 유혹들이 그런 것들이다. 그러나 어떤 중독 현상은 현대적 외피를 입고 더 부각되고 있는데, 테크놀로지 시대 이전에는 없었던 블로그나 소셜 네트워크 따위가 그것이다. 이런 사이트들의 매력은 많은 사람들이 경험해왔다. 사람들이 거기서 느끼는 것은 우선 흥미진진함이다. 가령 누군가 블로그 세상을 처음 접했다고 해보자. 그는 마치 현재 시점에서 벌어지는 모든 사건들을 시시각각 다 알 수 있는 듯 느낀다. 관심 분야가 정치라고 해보자. 국회의사당에서 벌어지고 있는 일들을 정확히 따라잡는 것이 갑자기 가능해 보인다. 이 주간이 아니라 바로 이 순간, 오늘이 아니라 바로 숨 한번 들이쉬고 내쉬는 사이마다 말이다. SNS 역시 마찬가지이다. 우리는 오랫동안 그리워했다는 사실조차 의식하지 못하던 친구들 모두를 온전하게 만나고 있는 느낌을 받게 된다.

이런 종류의 망상에 사로잡히면 정신적으로 침몰하는 모습을 보이게 된다. 왜냐하면 그는 끊임없이 최근, 최신의 포스팅에 목말라하고, 가장 근래의 위기설이나 목격담, 가십거리를 끝없이 궁금해하기 때문이다. 그는 최신 업데이트를 기다리며 웹사이트들과 친구 목록을 순회하는데, 결국 그 순회가 끝나고 난 뒤에도 여전히 이전과 정확히 똑같은 기대와 욕망을 가지고 그 일을 다시 반복할 뿐이란 걸 알게 된다. 최신 포스팅에 대한 갈망은 이렇듯 부단하고 지속적이어서, 새 포스팅이 올라온다고 해봐야 단지 그를 더 새로운 포스팅을 욕망하게 하는 데만 봉사할 뿐이다. 물론 이런 종류의 중독에 빠져있다 해도 자신이 다음에 해야 할 일에 대한 또렷한 자각이 없는 것은 아니다. 하지만 아무리 그 일을 마친다 해도 자신을 계속 부추기는 욕망을 완전히 만족시킬 수가 없다. 이와 반대로, 영웅적으로 행동하는 사람은 고상하고 가치 있는 행동이 자신을 이끌 때 고양된 즐거움과 충만감을 경험한다.

선택의 짐은 특히나 현대적인 현상이다. 그것은 더 이상 신 혹은 신들*을 믿지 않는 세상, 우리가 누구인지를 알려주는 그 어떤 신성불가침한 존재도 없는 세상에서 증식한다. 그러나 지금까지 우리가 살펴보았듯이, 그래도 선택의 문제를 해소하는 방식들이다 똑같은 것은 아니다. 고집스러운 자기 확신이나 중독으로 인한 통제력 상실은 둘 다 선택의 짐을 회피하는 방식—전자는 대안의 인정을 거부하기 때문이고, 후자는 그럴 능력이 없기 때문이다—이지만, 이것들 중 어느 것도 아무런 계산 없이 영웅적으로 행동하는 사람의 경험을 설명해주지는 못한다.

상황에 대한 감각

그렇다면 어떻게 행동하는 것이 오트리가 그랬던 것처럼 확실성을 가지고 행동하는 것일까? 자기 행동의 원천을 자신에게서 찾는 것이 아니라 자기 외부의 힘이 이끄는 대로 행동하는 것, 그러면서도 그 힘의 노예가 되지 않는다는 것은 무엇을 뜻할까? 사실 우리가 별로 주의를 기울이지 않아서 그렇지 이런 행동의 가벼운 사례는 일상에 흔하다. 아침에 버스로 출근을 하다가 갑자기 어떻게 버스에 탔는지 아무런 기억도 없다는 걸 떠올리는 경우. 장거리 트럭운전수가 아무런 '주의 집중'도 없이 수 킬로미터나 달려왔다는 것을 갑자기 깨닫는 경우. 긴 하루 일과를 마치고 피곤에 절어 터벅거리며 집에 돌아온 노동자가 갑자기 가장 좋아하는 의자에 자신이 앉아 있는 걸 깨닫고는 거기 앉겠다고 마음

---

* 원문은 'God or gods'. 나중에 보겠지만, 저자들은 신이 하나가 아니라 다신적(多神的)일 수 있다는 데 큰 의미를 부여한다.

먹은 적이 없다는 걸 기억해내는 경우. 이런 종류의 습관적 행동은 그런 행동을 하고 있는 것을 알아차리는 주체도 없이, 흔히 말하듯 '정신줄을 놓은' 상태에서 일어난다. 그러나 습관적 행동은 또한 그것을 수행하는 사람이 아무 때건 중단하거나 저항할 수 있다는 특징이 있다. 영웅적 행동을 하는 사람이 그렇듯이 습관적으로 행동하는 사람 역시 어떤 의미에서는 의도적인 행동 주체도, 의지 없이 움직이는 노예도 아니다.

그러나 습관적인 행동이 곧 영웅적인 행동인 것은 아니다. 습관에 따라 행동하는 사람은 자기 자신에 대한 의식은 물론이요, 주위 환경에 대한 의식조차 없이 행동한다. 그와 반대로 영웅적으로 행동하는 사람은 상황이 요구하는 것에 대한 고양된 각성을 가지고 있다. 이 점에서 둘은 다르다.

상황의 요구에 대한 이런 감각은 당장 벌어지고 있는 일을 객관적으로 인식하는 것과는 다른 것이다. 지하철 승강장에 있던 다른 방관자들도 아마 홀로피터가 위험에 빠진 사실을 보았을 것이다. 이런 점에서 그들은 그 사건의 좋은 목격자이고 객관적인 증인이다. 더구나 그들 중 상당수는 그 상황이 비상한 행동을 요구한다는 사실을 알았을 것이다. 추측건대 그들 대다수는 다급하게 행동해야 한다고 느꼈을 것이다. 그러나 그들은 홀로피터를 위해 행동할 만큼 충분한 동기가 부여되지 않았다. 그들은 주저했다. 그러나 오트리는 그러지 않았다.

그런 상황에서 사람들이 영웅적으로 반응하지 않았다고 해서 그들을 비난하기는 어렵다. 우리들 대다수는 이런 반응에 더 친숙하다. 아마도 그들 역시 간절하게 "아이고 하느님! 저기 불쌍한 사람이 선로에 떨어졌네. 누군가 뭐든 해야 하는데!"라고 생각했을 것이다. 그들에게 희생자에 대한 공감이 부족했던 것은 아니다. 실제로 그들도 홀로피터를 돕기 위해 무슨 일인가 해야 한다고 강하게 느꼈을 것이다. 우리는 충분히 그렇게 가정할 수 있다. 하지만 오트리의 말을 그대로 받아들인다면, 그런 간절한 생각은 전혀 오트리의 머릿속을 스쳐가지 않았으며, 궁극적으로 그가 그런 생각에 반응해서 어떤 행동을 하기로 결정한 것도 결코 아니었다. 그를 주저 없이 행동하게 한 것은 홀로피터의 재난 자체였다. 이런 점에서 그의 경험은 주위 상황에 대한 의식 없이 습관에 따라 행동하는 사람들과는 달랐다. 마찬가지로 그 광경을 지켜보던 방관자들의 경험과도 달랐다. 왜냐하면 그 상황에서 방관자들은 뭔가 조치가 필요하다는 생각에 그쳤기 때문이다. 이 두 종류 사람들과 반대로 오트리는 주위 상황을 의식했을 뿐만 아니라, 그 상황이 자신에게 요구하는 대로 직접적으로 주위 상황에 반응했다.

이것을 특이한 현상이라고 할 수 있겠지만, 그보다는 희귀한 현상이라고 하는 게 맞겠다. 그 형태가 극적이라는 점에서는 영웅적이라고 하는 것만큼이나 희귀하다고 할 수 있겠다. 그러나 주의 깊게 보면 일상 속에서도 그런 사례는 흔히 발견된다. 스포츠 분야의 사례야말로 가장 흔하게 접하는 경우일 것이다. 우리의 일상 어법 중에는 이런 현상을 강조하는 말도 있다. 가령 누군가가 게임을 잘 뛰면 우리는 그가 '신들린 듯한' 상태로 뛰고 있다고 말한다. 생각의 울타리를 완전히 벗어나서 뛴다는 얘기다. 다시 말해서 그런 선수는 자신을 경기의 흐름과 요구에 실어버린다. 최상위의 대가급 선수들은 오트리의 경험과 진배없이 주위 환경에 대한 고양된 각성을 가진다.

존 맥피의 『내 위치 알아차리기』[9]에서 우리는 이런 스포츠 달인에 대한 빼어난 묘사를 읽을 수 있다. 맥피의 책은 미국 최고의 대학 농구선수였던 빌 브래들리의 이력을 기술하고 있다. 모두 알고 있듯이 브래들리는 로즈 장학생*이 되었고, 뉴욕 닉스 팀의 '명예의 전당' 선수에 올랐으며, 마침내 상원의원이 되어 대통령 후보에까지 도전했다. 그러나 맥피의 책은 브래들리가 농구코트에서 뛰던 당시에 관한 것으로, 이제부터 우리가 살펴볼 현상을 기술하고 있다.

맥피에 따르면, 브래들리가 뛴 경기의 가장 인상적인 특징은 경기 중에 벌어지는 모든 일들을 단숨에 알아차리는 그의 능력에 있다고 한다. 완벽하게 던져 넣은 슛이 그러하듯이 그는 보지 않고도 알아차리는 능력을 가지고 있었다.

---

* 1902년 세실 로즈(Cecil Rhodes)가 만든 옥스퍼드 대학의 장학기금. 특히 미국·독일·영연방 출신 학생에게 주는 권위 있는 장학금이다.

원래 어깨 넘어 숏over-the-shoulder shot이란 이름은 없었다. 그는 보지도 않고 그의 머리를 넘겨 농구 그물 안으로 공을 던진다. 그는 설명하기를, "자기가 있는 위치에 대한 감각을 기르면" 구태여 볼 필요가 없다고 한다.[10]

브래들리는 이런 식으로 코트를 보기 때문에, 경기 중에 기회가 와서 직접 자신을 끌어당기는 순간까지 주변에서 벌어지는 모든 것을 알아차릴 수 있었다. 맥피는 그것을 다음과 같이 묘사한다.

가장 주목할 만한 그의 천부적 재능은 시각이다. 경기가 진행되는 동안 브래들리의 눈은 언제나 모든 것이 다 비치는 유리알 같다. 농구선수라면 경기가 끝나는 순간까지 어떤 것에도 초점을 맞추지 않으면서 모든 것을 다 볼 필요가 있다.[11]

맥피가 경쾌한 문구로 표현한 "모든 것이 다 비치는 유리알"의 시각은 분명히 객관적 관찰자가 갖는 인식과는 다르다. 그것은 행동을 위한 기회에 집중해 있는 것이지 세부 광경에 집중하는 것이 아니다. 매디슨 스퀘어가든에 모인 수천 명의 관중 앞에서 국내 최고의 팀과 맞서는 경기, 자신이 치른 경기 중 가장 큰 경기에 출전한 브래들리 같은 대가급 선수가 다음과 같은 플레이를 하는 것은 그 덕분이다.

1970년대 초, 뉴욕 닉스 팀에서 뛰던 때의 빌 브래들리.

미시간 팀이 곧바로 그를 막아섰지만 그는 상대방들을 그 자리에 묶어두었다. (…) 공을 가로챈 그는 백도어 플레이로 믿을 수 없는 패스를 던졌다. 중서부 10대 대학팀의 하나인 상대를 가

볍게 따돌린 것이다. 그는 자기를 마크하는 상대팀 선수를 1점대에 묶어 놓고는 계속 후방, 전방, 그리고 코너에서 경기를 이끌었다. (…) 한번은 그보다 키가 큰 미시간 팀 선수 두 명이 코트 구석에서 어깨를 맞대고 그를 압박했다. 그러자 그는 재빠른 페이크 동작 두 가지—공의 속임수와 머리의 속임수—로 그들을 떼어버렸다. 그런 다음에는 그들 사이로 뛰어 올라 22피트 점프샷을 성공시켰다. 이어 두 선수가 다시 그를 궁지에 몰았다. 두 번째 페이크 동작은 달랐지만 결과는 똑같았다. 그는 둘 사이를 크게 활보해서 앞으로 떠밀리듯 공중으로 뛰어올라 뒤처진 그들을 부딪치게 했다. 그러고는 그렇게 떠밀리는 중에도 깨끗한 슛을 날렸다. (…) [경기가 끝날 무렵 그는 파울로 퇴장 당해 벤치에서 다른 선수들을 지켜볼 수밖에 없었는데,] 그가 벤치에 앉자 2만여 관중들이 모두 일어나 3분 동안이나 그에게 갈채를 보냈다. 기자들과 경기 관계자들이 모두 동의했듯이, 프로건 아마추어건 지금까지 매디슨 스퀘어가든에서 뛴 농구선수들에게 보낸 갈채 중 가장 떠들썩한 것이었다. (…) 갈채가 길게 이어지는 동안 경기장 아나운서가 충동적으로 볼륨을 높이고 말했다. "빌 브래들리는 매디슨 스퀘어가든에서 지금껏 뛴 선수 중에서 가장 위대한 선수일 겁니다. 빌이 41득점이나 올렸습니다!"[12]

이런 종류의 위대함은 거의 이해할 수 없는 신비에 가깝다. 지하철 영웅이 열차 선로에 뛰어듦으로써 구현했던 것처럼, 이런 위대함의 특징은 상황의 요구에 대해 일관되게 반응한다는 데 있다. 이런 반응은 주춤거리지도, 망설이지도, 동요하지도 않는다. 또한 위대한 행동들이 이처럼 확고한 까닭은 그 행동이 행동의 담지자 자신으로부터 나온 것이 아니라 그를 통과해서 나온 것이기 때문이다. 영웅적 행동을 목격한 사람들이 그렇듯이, 그런 행동을 보았을 때는 언제나 불가피한 느낌을 받게 된다. 인간의 변덕스러운 자기 확신을 뛰어넘는 어떤 힘에게서 명받은 것처럼 말이다. 확실히 오트리와 브래들리 사이에는 한 가지 유사점이 있다. 두 사람의 행동 모두 목격자들로부터 자발적이고 폭발적인 박수갈채를 이끌어냈다는 점이다. 초인간적인 일이 일어났다는 점은 누구에게나 명백해보였다.

우리는 이런 초인을 영웅이라 부른다. 그리고 이런 점에서는 브래들리와 오트리 둘 다 마땅히 영웅이라 할 만하다. 그러나 둘 사이에는 중요한 차이가 있다. 브래들리의 행동은 초인적이지만 오직 농구라는 제한된 맥락에서 발생한 반면, 오트리의 행동은 더 넓은 삶의 영역에서 일어난 것이다. 그러나 우리가 당장 강조하고픈 것은 그 사례들 사이의 유사성이다. 둘은 분명 인간 가능성의 정점에 있다. 왜냐하면 그 사례들은 우리 모두를 괴롭히는 인간적인 우유부단함 같은 것에 일말의 여지도 남겨두지 않기 때문이다.

프란체스카와
보바리의 차이

우리가 '선택의 짐'이라고 불렀던 것은 인간 실존의 필연적 특징처럼 보인다. 비록 브래들리와 오트리처럼 특정 상황에서 잠시 이 짐에서 벗어날 수 있는 영웅적 행동가가 있다 하더라도, 우리 실존에 널리 퍼져 있는 이 짐의 형식은 우리 모두를 무겁게 짓누르는 듯하다. 가장 단순한 상황에서조차 그것은 심오한 질문에 이르게 한다. 우리들 존재를 놓고 볼 때 의미 있는 삶은 어떻게 가능한가? 좀 더 구체적으로 말해서, 우리는 우리 행동들 사이의 유의미한 차이를 어디에서 찾을 수 있는가? 왜냐하면 바로 이런 차이들이야말로 우리가 누구인지 또는 무엇이 될지를 결정하는 데 필수적이기 때문이다. 삶의 특정 단계에서는 특히나 이런 질문들을 피할 수 없다. 예컨대 전공을 결정해야 할 시점이 된 대학생이라고 해보자. 그는 이렇게 물을 것이다. 의사가 될까 변호사가 될까? 아니면, 투자전문가가 될까 철학자가 될까? 정치적 입장을 정할 때도 마찬가지다. 자유주의를 따를까 보수주의 편에 설까? 어느 집회 장소에 가야 할까? 또는 친구들과의 의리를 지킬까, 여자친구를 바래다주러 갈까? 이 모든 질문들은 궁극적으로 우리를 하나의 기본적인 질문으로 이끈다. 즉, 어떤 근거로 나는 이 선택을 하는가?

아직 미성숙한 학생들만이 이런 종류의 실존적 선택에 직면하는 것은 아니다. 이미 자기 정체성—아버지 혹은 어머니, 사업가 혹은 디자이너—이 확고하더라도, 또는 이미 특정한 정치 진영이나 종교 교파에 참여하고 있더라도, 우리는 언제나 이런 선택을 무효화할 수 있는 이유들을 쉽게 찾아낸다. 아니, 선택을 무효화하지 않더라도 정체성의 문제는 결코 끝나지 않는다. 내가 한 아이의 아버지로서 내 정체성에 확실한 책임감을 느끼고 있더라도, 그 역할을 어떻게 맡아야 하는지를 저절로 알게 되는 것은 아니다. 언제나 귀퉁이에는 근본적인 질문이 남는다. 도대체 난 무슨 근거로 이것을 선택한 것일까? 브래들리나 오트리의 영웅적 확실성은 이런 실존의 영역에서는 머나먼 희망인 것 같다.

선택의 짐이 피치 못한 것으로 보이겠지만, 사실 그것은 오늘날의 삶에만 해당되는 얘기다. 옛날에는 자신의 가장 근본적인 실존적 선택이 어떤 근거에서 이뤄지는지 알지 못했다. 그런 실존적 질문이 이해조차 되지 않았던 것이다.

가령 중세 시대를 생각해 보자. 이 시기 동안 서구 기독교 세계에서 한 사람의 정체성은 신을 통해 결정되었다. 이렇게 말한다고 해서 중세 시대에 신이 실제로 존재했는지에 대한 입장을 정하자는 것이 아니다. 신의 실재나 그로부터 도출되는 신의 속성들 따위에 대한 고전 형이상학의 논변은 여기서 적절치 않다. 그보다 중요한 것은 중세 사람들이 신을 통해 결정되거나 창조된 존재로서 스스로를 경험하지 않을 수 없었다는 점이다. 확실히 그것은 그들이 살고 있는 세계를 이해하는 방식의 하나였다. 그들에게 의미 있던 모든 것이 그것에 들어맞았기에, 자신의 정체성이 다른 방식으로 규정될 수 있다는 것을 그들은 꿈에도 생각지 못했다.

이것은 당연히 왕과 왕비에게도 마찬가지였다. 잘 알려져 있듯이, 중세에서 신성한 권리에 따라 통치한다는 말은 사회의 통치자로 신에게 특별히 선택되었다는 말과 같은 뜻이었다. 그러나 신성한 권리를 부여받은 사람들은 왕과 왕비만이 아니었다. 그 밖의 모든 사람들도 신의 성스러운 계획에 따라 사회에서 한 자리를 배정받았다. 나아가 사람들뿐 아니라 모든 피조물들이 신적인 질서, 존재의 위대한 사슬 속에 배치되었다. 농노 위에 시민, 시민 위에 귀족, 귀족 위에 왕 등등. 또한 모든 무생물 위에 동물, 모든 동물 위에 인간, 그리고 인간을 포함한 모든 것들 위에 천사, 마지막으로 이 모든 것들 위에 신이 있었다.

사물들의 이런 질서는 누군가가 입증해낸 신념 체계도 아니요, 누군가가 제시한 세계관도 아니었다. 그것은 말하고 들을 수 있는 사람이라면 모두가 단순하게 받아들이는 사실이었다. 사회 구성원들은 이런 근본 관념에 따라 모든 것을 이해했다. 예컨대 전쟁에서의 승리나 때 아닌 폭풍우도 신의 의지로 설명할 수 있었다. 신의 성스러운 계획 속에 모든 것이 적절한 자리를 차지하고 있다는 이 관념은 그 자체로 사람들이 받아들이거나 거부할 수 있는 믿음이 아니었다. 그것은 하나의 온전한 삶의 방식이었다.

특정한 문화에서 삶의 방식이란 그 속에서 살고 있는 사람들이 내세우는 명시적인 신념체계가 아니다. 그보다는 훨씬 더 깊은 것이다. 특정한 문화 속에서 자란 사람은 마치 언어를 배우듯이, 나아가 그 언어에 밴 가족과 친구들의 악센트까지 함께 배우듯이 삶의 방식을 배운다. 물론 삶의 방식이란 그보다 훨씬 광범위한 것이다. 그것은 우리가 일정한 사회적 상황에 마주칠 때마다 어떻게 행동하는 것이 그에 어울리는 것이고 어울리지 않는 것인지 분별하는 것을 포함하며, 어떻게 사물들을 이해하고 어떻게 일상 세계에서 행동할지를 익히 아는 것을 포함한다. 무엇보다 삶의 방식이란 그 문화에 속한 사람들 모두에게 일반화되어 있는 것, 즉 그들 자신도 보통 때는 의식하지 못하지만 그들의 행동을 지배하는 성향, 이를테면 공격적이거나 양육적인 성향 같은 것을 포함한다. 우리는 이것을 '문화적 참여'라고 생각할 수 있다. 문화적 참여란 사람들이 행동하기 위해서는 반드시 배경에 남아있어야 하는 것이며 도처에 퍼져 있고 실재하는 것이다. 중세 세계에서 이런 문화적 참여는 곧 신의 신성한 계획을 자각한다는 의미였기에, 자신이 누구이며 무엇이 되고 싶은지를 선택하는 근거는 전혀 문제되지 않았다. 무엇보다 스스로 자신의 정체성을 선택한다는 것은 생각조차 할 수 없는 일이었기 때문이다.

그렇다고 해서 이 말이 중세 시대에는 어느 누구도 선택을 내린 적이 없다는 것을 뜻하는 것은 아니다. 언제나 사람들은 고의적으로 신의 계획에서 벗어날 수 있었고, 그의 뜻으로부터 일탈하는 길을 추구할 수도 있었다. 또는 올바른 행동 경로를 세웠지만 못 미칠 수도 있었다. 중세 기독교의 어휘에는 성자뿐만 아니라 죄인도 있었고, 고결한 삶을 살았던 사람들과 악의 치명적인 매력에 굴복했던 사람들이 다 있었다. 5장에서 상세하게 논하게 될 단테 『신곡』의 「지옥편」[13]은 중세의 개인이 길을 잃게 되는 다양한 방식에 대해 광범위하고도 유익한 토론을 보여준다(단테는 중세 말의 정점인 1300년경에 이 책을 썼다). 그 방식이 대단히 다양함에도 불구하고 단테의 죄인들 모두에게는 공통된 특징이 있다. 즉 그들의 행동은 신이 설계해준 것으로 이해되는 길을 일탈하거나 곡해하고 있다는 점이다.

특징적인 사례 하나를 생각해 보자. 지옥의 두 번째 원에서 단테는 파올로와 프란체스카를 만난다. 그들은 시동생과 형수 사이임에도 서로에 대한 참을 수 없는 욕정으로 삶을 파탄 낸 연인들이다. 둘은 프란체스카의 남편에게 들통이 나서 간통죄로 죽임을 당한 후, 서로에 대한 통제 불가능한 정념의 거센 바람에 떠밀려 영원한 형벌을 받는 운명이었다. 우리는 나중에 단테에 관해 논하면서 다시 이 사례를 살펴볼 것이다. 그러나 지금 우리가 주목할 점은 여기서 볼 수 있는 중세적인 죄의 관념이다. 이 사례에서 단테가 분명하게 제시하는 것은 파올로와 프란체스카에게 올바른 행동으로 가는 길—간통을 벗어나는 길—이 있었다는 점이다. 그리고 그들의 죄는 그 길을 가지 않고 악의 매력에 굴복한 데 있었다. 올바르게 살기 위한 규범에 일치하도록 행동하는 것은 고금을 통해 항상 어려운 일이었다. 그리스 철학자들은 이런 어려움을 아크라시아*akrasia* 또는 의지의 허약함이라고 불렀다. 그것은 우리가

아리 셰퍼(Ary Scheffer), 「단테와 베르길리우스에게 나타난 파올로와 프란체스카」, 1835년.

올바른 것으로 알고 있는 것을 행할 수 없음을 뜻한다. 단테의 죄
인 가운데 몇몇은 이런 종류의 무절제의 희생자들이다.

현대 세계에서 우리는 더 깊고 어려운 문제와 마주하고 있다.
올바른 행동 과정을 알고 있지만 그것을 추구하지 못한다는 것만
이 문제가 아니다. 그보다는 무엇을 좋은 삶을 위한 첫 번째 기준
으로 삼아야 하는지에 대해 아무런 판단력도 없다는 것이 문제
다. 다시 말해서, 다른 행동이 아닌 바로 이 행동을 선택해야 할
아무런 근거도 없는 것이 문제라는 얘기다.

파올로와 프란체스카에 비해 좀 더 근대적인 사례인 19세기의
엠마 보바리를 생각해 보자. 플로베르의 『보바리 부인』에는 지루
하고 재능 없는 시골의사 샤를과 결혼한 엠마 보바리의 이야기가

나온다. 엠마는 시골 생활의 진부함과 피상성 그리고 공허함에서 도피하기 위해 간통을 하고 분수에 넘치게 생활한다. 이것은 끝내 나쁜 결과들을 초래한다. 그러나 이런 경우에서조차 엠마의 간통이 나쁜 짓이었다는 것은 분명치 않다. 우리는 삶에서 더 많은 것을 얻으려는 그녀의 욕망에 공감하지, 남편 샤를과 그의 공허한 실존에 공감하지 않는다. 그리고 어떤 의미에서 이것은 도피하려는 엠마의 욕망을 이해하고 승인한다는 것을 뜻한다. 그녀가 보여주는 삶에 대한 욕구는 경탄할 만한 것이며, 결혼 서약을 깨는 데 대한 믿을 만한 이유가 된다.

엠마의 간통은 일반적 의미에서는 파올로와 프란체스카가 벌인 간통과 많은 부분 유사하지만, 그 상황에 대한 플로베르의 처리 방식은 단테와는 극단적으로 다를 수밖에 없다. 왜냐하면 플로베르가 제시한 엠마는 단테가 그려낸 두 인물에게는 없었던 실존적 문제에 직면해 있었기 때문이다. 중세의 커플도 간통을 저지르는 것이 나쁘다는 것은 알고 있었다. 그것에 관해서는 의문의 여지가 없다. 불행히도 그들은 색정이라는 죄스런 정념에 저항할 수 없었다. 엠마의 상황은 훨씬 더 복잡하다. 과연 우리는 그녀가 샤를과 살아야만 한다고 믿는가? 오히려 우리는 샤를을 떠나고픈 그녀의 욕망을 이해할 뿐 아니라 떠나는 것이 최선이라고 생각하기도 한다. 더구나 샤를 자신조차 그녀의 행동에 대해 경탄해마지 않는다. 그녀가 죽은 후에도 그녀를 비난하기는커녕 그녀를 계속 숭배하며, 심지어 그녀가 보여준 삶의 방식을 따르려고까지 하기 때문이다. 어쨌건 엠마의 행동이 칭찬할 만한 것인지 아닌지는 여전히 해결되지 않는 문제로 남지만, 엠마가 자신의 행동을 두고 느꼈던 혼란은 곧바로 수긍할 만한 것으로 여겨진다. 결국 그녀는 오늘날 우리 모두가 당연시하고 있는 선택의 짐을 떠안고 있었던 것이다.

셰익스피어와
데카르트가 던진 질문

그렇다면 어떻게 우리는 확실하게 고정된 단테의 세계로부터 실존적으로 불확실한 지금의 세계로 넘어오게 되었을까? 그 이야기는 길고 복잡하기 때문에 이 책에서는 이야기의 뼈대를 추려내는 데만 집중해 보겠다. 그러나 주요 이행지점들 중 하나에 대해서는 최소한 간략하게라도 의미를 짚어보지 않을 수 없다. 그 이행지점이란 17세기 초반 즉 서구의 근대 초기를 말한다.

중세 세계는 1600년경에 이르면서 서서히 붕괴되어 갔다. 특히 신의 의지에 의해 우주의 구조가 만들어졌다는 생각은 더 이상 당연시될 수 없었다. 하지만 당시 이런 발전을 명백히 인식했던 사람은 아주 극소수였다. 지금의 문화 전체에서 당연시되는 관행들은 그 유래를 밝혀내기가 무척 어렵다. 하지만 우리는 이 역사적 발전의 단초를 당시의 문학과 철학을 통해 찾아볼 수 있다. 두 종류의 사례 즉 문학과 철학에서의 사례를 살펴보기로 하자.

첫 번째로는 셰익스피어가 있다. 셰익스피어는 그 자신부터가 신성한 질서의 몰락에 거의 사로잡혔던 사람이다. 그가 인식했건 못했건 간에 이런 발전은 그의 대다수 희곡들을 쓴 동기가 되었다. 위대하고 예민한 예술가인 셰익스피어는 신성한 질서의 몰락이 당대의 세계사적 이슈 가운데 하나임을 직감적으로 느꼈던 것 같다. 그가 성공적으로 그려낸 인물들 대다수는 각자의 방식으로 근대적인 발전과 대면하고 있었다. 예를 들어 『맥베스』를 생각해 보자. 여기서 우리는 "날뛰는 야심"* 하나만으로 신성한 질서 안에 주어진 자신의 지위를 뛰어 넘어, 왕과 같이 더 높고 새로운 자리로 도약하려는 개인을 발견할 수 있다. 자신의 의지와 욕구로 우주의 신성한 질서를 변형시키겠다는 생각은 중세 세계에 살았던 단테에게는 저주였을 것이다. 단테가 이런 종류의 자기 지향적인self-directed 야심을 볼 때 가장 먼저 떠올리곤 하던 인물은 사탄이었다. 사탄은 신의 의지를 자신의 의지로 대체하려고 시도하지만, 이런 시도 때문에 지옥의 바닥으로 추방된다. 하지만 셰익스피어는 맥베스의 야심을 비난하기는커녕 그 야심이 우리의 직관을 다른 방향으로 몰아가는 데 더 흥미를 갖는 듯하다.

맥베스는 어느 정도 공감이 가는 인간형이다. 자신의 세속적 지위를 높이려는 맥베스의 야심은 이해할 만하다. 비록 그것을 위해 짜낸 전략은 이해할 수 없지만 말이다. 확실히 맥베스는 공감

---

* 셰익스피어, 『맥베스』 1막 7장에 나오는 표현.

가는 인물일 뿐만 아니라, 그런 공감대야말로 연극의 성공을 절대적으로 좌우하는 요소이기도 하다. 주인공이 성공하기를 응원하지 않는다면, 연극의 비극적 요소도 우리를 사로잡지 못할 것이기 때문이다. 순전히 악한 인물, 그래서 벌 받아 마땅한 인물에게는 비극도 존재하지 않는 법이다. 그러나 맥베스가 공감이 가는 인물이라 해도 역시 그는 실패할 운명이다. 싫건 좋건 신성한 질서가 아직은 자기 지향적 야심의 발흥을 완강하게 저지하고 있기 때문이다. 하지만 셰익스피어 시대가 아직은 이런 삶의 방식을 지지하지는 않았다 해도, 셰익스피어 자신은 이런 야심을 찬탄할 만한 특질이라고 보았던 것 같다. 나아가 셰익스피어의 또 다른 희곡『트로일로스와 크레시다』에서는 신성한 질서가 몰락하는 모습이 우스꽝스럽게 그려지고 있으며, 명백히 나쁜 것으로 제시되고 있다. 대체로 셰익스피어는 신성한 계획에 기초한 삶의 방식이 와해되는 것을 이해하고 있었던 것으로 보인다. 다만 자기가 생각하는 것을 정확하게 그려낼 수 없었을 뿐이다.

또한『햄릿』의 경우를 생각해 보자. 3막 1절에 나오는 "사느냐 죽느냐, 그것이 문제로다"라는 햄릿의 유명한 독백은 삶을 선택해야 할지 죽음을 선택해야 할지에 관한 근본적인 문제를 다루고 있다. 그는 이 문제를 그에게 열려 있는 하나의 선택으로 이해하고 있다. 이런 생각이 시사하는 바는 이렇다. 그가 속한 문화는 이제 더 이상 신이 모든 것을 결정한다는 생각을 당연한 것으로 받아들이지 않게 되었다는 얘기다. 물론 그렇다고 해서 햄릿 이전에 자살을 생각해 본 사람이 없었다는 말은 아니다. 그러나 한 사람이 그런 생각에까지 이르게 되는 정황을 문화적으로 해석해 볼 때, 중세 시대의 인물과 햄릿은 근본적으로 다르다.

중세적 전통에서 자살은 신에 대한 커다란 범죄였다. 왜냐하면 그것은 신에 대한 반항 행위로서, 신이 정당하게 소유하고 있는 결정권을 빼앗으려는 시도로 이해되었기 때문이다(실제로 단테는 지옥의 아홉 개 원 가운데 일곱 번째 원에서 자살한 자를 신성모독한 자의 오른쪽 곁에 세운다). 그리고 우리는 사탄이 주에 대항하여 천사들의 반란을 도모했을 때, 그가 다짐한 반역 행위가 같은 종류임을 또 한 번 발견한다. 이와는 반대로, 자살이 신에 대한 모욕일 거라는 생각은 햄릿에게는 거의 들지 않는 듯하다. 문제는 간단하다. "난폭한 운명의 타격과 화살을 감내하는 것이 마음속에서 더 고결한 것인지 / 아니면 고통의 바다에 저항하며 팔을 헤젓는 것이 더 고결한 것인지 / 아니면 그와는 반대로 그 고통을 끝내는 것이 고결한 것인지?" 다시 말해서 자살이 신에 대한 모욕인지 아닌지는 문제가 아니며, 따라서 그것을 행하는 것이 정녕 나쁜 일인지도 전혀 문제되지 않는다. 문제는 감내를 하든 자살을 하든 어느 쪽이 더 나은 결정인지—"마음속에서 더 고결한지"—에 있다. 햄릿이 이 문제를 고민함에 있어 신을 우주의 신성한 설계자로 이해하는 것은 아무런 도움도 되지 않는다. 말하자면 중세 시대의 신성한 질서가 붕괴하면서 참된 실존적 질문의 가능성도 열릴 수 있게 된 셈이다.

하지만 내가 누구인지를 선택하는 자유는 여전히 무거운 짐을 수반한다. 우리를 떠받쳐주는 신의 신성한 계획이 없다면, 도대체 우리는 어떤 기초 위에서 실존적 선택을 내린단 말인가? 이렇게 우리 자신과 우주에 대한 이해를 세우기 위한 기초, 그런 흔들리지 않는 확신과 근본적인 토대를 찾으려는 욕구는 철학의 전통 속에서 가장 분명하게 찾아볼 수 있다.

르네 데카르트는 근대철학사에서 그런 철학자로 가장 중요하다고 할 수 있다. 그는 셰익스피어가 영국에서 글을 썼던 때로부터 대략 한 세대 뒤에 프랑스에서 글을 썼다(데카르트의 주요 저작들은 1630년경에 씌어졌다). 데카르트의 주요 철학적 기획들 가운데 하나는, 아무런 의심 없이 확실하게 우리가 알고 있는 가장 기본적인 것들을 아는 것이 가능함을 보여주는 것이었다. 가령 외부 세계가 존재한다든지 나 아닌 다른 사람이 존재한다는 것이 그것이다. 절대적인 확실성을 가지고 이런 것들을 증명하는 일은 매우 어렵다. 예컨대 영화 「매트릭스」(1999) 속의 인물들은 우리와 똑같이 살아있는 생명인 것처럼 보인다. 하지만 그들이 우리와 똑같은 종류의 경험을 하더라도, 그들이 경험하고 있다고 생각하는 세계는 전혀 존재하지 않는 것이다. 보이는 것과 똑같이 세계가 존재한다는 생각은 매우 초보적인 생각이다. 그러나 할리우드가 생기기 350년 전에 데카르트는 이런 기본 사실을 의심 없이 아는 것이 매우 어려운 일이라는 것을 보여주었다. 그는 이것이 충분히 의심할 만한 일이라고 생각했고, 더 극단적으로는 우리가 이런 근본적인 것을 확실하게 알 수 있는지 따져보아야 한다고 생각했다. 이 같은 종류의 질문이 실제로 아무런 의미도 가지지 않았던 세상에서 산 사람에게는 떠오르지도 않았을 생각이다.

중세 시대였다면 데카르트적 기획은 그 자체로 오만한 행위로 여겨졌을 것이다. 신이 우리를 속이지 않는다(is not)는 점을 우리스스로 증명해야 한다는 생각은, 신이 우리를 속이고(is) 있을지도 모른다는 점을 배경 전제로 삼고 있다. 그러나 이런 종류의 전제는 신을 처음부터 신성하고 자비로운 우주의 건축자로 이해하는 세상에서는 아무런 의미가 없다. 우리는 여기서 데카르트가 글을 썼던 1600년대 초기에는 이런 중세적 가정들이 더 이상 당연시되지 않았음을 볼 수 있다. 그가 회의적인 질문을 던질 수 있었다는 사실, 나아가 그 질문이 진지하게 다뤄졌고 철학적 사유의 한 패러다임으로 주장될 수 있었다는 사실이 그것을 보여준다. 그리고 이렇게 외부 세계가 존재하는지와 같은 기초적 문제에 대해서조차 철학적 근거가 필요한데, 어떻게 행동해야 하는가에 대한 실존적 선택의 문제에 있어서는 훨씬 더 근거를 찾기가 어려웠을 것이다.

"신이 없다면 모든 것이 허용된다"

프리드리히 니체는 19세기 후반 독일의 위대한 철학자이다. 그는 신이 죽었다고 주장한 것으로 유명하다. 그가 말하고자 한 것은 이런 것이었다. 즉 현대인들은 실존의 기본 문제들에 대해 이미 답을 가지고 있었던 문화 속에 더 이상 살고 있지 않다. 중세의 신은 실존적인 문제들을 묻기도 전에 답해주는 역할을 했다. 그러나 그런 역할은 더 이상 생각할 수 없다. 우리 시대의 철학자 찰스 테일러 Charles Taylor가 지적하고 있듯이,[14] 이것은 회의주의자들뿐 아니라 오늘날의 신앙인들에게도 다 같이 해당된다. 미국에서 일어났던 제3차 대각성 운동*처럼 오늘날의 문화에 어울리는 어떤 종교적 믿음이 있다 해도, 그것으로 우리의 실존적 질문을 진정시키기에는 불충분하다. 불신자들을 인간의 영역 밖에 있는 사람들이라고 보는 관념은 더 이상 받아들일 수 없다. 그런 관념은 중세 기독교 왕국에서나 있었던 생각이다. 그 시대에는 불신자란 사실상 악마라는 뜻이었고, 인간으로서 누릴 수 있는 모든 기쁨을 저버린다는 것을 뜻했다. 이런 배타적인 믿음을 고집하는 광신적인 하위 종교문화는 오늘날에도 여전히 남아있을 것이다. 그러나 신을 믿지 않아도 존경받을 수 있는 사람이 있다고 생각되는 한, 종교적 신앙이 실존적 질문들에 대해 담을 쌓을 수는 없다. 불신자라고 해서 무조건 저주할 수 없다는 생각은, 신자조차도 불신을 하나의 선택지로 진지하게 고려하고 있음을 뜻한다. 이

---

* Third Great Awakening. 1850년대부터 1900년대 초까지 미국에서 일어났던 복음주의 운동. 시민의 타락과 사회의 세속화에 반대하여 경건주의를 기치로 내세운 사회 복음화 운동이다.

프리드리히 니체(Friedrich Wilhelm Nietzsche, 1844~1900)

런 세속화된 시대에 우리가 산다는 것은 신자조차도 삶을 어떻게 살아야 하는지의 실존적 질문에 처해 있다는 뜻이기도 하다.

실존적 물음에 처해 있다는 것 자체가 나쁜 일은 아니다. 그 물음에 답할 근거만 있다면 말이다. 오늘날에도 일부 신앙인들은 여전히 그런 근거를 가지고 있을 것이다. 위에서 언급한 찰스 테일러의 저작은 이런 가정에서 시작한다. 심지어 테일러는 종교와 정신주의의 극단적 증식—전도 활동이나 명상 수련 따위의 폭발적 증가—을 현대의 주요 특징으로 본다. 그럼에도 특정한 해답을 다른 해답보다 더 우선시할 이유가 없다는 생각들이 분명히 있으며, 이것이야말로 허무주의nihilism라 부를 만한 것이다. 니체는 '허무주의'야말로 신이 죽은 다음의 우리 상황을 가장 잘 묘사하는 말이라고 생각했다.

많은 사람들이 허무주의를 혐오의 대상으로 여기는 반면에, 니체는 그것을 커다란 기쁨으로 생각했다. 우리로 하여금 어떤 삶이든 선택할 수 있는 자유를 준다는 이유에서다. "신이 없다면 모든 것이 허용된다"고 도스토옙스키가 말했던 것처럼 말이다. 그러나 우리들 저자가 생각하기에, 허무주의는 철두철미하게 닫힌 마음으로서 그것 역시 광신주의일 뿐이며 가치 있는 삶의 기초가 되기에는 결코 충분하지 않다고 본다. 그렇다고 해서 유대-그리스도교적인 일신주의*로 현 시대를 문화적으로 충족시킬 수 있다고 본 테일러의 생각을 꼭 지지하는 것도 아니다. 우리들 저자는 테일러보다 훨씬 더 회의적이다. 일신론으로 부분적인 충족은 할 수 있다 하더라도 서구 역사에는 또 다른 종교적 전통이 있다. 즉 우리로 하여금 자신을 초월하는 경험에 인도되어 살아갈 수 있게 해주는 전통이다. 이 책 3장에서 우리는 그런 전통, 즉 호메로스가 그려냈던 그리스적 다신주의 전통에 대해 살펴볼 것이다. 그 전에 우선은 현 시대의 슬픔과 상실에 관한 가장 민감한 이야기들부터 살펴보기로 하자.

---

* 일신주의(monotheism)와 다신주의(polytheism)는 이 책의 가장 중요한 용어다. 현대 문명의 모든 병폐를 하나의 신, 신념체계, 가치관에 의뢰하여 해결하려는 일신주의의 전체적 사고에 비해, 저자들은 다양성, 개별성, 관용주의가 가능한 다신주의를 들어 자신들의 사상을 피력한다.

2

우리 시대의 허무주의

경이로움이야말로 철학자의 느낌이다.

철학은 경이에서 시작한다.

플라톤

탄광의 카나리아

데이비드 포스터 월러스David Foster Wallace는 우리 세대의 가장 위대한 작가였고, 아마도 가장 위대한 정신일 것이다.[1] 그는 장대하고 야심찬 소설들과 단편들, 에세이들을 썼는데, 이 작품들은 독자들에게 의미 있게 사는 법이 무엇인지를 보여주는 데 바친 것들이었다. 월러스는 이렇게 말하기도 했다. "소설이란 도대체 망할 놈의 인간이 무엇인지에 관한 글"이기 때문에, 좋은 글쓰기는 독자가 "내면에서 덜 외롭도록" 도울 수 있어야 한다.[2]

데이비드 포스터 월러스는 2008년 9월 12일 목을 매 죽었다. 그의 나이 46세였다.

월러스의 자살에 대해 무엇을 말할 수 있을까? 아마 많지는 않을 것이다. 그가 수십 년간 우울증으로 고통을 받았다는 것은 잘 알려져 있다. 그는 거의 20년 동안이나 항우울제인 나르딜Nardil 처방을 받아왔으며, 여러 차례 전기충격요법도 받았다.3 심지어

수개월 간 12번이나 전기충격요법을 받아서 거의 죽을 뻔했던 경우까지 있었다. 아버지 제임스 월러스는 나르딜이 "아들을 생산적인 작가로 만들었다"[4]고 말한 바 있는데, 월러스의 자살이 이 약을 단호히 끊으려는 시도와 때맞춰 벌어졌다는 점도 잘 알려져 있다. 심한 우울증이 신경생리학적이거나 신경화학적인 문제를 일으킨다는 것은 의심할 여지가 없다. 결국 월러스는 생물학적으로 호전될 가망성도 있었지만 굴복했다고 결론내리는 것이 자연스러울 것이다.

하지만 그것이 전부는 아니다.

월러스의 글쓰기가 현대에 널리 퍼져있는 어떤 정조들을 포착하고 있으며, 의식적으로 그것을 표현하려고 했다는 주장에는 일말의 진실이 있다. 그의 걸작이자 출세작인 『끝없는 농담*Infinite Jest*』은 현대인의 자기의식self-consciousness을 문체미학적으로 표현해낸 작품이다. 마치 자기 꼬리를 집어삼키는 우로보로스Ouroboros처럼, 이 작품은 계속해서 자신을 파내려가고 자신의 전제를 문제시한 다음, 다시 돌아오는 긴 문장들로 채워져 있다. 이런 문장들 대다수가 줄거리 전개를 이어주는 긴 주석들로 보완되어 있는데, 이것은 마치 오늘날의 우리가 자신을 인식하는 방법을 말해주는 것 같다. 말하자면 이렇다. 우리는 무엇인가를 말하지만, 우리가 무엇을 말했고 말하지 않았는지를 되묻고, 다시 그 물음에 관해 묻다가 다른 관점을 가지고 그리로 되돌아가고, 그것을 규정짓다가 다시 규정짓지 않고 기타 등등… 무한에 이르도록 미주에

1478년경 그려진 우로보로스. 우로보로스는 고대 그리스에서 시작된 신화적 상징으로, 세계의 영원성을 의미하기도 하며 무(無)를 의미하기도 한다.

각주를 달고 각주에 미주를 단다. 아마 결론은 내려지겠지만 그렇다고 해서 전혀 해결된 것이 아니다.

월러스는 가족관계에서도 이런 성향을 가졌던 것 같다. 42살의 나이에 월러스는 마침내 카렌 그린이란 이름의 비주얼 아티스트와 결혼한다. 그 결혼은 월러스가 죽기 전까지는 누가 보아도 행복한 것이었다. 하지만 그전까지 월러스의 인간관계는 대부분 성공적이지 못했다. 진지했지만, 진지한 만큼이나 변덕스러웠던 시인 메리 카와의 관계도 그러했다.[5] 변덕맞은 관계이긴 했어도 카는 월러스에게 중요한 사람이었다. 심지어 자기 팔뚝에 그녀 이름이 들어간 하트 문신을 했을 만큼 말이다. 결국 몇 년 후 그와 카렌 그린이 사랑에 빠졌을 때, 이 유물은 추측건대 처치 곤란한 것이 되었을 것이다. 그는 메리의 이름 위에 삼진아웃이라는 문신을 다시 새기고 하트 아래에는 별표 하나를 새겨 넣었다. 그러고는 더 아래쪽 팔뚝에 다른 별표 하나와 카렌의 이름 문신을 추가했다. D. T. 맥스가 썼듯이, "그의 팔뚝은 살아있는 각주로 변했다."

이 대목에서 너무나 선명하게 떠오르는 인물이 있다. 바로 멜빌의 소설 『모비 딕』에 등장하는 문신투성이의 원주민 선원 퀴케그이다. 멜빌은 우리 몸에 문신을 하는 것이 문화의 성스러운 관습을 입는 것과 같다고 본 셈인데, 과연 멜빌의 말이 맞다면 월러스의 삶은 이것을 환기하는 이야기로 받아들일 수 있겠다. 우리들 현대인이 성스러움을 유지할 수 있는 것은 우리 자신의 문화적 참여에 스스로 각주를 다는 능력 덕분이라고 월러스가 말하는 듯 보이기 때문이다. 즉 문화적 참여를 결정하거나 그것을 변경 또는 취소하는 능력 덕분이라는 것이다. 다시 말해서 현대인에게 가장 성스러운 참여는 참여를 선택하는 자유이다. 그리고 이미 선택한 것을 다시 선택하지 않는 자유이다.

『끝없는 농담』은 거의 100쪽 분량의 묵직한 주석을 포함해 전체 1,079쪽으로 되어 있다. 그것은 20세기 말과 21세기 초의 순문학 작품들 가운데 주요 경쟁작으로 입지를 다진 작품이다. 이 소설은 20세기 후반에 출현한 많은 특징적 문제들 가운데 특히 중독증, 우울증, 소비주의, 테러리즘, 그리고 테니스 교습소들을 다루고 있다. 그것은 문체상으로나 내용상으로나 세기 전환기의 이 사회에서 "망할 놈의 인간"이 무엇인지를 세밀하고도 깊이 있게 파악하려는 시도이다.

그렇다면 그 시도는 정확히 어떤 것이었을까? 월러스는 1996년 온라인 잡지 『살롱』의 인터뷰에서 "거기에는 특별히 슬픈 무언가가 있다"고 말한 바 있다.[6]

그건 뉴스에서 거론하곤 하는 물질적 환경이나 경제, 그 밖의 소재들 따위와는 별로 관계가 없어요. 그건 뱃속 깊은 곳에서 치미는 슬픔 같은 겁니다. 이 슬픔은 나 자신과 친구들에게서 각기 다른 형태로 나타나지요. 그것은 일종의 상실로 표현될 수 있을 겁니다.

이 상실이란 단지 월러스가 성인 시기 내내 싸웠던 생리학적 우울증이었을지도 모른다. 그러나 다른 가능성도 존재한다. 아마 월러스는 자기 개인의 우울증을 설명하고 있다기보다는 이 우울증으로 인해 더욱 민감하게 느끼게 된 문화의 단면들을 설명하고 싶었을 것이다. 다른 사람들이 쉽사리 간과하거나 덮어버린 단면들, 또는 회피했던 단면들 말이다. 그것들은 우리 모두가 살아가면서 겪고는 있지만 직시하지는 못하는 현대적 실존의 단면들이다. 다시 말해서 아마도 그는 우울증으로 인해 문화에 널리 스며 있는 어떤 것을 특별히 예민하게 느낄 수 있었을 것이다. 사적이

데이비드 포스터 월러스.

고 개인적인 것이 아니라 대중적으로 널리 퍼져 있는 어떤 것을 말이다. 그리고 작가라는 직업상 그는 우리들의 이런 단면을 드러내 보여주려고 했다. 월러스가 이것을 어떻게 이해했는지는 다음 인용에서 어느 정도 짐작할 수 있다.

이 책에서 다룬, 그리고 내가 겪기도 했던 이 슬픔은 우리들이 실제 겪고 있는 종류의 슬픔입니다. 나는 중상류층 백인으로서 역겹지만 잘 교육받았고, 마땅히 바랄 수 있는 정도보다 더 나은 성공가도를 걸어온, 일종의 방황하는 인간이었죠. 내 친구들 대개가 그렇습니다. 몇몇은 마약에 깊게 빠져있고 몇몇은 엄청난 일 중독자죠. 또 몇몇은 밤마다 독신자 클럽에 갑니다. 우리는 그 슬픔이 스무 가지 다른 모습을 띠고 있는 걸 보지만, 결국은 다 똑같은 겁니다.

인터뷰 뒷부분에서 그는 이런 슬픔과 상실감을 일종의 정조—현대인의 정조—라고 말한다. 우리가 누구인가라는 깊은 질문에 제대로 대처하지 못하는 우리 문화의 무능력, 우리 문화의 어떤 단면들에서 비롯된 정조라는 것이다.

우리들 대다수가 그렇듯 물질적 특혜를 받고 자랐더라도 이제 30대 초반쯤 되면 그만 유치한 짓들을 걷어치우고, 영적이고 가치 있는 것과 대면하는 길을 찾아야 한다고 생각합니다.

월러스가 심한 우울증을 앓았고 결국 자살에 이르게 된 데는 의심할 바 없이 근저의 생리학적 이유가 중요한 작용을 했을 것이다. 그러나 그의 작품이 현대 세계의 무엇인가를 잘 포착하고 있다는 점—이것은 작품의 성공이 말해준다—에서, 그가 가졌던 정조는 개인의 생리학적 기질에서 비롯된 것만은 아닐 것이다. 아마도 그 정조는 우리가 속한 형이상학적 틀에서 나온 것이며, 삶의 의미에 대해 일관된 이야기를 할 수 없게 하는 이 시대의 조류를 가리킬 것이다. 1993년 『위스키 섬』이라는 문학잡지에서 월러스가 말했던 것처럼, "우리 세대는 도덕적 가치에 관한 한 어떤 의미 있는 것도 깡그리 상속받지 못한 세대"[7]라는 것이다.

월러스가 옳다면, 그리고 그가 그리도 민감하게 반응했던 것이 바로 이런 문화의 단면이라면, 월러스의 자살은 재능 있는 한 개인의 손실을 넘어서는 의미를 지닌다. 그것은 우리가 심각하게 고려해야 할 하나의 경고인 셈이다. 그의 죽음은 이를테면 현대의 실존에 대한 '탄광의 카나리아'*라고 할 수 있을 것이다.

월러스와 길버트가 글을 쓴 이유

월러스의 작품에 무수하게 쏟아진 해설들 가운데 그의 작품과 미국 문화의 또 다른 전형적 요소─예컨대 칙릿**─와의 관계를 고려한 해설은 없는 듯하다. 엘리자베스 길버트야말로 이 장르에 군림하는 여왕임에 틀림없을 것이다. 그녀의 2006년 회상록인 『먹고 기도하고 사랑하라』는 500만 부를 찍었고, 「뉴욕타임스」 논픽션 분야 베스트셀러 1위를 1년 이상 지켰다. 길버트의 명성이 절정에 이르자 그녀의 이야기에 나오는 익명의 인물들조차 어둠 밖으로 나왔다. 예를 들어 텍사스 출신의 '리처드'라는 사람은 과

---

* 과거에 탄광에서 광부들이 유독가스에 노출되기 전에 먼저 가스를 맡고 죽음으로써 위험을 경고해 준 용도의 카나리아.

** '젊은 여성'을 뜻하는 영어 속어 'chick'과 문학(literature)의 줄임말인 'lit'을 합쳐서 만든 신조어. 『브리짓 존스의 일기』나 『악마는 프라다를 입는다』를 대표적인 칙릿 계열의 문학이라 할 수 있다.

엘리자베스 길버트, TED 강연 모습.

거 마약 상습자로 길버트가 인도의 한 아슈람에서 만난 사람인데, 책에서 언급되는 바람에 두 번이나 「오프라 윈프리 쇼」에 출연했다.

칙릿 여왕의 자리를 차지한 데 대해 길버트 자신은 다소 상반된 감정을 가진 듯하다. 정확히 어떤 작품이 칙릿 장르에 들어가는지 확실치 않지만, 그녀가 '칙릿'이라는 말에 약간 불쾌해하는 것을 보면 그것이 칭찬을 뜻하지 않는다는 점은 분명하다. 그럼에도 길버트는 그런 평가에 수긍할 만한 점이 있음을 인정한다.

칙릿과 전위문학 사이에는 측정하기 힘든 간격이 있음에도 불구하고, 길버트가 글쓰기에 매달리게 된 동기는 월러스가 가졌던 것과 동일한 인간적 욕망 때문인 것으로 보인다. 그녀는 이렇게 설명한다. "글쓰기는 언제나 인생을 번역하는 나만의 특수한 방법이었습니다. 스쳐가는 것으로부터 경험을 찾아내고 그것을 소화시켜 현실로 만드는 나만의 방법이었습니다."[8] 월러스의 작품이 전위적이고, 그의 글쓰기가 문체나 내용 면에서 포스트모던하고 실험적이며 현대적이라 해도, 그 역시 길버트와 같은 목표를 가지고 있었다. 월러스 역시 길버트처럼 세계를 실제 있는 그대로 벗겨내기를 원했다. "저는 항상 나 자신을 리얼리스트라고 생각해 왔습니다"라고 『살롱』 인터뷰에서 그는 말하고 있다.

우리가 사는 세계는 하루 250개의 광고와 믿을 수 없을 만큼 많은 오락거리들로 이루어져 있습니다. (…) 저는 꽤 많은 대중적인 소재를 소설에 이용해 왔지만, 그것을 통해 제가 전하려는 의미는, 다른 사람들이 나무나 공원에 대해 글을 쓰거나 100년 전 물을 뜨러 강에 가면서 생각하던 것과 아무것도 다를 게 없습니다. 그저 내가 사는 세계의 직조를 보여주려는 거죠.

엘리자베스 길버트의 세계는 월러스의 세계와는 분명 다르다. 하지만 월러스가 보았던 불안, 우울 그리고 도저한 슬픔의 측면에서는 다를 바가 없다. 그녀의 회상록 첫 부분을 보면, 뉴욕 교외의 커다란 저택 화장실 바닥에 엎드려 주체할 수 없이 흐느껴 울고 있는 그녀의 모습을 발견할 수 있다.

길버트의 이런 불행은 월러스가 도처에서 보아온 상실감에서 기인한 것이다. 물론 그것은 현대인들이 느끼는 상실감 가운데 특정한 사례이자 특정한 방식의 방황이기는 하다. 그럼에도 불구하고 그것은 월러스적인 현상과 같은 종류의 것이다. 월러스 자신이 말했듯이, "우리는 그 슬픔이 스무 가지 다른 모습을 띠고 있는 걸 보지만, 결국은 다 똑같은 것이다." 화장실 바닥에서 울고 있는 길버트는 월러스 소설의 주인공일 수도 있다는 얘기다.

한편, 길버트가 처했던 문제는 당연히 남자들보다 여자들에게 더 공감을 준다는 말에도 일리가 있다. 어쨌든 그녀는 오늘날 수많은 여성들이 마주하고 있는 문제와 싸우고 있기 때문이다. 아이를 가져야만 한다는 문화적 기대는 그것이 그녀 자신을 위한 것이 아니라는 개인적 깨달음과 결부되어 있다. 현대 세계에서 가족과 직업적 헌신 사이의 갈등, 또는 그것들과 개인적 행복 사이의 긴장을 과거보다 더 느끼는 쪽은 남자일지도 모르겠다. 하지만 길버트가 여성적 경험을 위주로 하고 있다는 점은 부인할 수 없다. 이런 의미에서 그녀가 여성 독자를 위해 글을 쓴다고 하는 말은 아마도 맞을 것이다. 그러나 이런 세세한 점들을 제외하고 생각해보면, 우리는 월러스의 일반 주제―문화 참여와 개인적 선택 사이의 긴장―가 그녀에게도 투영되고 있는 것을 볼 수 있다. 그녀가 처한 곤경을 그녀 자신의 말로 요약하면 이렇다.

언니가 예전에 첫 아이에게 젖을 물리며 했던 말만 계속 떠올랐다. "아이를 갖는다는 건 네 얼굴에 문신을 하는 것과 같아.

일을 벌이기 전에 네가 정말 원하고 있다는 확신이 필요해."[9]

월러스와 길버트는 '문신'의 이런 이중적 의미 외에도 다른 많은 것을 공유하고 있다. 그들은 모두 혼돈과 상실의 뼈저린 감각, 방황하는 존재의 어둠이야말로 이 시대의 핵심 문제라는 지각에서 출발한다는 점에서 동일하다. 또한, 그럼에도 작가의 책임은 사람들에게 앞길을 밝혀주고 현대에 유효한 희망의 가능성을 제시하는 데 있음을 강렬하게 자각하고 있다는 점에서도 두 사람은 동일하다. 예를 들어 길버트의 이야기는 그녀의 결혼이 파경에 이른 시점에서부터 시작하지만, 그녀는 인생의 이 어두운 시기에 대해 상세하게 이야기하지 않는다. 그녀의 회고록은 그런 종류의 어둠이 무엇인지 우리 모두가 알고 있다는 가정에서 출발한다. 그것은 아주 개략적이고 희미한 터치로만 그려지고 있는데, 사실 그것으로 족하다. 그보다 그녀 이야기의 요지는 어떻게 이 어둠으로부터 빠져나올 수 있는지를 보여주는 데 있으며, 빛 가운데로 나아가는 것이 무엇인지를 말해주는 데 있다.

월러스도 마찬가지이다. 작가 경력 초창기에 그는 작가로서의 목표가 두려움을 미화하지 않으면서 곤경에서 빠져 나가는 길을 보여주는 것이라고 주장했다. 1991년 한 인터뷰에서 그는 래리 매캐퍼리에게 다음과 같이 말했다.

보세요, 아마 우리 대부분은 이 시대가 어둡고 어리석은 시대라는 점에 동의할 겁니다. 하지만 모든 것이 얼마나 어둡고 어리석은지를 그저 극화해서 보여주는 그런 소설이 필요할까요? 어두운 시대에서 좋은 예술에 대한 정의는, 시대의 어둠에도 불구하고 여전히 살아 있고 빛을 내는 인간적이고 마법적인 요소들에 대해 심폐소생술을 가해주는 그런 예술일 겁니다. 어떤 소설이든 하고 싶은 대로 어두운 세계관을 가질 수 있지만, 정말로 좋은 소설이란 이런 세계를 묘사하면서도 그 속에 살아있는 인간 존재를 위한 가능성에 빛을 비춰주는 소설일 겁니다.[10]

이것이야말로 월러스와 길버트가 이 책의 논지에 부합되는 진짜 이유이다. 단순히 그들이 이 시대의 상실을 느끼고 있기 때문만이 아니다. 시대에 대한 암울한 인식은 이미 T. S. 엘리엇의 『황무지』, 사뮈엘 베케트의 『게임의 끝』, 그리고 20세기 초반에 나온 수많은 작품들에서 표현된 바 있다. 월러스와 길버트가 그런 시각을 공유하기 때문에 중요한 것이 아니다. 이 작가들이 읽을 만한 가치가 있는 것은 그들이 빛에 이르는 길을 찾으려고 노력하고 있기 때문이다. 또한 그들이 어떻게 실패하는지를 살펴봄으로써, 우리는 현대에도 여전히 남아있는 성스러움의 가능성을 찾을 준비를 할 수 있을 것이다.

가장 지루한 것들에
매달리기

월러스의 마지막 미완성 걸작은 미국 국세청이라는 거의 수도원 같은 조직에서 몸 바쳐 일하고 있는 세무조사관들의 깊은 영적 투쟁을 집중적으로 다루고 있다. 『창백한 왕*The Pale King*』이라는 제목을 단 이 작품은 통제 불가능할 정도의 엄청난 규모로 팽창했다. 월러스는 이야기가 질주하는 것을 막을 수가 없다고 불평하면서, 그 일이 마치 "폭풍 속에서 합판을 나르는"[11] 것과 같다고 투덜댔다. 2006년 1월에 작가 친구인 조녀선 프랜즌에게 보낸 이메일에서 월러스는 "많고 많은 페이지를 쓰고 난 다음, 그것들을 몽땅 밀봉한 상자에 던져버렸다네"라고 말하고 있다.

이 모든 게 순식간에 휩쓸고 사라지는 회오리바람일 뿐이라네. 오래 머물러 있지를 않기 때문에 어떤 게 쓸모가 있고 쓸모 없는 건지 알 수 없다는 말일세. 그래서 나는 내 속의 부화기가 고장날 때까지 이 모든 걸 품고 또 품고 있다네.[12]

이 소설이 가진 문제는 구조적인 데 있었다. 월러스는 상상할 수 있는 가장 지루한 인물들을 선택해서 일부러 자신을 무력하게 만들었다. 예컨대 타인이 신고한 세금을 검토하면서 하루 8시간 동안 앉아있는 그런 인물들 말이다. 월러스의 친구이자 편집자인

마이클 피치가 지적한 것처럼, 월러스는 "소설을 구성하는 일반적인 방식과는 거의 정반대의 과제로 자신을 괴롭혔다."[13] 보통 소설은 인생의 지루한 부분들을 생략하기 마련인데, 그와 대조적으로 월러스의 기획은 바로 그런 부분들에 초점을 맞추고 있었기 때문이다.

하지만 이런 구조상의 문제는 자의적으로 설정한 것이 아니었다. 월러스가 보기에 확실히 그것은 절대적으로 불가피한 것이었다. 국세청 조사관의 투쟁은 월러스 자신이 글쓰기와 벌인 투쟁이었고, 현대적 실존의 중심에서 그가 목도한 투쟁이었다. 또한 부분적으로 그것은 우리가 살고 있는 사회를 더욱 공고히 구축해보려는 시도로부터 끊임없이 정신을 빼앗으려는 유혹에 맞선 투쟁이고, 오로지 자신의 과제에 대해서만 초점을 맞추려는 투쟁이다. 월러스는 안식년을 앞둔 1997년 찰리 로즈와 행한 인터뷰에서 이렇게 말하고 있다.

로즈 그렇다면 그 해에 선생은 무엇을 할 예정이죠?
월러스 과거 경험대로라면 아마도 하루 한 시간쯤은 글을 쓸 것이고, 글을 계속 쓰지 못하는 것에 대해 손가락을 물어뜯으면서 하루 여덟 시간을 고민할 겁니다.
로즈 글 쓰지 못하는 것을 고민한다…, 무엇에 대해 쓸지를 고민하는 게 아니고요?
월러스 맞습니다. 글을 쓰지 않는 것에 대한 고민이죠.[14]

월러스가 생각하기에, 오늘날의 세상이 우리에게 주는 과제란 우리가 의미 있게 사는 방법을 모른다는 데 있지 않다. 오히려 이 과제에 대해 충분히 오래도록 초점을 맞출 수 없는 것이 문제다.

권태 대처법

『끝없는 농담』은 어떤 점에서는 우리 사회가 완벽한 정신 이탈 증*에 빠져 있음을 파헤친 작품이다. 소설 중심에는 영화 비디오 테이프 하나가 등장하는데, "치명적일 만큼 재미있고"[15] "끝장을 볼 만큼 불가항력적이어서"[16] 보는 사람으로 하여금 침을 흘리며 아노미 상태로 빠져들게 한다. 어떤 불쌍한 해외주재 의무관 한 사람이 어느 날 밤 우연히 이 치명적인 "오락 테이프"를 보게 된다. 몇 시간이 흐른 후,

의무관은 (…) 아직도 라벨이 없는 그 영화 테이프를 보고 있다. 이미 그는 여러 차례 시작부분으로 되감기를 한 참이다. 밤 12시 20분, 그는 식어버린 저녁식사를 들고서 속옷은 물론 고급 안락의자까지 모두 땀으로 흥건한 채 영화를 보고 있다.[17]

＊원서의 단어는 distraction. 주의산만과 정신착란을 동시에 뜻하는 단어로서, 여기서는 정신분열증의 의미보다는 주의를 빼앗겨 넋이 나간 상태를 가리키는 뜻으로 쓰였기에 '정신 이탈'로 옮긴다.

소설 제목처럼 이 영화의 제목도 "끝없는 농담"이다. 이 제목들은 모두 『햄릿』의 유명한 장면에서 따온 것이다. 교회 뒤 묘지에서 햄릿은 어릴 적 궁정 어릿광대였던 요릭의 해골을 발견한다. 그것을 들어 올리면서 그는 이렇게 외친다.

> 이런, 가엾은 요릭! 호레이쇼, 나는 이 친구를 잘 알지. 끝이 없는 농담꾼이자 가장 뛰어난 공상가였지. 나를 천 번은 등에 업고 놀았을 거야.[18]

셰익스피어가 묘사하고 있는 끝없는 농담꾼 요릭은 멜랑콜리한 덴마크인과 극명한 대비를 이룬다. 월러스는 햄릿의 우울한 기질로부터 이어져 내려온 어떤 문화 전체를 현대적인 방식으로 보여준다. 그러나 정신 이탈을 향한 이 비행은 가장 뛰어난 공상가, 우리를 업고 정신을 들었다 놓았다 하는 궁정 어릿광대의 등에서 끝나지 않는다. 끝없는 농담의 힘은 오히려 가라앉히는 데 있다. 그것은 우리 정신을 식게 만들며, 속옷을 적신 채 안락의자에 붙어 있게 한다. 이런 종류의 완벽한 오락거리는 우리의 인간성을 회복시키기보다는 오히려 제거해버린다.

월러스의 이 초기 소설은 본질적으로 슬픈 작품이다.[19] 왜냐하면 이런 완벽한 오락이 주는 행복감이란 한낱 책략이자 거짓 행복으로서, 이런 오락의 추구는 우리의 오장육부를 다 빼내버리고 이 세상을 "반짝 빛났다가 꺼져버리는 작은 스폿 점"[20]으로 소

실시켜 버리기 때문이다. 이런 자기 완결적인 오락 안에서 저항은 더 이상 불가능하다. 월러스의 초기 소설은 오락의 완벽성에 빠져버린 우리 세계를 묘사하고 있다. 이로 인해 우리는 필연적으로 자신을 무화 無化시켜 버릴 텐데도 말이다.

이미 예상했겠지만, 『창백한 왕』의 목표는 『끝없는 농담』에서 예시된 이런 운명을 우리가 어떻게 피할 수 있는지를 보여주는 데 있다. 결국 우리를 짓누르는 권태야말로 해결의 열쇠임이 드러난다. 월러스가 죽으면서 남긴 문서들 속의 타이프 메모에서 그는 이 소설의 구상을 다음과 같이 써 놓았다.

이 짓누르고 짓누르는 권태의 또 다른 측면에는 축복—즉 깨어 있고 살아있음의 선물에 대한 매 분초마다의 기쁨과 감사—이 자리한다. 찾을 수 있는 것 중 가장 지루한 것(세금신고서나 골프TV 따위)에 주목하라. 그러면 이제껏 알지 못했던 권태가 파도처럼 우리를 씻어주고 우리를 거의 죽여줄 것이다. 이것을 이겨내면 마치 흑백 화면이 컬러로 바뀌듯 모든 것이 바뀔 것이다. 사막에서 오랜 나날 끝에 물을 만나듯, 모든 원자 속에 즉각적인 축복이 스미듯.[21]

『창백한 왕』은 월러스가 죽을 때까지 완성되지 못했다. 그 발췌분이 몇몇 매체들에 발표되기는 했지만 말이다.[22] 리틀브라운 출판사가 이런저런 형태로 초고를 출판하겠다는 계획을 공표했지만, 그때까지 나온 발췌분만 읽어 보더라도 월러스가 초기 관심사로부터 훨씬 더 나아갔다는 점은 명백하다. 새로운 소설은 정신 이탈증이 우리를 가라앉히고 심지어 무화시키는 작용을 한다는 것에 대해서는 그다지 관심이 없다. 그보다는 이런 정신 이탈적인 비행에 앞서 있고, 또한 그것을 촉발하는 다양한 상태들에 관심을 갖는다. 예컨대 권태, 불안, 좌절 그리고 분노가 그것이다. 그것들은 마치 구원이라도 하듯이 정신을 이탈시키는 오락으로 우리를 몰아간다. 월러스가 묘사한 국세청 조사관의 영적 여행은 이런 선행 상태―특히 권태의 상태―를 참아내며 살아가는 법, 그리고 그 속에서 구원과 영적 가치를 찾는 법에 대한 배움의 과정으로 이루어져 있다.

이것은 대단한 위업일 수밖에 없다. 일개 고용자인 레인 딘 주니어는 자기 임무에 집중하는 데 특수한 어려움이 있다. 레인 딘의 투쟁에 대한 묘사는 월러스의 깊은 개인적 경험에서 나온 것 같다. 우리는 월러스 자신이 글쓰기에 대해 벌인 투쟁을 떠올리지 않을 수 없다.

레인 딘 주니어는 (…) 두 번 더 돌고나서 다시 한 번을 돈 다음, 엉덩이를 구부려 앉은 채 열까지 세면서 파도가 감미롭게 밀려오는 따뜻하고 예쁜 해변을 상상했다. 전 달에 교육받은 대로 말이다. 그런 후 두 번을 더 돌고 아주 재빨리 시계를 확인한 다음, 다시 두 번 더 돌았다. 그리고 지겨움을 참아내며 연속

세 번을 돌고 나서, 다시 구부린 채 상상했다. 그러고는 지겨움을 견디며 고개도 들지 않고 네 번을 돌았다. (…) 거의 한 시간이 지난 다음의 해변은 차가운 회색빛의 겨울 해변이었다. 죽은 해초가 익사한 사람의 머리카락처럼 밀려와 있었다. 아무리다시 시도해도 해변은 그런 식으로 떠올랐다.[23]

월러스가 글쓰기 과정을 지겨워했음을 알려주는 증거는 없다. 하지만 그는 과제에 열중하기 위해 투쟁했고, 정신을 딴 데 팔지 않고 그 상태를 유지하려고 애썼다. 그는 상상을 초월할 정도로 반복해가며 자신의 과제에 대해 너무나 잘 참아냈다. 아마 완성된 문장과 페이지들─세무 서식들 대신─을 세어가며 그랬을 것이다. 우리를 말 그대로 정신 이탈 상태로 몰아갈 만큼 지겨운 과제를 참아내면서 하루 8시간의 전투를 치르는 이 영웅적 인물들에게, 이런 투쟁이란 얼마나 위대한 것인가? 같은 날 아침 이후의 레인 딘 주니어를 생각해 보자.

너무 구부린 나머지 그의 엉덩이는 벌써부터 아팠다. 그래서 그는 인적 없는 황량한 해변을 단지 생각으로만 떠올렸다. 그는 눈을 감았다. (…) 눈을 떴을 때, 서류정리함의 파일더미는 여전히 7시 14분일 때의 높이로 보였다. 지시사항을 보려고 부서장의 노트북에 접속했던 그 시각 말이다. (…) 그는 일어서서 얼마나 많은 파일들이 남아있는지 확인하려는 마음을 또 한

번 물리쳤다. 그래봤자 상황이 더 나빠질 거라는 점을 알았기 때문이다. 그는 자신에게 커다란 구멍 내지 공허가 뚫려 있음을 감지했다. 계속 떨어지기만 할 뿐 결코 바닥에 닿을 수 없는 구멍 말이다. 지금껏 살아오면서 한 번도 떠올리지 않았던 자살을 그는 처음으로 떠올렸다.[24]

딘의 투쟁은 정신적인 것이며, 치명적인 권태의 지옥에 대항하는 전투다. 그러나 딘의 관점이 특별히 극단적인 것은 아니다. 그의 고군분투는 우리 모두가 알고 있을 만큼 평범하며 익숙한 것이다. 하지만 그것을 이길 수 있는 싸움으로 생각했다는 점에서 월러스의 접근 방식은 적절한 것이었다. 그것은 더 조용하고 평화로운 세계, 즉 정신적으로 진일보한 국세청 프로 세무관들이 거하는 공간을 통해 암시된다. 월러스는 그 사무실을 일종의 수도원 같은 곳으로 묘사한다. "이곳의 국세청 세무조사관들은 작고 단단한 원형의 빛 가운데서 일한다." 이 수도원에서는 모든 면에서 정신적으로 완성된 공무원들을 볼 수 있다. 딘의 옆자리에 앉아 있는 앳킨스가 그런 사람이다. 그에게서는 서식을 채우는 동안 안절부절못하거나 동요하는 모습을 결코 볼 수 없다. 그는 두 파일을 동시에 검토하고 크로스 체크하는 마법 같은 능력을 과시하는 사람이다. 또 다른 공무원도 있는데, 그는 연이어 나오는 숫자들을 암송하는 가운데 고양된 몰입 상태로 들어가는 사람이다. 그리고 미첼 드리니언이 있다. "드리니언은 행복하다"라고 월러스는 메모장에 썼다.[25] 그는 권태로운 업무에도 불구하고 중심을 잘 잡고 고요하게 평화를 유지함으로써 결국 행복의 피안을 뚫고 들어간 사람이다. 드리니언은 일할 때 말 그대로 공중부양한다.

월러스는 어떻게 우리가 이런 축복 받은 상태에 도달할 수 있다고 하는 것일까? 아마도 돈 게이틀리의 경험에 한 가지 실마리가 있을 것이다. 게이틀리는 『끝없는 농담』의 중심인물이라 할 수 있다. 그는 이전에 마약 중독자였고 현재는 엔필드 테니스 교습소 언덕 아래에 있는 재활센터 에네트하우스에서 상주 상담사로 일하는 인물이다. 게이틀리의 영웅적 면모는 현대적 실존의 다양한 유혹과 정신 이탈증―TV, 고독 그리고 특히 마약―에 맞서 싸우는 그의 투쟁에서 드러난다. 마약 중단에 따른 고통, 그리고 나중에 입은 총상의 육체적 고통을 묘사하는 게이틀리의 이야기를 들어보면, 권태에 대한 드리니언식 접근의 좋은 선례를 볼 수 있다. 게이틀리에 따르면, 모든 것은 현재 순간을 살아가는 데 달려 있다고 한다. 소설이 끝나가는 부분에서 그는 금단 증세나 강제 감금 등 갖가지 "악랄하고 엿 같은 금단 치료법들"을 회상한다.

92일간 보낸 리비어 교도소의 철창. 지나가버린 모든 초^秒의 끄트머리에 대한 느낌. 그 한 초씩에 대한 느낌. 자기 주변에 빽빽이 끌어다놓은 시간들과 놓아버린 시간들. 그 어떤 일분일초에 대해서도 그는 기억했다. 그 일초에 대해 60번 넘게 가졌던 느낌까지 기억했다. 이 점에 대해서 그는 조금도 타협할 수 없었다. 망할 놈의 타협을 할 수가 없었다. 그는 각각의 초마다 그 것을 가둬둘 벽을 둘러쳐야 했다. 그렇게 하자 첫 2주간 전체가 그의 기억 속에서 단 일초—또는 심장박동의 순간만큼이나 더 짧게—처럼 단축되었다. 호흡 한 번에 일 초, 박동 사이마다 숨 을 멈추고 모으기. 심장박동이 뛰는 사이사이마다 날개를 펴 는 끝없는 현재. 그는 이전에는 한 번도 이토록 고통스럽게 살 아있다는 느낌을 가져본 적이 없었다. 맥박 사이의 현재에서 살아가기.[26]

드리니언이 권태 속에서 느낀 행복은 아마도 게이틀리가 현재 순간을 어쩔 수 없이 살아내면서 경험한 '살아있음'과 같은 종류 일 것이다. 치료의 고통은 권태의 지옥과 같은 것이어서 각각의 순간에 대해 벽을 둘러칠 때만이 견뎌낼 수 있다. 그러나 그런 경 험은 매 순간마다 일종의 생생함, 광휘와 광채를 준다. 확실히 그 것은 "살아있음의 선물에 대한 시시각각의 기쁨과 감사"일 것이 다. 그 순간의 바깥으로 벗어나면 그런 행복은 결코 느낄 수가 없 다. 그러나 이런 경험에 이르기란 매우 어려운 것이어서 대부분의 정상인들이라면 생존에 꼭 필요한 경우에나 그것을 느낄 수 있다.

박동과 박동 사이의 현재, 끝없는 지금에 대한 의식—이것들은 이제 메스꺼움, 냉기와 함께 리비어 교도소의 철창에서 사라졌 다. 그는 정신을 차리고 침대 모서리로 와서 앉았다. 그리고 버

티기를 중지했다. 왜냐하면 더 이상 그럴 필요가 없었기 때문이다.[27]

게이틀리가 감옥에서 겪은 이 마약 치료 경험은 소설 끝부분에서 그가 오른쪽 어깨에 입은 총상의 고통을 견딜 때도 도움을 준다. 총상의 통증은 마약 재활치료자가 마약성 진통제를 거부하는 것 이상으로 괴로운 것이다. 그러나 예전의 치료 경험이 안내자 역할을 한다.

그는 오른쪽의 고통에 대해서도 같은 방식으로 대응했다. 버티기. 통증이 오는 한 번의 순간쯤은 견디기 어려운 것이 아니었다. 그러나 곧바로 두 번째 통증이 왔다. 그는 참았다. 정말로 견디기 힘든 건 모든 순간들이 줄지어 늘어서서 반짝이며 대기를 하고 있다는 생각이었다. (…) 그 순간들은 상상할 수 없을 만큼 많았다. 그것들에 버티기 위해서는 (…) 심장박동 사이의 공간에 쭈그려 앉아있을 수만은 없고, 그 박동들 각각에 벽을 치고 거기서 살아야 했다. 머리 들고 위를 보지 못하게.[28]

각각의 초마다 둘러쳐놓은 벽 너머를 보지 않으려는 게이틀리의 투쟁은, 남아있는 파일더미를 보지 않으려는 딘의 투쟁을 떠올리게 한다. 또한 둘을 보노라면, 월러스가 글을 계속 쓰지 못하게 될 것을 고민하며 하루 8시간을 보낼 거라고 말한 것이 떠오른다. 글을 쓰고 있는 이 순간 너머를 보고 싶은 유혹, 뭔가 다른 지점에서 그것에 대해 생각해보려는 유혹으로 망설이는 시간들 말이다. 월러스에게 주어진 도전은 그 순간들에 벽을 둘러침으로써 벽 너머를 보고 싶은 유혹이나 정신 이탈을 막아버리는 것이었다. 딘은 아직 이 벽을 세우는 법을 배우지 못했지만 달인들은 배웠다. 딘이 권태를 참을 수 없는 지옥으로 경험하는 반면, 드리니언은 영원한 행복으로 경험하는 이유가 여기에 있다. 게이틀리는 우리에게 이렇게 말한다.

견딜 수 없는 것은 그의 머리가 이 모든 것을 할 수 있다는 점이었다. 그의 머리는 넘겨다보고 고개를 들어 그에게 보고를 해줄 수 있었다. 물론 그는 듣지 않는 쪽을 택할 수도 있다. (…) 그는 지금까지는 전혀 이것을 이해하지 못했다. 이것이 실체를 향한 욕망을 이겨내는 문제가 아니라는 것을 말이다. 견딜 수 없는 이유는 '머리'에 있었다. 현재 속에서 견디지 않고, 벽을 뛰어넘어 정찰을 한 다음 견딜 수 없는 소식, 하지만 어쨌든 믿을 만한 소식을 가지고 돌아오는 머리 말이다.[29]

게이틀리의 살아있음, 또는 드리니언의 행복은 가장 견딜 수 없는 상황에서만 정확히 도달할 수 있는 것이다. 고통이나 권태, 불안이나 분노가 너무나 극심한 나머지 그 속에서는 단 일초도 살수 없게 느껴질 때, 그런 상황이 견딜 수 없을 만큼 극심하여 살아있는 지옥으로 화할 때, 우리는 달리 선택할 수 없는 순간을 맞게 된다. 그럴 때는 오로지 현재 주위에 벽을 치고 전적으로 그 속에서만 살 수밖에 없다. 이것이야말로 우리를 짓누르는 권태가 열쇠인 이유이다. 왜냐하면 이 권태를 이겨냄으로써만 선택이 가능해지기 때문이다. 월러스의 관점에 따르면, 이런 총체적 고통의 선택은 모든 정신 이탈을 막는 일이자 영원한 현재의 기쁨과 감사함 속에서 머무르는 일이다.

"오늘은 오늘 일만"

월러스는 2005년 케니언 대학에서 명예학위를 받고 그해 졸업식 연설을 했다. 이 연설문은 월러스 사후에 원래의 연설문보다 조금 짧은 제목으로 출간되었다. 『이것은 물이다―의미 깊은 날에 전하는 자비로운 삶에 대한 단상들 *This is Water: Some Thoughts, Delivered on a Significant Occasion, about Living a Compassionate* 』.

월러스의 대다수 후기 작품들과 마찬가지로 졸업식 연설의 요지는 단순하고 빤한 상투어들에 종종 심오한 진리가 숨어 있다는 것이다. 월러스에 따르면, 고도로 지적이고 복잡하며 미적인 원리들을 선호하는 포스트모던적인 경향 때문에 이런 사실이 무시되고 있다고 한다. 즉 미적으로는 흥미 없을지 몰라도 단순하고도 심오한 진실이 은폐되고 있다는 것이다. 단순성에 대한 포스트모던적인 반감은 "우리 세대를 밑바닥에서부터 파괴하는 것들 가운데 하나"[30]이다.

작가로서 월러스의 주요 목표는 이런 상투어들 안에서 여전히 숨쉬고 있는 진리를 소생시키고, 그것에 원기를 불어넣어 다시 생생한 관련성을 만들어내는 것이었다고 할 수 있을 것이다. 각각의 초에 대해 벽을 둘러친 게이틀리의 경험은, 어떤 알코올 중독자가 알코올을 끊으며 내걸었다는 유명한 표어의 발전된 형태라고 할 수 있다.

"오늘은 오늘 일만"(One Day at a Time)과 같이 진부하고 단순한 말 덕분에 이런 사람들도 지옥을 헤쳐 나갈 수 있는 거죠. 저도 약물을 끊기 시작한 6개월 동안 이런 지옥을 만난 적이 있습니다. 이 말이 저를 강타했지요.[31]

월러스는 왜 상투어들이 문자 상의 진실을 담지하고 있는지 보여준다. 졸업 연설에서 그는 이렇게 말한다. "가장 분명하고 중요한 현실들은 종종 보고 말하기 가장 어려운 것들입니다."

이 연설문은 중간쯤에 등장하는 섬뜩한 세 문장으로 아주 유명해졌다. 월러스는 말쑥한 얼굴의 열정 어린 졸업생들, 그리고 자랑스러운 미소를 띠고 축하를 하기 위해 모인 가족들을 앞에 두고 이렇게 말한다.

총기 자살자들이 거의 똑같이 '머리'에 총을 쏴서 자살하는 것은 결코 우연의 일치가 아닙니다. 악랄한 주인에게 총을 쏘는 거죠. 그리고 이런 자살자들은 방아쇠를 당기기 오래전에 이미 죽었다고 보는 것이 맞을 겁니다.

보통의 졸업 연설에서는 이런 말을 하지 않는다. 이 문장들은 월러스를 회고하면서 유명해졌다. 그의 절박한 죽음을 예고하는 전조로 보였기 때문이다. 당시 월러스가 개인적인 경험으로부터 이야기를 꺼내고 있었다는 점은 의심의 여지가 없다. 결국 이 사람은 최소 한 번은 이미 자살을 시도했던 사람이고, 3년이 채 지나지 않아 다시 자살을 시도할 사람이며, 이후 6개월 만에 힘들여 성공하게 될 사람이었던 것이다.

하지만 우리들 저자가 여기서 주목하는 것은 이런 신랄한 입장이 아니다. 그보다는 월러스가 취했던 입장 가운데 옹호하기 어려운 생각의 실마리가 이 문장들과 연설문에서 발견된다는 것이다. 다시 말해서 왜 우리를 짓누르는 권태가 열쇠가 될 수 없는지의 단서가 그 안에 있다는 것이다. 어쨌든 열쇠는 월러스가 생각했던 것과는 다른 것이다.

생각의 통제

케니언 대학 졸업 연설에서 월러스가 다시 살려내야 한다고 한 상투어는 교육 현장에서 오래 써온 것들로서, 인문학 교육에서

'어떻게 생각할 것인가'를 가르칠 때 이용하는 어휘들이다.

졸업하고 20년이 지난 후에야 차츰 나는 이 상투어를 이해하게 되었습니다. (…) 그것이 더 심오하고 진지한 생각에 이르기 위한 속기록이라는 것을 말이지요. 생각하는 법을 배운다는 것은 곧 무엇을 어떻게 생각할지에 대해 통제하는 법을 배우는 것입니다. 즉 어떤 것에 주의를 기울여야 할지, 경험으로부터 어떤 의미를 뽑아낼지를 충분히 의식적이고 자각적으로 선택할 줄 알게 된다는 것을 말합니다. 성인으로 살아가면서 이런 선택 능력을 훈련하지 못한다면, 여러분은 큰 곤경에 처하게 될 겁니다.

무엇을 어떻게 생각할지를 통제하는 훈련술은 정확히 레인 딘 주니어가 익히려고 애썼던 기술이다. 통제를 잃고 벽을 타넘으려고 하기보다는 현재 작성 중인 세금조사 문서에만 집중하기를 선택하는 기술이다.

이 기이한 졸업 연설의 천재는 삶의 모든 공간에서 이런 분투를 발견한다. 교통 체증과 붐비는 슈퍼마켓 통로에서, 영혼을 죽이는 엘리베이터 음악과 상업용 팝송에서, 우리 일상의 고요를 깨뜨리는 "소처럼 어리석은 눈망울의 죽은 눈을 가진 비인간적인" 얼굴에서, 나아가 계산대 여성이 "죽음의 절대적인 목소리를 띤 어조로" 건네는 "좋은 하루 되세요" 같은 인사에서 말이다. 월러스는 이 모든 "처량하고 귀찮고 무의미하게 보이는 판박이 같은 것들" 속에서 진부함, 권태, 분노 및 좌절에 맞서는 분투를 발견한다. 우리 삶을 "하루 지나서 한 주 지나서 한 달 지나서 한 해"가 되게 만드는 일상들에서 말이다. 이런 분투야말로 월러스가 우리에게 집행을 유예시켜주려 했던 실존이다.

아마 이런 이야기는 일종의 스케치로 한 이야기일 것이다. 물론 우리는 모두 비슷한 일상을 산다. 하지만 월러스처럼 이런 무시무시한 경험을 현대 세계의 본질이라고 주장한다면, 그건 확실히 과장이다. 즉 성장을 한다는 것, 그리고 "성인의 삶에 매일매일 새겨지는 주름들"을 알아가는 것—순진무구한 졸업생들은 아직 하지 못한 일—이 곧 실존이 견딜 수 없는 것임을 깨닫는 일과 같다고 한다면, 그것은 과장이라는 얘기다.

하지만 우리 모두가 이런 종류의 좌절들을 인식한다는 점만은 분명하다. 이 좌절들이 지속적이든 단속적이든, 또는 월러스가 그랬듯이 우리를 계속 전염시키든 아니면 최후 순간에만 찾아오든, 아니면 주기적으로 침입하는 익숙한 적이든 먼 변방에 떨어져 있는 적이든 간에 말이다. 우리는 그것들을 삶의 불행한 순간들로 인식한다. 일상 속의 좌절들이 없다면 우리 삶은 더 나아질 것이다. 따라서 우리는 그 순간들을 후회하고 슬퍼하고 나아가 비난하기까지 한다. 그리고 그것들이 사라지면 행복해한다.

이 점에서 월러스는 생각을 통제하는 것이 열쇠라고 주장한다. 저런, 내 앞 계산대에서 "덕지덕지 화장한 썩은 눈의 뚱뚱한 여자"가 자기 아이에게 소리를 지르고 있군. 당연히 나는 그녀에게 화가 치밀어 오른다. 하지만 꼭 그렇게 반응할 일이 아니다. 월러스에 따르면, 지금 필요한 것은 그저 그녀에 대한 나의 생각을 통제하는 것이다. 그것은 내 안에서 지금 솟구쳐 오르는 경험에 대하여 다른 의미, 그리고 더 행복한 의미를 구성하는 것이다. "아마저 여자도 평상시에는 그러지 않을 거야"라고 추론해보는 것이다.

아마도 그녀는 골수까지 침투한 암으로 죽어가는 남편의 손을 잡고 사흘 밤을 지새웠을지 모릅니다. 아니면 오토바이 숍의 최저임금 직원일지도 모르죠. 어제 당신 부부를 노발대발하게 했던 빨간 테이프 문제를, 작은 사무적인 친절을 발휘해서 해결해준 그 여자 말입니다. 물론 그 여자가 아니겠지만 불가능할 것도 없습니다. 단지 우리가 생각하기에 달려 있는 거죠.

물론 이것은 쉽지 않은 일이다. 월러스는 자신이 도덕적인 충고를 하고 있는 게 아님을 강조한다. 타인에 대한 당신의 생각을 통제하는 것은 어려운 일이다. 현재 당신이 맞닥뜨린 불쾌한 상황에 대한 생각, 또는 당신을 불행하게 만드는 바로 이 순간에 대한 생각을 통제하는 것은 어려운 일이다. 그러기 위해서는 노력과 의지가 필요하며, 때로는 당신 혼자서 할 수 없을지도 모른다.

하지만 월러스에 따르면 이것만이 우리에게 주어진 가능성이다. 그냥 가능성이 아니라 유일한 가능성이며, 현대의 삶을 구원할 유일한 가능성이다. 월러스는 "여러분이 선택을 할 때 충분히 주의를 집중할 수만 있다면, 아마 여러분은 (상황을) 달리 보기를 선택할 수 있을 겁니다"라고 말한다.

만일 여러분이 생각하는 법, 주의를 집중하는 법을 진정으로 배운다면, (…) 여러분의 힘으로써 이런 선택이 가능할 겁니다. 즉 이 혼잡하고 후덥지근하며 느려터진 소비지옥의 상황을 그냥 의미 있는 것이 아니라 성스러운 것으로까지 경험하는 힘 말입니다. 그것은 불속에서 별들을 제련하는 것과 같은 힘입니다. 사랑, 동료애, 모든 사물에 깊이 내재한 신비로운 통일성을 제련하는 힘 말입니다.

문제는 권태가 아니다. 이런 선택이야말로 월러스가 전하고자 했던 실제 가르침이다. 세계를 성스럽고 의미심장한 것으로 경험—의지와 노력으로 그렇게 할 수 있다—하려는 선택은 우리의 힘으로써만 해낼 수 있는 선택이다. 그것은 힘과 용기와 인내심을 수반하는 선택이다. 아마도 그것은 일종의 영웅주의까지 요구할 것이다. 하지만 월러스는 그런 선택이 가능하다고 생각한다. 아니, 가능한 것 이상으로 오늘날의 세상에 필수불가결하다고 생각한다.

불행을 행복으로
바꾸는 비결?

월러스가 염려했던 것은, 자신이 "쓰고자 하는 소설을 충분히 써낼 수 있는 사람이 아니라는"[32] 점이었다. 아마도 그는 자신이 그 일을 충분히 해낼 만큼 강인하거나 헌신적이거나 고집스럽지 못하다고 간단히 생각했을지 모른다. 프랜즌에게 보낸 편지에서 그는 이렇게 썼다. "아마도 답은 간단하겠지. 내가 하려는 일은 내가 기꺼이 쏟을 수 있는 것보다 더 많은 노력을 요구할 걸세."

그러나 이 말을 단순히 월러스 자신의 글쓰기에 대한 관찰로만 볼 수는 없다. 이것은 그의 인생 전체에 대한 관찰이기도 하다. 미첼 드리니언이라는 인물—"행복한" 인물—을 쓰기 위해서 월러스는 드리니언의 비결을 배우려 했을 것이다. 그리고 여기서의 비결이란 글 쓰는 과제에 몰두하기 위한 비결만은 아니었을 것이다. 그것은 삶의 모든 상황에서 불행을 행복으로 바꾸는 비결이었다. 어떤 것이 성가시고 비참한 것으로 자동 경험된다 해도, 생각을 조절해서 그것을 다르게 생각하도록 자신을 강제하는 방법을 찾는 비결이었다. 개인의 순전한 의지력만으로 말 그대로 "더 행복한" 의미를 찾아내는 비결이었다. 월러스 스스로 이것이 불가능했다면, 그런 인물을 쓸 수도 없었을 것이다. 그리하여 드리니언이라는 인물을 쓰지 못했다면, 시대가 요구하는 작가도 될 수 없었을 것이다.

물론 이상의 이야기는 우리들 저자의 순수한 사변이다. 우리는 이 책을 쓰면서 구글에서 정확히 4개의 "미첼 드리니언"이란 이름을 찾을 수 있었는데, 4가지 모두 D. T. 맥스가 「뉴요커」 2009년 3월 9일자에 실은 기사에서 인용한 것들이었다. 월러스는 평생 드리니언에 관해서는 아무것도 출판하지 않았다. 맥스에 따르면, 그는 심지어 2007년 편집자에게 보냈던 『창백한 왕』의 초고 더미에서도 공중 부양하는 드리니언 이야기를 빼놓았다. 월러스의 유산에 대한 맥스의 상세하고 통찰력 있는 기사가 없었다면, 우리는 드리니언에 대해 전혀 알지 못했을 것이다.

그렇다. 이것은 사변이다. 그러나 모든 점을 고려할 때 전혀 근거 없는 사변은 아니다. 우리들 저자가 보기에 드리니언은 월러스가 쓴 가장 어려운 인물이었고, 마지막까지도 만족하지 못했던 인물이었다. 왜냐하면 그는 드리니언의 행복이 옳은 것인지 결코 확신할 수 없었기 때문이다. 결국 월러스의 기획은 단지 많은 문학적 관례들을 깨트리려는 포스트모던한 기획이 아니었다. 그보다는 오히려 현대 세계에서 더 잘 살 수 있는 가능성(과 불가능성)을 탐구하기 위해 인물들을 그려내는 매우 전통적—어떤 이들은 그것을 실존적이라 부를지도 모른다—인 기획이었다. 그의 마지막 주요 인터뷰, 즉 2007년 8월 「누벨 옵세르바퇴르」와 가진 미출간 인터뷰에서 월러스는 그가 가장 존경하는 작가들과 그들을 존경하는 이유에 대해 말한다. 그 목록에는 성 바울, 루소 그리고 도스토옙스키가 포함되어 있다. 월러스는 이렇게 말한다. "여기서 제가 부러워하고 탐내는 점은 기술적 능력이나 특별한 재능보다는 인간의 자질—정신의 역량—인 것 같습니다."[33]

월러스는 현대 세계에 필요한 정신의 역량을 발견했다고 생각했다. 그는 딘의 투쟁과 게이틀리의 성공, 그리고 특히 행복하게 공중 부양하는 미첼 드리니언이라는 인물에게서 그것을 발견했다. 그러나 불행하게도 그 자신에게는 이런 역량이 없다는 사실을 대번에 깨달았다. 그는 "시대의 어둠에도 불구하고 여전히 살아 있고 빛을 내는 인간적이고 마법적인 것"을 설정하고, 절망적으로 그것에 심폐소생술을 행하려고 노력했다. 하지만 그 스스로는 이미 내부에서 죽어 있었다.

아무도 완수할 수 없는 과제

아마도 월러스의 이야기 가운데 가장 슬픈 부분은 그가 열망했던 인간성, 그가 존경하고 탐했던 정신의 역량이 신기루라는 점일 것이다. 우리 문화를 구원할 가능성은커녕 월러스조차 스스로 도달할 힘이 없다고 자책했던 실존의 전 면모는, 사실상 인간에게 불가능한 것이다. 월러스가 그것에 도달할 수 없었던 이유는 그가 나약해서가 아니라, 그의 영혼 속에 깊고 끈질긴 인간적 한계가 작용하고 있었기 때문이다.

마르틴 루터의 사례를 돌이켜 보면 이 점은 더 분명하게 알 수 있다. 월러스가 레인 딘 주니어를 통해 묘사한, 아마도 월러스 자신의 이야기이기도 한 정신적 투쟁은 그 형식상 루터의 내면적 전투와 유사하다. 루터의 내면적 전투는 신과 인간에 대한 중세 형이상학의 생각을 완전히 다시 그린다.

지나치게 경건했고 독실했던 수도승 루터의 젊은 시절을 떠올려 보자. 그는 영혼에 남겨진 죄의 모든 흔적을 지우는 일에 과도하게 몰두한 나머지 끊임없이 스스로를 정화하고자 했다. 그는 개인적인 죄를 확인하고 고백하는 일에 실로 강박적으로 매달렸다. 루터의 젊은 시절에 대한 이야기 중에는 일부 지어낸 것들도 있지만 어쨌든 루터가 경건하고 순결한 수도승이었음을 말해준다. 그는 영혼의 순수성에 너무 얽매인 나머지 죄를 모조리 고백하는 데 6시간이나 걸린 적도 있었다. 또 충분히 만족스럽게 죄를 고백한 직후에 다시 마음속에 기어들어온 오만한 생각을 고백하려고 고해실로 황급히 되돌아갔다는 이야기도 있다. 막 끝낸 고백의 길이만큼 다시 고백하려고 했던 것이다! 이 이야기에는 루터 때문에 암담해진 요한 폰 슈타우피츠가 등장한다. 그는 루터의 현명하고 인내심 많은 고해 신부였는데, 루터의 끊임없는 고백 방문을 견디다 못해 마침내 그를 꾸짖었던 인물이기도 하다. 그는 "마르틴, 자네는 스스로를 다잡아야만 하네. 자네는 방귀뀔 때마다 매번 죄를 고백하려 하고 있지 않나!"라며 불평했다. 하지만 슈타우피츠가 마지막까지 속수무책이었던 것은 분명하다. 그는 이렇게 외쳤다. "더 이상 이런 시건방진 고백들을 가지고 오지 말게, 루터. 자네 아버지건 누구건 죽이고 오게. 그만한 죄쯤 되어야

마르틴 루터 초상화. 절친한 친구였던 루카스 크라나흐(Lukas Cranach The Elder)가 1532년 그린 그림.

우리가 함께 이야기할 수 있을 걸세."

루터가 자기 영혼에서 죄를 몰아내려고 분투했던 모습은 월러스가 자신을 잠식하는 권태, 분노, 좌절 그리고 정신 이탈에 대해 전 생애에 걸쳐 저항한 것과 유사하다. 월러스는 젊은 루터와 비슷한 스타일의 작가였을 것이다. 글쓰기에 집중하지 못하는 자신을 깨닫고는 자기의 의지박약을 비난하고, 새로운 활력과 목표의식을 가지고 과제로 돌아가서 새로 찾은 초점에 잠시 만족하지만, 이런 순간적 만족에 빠진 자신을 다시 비난하면서 더 강인하지 못한 자신을 역겨워하고, 마침내 절망에 빠져 포기하는 작가다. 월러스가 글 쓰지 못하는 것을 걱정하며 보낸 하루 여덟 시간은 루터가 순수함을 잃을까봐 우려하며 보낸 하루 여덟 시간과 같다. 목표를 이루고자 더 열심히 노력하면 할수록 그들에게 목표는 더 멀어지고 성취할 수 없는 것으로 보였을 것이다.

심리적 갈등이 문제라고 진단했던 사람은 바로 성 바울─월러스가 좋아한 인물 중 하나─이었다. 로마인들에게 보내는 서한에서 바울은 '탐내지 말라'는 계명을 아는 것과 그것을 지키려는 의지 사이의 전도된 관계를 이렇게 설명한다. "율법을 통하지 않았다면, 진정 나는 무엇이 죄인지도 몰랐을 겁니다."

> 만일 율법이 "탐내지 말라"고 하지 않았다면 나는 탐욕이 무엇인지도 몰랐을 것입니다. 그러나 죄가 계명으로 기회를 틈타서 내 속에 온갖 탐심을 일으켜 놓았습니다. (…) 그러나 계명을 알게 되자 죄는 살아나고 나는 죽었습니다. 생명을 주기 위한 그 계명이 오히려 나에게 죽음을 가져다 준 것입니다.[34]

그것은 구식 파티에서 하던 '말하는 대로 따라하기' 게임과 비슷하다. 즉 "저기 자동차 지붕 위에 홍학 한 마리가 앉아서 길 건너 빨간색 왕거북이를 쳐다보고 있네…라고 상상하지 말기!' 같은 게임이다.

정말이지 우리는 그 말을 듣기 전엔 상상하지 않았다.

루터의 에피소드는 모든 정신적, 영적, 심리적 결과가 반드시 힘겨운 노력이나 통제를 통해서만 얻을 수 있는 것이 아님을 깨닫게 해준다. 잠자기가 그렇듯 어떤 정신적 과제는 좀 더 찰나적인 접근을 요한다. 반면 자기 통제만이 열쇠라고 생각한 이는 월러스 말고도 많다.

20세기 서양 문화는 부분적으로는 신의 죽음에 대한 일련의 반응들로 이뤄졌다고 할 수 있다. 다시 말해서 한 사람의 인생을 합당하게 이끌어주는 의심할 바 없는 단일한 덕목 체계—유대-기독교적 덕목 체계—가 있다는 생각, 이런 생각을 공적으로 나눠 가졌던 문화가 사라진 데 대한 반응으로 만들어졌다고 할 수 있다. 신이 존재한다는 암묵적 가정이 퇴조하고 무신론과 불가지론이 보편화됨에 따라, 유대-기독교적 원리가 모든 문제에 타당하다는 주장도 자명성을 잃게 되었다. 도스토옙스키가 『카라마조프가의 형제들』에서 말했듯이, 신이 없다면 모든 것이 허용되는 것이다.

니체는 이런 자유를 환영했지만 다른 이들은 신의 죽음을 거대한 상실로 보았다. 예컨대 사뮈엘 베케트의 『고도를 기다리며』는 신의 귀환에 대한, 결코 이룰 수 없는 희망의 이야기라고 할 수 있을 것이다. 나아가 그의 후기 연극인 『게임의 끝』은 서양 역사에서 한 걸음 더 나간 단계를 기록한 것이다. 이 연극에서 문화는 결국 모든 의미의 상실, 끝없는 신의 부재에 내맡겨진다. 『게임의 끝』의 인물들은 이런 절망의 시대를 어떻게 헤쳐 나아갈지를 묻기보다는, 어떻게 자신들의 실존을 끝낼 수 있는지를 묻는 데만 열중한다.

이런 이야기만으로도 상황은 절망적으로 들린다. 그러나 월러스의 전망은 한 발짝 더 나아간다. 왜냐하면 월러스에게는 신의 구원에 대한 희망은 물론이요, 이런 희망의 상실에 의탁하려는 생각마저 찾아볼 수 없기 때문이다. 확실히 월러스에게는 이런 희망과 체념의 정조조차 완전히 없다. 그는 전통적으로 이해되던 성스러움에 대한 기억마저 잃어버린 것처럼 보인다. 말하자면 그에게는 의미의 외적 원천에 대한 개념 자체가 없다. 그런 개념이 있어야만 그것의 귀환도 바랄 수 있고, 아니면 아예 체념을 할 수 있을 텐데 말이다. 월러스는 이렇게 쓰고 있다. "찰턴 헤스턴*이 됐건 조연이 됐건 둘 다 아니건 간에, 신은 전적으로 인간이라는 매개체를 통해서 말하고 행동한다."[35] 월러스에 따르면, 의미를 되찾을 가능성은 오직 개인의 의지력에만 달려 있는 것이다.

이런 점에서 월러스의 관점은 니체적인 것이었다. 물론 베케트가 그러했듯이 니체도 너무 일찍 서양 역사에 등장한 감이 있다. 예를 들어 니체는 이렇게 믿었다. 문화를 떠받치는 신의 역할이 더 이상 분명하지도 당연하지도 않게 되기까지는 매우 오랜 시간이 걸렸다고 말이다. 니체는 이렇게 쓰고 있다.

---

* 배우 찰턴 헤스턴이 「십계」 「벤허」 「엘시드」 등 여러 종교영화에서 신의 뜻을 구현하는 역을 주로 맡았던 것을 비유한 말.

신은 죽었다. 그러나 인간의 방식이 그렇듯이, 앞으로도 그의 그림자를 비추어주는 동굴은 수천 년 동안 여전히 존재할 것이다.[36]

월러스의 세계에도 그런 동굴이 남아있겠지만, 그는 어떤 글에서도 그런 동굴을 알고 있다는 암시를 하지 않는다. 신은 『끝없는 농담』의 세계에 아무런 그림자도 남겨놓지 않았다.[37]

반면, 니체의 세계는 그렇게까지 몰락하지 않았다. 19세기 유럽 문화는 여전히 유대-기독교적인 덕목들이 합당할 뿐 아니라 신으로부터 인가받은 것이라는 점을 전반적으로 받아들이고 있었다. 니체는 이런 상황이 변해가는 모습, 즉 문화적 관례들practices* 이 더 이상 지지받지 못하는 모습을 목도하고 있었지만, 문화의 전적인 변형은 먼 훗날에나 벌어질 일이라고 믿었다. 그럼에도 니체는 언젠가는 문화의 변형이 반드시 일어나리라 믿었던 점에서 월러스와 동일한 허무주의적 사상을 품고 있었다. 인간 실존에 있어서 유일한 의미의 원천은 곧 개인의 강력한 의지력에 있다는 사

---

* practice는 어원상 그리스어 'praxis'에서 온 말로서(연관어인 '프라그마타'는 사물, 사안, 일 등을 뜻함) 통상 '윤리·정치적인 실천'으로 번역되지만 원래 그보다 광범위한 뜻을 함축한 낱말이다. 하이데거는 주위에서 만나는 것들에 대한 인간의 고려(Besorgen) 행위 전반을 가리켜 'practice'라고 말한다. 다시 말해서, 사물들의 존재에 반응하고 응대하는 인간 행위의 총체를 일컫는 말이다. 이런 맥락에서 이 책의 저자들도 'practice'를 광의로 사용하고 있다. 특히 이런 행위들이 일정한 방식으로 (문화적으로) 정착된 모습을 가리키는 말로 사용하기도 한다. 그래서 옮긴이는 때때로 '실천'보다는 '의례', '관례' 또는 관련된 사안(事案)이라는 의미의 '일' 등으로 이 단어를 옮겼다.

상 말이다.

신의 죽음 이후에도 훌륭하게 살아가는 개인에 대해 니체는 "자유로운 영혼"이라는 이름을 붙였다. 적절히 용인되는 행동만을 하는 한 이 자유로운 영혼은 어떠한 외적 규범의 강제도 받지 않는다. 신이 없으면 모든 게 허용될 거라고 도스토옙스키가 우려했던 것처럼, 자유로운 영혼에게는 모든 게 허용된다. 루터 교회에서 중요한 직책을 맡았던 아버지와 두 할아버지의 과도한 강압에서 자유로워지고자 몸부림쳤던 니체는, 이것을 정말이지 '즐거운' 가능성이라고 보았다.

그러나 월러스의 세계에는 이런 즐거움조차 없다. 오히려 무거운 책임만이 있을 뿐이다. 짐이 너무 과한 나머지 어떤 인간 영혼도 완수할 수 없는 책임 말이다. 그것은 신 자신이 한때 행했던 무로부터의 창조와 마찬가지로, 무로부터 행복한 의미를 구성할 책임이요, 이를 통해 무의미와 신 없는 세계의 고달픔으로부터 벗어날 책임이다. 이것은 우리 스스로 신이 되라는 요구나 다를 바가 없다.

너무나 자유롭기에
오히려 불행한

월러스는 자신의 견해가 큰 노력을 요한다는 것을 무의식적으로나마 알고 있었다. 다시 졸업 연설의 핵심 문장을 살펴보자. 우리에게 요구된 과제는 믿을 수 없을 만큼 어려운 일이라고 월러스는 말하고 있다. 혹시 우리가 그것을 해내지 못하더라도 아무도 비난하지 않을 만큼 어려운 일이다. 하지만 그것은 또한 반드시 배워야 할 일이기도 하다. 즉 아무리 비참하고 지루하고 절망스런 실존의 순간에도 다르게 보기를 선택하는 것, 그런 순간들을 행복하고 의미 있고 성스러울 뿐 아니라 더없는 희열의 경험으로 보는 방법을 우리가 배워야 한다는 것이다.

만일 여러분이 주의를 집중하는 법을 진정으로 배운다면 다른 선택지들이 있다는 걸 알게 될 겁니다. 이런 선택은 여러분의 내적인 힘을 통해서만 가능합니다. 즉 이 혼잡하고 후덥지근하며 느려터진 소비지옥의 상황을 그냥 의미 있는 것이 아니라 성스러운 것으로까지 경험할 수 있는 힘 말입니다. 그것은 불 속에서 별들을 제련하는 것과 같은 힘입니다. 사랑, 동료애, 모든 사물의 깊은 곳에 내재하는 신비로운 통일성을 제련하는 힘 말입니다.

월러스는 그런 경험이 의미심장할 뿐만 아니라 성스럽기까지 하다고 말한다. "불 속에서 별들을 제련하는 것과 같은 힘", 이 인용구는 월러스가 의식하고 있었든 못했든 간에 사실은 단테 『신곡』의 마지막 행들에 대한 응답이다. 즉 단테가 자신의 모든 정체성을 포기하고 신적인 사랑의 성스러운 힘, 곧 태양과 별들을 움직이는 사랑의 힘 아래 자신을 복속시키면서 신과의 신비스런 합일 속에서 얻은 망아적 행복의 느낌을 묘사하는 부분에서 따온 인용이다. 월러스가 원한 것은 더도 덜도 아닌 바로 이것이다.

하지만 월러스가 희망한 성스러움의 경험은 전통적 상태로부터 너무 변형되었고, 심지어는 전통의 토양에서 아예 뿌리째 뽑혀서, 이제는 거의 성스러운 것이라 말할 수조차 없다. 그가 말한 실존의 성스러운 순간은 더 이상 중세 기독교 문화에서처럼 신에게서 받은 선물이 아니다. 또는 그리스의 다신주의에서처럼 우리의 희생과 의례를 통해 육성하고* 보호해야 할 것도 아니다. 나아가 멜빌이 그랬듯이 집단의 압력과 강요에 저항하는 우울한 감수성** 속에서 찾을 수도 없다. 월러스가 말한 성스러움이란 우리 스스로 경험에 부여하는 것이지 결코 우리 경험에 주어지는 것이 아니다. 월러스는 우리 스스로 선택하기만 한다면 무엇—소비지옥조차—이든 성스러운 것으로 경험할 수 있다고 본다.

그러므로 월러스가 말하는 구원의 가능성은 가장 힘든 일인 동시에 가장 가난한 것이다. 먼저 그것은 최소 두 가지 이유 때문에 힘든 일이다. 첫 번째는 행복이 찾아왔을 때마다 따는 것

---

* 원어는 'cultivate'. 독자는 이 말이 문화(culture)와 밀접한 관계에 있음을 기억했으면 한다. 문화란 어원적으로 자연(땅)에 인위(人爲)를 더해 자연을 '육성하고 성장케 한다'는 뜻을 가지는데, 저자들도 문화를 기본적으로 이렇게 이해하면서 이 용어를 사용한다.

** 『모비 딕』의 1인칭 화자인 이슈메일의 정조를 말함. 저자들은 이슈메일을 모든 것의 관찰자이자 어느 쪽도 따르지 않는 영웅적 방랑자로 보면서, 그것이 가능한 것은 그의 수용적 기질 때문이라, 고 한다. 그리고 이런 태도야말로 신성함에 이르는 바람직한 방식이라 해석한다. 이 책 6장 참조.

없이 판돈만 자꾸 오르기 때문이다. 뒤에서 살펴보겠지만 단테가 말한 극단적 행복이 그런 것이었다. 그 행복은 너무나 강력한 것이어서 인간의 헌신이나 집착 내지 그 어떤 기도조차 쓸모없게 만들어버리고, 너무나 압도적인 기쁨이어서 땅과 땅 위의 모든 재화들을 모조리 무의미한 것으로 만들어버리며, 너무나 황홀한 희열이어서 우리를 이 세상에서 끄집어내서 무한하게 아름다운 세상으로 데려간다. 월러스를 따르게 되면, 이 정도의 성스런 경험만이 행복이라 할 수 있을 것이다. 정녕 월러스가 이런 목표를 추구한 것이라면, 지상의 그 무엇으로도 여기에 이를 수 없다. 한 인간의 위대함에 갈채를 보내기 위해 자발적으로 일어선 관중들의 희열, 모닥불 곁의 아늑함, 가족식사의 편안함과 감사, 그 어떤 행복으로도 거기에 다가가지 못할 것이다. 구원은 오로지 공중 부양하는 미첼 드리니언의 황홀경을 통해서만 가능할 것이다.

월러스의 방식은 두 번째 이유에서도 힘든 것이다. 왜냐하면 그런 방식은 가장 진부하고 고통스럽고 두려운 실존의 순간에서조차 끊임없이 행복을 느끼라고 요구하기 때문이다. 사실상 그것은 지옥마저도 천국으로 경험하기를 요구하는 행복이다.

문제는 이렇게 극단적으로 힘든 구원의 상像이 정말 매력적인가 하는 데 있다. 그 속에서는 어떤 경험이 다른 경험보다 낫게 보일 여지가 전혀 없이, 모든 경험이 평준화되어 버리기 때문이다. 심지어는 이런 영원한 행복이 과연 바람직한 것인지 의문이 들 정도이다. 비교할 수 있는 것이 전혀 없다면 그 행복이 진정 인간에게 좋은 것일까? 또한 인간의 감정 가운데 어느 하나가 의미 있으려면, 감정의 전체 윤곽이 있어야 하지 않을까? 바로 이것이 멜빌의 생각이었음을 우리는 앞으로 살펴볼 것이다. 그가 찬탄을 보낸 캣스킬 산의 독수리*는 가장 높은 봉우리에서 가장 어둔 골짜기까지 자유자재로 날 수 있기 때문에 모든 시점視點에서 우리가 처한 상황의 참된 의미를 볼 수 있다.

마지막으로 성스러움에 대한 월러스의 견해는 위의 두 가지 이유로 힘든 일일 뿐만 아니라, 심히 가난한 것이기도 하다. 이미 살펴보았듯이, 월러스는 실존의 "성스러운" 순간들이 선물이라는 생각을 전혀 하지 않으며, 따라서 그것에 감사할 이유도 전혀 없다. 월러스가 추구한 행복은 황홀하고 비현실적인 것이어서 단테의 극단적인 기독교적 일신주의에서나 찾아볼 수 있는 것이고, 한 걸음 더 나아가 오로지 개인의 의지를 통해서만 얻을 수 있는 것이다.[38] 성스러움에 대한 월러스의 관념은 신성함이 개인의 외부에서 주어진다는 전통적 관념과는 완전히 결별한 것이다. 이와 반대로 단테의 세계에서는 우리가 개인 의지를 완전히 포기하고 신의 의지에 맡길 때만 비로소 황홀한 행복을 경험할 수 있다. 단테는 월러스가 인용한 바로 그 부분에서 "그러나 나의 날개는 그런 비행을 하기 위한 게 아니었으니…"라고 쓰고 있다.

---

* 멜빌이 이슈메일의 기질을 묘사하기 위해 쓴 표현.

여기 고귀한 환상에 내 힘은 소진했지만,
한결같이 돌아가는 바퀴처럼 나의
열망과 의욕은 다시 돌고 있었으니,
태양과 별들을 움직이는 사랑 덕택이었다.[39]

월러스가 자신이 쓰고자 하는 소설을 충분히 써낼 만큼 강하지 못하다고 걱정했던 것은 놀랄 일이 아니다. 오직 인간을 넘어선 신성한 힘만이 그 과제를 이루어줄 수 있기 때문이다.

반면, 니체는 우리가 충분히 이런 기획을 성취할 수 있을 만큼 강하다고 생각했다. 진정 자유로운 영혼이라면 즐거움을 안고 이 방식으로 살아갈 수 있다는 것이다. 사실상 니체는 우리들 각각이 신이 되는 것이야말로 실존의 유일한 가능성이라고 믿었다. 니체는 일종의 무한한 자유를 생각하고 있었던 셈인데, 열린 바다에서 영원히 살아가는 것을 '자유로운 영혼'이라 부르고, 견고하긴 하지만 우리를 속박하는 육지를 '버려진 부두다리'에 비유한 것을 보면 더욱 그렇다. 니체는 이렇게 썼다. "우리는 육지를 버렸고 이미 출항했다."

우리는 뒤에 남겨진 부두다리조차 불태워버렸다. 실로 우리는 멀리 떠나왔으며 남겨진 육지조차 파괴해버렸다. (…) 육지가 더 많은 자유를 줄 것 같아 향수를 느낀다면, 그건 슬픈 일이다. "육지"는 더 이상 남아있지 않다.[40]

육지에 향수를 느끼는 사람, 다시 말해서 외적인 강제력이나 견고한 토대에 의존해서만 실존적 선택을 내릴 수 있는 사람은 니체의 관점에서는 강인한 사람이 아니요, 무한한 자유의 즐거움을 누릴 수 있는 사람이 아니다.

하지만 이것이 얼마나 비상한 힘을 요구하는지는, 월러스가 목표로 삼았던 극단적 자유를 생각하면 금방 알 수 있다. 이런 의지의 자유는 너무나 완전한 나머지 우리는 그 힘을 통해서 타는 듯한 고통조차 절대적인 즐거움으로 바꿔서 경험할 수 있다. 지옥마저도 "모든 사물의 깊은 곳에 내재하는 성스럽고 신비로운 통일성"으로 경험할 수 있다는 얘기다. 우리가 경험으로부터 구성하는 의미가 어떤 것이건 간에 속박은 더 이상 없다. 이런 무한한 자유의 맥락에서는 잠깐의 구속―발목을 붙잡는 육지―마저도 슬프고 개탄할 일이며, 짜증스럽고 부아가 치미는 일이다.

그러나 이런 경지가 인간에게 사실상 불가능하다면? 바로 우리의 인간됨 자체가 세계와 자신에 대한 경험 방식을 제한하고 있다면? 모종의 외적인 힘 없이는 결코 무로부터 의미를 창조하거나 성스러움을 찾아낼 수 없다면? 멜빌이 이미 이해하고 있었듯이, 이 세계에서 처절한 인내력이란 단지 잠시 동안만 가능할 뿐이다. 결국에는 자살만이 유일한 선택이 될 것이다.

멜빌 역시 비슷한 인물―'벌킹턴'이 그의 이름이다―을 생각하고 있었다. 벌킹턴은 무한히 열려 있는 바다에서만 마음이 편한 사람이다. 그에게 육지는 "발을 태우는 것처럼" 느껴진다. 물론 멜빌은 이런 인물에게도 뭔가 진지하고 두렵고 놀랄 만한 특성이 있다고 생각한다.

나는 경외감과 두려움이 섞인 눈으로 그를 바라보았다. 한겨울에 4년 동안의 위험한 항해에서 갓 돌아온 사람이 쉬지도 않고 사나운 비바람이 휘몰아치는 바다로 또다시 나갈 수 있다는 게 놀라웠다.[41]

하지만 멜빌이 그려낸 벌킹턴에게는 행복이 없다. "눈의 깊은 어둠 속에는 그에게 별로 기쁨을 주지 못하는 듯한 추억이 감돌고 있었다."[42] 니체의 자유로운 영혼이 즐거운 것과는 대조적으로, 확실히 멜빌은 벌킹턴에게서 소름끼치고 위험한 실존을 본다. 즉 놀랍고 경외스러울 뿐 아니라 지고한 진리에 몸 바친 사람임에도 말이다. 그러나 이 모든 경외감에도 불구하고 죽을 수밖에 없는 운명의 인간으로서는 도저히 그런 실존을 살아낼 수 없다. 벌킹턴이라는 인물은 "도저히 참을 수 없는 진리"[43]인 것이다.

벌킹턴은 깊은 긴장감을 자아내는 인물이며, 아마도 멜빌의 관점에서는 인간 실존의 역설을 가장 잘 드러내는 인물이다. 벌킹턴은 한 인간으로서 자신의 자유를 지키기 위해 더 열심히 분투할 수밖에 없다. 안전함으로 유혹하는 육지는 그에게 오히려 지속적인 위험이다. 왜냐하면 육지는 모든 평범한 인간에게 안락함과 함께 취약성을 안겨주기 때문이다. 이런 안락함과 취약성은 모든 인간 존재에게 솔깃한 것이다. 비록 그것들이 참된 현실이 아닌 겉보기에 불과할지라도 말이다. 또한 눈으로 보는 것처럼 그렇게 안정적인 것도, 신에게 토대를 둔 것도 아닐지라도 말이다.

항구는 기꺼이 도움을 줄 것이다. 항구는 자비롭다. 항구에는 안전과 안락, 난로와 저녁식사, 따뜻한 담요, 친구들, 우리 인간에게 도움이 되는 것이 모두 갖추어져 있다.[44]

벌킹턴에게 이런 인간적인 안락함과 취약성은 저항해야 마땅한 것이다. 물론 우정이 주는 행복감이란 보통 사람들에게 확실히 즐거운 것이다. 그러나 벌킹턴은 이 즐거움이 어떤 신의 인가도 받지 않은 것이며, 따라서 그 속에 영원한 진실이란 없다는 것을 잘 안다. 또한 그는 권태, 분노, 좌절, 우울 역시 모두가 신기루이자 무로서, 아무런 효력도 갖지 못한다고 본다. 반면 멜빌의 핵심 캐릭터인 이슈메일에게는 이런 "부슬비 내리는 11월 같은 영혼"이 매우 중요한 의미를 갖는다. 벌킹턴은 이슈메일처럼 우울 때문에 바다에 끌린 것이 아니다. 오히려 육지의 "예속"이 바다에서 얻을 수 있는 완전한 해방을 방해하기 때문에 바다에 끌린다. 윌러스에게 이것은 우울을 행복으로, 권태를 은총으로 경험할 수 있는 자유이며, 안락함조차 폭풍우 치는 파도로 바꿀 수 있는 자유이다.

하지만 멜빌에 따르면, 이런 종류의 무한한 자유는 결코 인간적인 자유가 아니다. 우주의 영원한 혼돈을 볼 자유, 그것에 맘대로 의미를 붙일 자유, 열린 바다 위에서 영원히 살아갈 자유는 신의 자유이다. 하지만 죽을 수밖에 없는 인간의 삶은 이런 자유를 유지할 수가 없다. 그러므로 벌킹턴의 최후 순간에 대한 묘사를 읽다 보면 우리는 자연스레 월러스의 삶을 떠올리지 않을 수 없다. 멜빌은 벌킹턴이 어느 날 아침 배에서 사라져버린 것을 두고, 그를 반신반인과 같은 존재로 묘사한다.

하지만 가장 숭고한 진리, 신처럼 가없고 무한한 진리는 육지가 없는 망망대해에만 존재한다. 그러므로 바람이 불어가는 쪽이 안전하다 할지라도, 수치스럽게 그쪽으로 내던져지기보다는 사납게 으르렁대는 그 무한한 바다에서 죽는 것이 더 낫다. 그렇다면 어느 누가 벌레처럼 육지를 향해 기어가고 싶어 하겠는가! 무시무시한 것들의 공포! 이 모든 고통이 그렇게 헛된 것인가? 기운을 내라, 기운을 내, 벌킹턴이여! 완강하게 버텨라, 반신반인의 영웅이여! 그대가 죽어갈 바다의 물보라, 그곳에서 그대는 신이 되어 솟아오르리라![45]

완강하게 버티는 반신반인의 영웅, 그것은 정말로 가능한가?

태양을 삼키라는 요구

월러스는 세간에서 붙인 천재라는 짐 때문에 고통을 받았다.

1997년 그가 맥아더 재단의 '천재상'*을 받은 일에 대해 친구 조너선 프랜즌은 이렇게 말했다.

나는 그 상이 그에게 유익했다고 생각하지 않습니다. 그 상은 윌러스에게 '천재'라는 망토를 수여했죠. 물론 그가 원했고 추구했고 생각했던 것에 대한 대가였죠. 하지만 내 생각에 그는 "이제 훨씬 더 똑똑해져야겠다"라고 느꼈을 겁니다.[46]

이런 결과는 다른 인생사에서도 흔히 볼 수 있다. 즉 다음번에는 더 크게 성공해야 한다는 압박감이 바로 그것이다. 그것은 CEO에게는 이익을 더욱 증대시켜야 한다는 압박감으로 나타나고, 운동선수에게는 타이틀 방어의 압박감으로 나타난다. 예컨대 2008년 올림픽에서 8개의 금메달을 딴 마이클 펠프스가 받은 압박감이 그런 것이다. 천재성을 증명하는 일이 천재성을 한층 더 증명해야 함을 뜻할 때, 그것은 더 큰 압박감―따라서 더 큰 어려움―을 준다. 이런 압박감의 짐은 엘리자베스 길버트와 데이비드 포스터 윌러스가 가진 또 하나의 공통분모였다.

앞에서 우리는 길버트가 뉴욕 교외의 커다란 집 욕실 바닥에서 흐느껴 울고 있는 모습을 살펴본 바 있다. 자신에게 새겨질 문

---

* 1981년 이래 맥아더 재단이 천재성을 인정받은 학자, 예술가 등 20명 이상에게 주는 상. 상금 50만 달러의 권위 있는 상이다.

신 즉 원치 않은 임신과 출산 때문에 그녀는 심하게 동요되었다. 엘리자베스 길버트는 절박한 상황에 처한 이혼녀였고, 현대 미국인의 삶에서는 어떤 여자라도 그렇게 될 수밖에 없다. 그러나 지금 우리가 살펴보고 있는 사람은 다른 인물—또는 같은 인물의 다른 측면—이다. 지금 우리가 관심을 가지는 사람은 성공한 작가로서의 엘리자베스 길버트이다. 특히 최근에 놀랄 만큼 성공적인 책을 써낸 작가이다. 그녀가 말하듯, 이후 그녀가 쓰게 될 모든 책은 이 책에 견주어 평가받을 것이다.

2009년 2월 TED 강연에서 길버트는 이전에 거둔 성공 때문에 겪게 된 특수한 어려움에 대해 말한 바 있다. "이런 종류의 관심은 작가에게 엄청난 압박감을 줍니다." 더 일반화하면 이 말은 모든 창조적 천재에 해당하는 것이기도 하다.

여러분도 잘 아시다시피, 이런 종류의 생각은 작가로 하여금 아침 9시부터 독한 술을 마시고 싶게 하지요.[47]

길버트는 이런 어두운 길에 강력히 반대한다. 그녀는 "난 그 길로 가고 싶지 않다"고 말한다. 하지만 물음이 남는다. 어떻게 그것을 피할 수 있을까? 그녀는 과연 자기 자신과 작가로서의 과제에 대해 어떻게 생각해야만 아침부터 독한 술을 마시지 않을 수 있을까? 작가에 대해, 그리고 작가의 과제에 대해 어떤 관념을 가져야만 파멸을 재촉하는 이런 사태를 피할 수 있을까?

길버트는 윌러스와 같은 작가에게 그 탓을 돌린다. 물론 그녀는 윌러스를 언급한 적도 없고 그를 염두에 둔 적도 없어 보이기에, 그렇게 말하는 것은 적절치 않을 것이다. 그러나 분명 그녀는 작가란 자신의 작품에 사적으로 책임을 져야 하는 사람이라는 관념, 또는 극한의 노력과 자기통제를 통해 자기 작품의 결과를 결정할 수 있는 사람이라는 관념에 대해 뭔가 다르게 생각하고 있다. 그녀는 이런 관념이 본질적으로 작가를 천재로 생각하는 르네상스적 개념 때문에 생겨났다고 본다.

길버트는 사람들이 늘 그렇게 생각해왔던 것은 아니라고 우리를 환기시킨다. 가령 그리스인들은 작가와 글쓰기의 관계에 대해 전혀 다른 생각을 가지고 있었다고 한다. 그러나 "그러고 나서 르네상스가 왔고 모든 게 변했지요. 어마어마한 생각을 우리가 가지게 된 겁니다"라고 그녀는 말한다.

그리고 이 어마어마한 생각 덕에 개별적 인간 존재는 우주의 중심에, 즉 모든 신과 신비를 넘어선 곳에 자리하게 되었습니다. (…) 이것이 바로 합리적 휴머니즘*의 시작입니다. 이제 창조성은 전적으로 개인의 자아에서 나온다고 사람들은 믿기 시작했습니다. 그리고 역사상 처음으로 이런저런 예술가들이 천재로서 언급되기 시작했습니다.

---

* 여기서 '휴머니즘'은 보통의 긍정적인 의미보다는 '인간이성 중심주의'라는 비판적인 의미로 쓰임.

이것이야말로 진짜 문제라고 그녀는 말한다. 만일 작품 완성도가 오로지 작가의 개인적 천재성에서 나오는 것이라면, 더 나은 작품을 써야 한다는 압박감도 그만큼 엄중하고 지속적일 수밖에 없다. 작품의 전체 가치와 정체성이 문제가 아니라, 그 어떤 개별적 성공도 이를 보증하지 못한다는 것이 문제다. 신작이 나올 때마다 전작은 한낱 요행이었음이 언제든 탄로날 수 있다는 것이다.

이렇듯 작가를 천재로 보는 관념은 어떤 작가에게는 성공의 방법에 더 힘겹게 매달리게 할 뿐이라는 것이다. 그것은 젊은 루터가 고백을 한 것에 자만심을 느낀 자신을 다시 고백하려고 황급히 되돌아간 것과 같다. 순수한 영혼, 순수한 작가적 몰입은 불순한 생각을 완전히 근절하려는 노력으로는 이룰 수 없다는 게 길버트의 생각이다.

천재성에 대해 길버트는 본질적으로 루터와 같은 견해를 가지고 있다. 남김없이 그리고 자주 고백을 함으로써 영혼을 순결하게 유지할 수 있다고 생각한 젊은 루터가 아니라, 계시를 받은 이후의 루터, 즉 구원은 신의 은총을 통해서만 가능하기 때문에 자력으로는 선함을 이룰 수 없다고 믿은 루터 말이다. 길버트가 글쓰기에 관해 가졌던 생각도 같은 종류이다. 물론 그녀의 생각이 특별히 기독교의 신을 암시하지는 않는다는 점에서 그녀는 분명 루터와 구별된다. 하지만 길버트 역시 글쓰기의 신이 그녀를 비춰줄 때만, 그녀에게 뭔가를 쓰라고 말하는 전속 영혼—천재성—의 은총에 의해서만 훌륭한 글이 나올 수 있다고 생각하는 점에서는 루터와 동일하다.

이런 견해는 확실히 호소력이 있어 보인다. 그것은 작가에게서 성공의 책임을 덜어줌으로써 창조적 성취의 압박감을 한결 완화시킨다. 그것은 순수성을 지켜야 한다는 요구에 시달리던 초기 루터의 압박감을 완화시키는 것과 같다. 만일 우리가 이런 후기 루터의 견해를 옳은 것으로 확신할 수 있고 실제로 그렇게 살 수 있다면, 아마 월러스의 운명도 피할 수 있을 것이다.

루터가 받은 계시—즉 선행이 아니라 믿음에로 관심의 초점을 돌리고, 고백의 선한 행위나 기타 순수성의 표식에 대해서만 구원이 주어진다는 생각에서 벗어나 신의 은총만이 간지奸智를 실현할 수 있다는 생각으로 초점을 돌리는 시각—는 종종 "신의 정의로움"에 대한 그때까지의 성서적 해석을 바꾼 것으로 설명되곤 한다. 즉 중세 가톨릭에서 그랬듯이, 신이 우리의 영혼을 응시하고, 우리가 얼마나 지고한 순수성을 성취했는지를 봄으로써 우리를 판결한다는 그런 의미에서의 정의 관념을 바꾸었다는 설명이다. 후기 루터의 견해에 따르면, 신은 우리가 얼마나 많은 죄를 지었든 상관없이 사랑을 베풀어주며, 그런 사랑으로 우리의 실존을 정당화시켜 준다는 의미에서 정의롭다는 것이다. 이런 견해에 따르면, 신의 은총에 관해 개인이 좌우할 수 있는 부분은 말 그대로 전무하다. 우리는 순수하고 수동적인 수용자일 뿐이다. 길버트는 바로 이런 의미에서 작가란 자신의 천재적 영감을 순수하게 수동적으로 수용하는 사람이라고 생각했다.

길버트는 천재성의 수용이라는 이 견해를 설명하기 위해 미국 여류시인 루스 스톤Ruth Stone의 이야기를 예로 든다. 스톤은 90대임에도 자신의 어린 시절을 기억하고 있었다고 길버트는 전하고 있다. 스톤은 시의 힘을 처음 만나던 때를 생생하게 되살린다.

버지니아 시골에서 자라던 시절, 스톤이 들에서 일을 하는데 (…) 풍경 너머로부터 시가 그녀에게 다가오는 것을 느끼고 들었답니다. (…) 그것은 마치 우레와 같이 허공을 내닫는 열차 같았답니다. 시가 그녀에게 질주해 오는 듯했겠지요. (…) 그녀는 필사적으로 집을 향해 달렸지만 시가 추격을 해오더랍니다. 스톤은 종이 한 장과 연필을 재빨리 가져와 시가 그녀에게 벼락을 때릴 때마다 그것을 종이에 붙잡아 두었고, 그렇게 해서 비로소 타협이 이뤄졌다고 합니다.

시가 밖으로부터 오는 힘이자 정주할 곳을 찾아 세계를 떠도는 무엇이라고 본 길버트의 생각은 루터가 품었던 이상과도 같다. 그녀는 이 같은 이상만이 위대한 예술가를 파괴적 힘과 어두운 시간들로부터 구원할 수 있고, 아침 9시부터 독한 술을 마시는 것으로부터 구해낼 수 있다고 생각한다. 루터의 경우에 그랬듯이, 작가라는 존재에 대한 이러한 이해방식은 일종의 형태 전환Gestalt shift을 요구한다. 즉 압박감으로 꽉 찬 이 짐스러운 성취 불가능의 과제를 예술가의 책임 영역 밖으로 돌리는 지각의 전환이다. 이것만으로 길버트의 생각이 바로 타당해지는 것은 아니겠지만, 어쨌든 길버트가 이런 생각을 갖게 된 이유인 것만은 분명하다. 월러스가 취하고 있는 니체식 접근법에 대해 그녀는 이렇게 말한다.

나는 그런 생각이 큰 오류라고 여러분에게 말하고 싶습니다. 여러분도 알다시피, 남성이 됐건 여성이 됐건 누군가에게 (…) 그가 모든 신비의 원천, 즉 신성하고 창조적이고 알 수 없는 영원한 신비의 원천이라고 믿게 하는 것은, 연약한 인간 영혼에게 너무나 큰 책임을 지우는 일이라고 생각합니다. 그것은 태양을 삼키라고 요구하는 것과 같습니다. 그런 요구는 자아를 비틀고 왜곡하며, 수행하기 어려운 기대감을 만들어냅니다. 나는 이런 압박감이 지난 500년 간 우리 예술가들을 죽여 왔다고 생각합니다.

니체가 말한 대로 "우리 스스로 신이 되어야 한다"[48]는 생각, 우리가 모든 "신성하고, 창조적이고, 알 수 없는 영원한 신비의 원천"이 되어야만 한다는 생각, 다시 말해 극적으로 자아를 확장시킨다는 이런 생각은 르네상스 시대의 천재 개념에서 이미 나타났던 것이다. 일반적으로 '합리적 휴머니즘'이라고 하는 그것 말이다. 우리들 저자는 길버트가 그것에 반대한 것이 옳다고 본다. 그녀가 지적했듯이, 그것은 인간 영혼에게 너무 과중한 책임을 지게 하는 일일 뿐만 아니라, 나중에 멜빌에게서 볼 수 있듯이 안락함과 행복이라는 인간적 요소와도 일치하지 않는 것이다. 따라서 우리들 저자는 이 문제에 있어서만큼은 윌러스보다 길버트 편이다.

그러나 천재성에 대한 길버트의 수동적 견해에도 마찬가지로 단점들이 있다. 만일 시가 우리를 통해 천둥치는 순수하게 외적인 힘이라면, 즉 성스럽고 신성하고 의미심장한 모든 것이 우리 스스로 획득할 수 있는 것이 아니라 오로지 신의 불가사의한 은총에 의존해서만 얻을 수 있는 것이라면, 이런 수용적 관점은 윌러스적 견해만큼이나 니체적 허무주의에 대해 무능력할 수밖에 없다. 윌러스가 우리에게 성취할 수 없는 과제를 부여하고 있다면, 길버트는 아예 아무런 과제도 부여하지 않는다. 물론 우리는 이런 천재성으로부터 영감을 갈구할 수 있다. 마치 루터가 신의 은총을 갈구했듯이 말이다. 하지만 끝내 문제되는 것은 우리가 인생을 어떻게 살아야 할지에 대해 이것이 아무런 답도 주지 못한다는 점이다.[49] 결국 남는 것은 시가 천둥치는 순간에 공교롭게도 우리가 연필 근처에 있었느냐 없었느냐 하는 것뿐이다. 이런 얘기는 아마도 연필 회사에게는 반가운 말이겠지만, 나머지 사람에게는 아주 미약한 기대감밖에 갖지 못하게 하는 말일 것이다.

남은 문제는, 길버트나 윌러스 둘 중 누가 그들 사이에 놓인 간극을 메울 수 있는가 하는 점이다. 윌러스가 취한 니체적 관점에 따르면, 우리는 우주에서 유일한 행동 주체이다. 성스러움과 신성함의 개념이 우주에 깃들여 있는지 여부와는 상관없이 무로부터의 창조를 책임져야 할 존재이다. 이와 반대로 길버트는 루터의 후기 견해를 따른다. 길버트에 따르면, 우리는 신의 신성한 의지를 순수하게 수동적으로 받아들이는 존재일 뿐이다. 우리는 신의 은총을 받아들이기 위한 저장소에 불과하다. 이 둘 사이에 또 어떤 것이 있을까? 우리 저자들은 또 다른 입장이 가능하다고 생각하며, 이 책 마지막 장까지 그것을 펼쳐보이고자 한다.

3

신들로 가득한 세상

호메로스의 세계

앨리스 : (남편에게) 그날 밤 만찬장에서 우리 곁에
젊은 해군장교가 앉아 있었잖아. (…) 그는 시선만으로
나를 깊숙이 휘저어버렸어. 그가 원한다면
나는 저항하지 못할 거라 생각했지. 당신과 아이,
내 모든 미래를 포기할 수 있다고 생각한 거야.

스탠리 큐브릭, 「아이즈 와이드 셧」의 대사

호메로스가 헬레네를
숭배한 까닭

　손님인 텔레마코스를 환대하기 위해 마련된 풍족한 만찬장에서 헬레네는 남편 메넬라오스 왕과 스파르타의 귀족들 앞에서 놀라운 이야기를 꺼낸다.* 영웅에 관한 이야기가 아니다. 그것은 세상에서 가장 아름다운 여인인 그녀가 어떻게 해서 오래전에 메넬라오스와 어린아이들을 떠나, 거부할 수 없는 매력을 지닌 손님 파리스와 함께 도주했는지를 묘사하는 이야기다. 그렇다, 그 파리스다. 헬레네를 희롱했던 그 사람이 트로이 전쟁을 시작했다.

　메넬라오스의 궁전에서 벌어진 이 만찬장 대화에서 이 장을 시작하는 것을 색다른 선택이라 볼지도 모르겠다.

---

* 텔레마코스는 오디세우스의 아들로, 실종된 아버지의 소식을 찾아 메넬라오스 왕을 찾아온다. 이 자리에 헬레네와 스파르타 귀족들이 합석하는데, 바로 이 장면을 말한다.

우리들 현대인이 볼 때, 아마도 이 장면에서 가장 충격적인 부분은 잔치에 참석한 어느 누구도 헬레네의 말에 충격을 받지 않는다는 점일 것이다. 정말이지 우리는 이 장면에서 도덕심의 완벽한 결여를 엿볼 수 있다. 호메로스가 헬레네를 무조건 숭배했다는 점은 분명하다. 호메로스 판본에 따르면, 헬레네는 남편 메넬라오스에게로 돌아와 다시 완벽한 여주인과 아내 노릇을 하게 되었을 뿐 아니라, 남편에게서 칭찬까지 받는다. "훌륭한 이야기군요, 내 사랑. 그대가 한 말은 모두 도리에 맞는 말이오."[1]

이런 사랑의 삼각관계는 오늘날에도 벌어질 수 있다. 그러나 스탠리 큐브릭의 탐구(「아이즈 와이드 셧」)에서 그렇듯이, 남편이 충격적으로 반응하는 모습은 대개의 경우 별반 다르지 않다. 그렇다면 이런 장면에 대한 호메로스의 접근 방식을 어떻게 이해해야 할까? 헬레네가 참석자들의 술잔에 지니고 있던 약을 살며시 넣었다는 사실을 들어 이 낯부끄러운 장면 전체를 설명할 수도 있겠다. 그들이 여전히 분별력을 지닌 도덕적 주체들이었음에도, 헬레네가 손님들에게 마술적인 영향을 끼쳤다고 말이다. 그러나 이런 설명을 따른다 해도 호메로스가 이 상황에 뒤이어 언급한 것을 설명할 수가 없다. 호메로스에 따르면, 그날 밤 메넬라오스가 침대로 갔을 때 "그의 곁에는 여인들 가운데 비할 바 없는, 빛나는 옷을 입은 헬레네"[2]가 누워 있었다.

호메로스가 찬탄의 눈으로 그려낸 제우스의 딸 헬레네의 캐릭터는, 인간 행위와 실존에 대한 호메로스의 이해가 우리와는 전

장 자크 라그르네(Jean Jacques Lagrenee), 「오디세우스의 아들 텔레마코스를 영접하는 헬레네」,
1795년.

혀 딴판이었음을 보여준다. 인간이란 무엇인가에 대한 그의 이해
를 파고 들어가 보면, 분명 어떤 영감을 받을 수 있을 것이다. 하
지만 고대 이래로 독자들과 해설가들은 헬레네에 대한 호메로스
의 숭배를 호의적으로 이해하려고 하는 대신에 그에게 도덕성과
책임감이 결핍되어 있음을 폭로하려고만 했다. 헬레네가 가족을
버리고 파리스와 함께 도주한 행위가 나빴다는 점을 부정하려는
게 아니냐, 또 에로틱한 매혹의 여신 아프로디테가 그녀를 부추

졌다는 것으로 책임을 면하게 해주려는 것 아니냐, 하는 식으로 말이다. 심지어 고대의 독자들은 호메로스를 존경했음에도 불구하고, 이런 두 가지 면죄부의 가능성 때문에 트로이 전쟁에서 헬레네가 한 역할에 대한 호메로스의 설명을 "바로잡아야" 한다고 느끼기까지 했다. 가령 몇 가지 이본異本을 보면, 헬레네가 사회에 빚을 갚는 것으로 나온다.[3]

호메로스의 접근 방식을 진지하게 받아들이지 못하는 것은 오늘날의 학자들도 마찬가지이다. 이들은 헬레네의 사례를 아예 논의조차 못하거나 호메로스가 원시적인 도덕관념을 가지고 있었다는 증거로 받아들일 뿐이다. 20세기의 가장 권위 있는 호메로스 해석자 3인-브루노 스넬, E. R. 도즈, 버나드 윌리엄스-은 호메로스가 칸트, 흄, 니체 등이 각기 내놓은 위대한 도덕적 통찰들을 이해하지 못했다고 주장한다.[4] 그러나 그들이 틀렸다면? 인간 실존에 대한 호메로스의 이해가 실상 우리의 것보다 훨씬 심오하다면? 호메로스의 헬레네 숭배가 이런 심오한 세계로 들어가는 실마리라면? 즉 헬레네의 에피소드야말로 인간 삶에 깃들인 성스러움과 그 중요성에 대한 호메로스의 이해 전체를 열어주는 삽화로 이해하고 공감할 수 있다면?

도덕적 주체에 대한 현대의 철학적, 심리학적 관념에 비하면 호메로스의 세계는 원시적일 수밖에 없다고 선심 쓰는 척해서는 안 된다. 또한 오늘날 우리가 이만큼 충분하게 발전시킨 서구문화의 기원을 만드는 데 그의 세계가 일정한 역할을 한 게 아니냐고 칭

호메로스 조상(彫像). 헬레니즘 시대에 만들어진 것으로 추정된다.

송해서도 안 된다. 오히려 우리는 오늘날의 견해와 철학 이론들이 호메로스의 관점이 지닌 참된 매력을 은폐해왔음을 인정해야 한다. 인간 존재에 대한 오늘날의 개념들을 들먹이며 그를 독선적으로 해석하기보다는, 실존의 긍정적인 면모를 민감하게 포착했던 예술가로서 그를 읽어야 한다. 오랫동안 우리가 볼 능력을 잃고 있었던 실존의 면모 말이다.

호메로스 시대의 그리스인들은 세계를 열린 마음으로 대했다. 그것은 우리가 거의 이해할 수 없는 세계로서, 우리들 현대인은 내적인 자기응시에만 익숙한 나머지 우리의 정조들^{moods*}을 지극히 사적인 경험으로만 간주한다. 반면 그리스인들은 자기 자신을 내적인 경험과 신념을 통해서 이해하기보다는 널리 공유된 정조들에 휩싸여 사는 존재로 간주했다. 호메로스에게 정조가 중요한 까닭은, 그것이 우리가 함께 처해 있는 상황을 비춰주기 때문이다. 정조는 그 순간 가장 문제시되는 것을 드러내준다. 그럼으로써 사람들로 하여금 영웅적이고 열정적인 행위를 하도록 유도한다. 이런 정조들을 만드는 데 결정적인 역할을 하는 존재가 바로 신들이다. 신들은 각기 상이한 정조들을 비춰주며, 역할이 어긋났을 때조차 왜 상황이 어긋났는지를 밝혀준다. 헬레네와 가장 조율이 잘 되는 신은 아프로디테였다. 아프로디테는 그 상황에서 에로틱의 가능성을 보여주고, 그 가능성을 최고로 펼칠 수 있도록 이끄는 신이다. 대조적으로 아킬레우스는 아레스 신의 정조 즉 공격적 정조에 민감한 인물이다. 용맹한 전사로서 빛을 발할 기회가 왔을 때, 이 정조는 주어진 상황의 가장 중요한 측면을 부각시켜준다. 다른 신들은 또 다른 조율을 해준다. 호메로스의 세계에서 훌륭한 삶이란 이런 신들과 동조^{sync} 관계를 이루는 것이었다. 마르틴 하이데거는 이렇게 말한다.

---

* '정조'(情調)는 이 책에 자주 등장하는 주요 단어로서 하이데거 철학의 'Stimmung' 개념에서 온 것으로 보인다. 기분, 분위기, 느낌으로 번역되는 이 단어는 이성뿐 아니라 감성 역시 인간에게 본질적인 것이며, 나아가 진리를 드러내는 주요 통로임을 말해주는 용어다. 하이데거에 따르면, 정조는 인간을 이루는 핵심적인 것으로서 단지 공허하고 변덕스런 기분이 아니라 인간이 처한 특정 상황을 드러내는 존재의 목소리(Stimme)이다. 저자들은 이렇듯 하이데거를 원용해서, 정조가 한 사람의 행동을 즉각적으로 결정하는(bestimmen) 힘의 원천이자, 오래전부터 공유되어 온 문화의 감성적 측면을 이룬다는 것을 보여주려고 한다.

우리가 (호메로스의) 신들을 조율자라고 부른다면, (…) 우리는
그들의 본질을 잘 이해하고 있는 셈이다.[5]

따라서 호메로스의 세계에서는, 문제 상황이 이미 우리에게 주
어져 있고 가장 훌륭한 삶은 그것과 조율을 이루는 삶이라는 생
각이 핵심을 이룬다. 이런 시각은 오늘날의 우리에게 필요한 것이
무엇인지를 웅변적으로 말해준다. 호메로스가 그려낸 올림포스
의 신들은 그리스인들에게 성스러움에 대한 감각을 부여해준다.
진정으로 의미 있는 실존의 기쁨과 슬픔을 보증해주는 성스러움
말이다. 이 호메로스의 신들을 다시 불러내는 것이야말로 신이
죽은 이 시대에 구원을 얻을 수 있는 방법이다. 그것이야말로 일
신주의의 몰락에서 우리를 살아남게 하는 방법이며, 허무주의적
인 실존으로 추락하는 것을 막아주는 방법이다.

호메로스의 서사시는 아레테*arete* 개념, 즉 삶에서의 탁월성에
초점을 맞춘 작품이다.[6] 이 개념은 그리스적인 인간 이해의 중심
을 이룬다. 그리스 문화를 숭배하는 많은 사람들이 이 개념을 정
의하려고 시도해왔다. 그러나 이 일에서 성공하려면 잘 알려진 두
가지 유혹을 피해야 한다. 첫 번째는 우리가 이미 언급했던 것처
럼, 옛날식 생각이니까 하고 선심 쓰려는 유혹이다. 두 번째는 더
중요한 유혹인데, 호메로스 시대에서 현대적 감수성을 읽어내려
는 유혹이다. 그리스어 아레테를 "덕virtue"으로 읽는 표준적 해석
방식은 오늘날의 생각을 과거에 소급 적용하는 독서의 위험성을

안고 있다. 그러므로 "덕"을 통해 그리스적인 인간 탁월성을 해석하려는 시도는 필연적으로 길을 잃을 수밖에 없다. 특히 이 단어에서 기독교적 의미나 심지어 로마적인 의미를 연상한다면 더욱 그럴 수밖에 없다. 그리스적인 의미에서의 탁월성은 겸손이나 사랑 같은 기독교적 개념을 포함하고 있지 않음은 물론이요, 인간 의무의 준수라는 로마의 스토아적 이상 역시 포함하고 있지 않다.[7] 그보다 호메로스 세계에서의 탁월성이란 결정적으로 감사와 경외의 느낌에 자신을 내맡기는 것이다.

니체는 호메로스적인 탁월성이 근대의 도덕적 주체와는 아무런 유사점이 없음을 처음으로 올바르게 이해한 사람이었다. 그의 견해에 따르면, 호메로스 시대에는 고결한 전사가 보여주는 극한적인 힘을 통해서 숭고함의 개념을 이해했다. 이런 니체식 독법으로 보면, 유대-기독교적 전통이야말로 탁월성에 대한 호메로스식 이해를 약화시킨 주범이다. 고결한 전사의 용기와 힘을 양의 유순함으로 대체하는 식으로 말이다.[8]

호메로스 전통에서만이 고결하고 용맹한 영웅의 가치가 제대로 매겨진다고 본 점에서 니체는 분명 옳았다. 또한 탁월성에 대한 호메로스의 해설은 우리의 기본 도덕관념과는 매우 동떨어진 것이라고 본 점에서도 니체는 옳았다. 그러나 니체의 설명이 빠트린 것이 있다. 버나드 녹스^{Bernard Knox}가 강조한 것처럼, 아레테는 어원상 그리스어 동사 "간청하다"*araomai*[9]와 관련이 있다. 즉 호메로스의 인간 탁월성 개념은, 그 문화에서 성스럽게 여기는 것과의 적절한 관계맺음을 필수적으로 요구하고 있다는 점이다. 이런 해석에 따르면, 헬레네의 위대함은 그녀가 도덕적으로 자기 행동에 얼마만큼 책임을 지는가로 측정되는 것이 아니다.

호메로스의 세계에서 헬레네가 위대한 이유는 금빛의 아프로디테에게 지속적으로 호응하는 삶을 살 수 있는 그녀의 능력 때문이다. 이 점에서 아프로디테는 실존의 성스럽고 에로틱한 차원을 표상하는 빛나는 모범인 것이다. 마찬가지로 아킬레우스 역시 군신 아레스와 그의 전투적 삶에 대한 특별한 감수성을 가지고 있다. 또한 오디세우스에게는 지혜와 문화적 적응력이 뛰어난 아테나가 있어 그를 보살펴준다. 아마도 호메로스 시대에 살았던 장인 기술자는 대장장이의 신 헤파이스토스의 빛 아래서 일했을 것이다. 인간의 탁월성에 대한 이런 이해를 받아들이려면, 먼저 호메로스 시대의 그리스인들이 자신을 어떻게 이해했는지를 명확하게 알아두어야 할 것이다. 이들 그리스인들의 삶이 신들의 존재나 부재와 관련되어 있음을 이해하는 것이 왜 중요할까?

그러한 접근법에서만 다음의 질문들을 던질 수 있기 때문이다. 호메로스가 어떤 행위나 사건에 신이 개입했다거나 참여했다고 말할 때, 그는 어떤 현상을 설명하려고 한 것일까? 과연 우리는 이런 현상을 한 귀퉁이나마 인지할 수 있는 것일까? 호메로스가 문제 해결을 신에게 돌리는 의도가 한 사람의 도덕적 책임을 면제해주려는 뜻이 아니라면, 정확히 그것은 무엇일까? 이런 질문들을 정면으로 다룰 때만이 우리는 호메로스의 다신적 신들을 끌어오는 일이 정당한지 판가름할 수 있다.

호메로스 시대 그리스인들이 보기에, 신들은 인간으로 산다는 게 무엇인지를 이해하는 데 필수적인 존재들이었다. 『오디세이아』 시작 부분에서 늙고 지혜로운 네스토르의 아들 페이시스트라토스는 이렇게 말한다. "인간들은 누구나 신들을 필요로 하니까요."[10] 그리스인들은 성공과 실패, 즉 우리의 행동을 우리 자신이 결코 완벽하게 통제할 수 없음을 깊이 깨닫고 있었다. 혼자서 열심히 노력하는 것만으로는 할 수 없는 행동들을 우리가 해내는 것에 대해 그리스인들은 끊임없이 반응하고 놀라워하며 감사했다. 그런 행동들로는 가령 잠자기, 깨기, 옷 잘 입기, 돋보이기, 군중 모으기, 연설로 대중을 사로잡기, 그리하여 그들 생각을 바꾸기 등이 있다. 실로 갈망, 욕구, 용기, 지혜 등등을 채우는 모든 것들이다. 호메로스는 이런 성취들을 모두 신의 특별한 선물로 보고 있다. 따라서 모든 사람에게 신들이 필요하다는 말은 적어도 다음과 같은 의미를 갖는다. 즉 성취한 것 전부를 자기 공으로 돌리지 않는 행동을 할 때 우리는 최선의 상태에 도달한다는 것이다.

호메로스의 이야기에는 경고성 이야기도 많다. 사건이 바람직하게 돌아가는 이유를 자기 덕으로 돌리는 인물들이 그런 경우다. 하지만 정확히 말해 그런 사건들은 그들의 통제를 넘어서는 것으로 경험된다. 아이아스*의 경우가 그러하다. 트로이 전쟁에서 그리스를 위해 용감하게 싸운 다음, 고향으로 돌아오는 항해에서 그는 고초를 겪는다. 어떻게든 위험을 피해보려 해도 그를 태운 배는 바다 한가운데 있는 '귀라이'라는 거대한 암초로 돌진한다.

그가 (…) 오만불손한 말만 내뱉지 않았던들 죽음의 운명을 면했을 것이오. 그러나 그는 자기가 신들의 뜻에도 불구하고 바다의 크나큰 심연에서 벗어났다고 큰소리쳤던 것이오. 그러자 그가 큰소리치는 것을 듣고는 포세이돈이 지체 없이 억센 두 손에 삼지창을 집어 들고 귀라이 암초를 쳐서 그것을 둘로 쪼개 버렸소. 그리하여 한 쪽은 그 자리에 그대로 남았으나 아이아스가 처음에 그 위에 앉아 큰 미망에 사로잡혔던 다른 한 쪽은 가라앉으며 물결치는 끝없는 바다 속으로 그를 낚아채 버렸소. 그리하여 그는 바다의 짠물을 마시며 그곳에서 죽고 말았소.[11]

과연 이런 이야기가 뜻하는 바는 무엇일까? 포세이돈이라 불린 어떤 신적인 실체가 있어서 아이아스를 죽인 진짜 원인으로 작용했다는 이야기로 받아들일 수는 없다. 우리가 그리스인들로부터

---

* 아이아스(Aias, 라틴명 Ajax)라는 이름을 가진 영웅은 두 명이다. 한 명은 체구가 커서 '큰 아이아스'라 불리고 다른 한명은 '작은 아이아스'로 불리는데, 여기서 말하는 아이아스는 작은 아이아스다. 두 사람 모두 아킬레우스에 버금가는 전사였고, 과도한 자긍심을 가진 인물들이었다. 큰 아이아스는 아킬레우스의 무구를 놓고 오디세우스와 경합하다 정신착란을 일으켜 자살했고, 작은 아이아스는 귀향 도중 신의 도움 없이 자력으로 살아남았다고 자랑하다 포세이돈의 미움을 받아 익사했다.

되살려내려는 의미는 그런 것이 아니다. 아이아스에게 일어난 일을 추측해 보자면, 그는 배가 난파된 후 거대한 바위 위로 올라갔던 게 분명하고, 지진으로 인해 바위가 둘로 갈라지는 바람에 죽음에 이르게 되었을 것이다. 그리스인들에게서 되살려내야 할 것이 무엇이건 간에, 그것이 세계의 물리적 구조에 대한 우리의 이해와 모순되어서는 안 된다.

그리스인들의 입장에 관심을 쏟는 이유는, 그것이 사건의 인과 관계에 대한 대안적 설명을 제시하기 때문이 아니라 인간의 탁월성에 대한 참신한 설명을 제공하기 때문이다. 확실히 아이아스 이야기에서는 인간으로서 우리가 열망해야 할 것에 대한 뚜렷한 관점이 제시되고 있다. 아이아스가 취한 태도에는 심각하게 잘못된 점이 있다는 생각이 이야기의 중심을 이룬다. 그의 태도는 너무나 잘못된 것으로 우리의 자기 이해를 모욕하는 것이며, 어떤 의미에서는 바로 그로 인해 그의 죽음이 설명되고 정당화된다. 이 관점에서 보면, 아이아스는 살아남았다는 사실에 눈이 멀어 그 공을 자기 것으로 돌리기보다는, 일들이 바람직하게 돌아간 데 대해 마땅히 감사했어야 했다. 자랑이 아닌 감사, 그것이야말로 행복한 사건을 대하는 적절한 반응이다.

그러나 호메로스의 세계에서 감사란 적절한 반응 이상의 것이다. 그것은 좋은 삶에 필수적인 것이다. 자만심 때문에 아이아스가 죽음에 이르렀다고 하는 호메로스의 설명은 결국, 아이아스의 반응이 그리스인들이 성스럽게 생각하던 것들에 대한 모욕이라고 보는 시각과 같은 것이다. 포세이돈이 그를 고꾸라뜨렸다는 말의 의미가 바로 이것이다. 호메로스에게 있어 아이아스의 죽음이 의미심장한 것은, 그가 성스러운 것들을 단적으로 거부했다는 맥락 때문이다.

이렇듯 감사는 호메로스에 있어서 최선의 삶을 이루는 필수적 구성요소다. 이런 점에서 신들은 어쨌든 우리를 넘어서서 우리에게 감사를 요구하는 존재들이다. 이런 감사의 요구는 오늘날의 세계에서는 여분의 요구일 뿐이다. 그럼에도 우리는 이런 생각을 갖게 만드는 기본 현상을 곧잘 접할 수 있다. 예컨대 타이타닉 호의 침몰에서 살아남은 아이아스 같은 사람을 상상해 보자. 구명정에서 건져졌다는 사실에서 자신이 위대하다는 증거를 찾는 인물이다. 지금도 이런 사람을 보면 짜증이 나게 마련이다.

포르투나

일이 바람직하게 돌아갈 때 그것을 알아보고 감사해야 한다는 생각은 우리에게도 결코 낯선 것이 아니다. 비록 우리 자신을 이해하는 데 핵심적이라고 생각하지는 않지만 말이다. 하지만 그리스인들은 같은 현상을 특별한 방식으로 경험했다. 자신의 통제력을 넘어 경험한 일이 좋은 방향으로 돌아갔을 때, 그들은 이것을 단지 행운이라고 느끼지 않았다. 이런 바람직한 사건들이 그들에게 뭔가 의미를 던지고 있다고 보았고, 그들 쪽으로 방향을 튼 것

포르투나 여신의 중세시대 판화. 특정인에게 기울어지지 않도록 둥근 공 위에서 중심을 잡으면서, 눈을 가린 채 아무에게나 행운의 금화를 뿌리는 포르투나의 속성이 잘 드러나 있다.

이라고 생각했다.

이 점을 살펴보기 위해서 호메로스 시대의 그리스인과 기원전 1~2세기에 살았던 로마인 사이의 차이점에 관해 생각해 보자. 로마인들은 삶에서 행운의 중요성을 매우 진지하게 받아들였다. 그리고 이런 힘을 운명의 여신 포르투나^{Fortuna}로 인격화했다. 종종 "눈먼 행운"—그녀의 선택은 누가 혜택을 입을지에 대해 무관심하다—으로 표현되곤 했던 포르투나는 호메로스의 세계에서는 적당히 대응되는 신이 없었다. 포르투나의 그리스 버전으로 흔히 간주되는 여신 튀케^{Tyche}는 헬레니즘 시대, 그러니까 호메로스 이후 최소 500년 동안까지는 그리스에서 별로 중요한 역할을 맡지 않았다.[12]

호메로스의 그리스 신들과 포르투나 사이의 차이는 중요하다. 만일 행운이 어떤 로마 시민을 비춰주었다면 이때 가질 만한 적절한 감정은 감사가 아니다. 왜냐하면 행운이 전혀 그를 비추려 했던 것이 아니기 때문이다. 삶이 행운, 나아가 운명에 지배됨을 경험했을 때 여기에 대한 적절한 반응은 기껏해야 금욕과 자제심을 키우는 것뿐이다. 행과 불행에 좌우되어 인생을 망치지 않으려면 말이다. 로마의 스토아학파는 행운과 불운에 대항할 수 있게 스스로를 세뇌시킴으로써 인생의 흥망성쇠를 억세게 견뎌낸다. 그러나 이런 자제력과 의지로 단련된 초연함이 인생의 탁월성에 대한 호메로스적 관념보다 더 낫다고 볼 수는 없다. 오늘날과 같은 세속의 시대에도 그와 유사한 생각은 여전히 존재한다. 눈먼 행운이 우리 삶의 과정을 결정한다는 생각은 곧바로 우리 삶이 아무런 의미도 가지지 않는다는 허무주의적 생각으로 귀결된다. 로마의 스토아주의는 이 세속 시대가 가진 허무주의의 할아버지이다.

행운과 무의미 사이의 긴밀한 연관성은 현대 세계에 꼭 맞는 주제이다. 우디 앨런은 2005년 영화 「매치포인트」에서 이 연관성을 탐색하는 듯 보인다. 영화에서 크리스 윌턴은 신분상승을 이룬 테니스 강사로 런던의 고급 테니스클럽에서 일한다. 영화 첫 장면은 네트 위에 떠 있는 테니스공의 정적인 이미지에서 시작한다. 윌턴은 해설자의 목소리로 삶의 철학을 이렇게 설명한다.

"선량한 사람보다는 행운아가 되고 싶다"고 말하는 사람은 인생의 깊이를 본 사람이다. 보통 사람들은 인생 대부분이 운에 좌우된다는 사실을 두려워한다. 그처럼 많은 부분들을 통제할 수 없다고 생각하면 미칠 것만 같다. 경기 중 공이 네트 위를 맞추는 순간이 있다. 순간 그 공은 앞으로 넘어갈 수도 있고 뒤로 떨어질 수도 있다. 약간의 행운이 따라줘서 앞으로 넘어간다면, 당신은 승리한다. 그렇지 않으면 패배한다.

영화가 진행되면서 윌턴은 사랑의 삼각관계에 연루되고 살인을 통해서 두 여자친구와의 불편한 관계를 모면한다. 줄거리를 끌고 나가는 초점은 그가 잡힐 것이냐, 잡히지 않을 것이냐에 있다. 윌턴 자신은 문제가 무엇인지를 알고 있다.

내가 체포되는 게 아마도 적절할 것이다. (…) 그래서 처벌받는 것이 말이다. 그러면 어쨌든 자그마한 정의의 표식이라도 있게

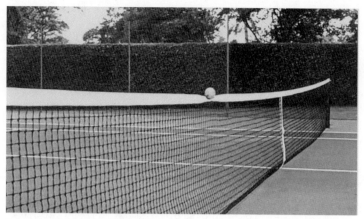
영화 「매치포인트」의 첫 장면.

될 것이다. 의미의 가능성을 위한 희망의 작은 척도 말이다.

그러나 의미의 가능성은 싹둑 잘려나간다. 단순한 행운 ─네트 위를 맞추는 테니스공은 그런 우연적 사건을 예시한다─으로 다른 사람이 월턴의 범죄를 대신해 체포된다. 이 삼단논법에 따르면, 우리 인생에서 의미의 가능성을 찾을 희망은 없다는 결론이 도출된다. 인생이 행운에 의존한다는 사실을 강조하다보니 우디 앨런은 허무주의에 이르게 된 셈이다.

행운인가
보살핌인가

　운이 좋다는 것과 보호를 받는다는 것은 완전히 다른 현상이다. 로마인들이 그랬듯이 눈먼 행운이야말로 우리 통제력을 넘어 벌어지는 일들의 원천이라고 치자. 그렇다면 바람직한 사건들이 일어났을 때 감사함을 느끼는 것은 무의미한 일일 것이다. 하지만 그 때문에 우리는 세계와의 분리를 대가로 치러야 한다. 그 분리는 우리로 하여금 더 이상 인생에서 의미를 경험할 수 없게 만든다. 이와는 대조적으로 그리스인들은 지속적인 경이감 속에서 세계를 붙잡고 있었다. 그들은 삶 속에서 어떤 바람직한 사건이 일어날 때마다 마지못해서가 아닌 기꺼운 마음으로 놀라워하고 감사했다. 이런 종류의 감탄과 놀라움과 감사는 벌어진 사건에서 자연스레 도출되는 것이며, 이것이야말로 그리스 세계에서 모든 성스러운 것들에 이르는 열쇠이다.

　'성스러움'의 그리스적 의미를 더 잘 이해하기 위해서 사례 하나를 들어보자. 이 사례에서 호메로스가 신의 존재를 끌어들이는 것은 자연스러워 보인다. 『오디세이아』의 대단원을 장식하는 유명한 장면에서 페넬로페의 구혼자들은 아주 가까운 거리에서 오디세우스에게 무더기로 창을 던진다. 호메로스는 그 사건을 이렇게 묘사한다.

존 플랙스먼(John Flaxman), 「구혼자들을 죽이는 오디세우스」, 1805년 작품의 개작 판화.

여섯 명의 구혼자들이 다시 창을 힘껏 던졌다. 그러나 모두 목
표물을 벗어났다. 아테나가 꾸민 일이었다.[13]

여기에서 적들의 창이 과녁을 빗나갔다는 사실이 오디세우스
에게 한낱 우연이거나 행운으로 보였을 리 없다. 그보다는 이 결
과에 어떤 의미나 목적이 있다고 생각했을 것이고, 또 이 사건에
서 자신이 보호받고 있다고 생각했음이 틀림없다. 호메로스의 표
현 방식은, 아테나가 적의 공격으로부터 오디세우스를 보호하였
기 때문에 창들이 오디세우스를 빗나갔다는 것이다.

이 설명 속에는 우리가 취할 수 있는 점과 취할 수 없는 점이 있다. 확실히 우리는 아테나라 불리는 초자연적 실체가 창들을 빗나가게 한 원인이라고 믿기는 어렵다. 아테나를 유대-기독교의 신으로 대체한다 해도 이 세속적 시대는 일반적으로 그런 생각에 반발한다.(물론 몇몇 소수는 이런 가능성을 인정하겠지만 말이다.) 그러나 형이상학적이고 신학적인 사실을 떠나 그 상황의 현상학*에 초점을 맞춰보자. 잠시 오디세우스의 입장에서 상상해 보라. 여섯 명의 적이 당신 가까이에 모여들어 다함께 창 하나씩을 들고 동시에 당신에게 창을 던진다. 위대한 전사라면 언제나 그렇듯이, 당신은 다음 순간을 기다리며 영웅적으로 죽을 준비가 되어 있다. 실제로 그것은 불가피해 보인다. 그러나 그 대신에 다음과 같은 일이 일어난다.

하나의 창끝은 억센 홀의 문기둥에 꽂혔고, 하나는 단단한 문에 꽂혔으며, 다른 단단한 청동 창끝이 달린 물푸레나무 창 두자루는 벽에 꽂혔다. 두 개의 창은 근접했으나 스쳐 지나가는

---

* 현상학(phenomenology)이란 현상이나 눈앞의 사건 그 자체에 주목하자는 철학적 주장으로, 후설(Husserl), 하이데거 등이 그 대표적 철학자들이다. "사태 자체로"라는 현상학의 구호가 말해주듯이, 현상학자들은 현상 배후의 실체를 가정하여 현상을 해소하려는 전통 형이상학의 방법을 정면으로 비판함으로써 현대 철학에 큰 영감을 주었다. 이 책의 문맥에 맞춰 설명하면, 호메로스의 신이든 기독교적 신이든 그런 신이 있는가는 다른 문제이고, 우선 중요한 것은 오디세우스 앞에 벌어진 사태 자체가 의미를 던져준다는 점이다. 이렇게 사태에 대해 우리 자신이 의미를 구성하는 게 아니라 사태 자체로부터 의미가 배어나온다는 생각은 특히 하이데거적인 것으로서, 저자들이 이 책 전체에 걸쳐 견지하고 있는 생각이다.

수준에 그쳤다.[14]

얼마나 다행스럽고 기쁘고 감사할 일인가! 어떻게 이것을 눈먼 행운이라고 할 수 있을까? 오디세우스도 그랬겠지만 예상대로라면 사태는 다른 식으로 진행되어야 했을 것이다. 그러나 이 사건은 한낱 요행이나 멋진 행운이 아니라, 오디세우스가 보살핌을 잘 받고 있음을 말해주는 사건으로 경험되며, 적어도 호메로스의 인물들은 그렇게 경험한다. 아테나의 작품으로 말이다.

현대판 오디세우스

우리라면 이런 사건들을 신의 작품으로 돌리려 하지 않겠지만, 그럼에도 우리는 오디세우스가 겪은 것과 비슷한 사례를 만나곤 한다. 가령 누군가 자연재해나 어떤 위험 상황에서 천만다행으로 벗어났을 때 그는 자신이 구조된 것이 단순한 우연이 아니라고 생각하곤 한다. 아니, 행운이나 우연으로 보는 것이 더 어렵다. 통계상 거의 벌어지지 않는 사건일 경우에는 특히 그러하다.

영화 「펄프 픽션」(1994)의 한 장면을 생각해 보자. 그 영화는 오디세우스 사건의 현대판이라고 할 만하다. 새뮤얼 L. 잭슨과 존 트래볼타가 연기한 줄과 빈센트는 두목을 위해 가방을 찾으러 간 사람들이다. 아파트에서 그들은 가방을 훔친 세 사람을 발견한다. 그러나 화장실에 숨어 있는 네 번째 사람에 놀란다. 네 번째 사람이 "은빛 매그넘 총을 빼어 들고 여섯 발을 쏜다." 놀랍게도 여섯 발의 총알 중 단 한 발도 표적을 맞추지 못한다. 이 사건으로 심하게 흔들린 줄은 의자에 주저앉는다.

줄 젠장, 우린 지금 죽었어야 해. 그놈이 우리에게 쏜 총 봤어? 그건 그놈 몸보다 더 컸어. 젠장, 우린 죽었어야 했어.

빈센트 응, 우린 행운아였어.

(줄이 일어나 빈센트에게 향한다.)

줄 그건 운이 아니야. 다른 어떤 거였어.

(빈센트는 떠날 준비를 한다.)

빈센트 응, 아마도.

줄 그건… 신의 개입이었어. 신의 개입이 뭔지 넌 아니?

빈센트 응, 나도 그렇게 생각해. 그건 신이 하늘에서 내려와서 총알을 멈춘다는 뜻이지.

줄 그래, 맞아, 바로 그런 뜻이야. 정확히 그런 뜻이야. 신이 하늘에서 내려와서 총알을 멈췄지.

빈센트 우리 이제 가야 해.

줄 그러지 마. 젠장, 그러지 마. 이런 염병할 걸 날려버리지 마. 막 일어난 건 바로 기적이었어.

빈센트 젠장, 진정해. 이런 염병할 일도 일어나.

줄 아냐, 틀렸어. 이런 염병할 것은 일어나지 않아.

빈센트 차 안에서 신학 토론을 계속할래, 아니면 경찰과 함께

영화 「펄프 픽션」의 장면들.

감옥에서 할래?

줄   이 친구야, 우린 젠장 지금 죽었어야 했어. 우린 막 기적을 목격했다구. 난 네가 그걸 인정하기를 바래.

빈센트   알았어, 그건 기적이었어. 이제 우리 떠날 수 있을까?[15]

이 장면은 총알의 개수까지 호메로스에 나오는 장면과 아주 비슷하다. 상황에 대한 줄의 이해 역시 오디세우스와 매우 흡사하다. 둘 중 누구도 자신이 살아남은 것이 눈먼 우연에 불과하다고 보지 않는다. 그러나 차이점도 있다. 이 현대판 장면은 한 가지 점에서 다른 설명을 내놓고 있다. 줄과 달리 빈센트는 이 사건이 확률상의 요행일 뿐이라고 보면서 이 이야기의 현대적 대척점을 제시한다. "젠장, 진정해. 이런 염병할 일도 일어나." 눈먼 포르투나에게 기원하는 로마 시민처럼 빈센트 역시 줄이 감사하는 동기를 보지 못한다. 빈센트는 이렇듯 누구에게나 공평한 동전 던지기는 결국 아무런 바람직한 일도 만들어내지 않는다고 생각하는 것이 틀림없다. 가끔은 일이 잘 돌아갈 때도 있다고 말이다.

이 세속의 시대에는 아마도 빈센트의 태도가 더 표준적인 태도라고 말하는 편이 맞을 것이다. 현대인에게는 신적인 존재가 원인이 되었을 거라는 형이상학적 관념이 더 이상 유효하지 않기 때문에, 이런 상황에서의 감사란 불필요한 것임이 분명하다. 확실히 이런 상황에서 감사의 느낌을 갖는 것은 형이상학적으로 무책임한 태도이다. 그럼에도 불구하고 이 세속 시대에도 그런 감정에 압도당하는 일이 때때로 일어난다. 그러나 줄에게서 보듯이, 이런 일이 일어났을 때조차 우리와 그리스인들 사이에는 또 다른 차이가 눈에 띈다. 줄에게 이 사건은 자기 자신과 세계를 이해하는 방식을 바꾸라는 일종의 계시다. 이와 대조적으로 오디세우스에게 이것은 그냥 쉽게 설명할 수 있는 사건이다. 더 이상의 촌평은 쓸데없다. 간단히 말해서 그것은 "아테나의 작품"이다.

감사, 실존의 느낌

줄과 빈센트에게 일어난 사건에 대해 두 가지 해석이 가능하다면, 어떤 것이 더 올바른 해석인지 알고 싶을 것이다. "왜 총알이 표적을 빗나갔을까?" 우리가 알고 싶은 건 이것이다. 단지 확률상 빗나간 것뿐이라는 빈센트의 생각이 옳은 것일까, 아니면 은총을 입은 결과라는 줄의 생각이 옳은 것일까? 이 질문이 중요한 까닭은 그 답에 따라 우리가 호메로스의 세계와 얼마나 깊은 연관성을 맺을 수 있는지를 판단해볼 수 있기 때문이다.

그 질문을 다루는 한 가지 방식은 형이상학적인 것이다. 어떤 실체─예컨대 유대-기독교적 신─가 있어 이 같은 신적 행위의 원천이 된 것이 아닐까? 만일 그런 실체가 있다면 줄의 반응이 옳을 것이고, 그렇지 않다면 빈센트의 생각이 옳은 게 된다. 그러나 이런 질문 방식은 혼란만 일으킨다. 왜냐하면 진짜 문제는 형이상학적인 데 있는 게 아니기 때문이다. 다시 말해서 초자연적인 실체로서 신 혹은 신들이 존재하는지, 또 그 속성이 무엇인지가 중요한 게 아니기 때문이다. 오히려 진짜 문제는 현상학적인 데 있다. 즉 이런 형이상학적이고 신학적인 주장 이전에, 우리가 어떻게 세계를 경험하고 자기 자신을 이해하는지의 문제가 더 앞선다는 얘기다. 다시 말해서 진짜 쟁점은 신이 원인자인가 아닌가에 있는 게 아니라, '감사'가 과연 적절한 반응인가 하는 데 있다는 얘기다.

왜 이것이 더 올바른 질문일까? 우리가 다루고 있는 사안에 더 집중하게 해주기 때문이다. 우리들 세속 시대의 허무주의는 세상에 중요한 것은 아무것도 없다는 두려움을 우리에게 안겨준다. 이처럼 이 세상에 중요한 것이 아무것도 없다면, 저것 아닌 바로 이것을 택해야 할 아무 근거도 없게 된다. 이렇게 되면 선택의 짐은 우리에게 더욱 무거워질 것이다. 세속 시대의 중심 질문은 어떻게 이 짐을 덜어낼 것인가 하는 것이다. 오디세우스는 선택의 짐이 없는 세계에서 살았다. 인간에 대한 호메로스적 이해—특히 인간 삶에 있어서 탁월성이라는 개념—는 그런 짐을 허용하지 않았다. 그러므로 이제 현실적으로 던질 질문은, 탁월성의 관념이 어디까지 나아갈 수 있고, 어떤 탁월성 관념이 오늘날에도 생명을 가질 수 있는가 하는 점일 것이다.

이런 질문이 교묘한 말장난처럼 보일지도 모르겠다. 결국 호메로스의 아레테 개념은 신들과의 올바른 관계맺음을 뜻한다고 이미 우리가 주장했으니 말이다. 그렇다면 이 기획은 애초부터 신들이 존재한다는 믿음을 바탕에 깔고 있는 것 아닌가? 그렇기도 하고 아니기도 하다. 물론 그리스인들 자신은 신들의 존재를 믿었을 것이다. 하지만 이것은 우리와는 상관없는 역사학적 답변일 뿐이다. 여기서 진정으로 중요한 것은 그리스인들이 삶의 탁월성을 실존의 핵심 사실을 밝히는 데 꼭 필요한 요소라고 느꼈다는 사실이다. 즉 우리의 통제를 벗어나는 놀라운 일들이 우리에게 끊임없이 일어난다는 데 실존의 핵심이 있다. 인간 실존에 대한 이런 감각이야말로 감사의 느낌을 정당화하고 강화시키는 요소이다. 어떤 삶을 감탄스런 것으로 보는 호메로스적 이해의 중심에는 이런 감사의 개념이 자리하고 있다. 그런 감사가 아테나를 향한 것이든 제우스나 비슈누를 향한 것이든, 아니면 아무 신도 향하지 않는 것이든 간에 그 점은 중요하지 않다.

이제 빈센트와 줄에게로 돌아가 보자. 그들은 정말 놀랍게도 죽음을 모면했다. 문제는 이런 놀라운 사건에 대한 적절한 반응이란 무엇인가 하는 점이다. 빈센트는 그것을 단지 확률상의 요행이라 설명하면서 거기에 다른 어떤 것도 덧붙이지 않는다. 반면 줄은 그 사건에서 뭔가 의미를 발견하고 감사의 느낌에 휩싸인다. 어떤 반응이 더 매력적이고 인간으로서 우리가 더 열망할 만한 가치가 있을까? 이런 방식으로 묻는다면 뭔가 복선이 있는 것처럼 보일 수 있다. 이 물음은 결국 다음과 같은 질문에 해당한다. 나의 통제를 벗어나 일어난 사건이 내게 바람직하게 돌아갔을 때, 거기에 완전히 무심한 것이 더 나을까? 아니면, 그런 상황에서 많은 사람이 자발적으로 느끼는 감사야말로 더 적절한 반응이라 보고, 그것을 육성하고 높이 평가하는 게 더 나을까? 우리 자신에 대한 두 관념 중 어떤 것이 더 육성할 만한 것일까? 우리들 저자는 감사가 더 나은 반응이라고 생각한다.

희생의례의
두 가지 기능

호메로스의 세계에서 감사를 할 줄 모른다는 것은 그 인물에게 결함이 있다는 가장 확실한 표식이다. 이미 우리는 호메로스가 아이아스의 죽음을 감사의 결핍과 자기만족으로 해설하는 것을 보았다. 뿐만 아니라 이 주제는 호메로스의 작품에서 여러 차례 반복된다. 아마도 가장 중요한 사례는 페넬로페의 구혼자들이 보여준 행동일 것이다.

오디세우스가 집을 떠나 있을 때, 이타카의 많은 왕재들은 오디세우스의 아내 페넬로페와 결혼하여 그의 재산을 차지하려고 한다. 『오디세이아』 시작 부분에서는 이런 남자들을 한데 묶어 '구혼자들'이라 부르는데, 그들은 페넬로페의 환심을 사기 위해 오디세우스의 집에 몰려든다. 호메로스는 그 나라의 법과 관습을 존중하지 않고 제멋대로 행동하는 구혼자들의 모습을 있는 그대로 묘사한다. 오디세우스의 집에 모인 구혼자들에게는 절제가 없다. 게걸스럽게 음식을 먹어치우고 흥청망청 술을 마시며 갖가지 민폐를 끼친다. 게다가 그들은 오디세우스의 왕국을 찬탈하고 그의 시종들을 꼬드겨 마침내 그의 아내를 훔치려고 온갖 짓을 다 벌인다.

오디세우스가 호메로스의 세계에서 탁월성의 모범이라면 구혼자들은 그와 정반대되는 인간들이다. 따라서 호메로스가 그들의 잘못을 어떻게 기술하고 있는지 살펴보는 것은 흥미로운 일이다. 오디세우스의 충성스런 돼지치기 에우마이오스는 이렇게 이야기를 꺼낸다.

그래서 저들은 정당한 방법으로 구혼하려고도, 고향에 돌아가려고도 하지 않고 방자하게도 마음 편히 우리의 재물을 탕진하고 있는 것이오. 저들은 아낄 줄을 모르니까요. 저들은 (…) 우리의 소와 돼지를 도살하는데, 그것도 한 마리 두 마리가 아니며, 포도주도 마구 퍼마셔 없애버리지요.(14권 90행 이하)

에우마이오스는 분명 구혼자들에게 격분해 있고, 우리 현대인들 역시 저들의 행위가 방약무도하다는 것을 충분히 알 수 있다. 어쨌든 구혼자들은 불공정하고 관대하지 않으며 타인의 재산을 존중하지 않기에 그들의 행위는 우리에게 방약무도하게 보인다. 그렇게 볼 수 있는 설명거리는 그밖에도 많다. 그러나 호메로스의 관점에서 보면, 이런 이유 때문에 그들이 방약무도한 것은 아니다. 오히려 호메로스의 세계에서는 신들에 대한 존경심이 없기 때문에 그들의 행동이 방자한 것이다. 에우마이오스의 묘사에서 보듯이, 구혼자들은 "차가운 심성의 사람들이며 제우스가 보는 앞에서 어떻게 할지에 대해 생각하지 않는 사람들이다."(14권 81행)

신들에 대해 존경심이 결여되어 있는 구혼자들의 특징은 그들이 보여주는 "거만한" 태도 내지 "구속되지 않은" 태도에서 더 확실히 엿볼 수 있다. 에우마이오스에 따르면, "축복받은 신들은 악행이 아니라 명예로운 규율과 올바른 행동을 좋아한다."(14권 83행) 그러니 구혼자들의 거만한 행동이 보여주듯이, 이타카의 "법과 관습"에 맞게 행동하지 못하는 것은 그 자체로 신에 대한 모욕이다.

나아가 구혼자들에게 존경심이 결여되어 있다는 표식은 그들이 신을 위해 자신을 거의 희생하지 않는다는 사실에서 더 잘 드러난다. 심리학적으로 볼 때, 가장 살찐 소 내지는 염소를 엄선해서 바치는 희생 제의는 아마도 어떤 초자연적 존재로 하여금 축제를 만끽하라는 뜻에서 유래되었을 것이다. 어쩌면 응분의 보상을 바라는 생각도 있었을 것이다. 우리가 이렇게 맛있는 고기를 바치오니, 오, 초자연적 존재시여, 부디 우리에게 잘 대해주시기를! 확실히 오늘날의 우리는 이런 심리적 동기를 다시 가질 수가 없다. 그러나 희생 제의에는 더 깊은 중요성이 있다. 호메로스 시대에 그 제의에는 경이와 감사를 중시하는 생각이 깃들여 있었다. 아마도 그리스인들 자신은 이런 깊은 연관성을 깨닫지 못했을 것이다. 하지만 그들이 살았던 문화적 관례 속에서 그것은 뚜렷한 자리를 차지하고 있다.

희생 제의는 호메로스의 세계에서 매우 중요한 것이었다. 훌륭한 사람이라면 자연스럽고도 적절하게 갖게 마련인 감사의 느낌을 그 제의에서 서로 나누었기 때문에 중요한 것이 아니다. 희생 제의는 한 걸음 더 나아가 감사의 느낌을 아직 충분히 가지지 못한 사람들에게 그 느낌을 불러일으키는 방법이기도 했다. 게다가 그 느낌을 이미 가진 사람들에게는 느낌을 더욱 강화시키는 방법이었다. 희생 제의는 그래서 중요한 것이었다. 때맞춰 정기적으로 열리는 희생 제의는 감사를 표현할 기회일 뿐만 아니라 그런 감사를 유발하기도 한다. 그러므로 제의를 때맞춰 여는 것은 성스러움에 대한 그 시대의 감각 때문에 시작된 것이지만, 또한 그런 감각을 강화시키기도 한다. 우리로 하여금 최선을 다해 행동하도록 만드는 존재에 대해 인지하는 것, 그것에 대해 놀라워하고 고마워하는 것은 인간 탁월성의 최고 형식이다.

물론 호메로스의 세계 속에서 희생 제의는 문자 그대로 어떤 것의 희생이었다. 그것은 대개 값어치 있는 동물을 도살하고 태우는 것을 의미했다. 극단적인 경우에는 아주 많은 마릿수를 도살하기도 했다. (호메로스가 『오디세이아』에서 수십 번 언급하고 있는 "헤카톰베"라는 희생 제의는 문자 그대로* 소 백 마리를 제물로 바치는 의식이었다.) 그러나 아마도 더 중요한 것은 희생 제의가 참여자들을 위한 의식이었다는 점이다. 의식을 통해 참여자들은 자신에게 가장 가치 있는 것을 바친다. 자진해서 희생을 바치는 것, 그리고 그런 행위가 고상하고 선한 것이라는 생각에 고취되어 그렇게 행동하는 것은 그냥 멋진 일만이 아니다. 호메로스의 세계에서 그것은 인간 탁월성의 본질이기도 했다. 그러나 우리는 그런 감사의 정조

---

* 그리스어 'hecatombe'는 숫자 100을 뜻하는 'hecaton'과 황소를 뜻하는 'bous'의 합성어다.

가 결여된 사례를 통해서 더욱 그 의미를 잘 이해할 수 있다. 구혼자들의 사례가 도움이 되는 것이 이 때문이다. 감사가 희생의 행위를 불러일으키고, 또 그것을 통해 감사의 느낌이 더 강화되는 과정은 구혼자들의 자기만족과 거만함과는 양립할 수 없다.

잠은 성스럽다

경이와 감사의 현상들은 인간의 실존에 대한 호메로스적인 이해의 바탕을 이룬다. 반면 오늘날의 이론가들은 호메로스가 발견한 경이롭고 감사한 일들을 언제나 은폐해왔다. 가장 간단한 사례인 잠에 대해 생각해보자.『일리아스』에서 잠은 그 자체로 하나의 신이며, 나아가 "모든 신과 모든 인간의 지배자"로 언급된다 (『일리아스』 14권 230행 이하).[16] 그러나 『오디세이아』에서는 신들이 준 힘으로 표현된다.『오디세이아』 첫 권에는 울고 있는 페넬로페가 나온다. "사랑하는 남편 오디세우스를 위하여 울었고, 마침내 그녀의 눈꺼풀 위에 빛나는 눈의 아테나가 달콤한 잠을 내려주었다."(『오디세이아』, 1권 363행) 이 서사시 뒷부분에는 전령의 신 헤르메스가 "자기가 원하는 사람들의 눈을 감길 수도 있고 자는 사람들을 깨울 수도 있는"(5권 363행) 지팡이를 들고 오는 것으로 묘사된다.

누군가 잠에 빠지는 것을 신들이 한 일로 돌릴 수 없다는 점은 분명하다. 그러나 이런 사건을 묘사하는 호메로스의 방식에서 우리는 다음과 같은 사실을 이해할 수 있다. 즉 호메로스는 인간 존재를, 자기 실존의 핵심을 통제하기에 불충분한 존재로 이해하고 있다는 점이다. 호메로스는 비범한 시적 어휘를 통해 졸린 사람을 지배하고 사로잡는 달콤한 잠에 관해 말한다. 잠은 졸음에 겨운 이에게 다가와 그들을 이완시키고 붙잡고, 그들을 뛰어올라 제압하고, 그런 다음 그들을 저버린다. 눈썹 위로 떨어졌다가 이내 거기에서 도망친다. 호메로스가 보기에, 잠든다는 것은 우리가 할 수 있는 일을 하는 것이 아니다. 잠 자체가 하나의 성스러운 행위이다.

호메로스가 잠을 묘사한 다양한 방식들은 그의 인간 실존 개념에서 잠이 얼마나 중요한 역할을 하는지를 보여준다. 우리에게 잠은 행동하는 순간과 구분되는 비어 있는 삽화다. 잠들었을 때 우리는 더 이상 우리 자신이 아니다. 이와 대조적으로 호메로스의 세계에서 잠은 인간의 조건을 축약적으로 보여주는 사건이기도 하다. 이따금 신들이 인간을 방문해서 방향과 목표를 제시해주고, 인간을 위해 계획을 세우고 불안을 가라앉혀서 다시 신선한 욕망을 불어넣어주는 것도 바로 잠을 통해서이다. 호메로스에게 있어서 잠은 일종의 계율이다. 왜냐하면 잠은 우리가 열심히 노력한다고 해서 꼭 이룬다는 보장이 없는, 그런 행동의 표준적 사례이기 때문이다. 호메로스가 보기에 잠은 인간을 가장 잘 특징짓는 현상이다.

호메로스는 그가 접하는 모든 것에서 이런 인간적 탁월성을 발

견한다. 이 탁월성은 때로는 영웅적 행위의 과정을 통해서 나타
난다. 한 가지 에피소드를 보면, 오디세우스는 배가 난파된 후 이
틀 낮 이틀 밤 동안 홀로 바다 한가운데에서 달랑 나무 널빤지 하
나를 타고 표류한다. 마침내 해안선을 발견하지만 상황은 믿을 수
없을 만큼 최악이다.

배를 댈 항구도 피난처도 작은 만도 없었다. 다만 들쑥날쑥한
암초와 돌출한 바위뿐이었다. 그때 오디세우스는 그만 무릎과
심장이 풀리고 말았다.(5권 408행)

이런 상황에서 사람들이 느낄 낙담을 상상하기란 어렵지 않다.
바다에 그대로 있겠다는 것은 굶주림 또는 낙담에 빠지거나 위
험에 노출되어 죽는다는 것을 뜻한다. 뭍을 찾는다는 것 역시 들
쑥날쑥한 바위들로 돌진하는 위험을 감수하겠다는 뜻이다. 오디
세우스가 혼잣말로 "마음과 숙고하는 영혼"에 대해 말하는 것은
놀라운 일이 아니다. 하지만 그는 자기 선택에 대해 절망하기에
바쁘다.

큰 너울이 바위투성이의 해안으로 그를 날랐다. 그리하여 그는
그곳에서 살갗이 찢기고 뼈가 모두 부러졌을 것이나, 빛나는 눈
의 여신 아테나가 그의 마음에 한 가지 생각을 불어넣어 주었
다. 그래서 그는 앞으로 내달아 양손으로 바위를 잡고는 큰 너

울이 지나갈 때까지 신음하며 그것을 꼭 붙잡고 있었다.(5권 425
행 이하)

호메로스는 이 같은 상황에서 해야 할 일이 무엇인지를 훌륭하
게 포착하고 있다. 특히 호메로스가 그려낸 오디세우스는 우리가
첫 장에서 본 현대의 영웅처럼 자신이 수행한 행동을 자신의 공
으로 돌리기를 거부한다. 그는 자신의 운명에 대해 숙고하고 절망
하기에 바빴으나, 이후 곧바로 손을 뻗어 바위를 단단히 붙잡는
다. 그러나 오디세우스의 입장에서 볼 때, 그가 손을 움직인 것이
아니라 자기 외부의 힘 즉 빛나는 눈의 아테나에 의해 손이 "움직
임 속에 놓여진" 것이다.[17]

카리스마

우리의 통제를 벗어나 벌어진 일로 인해서 경이와 감사를 느끼
게 되는 상황, 호메로스가 나열하는 것은 그런 상황들이다. 호메
로스의 설명에 따르면, 혹시 낯선 이가 나타나 도움을 베푼다면
그는 거의 틀림없이 변장한 신이거나 여신이다.[18] 어떤 중대한 소
송에서 누군가의 연설로 대중이 당신 편에 선다면, 이런 일 역시
신 또는 여신이 당신을 굽어 살피고 있기 때문이다.[19] 심지어 정
말로 중요한 사안을 다루는 회의에 사람들이 빠짐없이 출석했을
때, 호메로스로서는 신 또는 여신이 그 일을 도모한 것이라고 생

각하지 않을 수가 없다.[20] 이렇게 말한다고 해서 지금 어떤 형이상학적인 환상을 주장하는 것은 아니다. 모든 경우마다 실제 인물들—낯선 이, 대중연설가, 회의 소집자—이 등장하고 있기 때문이다. 그러므로 오히려 어떤 신이 각각의 사건 배후에 있다고 말하는 것이 이 현상을 더 잘 설명해주는 방식이다. 즉 이런 설명이야말로 감사와 놀라움이 가장 적절한 반응임을 강조해준다.

신들은 다른 역할도 한다. 호메로스에게 있어서 신의 등장은 인간 실존이 최선의 상태에 있다는 점을 단적으로 가르쳐주는 표식이다. 우리는 이미 이런 관점에서 영웅적 행위를 살펴보았다. 그러나 더 단순한 사례도 있다. 가령 어떤 사람이 진정으로 카리스마 있는 사람임이 드러날 때, 즉 우리가 어떤 사람을 "빛난다"고 표현할 때, 그런 때도 신이 개입해 있는 것이다. 오디세우스가 파이아키아의 왕을 방문하기 위해 준비하는 장면을 살펴보자.

제우스에게서 태어난 아테나가 그를 더 크고 더 풍만해 보이게 했고 그의 머리에서는 고수머리가 마치 히아신스 꽃처럼 흘러내리게 했다. 마치 어떤 솜씨 좋은 장인이 은에다 금을 입힐 때—헤파이스토스와 아테나가 그에게 온갖 기술을 가르쳐 주어 그는 우아한 수공예품들을 만들어낸다—와도 같이 꼭 그처럼 여신은 그의 머리와 어깨에 은총을 쏟아 부었다. 그러나 오디세우스는 바다의 기슭으로 가서 따로 떨어져 앉았고 아름다움과 우아함으로 빛났다.(6권 225행.)

루돌프 누레예프, 세실 비턴(Cecil Beaton) 사진. 누레예프는 신체적 조건과 재능 면에서 전설적인 무용수 니진스키에 유일하게 비견되는 인물이다.

여기에서 은총^{grace}에 해당하는 그리스어는 카리스^{charis}이며, 이것이 영어 '카리스마'의 어원이다. 문자 그대로 카리스마가 있는 사람은 신으로부터 은총 내지 재능의 선물로 호의를 입은 사람이다. 카리스마가 있는 사람은 예컨대 위대한 러시아 발레 무용수 누레예프가 그러했다고 하듯이 온 방을 밝혀준다. 스티븐 홀더는 앤디 워홀의 작업실 광경을 묘사하면서 누레예프 효과를 이렇게 기술한다.

나는 엘리베이터 밖으로 점잖게 걸어 나오는 무용수를 보았던 것으로 기억한다. 그는 잘 생긴 젊은 남자들을 수행원으로 거느린 오만한 왕자의 전형 같았다. 그의 번쩍이는 카리스마 아래에서 파티에 참석한 다른 스타 손님 세 명ー몽고메리 클리프트, 주디 갈런드, 테네시 윌리엄스ー은 초라해 보였다. 소파에 함께 걸터앉은 그들은 위협을 받는 것처럼 보였고, 아예 시들어버린 것처럼 보였다.[21]

다른 세 명의 손님들은 결코 시들어 말라비틀어진 꽃들이 아니었다. 그들 역시 경력의 최고점에 오른 아름답고 유명한 인물들로서 인기를 한 몸에 받고 있었다. 다른 상황이었다면 아마 그들도 무대의 중심이 되었을 것이다. 그러나 아테나의 비호 아래 있는 오디세우스처럼, 누레예프의 카리스마는 만질 수 있을 만큼 확실한 것이었다. 그는 키가 컸고, 더 좋은 향이 났으며, 깊은 생각에 빠진 채 걸었고, 간단하게 말해서 주위 어떤 사람들보다 더 빛이 났다. 호메로스가 이 장면을 글로 썼다 해도 사실 묘사는 똑같았을 것이다. 그러나 누레예프의 카리스마가 특별히 노력을 들이지 않은 것ー그 자신이 만든 것이라기보다는 주어진 것ー임을 강조하기 위해서 틀림없이 호메로스는 신이 그에게 은총을 선물로 내렸다고 말했을 것이다.

이런 묘사는 그 장면에서 어떤 결정적인 측면을 부각시켜준다. 즉 이 모든 사례들의 핵심에는 우리가 열심히 노력한다고 해서 결과에 도달하는 것은 아니라는 생각이 들어있다는 얘기다. 카리스마를 가지려고 노력하는 사람은 결국 우쭐대는 바보가 될 수밖에 없다. 일부러 바위에 닿으려고 하는 사람은 스스로를 산산조각 낼 뿐이다. 필사적으로 잠을 청하려는 사람은 기나긴 불면의 밤을 맞이하게 될 것이다. 호메로스는 아테나가 은총으로 오디세우스를 드높였다고 말한다. 왜냐하면 오디세우스 스스로는 할 수 없었던 일이었기 때문이다.

'입스'의 늪

그리스의 신들이 실제로 존재한다고 믿을 필요는 없다. 그렇게 하지 않아도 우리는 성스러움에 대한 호메로스의 생각으로부터 깊고 중요한 의미를 찾아낼 수 있다. 하지만 우리 자신만이 우리 행동의 유일한 원천이라는 현대인의 생각은 포기되어야만 한다. 왜냐하면 인간 주체에 대한 이런 현대적 관념이 널리 퍼져있는 한, 호메로스가 그리도 민감하게 느꼈던 현상들은 결국 가려질 수밖에 없기 때문이다. 이 점을 살펴보기 위해서 간략하게 오늘날의 관점을 탐구해 보기로 하자.

누군가 자기 행동을 책임지지 못하면 비판받아야 한다는 것은 오늘날 우리에게 자연스럽고도 당연한 생각이다. 심지어 그런 생각은 우리에게 거의 자명한 진리로까지 여겨진다. 오늘날의 관념으로 볼 때, 인간의 행동이란 바로 인간 주체가 책임져야 할 행위이다. 20세기 중엽 프랑스 철학자 장-폴 사르트르는 그의 실존주의 철학을 통해 이런 생각을 논리적으로 확장시켰다. 사르트르에 따르면, "실존주의의 첫걸음은 모든 사람으로 하여금 그의 존재의 임자가 되게 하고, 그에게 그의 존재에 대한 전적인 책임을 돌리는 것이다."[22]

우리 자신이 우리의 실존에 전적으로 책임이 있다는 이 관점은 호메로스적인 생각, 즉 세계에 대해 우리 자신을 열고 외부로부터의 이끌림을 허용할 때 우리가 최선의 행동을 할 수 있다는 생각과 극단적인 대조를 이룬다. 호메로스가 중점적으로 거론한 현상들을 왜 현대 세계에서 찾아보기가 어려운가는 바로 이 대조를 통해서 명확히 드러난다. 호메로스가 탁월성의 모범이라 여긴 것이 과연 인간적 행위인지 우리로서는 설명하기가 매우 어렵다.

호메로스의 탁월성 개념을 진지하게 받아들인다면, 우리 행동의 전적인 책임이 우리에게 있다는 현대적 관념은 포기되어야 할 것이다. 이것이 좋은 아이디어인 이유가 다음에 있다.

형편없는 평판을 얻었던 뉴욕 양키스의 2루수 척 노블락Chuck Knoblauch을 생각해보자. 가장 뛰어난 내야수 가운데 한 명이었던 노블락은 1999년 이해할 수 없는 송구 문제로 곤경을 겪었다. 2루에서 1루로 던지는 짧은 송구조차 정확히 할 수 없게 된 것이다. 한 번은 잘못해서 관람석을 향해 던졌고, 스포츠캐스터인 키스 올버만의 어머니 얼굴을 맞추기까지 했다. 노블락은 기를 쓰고 악송구를 고치려 했지만, 신경을 쓰면 쓸수록 문제가 더 악화

되는 듯했다. 호메로스의 어법대로 말하자면, 노블락은 신들에게 간섭을 받았다.

이런 현상은 생각보다 훨씬 일반적으로 일어난다. 야구, 골프, 테니스 같은 운동에서 흔히 일어나는 현상이며, 미식축구의 쿼터백도 피해갈 수 없다. 이런 현상은 공히 "입스yips"라고 부르는데, 특정한 동작을 의식적으로 잘하려고 할수록 그것을 할 능력을 잃어버리는 현상을 말한다. 일반적인 설명에 따르면, 운동선수가 자기 신체를 섬세하게 연마하다 보면 어느 순간 뜻하는 대로 몸이 저절로 움직여지는 능력을 얻게 된다고 한다. 노블락은 이처럼 자기로부터 동작이 저절로 나오게 두지 않고, 송구 동작을 일부러 만들어내려고 했다. 스포츠심리학 분야의 전문가로서 프로 선수들을 주로 치료해온 정신과 의사 숀 하비 박사는 이 현상을 다음과 같이 평한다.

그냥 반복적으로 하면 되는 일에 대해 과도하게 생각을 기울이기 시작한다. 거기에 수반되는 모든 세부사항들을 따져보느라 너무 많은 시간을 보내기 시작한다. 결국 그토록 오랫동안 쉽게 해왔던 일들을 수행하는 능력을 스스로 파괴하게 된다.[23]

즉 고도로 기술을 연마한 다음에는 일부러 행위를 꾸미지 말고 자신에게서 저절로 흘러나오게 할 때, 우리는 최선을 발휘할 수 있다는 이야기다. 반면 이 상황에서 가장 최악의 행동은 잘 진행되고 있는 일에 끼어드는 것이다.

오늘날의 경향이 그렇듯이, 우리 자신을 우리 행동의 유일하고도 자족적인 원천으로 생각하는 한 우리는 이 상황에서 노블락이 선택한 대응방식 이외의 것을 상상하기란 어렵다. 행동을 더 잘하기 위해 자기가 하는 행동에 대해 더 말끔히 더 신중하게 집중하는 것 외에는 말이다. 이것이 결국 사고 과잉을 초래한다는 정신과 의사의 분석은 매우 역설적으로 들린다. 자신이 하는 일에 더 많은 생각을 기울이고 더 확실하게 집중하는데, 어째서 개선을 이룰 수가 없단 말인가? 그러나 호메로스처럼 인간의 가장 뛰어난 행위가 신들의 일—우리의 시야를 필연적으로 넘어서는 영역—에 속한다고 생각하면, 상황을 장악하려는 시도는 바람직하지 못한 결과를 낳을 것임에 틀림없다.

이것이야말로 호메로스가 초점을 맞추고자 했던 현상이다. 호메로스의 이야기로 다시 눈을 돌려보자. 오디세우스는 마침내 그의 고향 이타카로 귀환하여 아들 텔레마코스와 재회한다. 아테나 여신의 도움 아래 그들은 구혼자들을 물리칠 계획을 세운다. 큰 홀에서 무기를 모두 치우고 그들만이 열 수 있는 작은 광에 쌓아둔다. 어둔 밤이 오자 오디세우스와 텔레마코스는 행동을 개시한다.

그들 두 사람, 오디세우스와 그의 영광스런 아들은 벌떡 일어
서서 투구들과 배가 불룩한 방패들과 날카로운 창들을 안으

로 날랐고, 그들 앞에서는 아테나가 황금으로 된 등화용 불통을 들고 더없이 아름다운 불빛을 비쳐 주었다. 그러자 텔레마코스가 지체 없이 아버지에게 말했다. "아버지, 저는 지금 제 눈으로 큰 기적을 보고 있어요. 아무튼 홀의 벽들과 아름다운 대들보들과 소나무 서까래들과 높다란 기둥들이 제 눈에는 활활 타오르는 불빛처럼 환하군요. 넓은 하늘에 사시는 신들 중에 한 분이 이 안에 와 계심이 틀림없어요." 그러자 그에게 지략이 뛰어난 오디세우스가 이런 말로 대답했다. "조용히 하여라, 네 생각에 재갈을 물려라. 묻지 마라. 이것은 올림포스의 신들이 한 일이란다."(19권 30행)

성스러움에 대한 이런 가르침이야말로 우리가 이 지점에서 찬사를 보낼 만한 것이다. 모든 일이 순조롭게 돌아갈 때 우리의 행동은 마치 외부의 힘에 의해 내부로부터 솟아난 듯이 보인다. 즉 일들이 최선의 상태로 돌아갈 때, 우리가 취할 수 있는 가장 탁월한 모습을 스스로 가질 때, 여러 사람이 마치 한 몸인 양 착착 맞춰 일할 때, 우리는 그렇게 느낀다. 이것이야말로 인생의 빛나는 순간이며, 절로 감사가 우러나오는 순간이다. 어떤 영역에서건 이런 탁월성의 사례들을 접하게 되면 오디세우스의 목소리가 우리 머리를 울릴 것이다. "조용히 하여라, 네 생각에 재갈을 물려라. 묻지 마라. 이것은 올림포스의 신들이 한 일이란다."[24]

그들이 만신전을
세운 이유

호메로스 시대의 그리스인들은 우리가 거의 이해하지 못하는 방식으로 세계에 열려 있었다. 자신의 내적 상태를 응시하는 오늘의 기술들 덕에 우리는 내면을 거쳐 완벽하게 사유된 것들만을 최상의 인간 행위로 간주하는 경향이 있다. 심지어 우리는 '정조'에 대해서도 타인이 접근하지 못하는 사적이고 내적인 경험이라고 생각하곤 한다. 이와 대조적으로 그리스인들은 세상을 향한 텅 빈 머리를 자기 자신이라고 생각했다. 내적 체험이라는 발상은 그들에게는 놀랍고 기이한 것이었다. 예를 들어 호메로스는 오디세우스가 남들이 모르는 감정을 간직하고 있는 데 대해 놀라움을 표현한다. 『오디세이아』의 어느 부분에서 오디세우스는 이타카로 귀환해서 아내 페넬로페를 만난다. 그는 아내에게 아직 자기 정체를 밝힐 준비가 되어 있지 않기 때문에 오디세우스의 오래된 친구인 척한다. 그리고 그녀에게 오디세우스와의 마지막 만남에 대해 이야기한다. 남편의 이야기를 들으면서 페넬로페는 울음을 터뜨린다. 오디세우스는 사랑하는 아내가 그런 상태에 있는 것이 견디기 어려웠지만, 정체를 감추려면 동요하는 모습을 보일 수가 없다. 호메로스는 이런 상황에서 슬픔을 감출 수 있는 오디세우스의 능력에 대해 놀라워한다. 눈동자가 뼈처럼 마른 상태를 유지하면서 속으로 우는 재주를 가진 이 "발명의 달인"에 대해 그는 경외감으로 이야기한다.

> 그의 아내 때문에 그의 가슴이 얼마나 고통스러웠을지 상상해
> 보라. 그의 아내는 눈물을 쏟아내지만 그는 결코 눈도 깜박이
> 지 않았다. 그의 눈은 사슴뿔이나 무쇠로 만들어졌던 것일까.
> 그는 교묘히 눈물을 감추었다. 울고 싶으면 속으로 울었다.[25]

내적 체험이라는 생각은 그리스인들에게는 너무나 낯선 것이었
다. 그래서 그들은 심지어 꿈마저도 내부 세계의 바깥에서 일어
나는 일로 여겼다. 예컨대 어떤 신이 꿈속에서 누군가를 방문할
때, 문간에 철컥 소리를 내며 미끄러져 들어와 방을 지나 꿈꾸는
자 곁에 서서 그에게 이야기를 하는 것으로 여겼다.[26] 일반적으로
호메로스 시대의 그리스인들은 우리가 아주 명백한 것으로 여기
는 내적 삶에 관해 아무런 감각도 갖고 있지 않았다. 꿈, 느낌, 그
리고 특히 정조는 호메로스의 그리스인들에게 개인의 정신 속에
서 일어나는 일로 생각되지 않았다. 오히려 정조는 공적으로 공
유하는 것으로서, 폭풍 속의 빗방울들이 그렇듯이 자신이 공유된
정조에 휩싸여 있다고 느꼈다.
　호메로스에게 정조가 중요한 까닭은 그것이 공유된 상황을 비
춰주기 때문이다. 정조는 말하자면, 현재 문제가 되는 상황을 밝
혀주고 그럼으로써 사람들이 영웅적이고 열정적인 행위를 수행
하도록 이끌어준다. 우리가 살펴보았듯이, 아프로디테는 같은 공

라파엘로, 「신들의 회합」, 프레스코화, 1518년경. 올림포스의 신들이 이토록 많이 필요했던 이유는 인간이 가진 정조가 그만큼 다양하고 일시적이기 때문이다. 또한 바로 그 때문에 그리스 신들은 다분히 인간적인 면모를 띠고 있었다.

유 상황에 처한 사람들을 에로틱한 가능성 쪽으로 나아가게끔 조율해주는 정조를 부여한다. 다른 신들은 각자 다른 정조들을 부여한다. 신들이 조율자라고 하는 말은, 누가 그랬건 간에 우리에게 이미 벌어진 일들을 꾸민 자들이며, 그런 상황에 조응하도록 우리를 일깨우는 자들이라는 뜻이다.

호메로스에게 있어 신들이 조율하는 자라면, 인간 위대성의 정수는 신들이 맞춰놓은 정조에 자신이 조율되도록 놔두는 데 있을 것이다. 그러나 정조는 영원히 지속되지 않는다. 정조는 솟구쳐서 잠시 동안 누군가를 사로잡다가는 이내 그를 떠난다. 그리스인들은 정조의 이런 일과적인 특성을 퓌시스 *physis**라 불렀다. 이처럼 정조가 일시적이라는 생각은 호메로스의 다신주의에서 결정적인 중요성을 갖는다. 호메로스의 세계에서 가장 주목해야 할 부분은, 신들이 만신전을 형성한다는 점일 것이다. 신들은 저마다 특정한 정조를 비춰주며, 그 정조를 지키려는 의식儀式들 일체를 뒷받침해준다. 신들은 저마다 자기 영역에서 가장 탁월한 삶의 방식을 보여주는 빛나는 사례들이다. 최고 상태에 있는 인간들은 세계를 규정하는 이들 정조들 가운데 하나 또는 다른 하나에 대해 온몸을 열어 잠시 동안 휩싸이거나 붙들리는 존재들이다.

하지만 단일한 신이 아니라 신들의 만신전이 존재한다는 사실은 다양한 삶의 방식을 통일하는 밑바탕의 원리가 없다는 것을 뜻한다. 예컨대 아프로디테가 에로틱한 영역에서 갖는 탁월성과 가정의 수호신 헤라가 갖는 탁월성은 서로 어울릴 수가 없다. 그리스인들은 신들의 정조에 얼마만큼 열려 있는가를 통해 인간의 탁월성을 이해했고, 또한 그 정조가 일시적임을 알고 있었기 때문에, 그 시대의 실존에서는 다양한 신들이 제각기 비추고 있는 의미들을 서로 화해시킬 이유가 전혀 없었다. 이처럼 서로 어울릴 수 없는 신들의 다신주의적 복수성을 이해한다면 헬레네의 능력도 이해가 된다. 즉 메넬라오스와 함께 가정적인 삶을 꾸려나가다가 파리스와의 에로틱한 삶으로 거침없이 옮겨가는 능력 말이다. 헬레네는 자기 자신에 대한 이런 이해들을 화해시키거나 그것들

---

* '퓌시스'는 흔히 물리적(physical) 세계 즉 '자연'을 뜻하는 단어로 이해되고 있지만, 원래는 '생기' 또는 '출현'을 뜻하는 단어였고, 저자들도 이 뜻으로 쓰고 있다.

에 순위를 매길 필요성을 못 느낀다. 그냥 각각의 상황에 휩쓸리도록 자신을 열어두면 되기 때문이다. 이런 이유로 호메로스가 그녀를 "여인들 가운데 빛나는" 존재라고 한 것이다.

"경이가 우리를
사로잡는군요"

우리는 헬레네가 만찬에 참석해 파리스와 함께 도망친 이야기를 하는 데서 이 장을 시작했다. 헬레네 스스로 아무렇지도 않게 그 이야기를 꺼내고 남편마저 그것을 대단하게 생각하는 모습은 우리에게 충격을 안겨준다. 이 일화에 대한 우리의 반응과 호메로스의 반응은 매우 다른 것으로서, 그리스인들이 양립 불가능한 복수의 신들을 어떻게 동시에 수용할 수 있었는지에 대해 관심을 돌리게 한다. 신이 어떤 행위 내지 사건에 관여했다고 호메로스가 설명할 때, 우리는 그가 어떤 현상을 가리키고 있는 것인지 질문한 바 있다. 의심할 바 없이 이 질문에는 많은 답이 가능할 것이다. 마찬가지로 실제 벌어진 현상이 아무 답도 해주지 못하는 경우 역시 많을 것이다. 예를 들어 지금 우리가 호메로스의 작품에서 찾아내려는 의미들과는 상관없는, 올림포스 산에서 벌어진 여타 사건들이 다 그러하다.[27] 그러나 한 가지만은 분명하다. 호메로스가 신들을 끌어들이는 이유는, 인간 탁월성의 핵심 형식이 외부로부터 오는 것임에 틀림없다는 관찰을 설명하기 위해서다. 호메로스의 어법에서 볼 때 신이란 하나의 정조로서, 주어진 상황의 가장 중요한 측면에 우리를 조율시켜 준다. 정조는 구태여 생각을 하지 않아도 상황에 꼭 맞게 반응할 수 있게 해주는 것이다.

호메로스의 이런 신 개념은 잘 사는 삶의 조건으로 또 다른 사항들을 요구한다. 최선의 인간 삶을 위해 신들의 현존이 필요하다면, 거기 이르려는 사람들은 신들의 존재에 감사와 경이감을 표함으로써 신들을 초대해야 한다는 것이다. 따라서 우리의 통제를 벗어나서 바람직한 일들이 벌어졌을 때 그것을 바로 알아보는 것, 그리고 이런 상황들과 마주쳤을 때 경이와 감사의 마음을 키우는 것, 이것들 모두가 잘 사는 삶을 위해서 필요하다. 이 같은 경이와 감사의 능력을 우리 자신 속에서 함양할 때, 우리는 신들의 변함없는 초대자가 될 수 있을 것이다.

탁월성에 대한 이런 설명을 기억하면서 이제 다시 호메로스에 대한 질문으로 되돌아 가보자. 즉 호메로스의 텍스트에서 왜 헬레네는 그토록 숭배 받는 인물이었는가.

호메로스 시대의 그리스인들은 최상의 경지에 이른 어떤 아름다운 존재가 그들 앞에 나타날 때, 존경에 가득한 경외심을 가졌다. 잘 만들어진 아름다운 사물 앞에서도 그들은 성스러운 경이를 느꼈다. 가령 텔레마코스가 메넬라오스의 빼어난 궁전에 대해 기술한 것을 보자.

네스토르의 아들이여, 그대 내 마음의 기쁨이여. 소리가 잘 울리는 홀에 가득 찬 청동과 황금과 호박과 은과 상아의 반짝거림을 보시오. 아마도 올림포스의 제우스 궁전 안이 이러하겠지요. 그만큼 여기 있는 물건들이 말할 수 없이 많군요. 보고 있자니 그저 경이로울 따름이오.(『오디세이아』, 4권 71행 이하)

여기에서 "경이"로 번역된 그리스어 세바스*sebas*는 직역하면 존경, 숭배, 그리고 명예와 같은 성스런 의미를 다함께 포함한다. 호메로스는 성스러운 것 앞에서는 두려움을 느낄 수밖에 없다는 뜻으로 이 단어를 사용한다. 그러므로 이 구절을 글자 그대로 번역하면, "이것들을 보는 순간 경이가 나를 사로잡는군요" 정도의 뜻이 될 것이다.

그러므로 아름답다와 같은 단어 정도로는 그리스인들이 빼어난 사물들 앞에서 느꼈던 성스러움의 느낌을 적절하게 옮길 수가 없다. 헬레네가 세상에서 가장 아름다웠다고 말하는 것은 실상 그녀를 평범하게 만드는 것이다. 그녀에 대한 일반적 칭호인 디아 구나이콘*dia gunaikon*은 문자 그대로 '여성들 틈에 끼어 있는 여신'을 뜻한다. 그러나 진정코 우리는 그런 의미를 모두 넘어서는 어떤 점을 말하지 않을 수 없다. 헬레네는 에로스의 현현이다. 실로 그녀는 이 성스러운 영역에서만큼은 다른 모든 사람을 능가하는, 제우스 자신의 딸이라고 생각되었다.

실존의 에로틱한 차원이 호메로스의 세계에서 성스러운 것이었다는 말은, 곧 그것이 모든 고귀한 사람들에게 감사와 경이를 불러일으켰다는 말과도 같다. 그 시대의 그리스에서 에로스는 단지 물리적 즐거움이나 성적 즐거움을 뜻하는 말이 아니었다. 그것은 최고의 인간들이 자연스럽게 서로에게 끌리는 방식 모두를 뜻하는 말이었다. 즉 금빛의 아프로디테 자신이 비춰주는 방식을 뜻하는 말이었다. 여기서 헬레네는 이런 성스러운 삶의 차원을 축약적으로 보여주는 존재였다. 호메로스 세계의 다른 모든 여성들은 이 점에 관한 한 그녀와 비교해서 평가된다.[28]

누레예프가 가졌던 카리스마처럼 헬레네 역시 별다른 수고 없이 에로틱한 매력을 가지고 있었다. 귀족들은 꼼짝없이 그녀에게 이끌렸으며, 아름다운 모든 것이 자연스럽게 그녀 주위에 모여들었다. 그리고 그녀가 지닌 모든 것—말하는 방식에서부터 몸가짐, 타인과 교제하는 방식에 이르기까지—이 이런 에로틱한 영역에서 탁월성의 모범임을 입증해 주었다. 이 여성이 바로 "여인들 가운데 비할 바 없는" 헬레네다.

호메로스는 이 점을 깊은 차원에서 이해하고 있었다. 예컨대 호메로스가 『오디세이아』 4권에서 헬레네가 처음 등장하는 모습을 묘사한 것을 보자. 호메로스는 헬레네가 얼마나 아름다운지만을 강조하지 않고 그녀 주위의 사물들이 얼마나 아름다운지도 함께 강조한다. 다른 사람들이 그녀에게 줄 목적으로 신비로운 장소에서 가져온 선물들이 마치 그녀를 위해 원래 있었던 것인 양 반짝거리며 빛을 발한다. 누레예프처럼 그녀도 아름다운 수행원들에

둘러싸여 등장하는데, 이 수행원들은 그녀가 에로스의 빛나는 중심임을 강조해주는 존재들이다.

헬레네가 황금 화살의 아르테미스와도 같이 지붕이 높다란 향기로운 방에서 나왔다. 그러자 아드라스테가 함께 나와 잘 만든 의자를 그녀를 위해 갖다 놓았고 알키페는 더없이 부드러운 양모 깔개를 가져왔다. 또 필로는 은으로 만든 바구니 하나를 가져왔는데, 이것은 집 안에 엄청난 재물이 쌓여 있는 이집트의 테바이에 살고 있던 폴리보스의 아내 알칸드레가 그녀에게 준 것이었다. 폴리보스는 메넬라오스에게 은제 욕조 두 개와 세발솥 두 개 그리고 황금 열 탈란톤을 주었고 그 밖에 폴리보스의 아내도 헬레네에게 더없이 아름다운 선물을 주었으니 금으로 만든 물렛가락 하나와 밑에 바퀴가 달린 은제 바구니 하나를 주었던 것이다. 그러나 그것의 가장자리는 황금으로 마감되어 있었다. 곱게 뽑은 실이 가득 든 바로 이 바구니를 하녀 필로가 가져와서 그녀 옆에다 놓았던 것이다. 그리고 그 바구니 위에는 짙은 자줏빛 양모가 감긴 물렛가락이 놓여 있었다. 그리하여 헬레네가 등받이 의자에 앉으니 그 밑에는 발을 위하여 발판이 달려 있었다. 그녀는 지체 없이 남편에게 말로 꼬치꼬치 캐묻기 시작했다.(『오디세이아』, 4권 121행 이하)

헬레네는 아름답다. 정말로 그렇다. 그 문화권에 살던 이들이 아름답다고 생각해온 것들 모두를 뛰어넘을 정도로 아름답다. 그러므로 헬레네의 행위를 도덕적 책임의 기준으로 평가하는 것은 잘못된 일일 뿐만 아니라, 호메로스의 세계에서는 거의 저주에 가까운 일이다. 그런 평가는 헬레네의 아름다움을 부차적 요소로 격하시키는 짓이며 비본질적인 것으로 만드는 일이다. 헬레네가 파리스와 함께 도망친 것이 과연 에로스에 조율되어 벌인 일이라면, 그것은 호메로스의 세계에서는 가장 탁월한 수준의 성스러운 행위, 즉 아프로디테의 부름에 맞춰 자기 자신을 연 행위로 이해될 것임이 틀림없다.

그리스인들은 이 사건을 그런 방식으로 이해했음이 분명하다. 파리스와 함께 도망친 일이 트로이 전쟁의 원인이 되었다는 것은 분명 진실이다. 하지만 호메로스의 세계에서 그것은 통탄할 만한 일이 못 된다. 다만 삶의 한 가지 방식일 뿐이다. 더욱이 그것은 다른 종류의 탁월함과 고결함을 위한 기회를 만들기까지 한다. 예를 들어 위대한 전사 아킬레우스는 전투에서 너무나 영웅적이었던 나머지 살아있을 때부터 "신처럼 공경을 받았다."(『오디세이아』, 11권 485행) 그의 공훈은 너무나 비범한 것이어서 영웅적 전사의 영역이나 다른 성스러운 차원에서 탁월성의 표준이 되었다. 비록 요절을 하긴 했지만 그의 이런 공훈은 호메로스의 세계에서는 그 이상을 상상할 수 없을 만큼 최상의 것이었기에 그의 삶 모두가 정당화된다. 오디세우스가 아킬레우스를 지하세계에 만났을 때, 이렇게 말한 것처럼 말이다. "아킬레우스여, 어느 누구도 이

전에 그대처럼 행복하지 못했고 앞으로도 그럴 것이오."(『오디세이아』, 11권 483~484행) 나아가 호메로스의 세계에서는 실존의 슬픔도 의미를 가진다. 왜냐하면 슬픔 역시 그런 감정의 영역에서 탁월성을 보여주기 때문이다. 당대의 위대한 영웅이었던 오디세우스도 스스로는 "가장 무거운 고난의 짐을 진 자"(7권 211행 등)였다.[29] 파이아키아의 왕 알키노오스는 오디세우스의 슬픔에 대해 이렇게 해설한다. "인간들에게 파멸의 실을 자으신 것은 신들이라오. 후세 사람들에게도 노랫거리가 있게 하시려는 뜻이지요."(8권 579행)

그러므로 헬레네가 파리스와 함께 도망친 것은 유감스러운 일일지언정 무책임한 행동이 아니었다. 나아가 도덕적 차원의 행동은 더욱 아니었다. 오히려 그것은 성스러운 에로스의 행위로서, 놀라움과 경외심으로 직조된 후세 사람들의 노랫거리였다.

4

유일신의 등장

아이스킬로스에서
아우구스티누스까지

아버지와 나는 하나이다. (…) 너희는 아버지께서
내 안에 계시고 또 내가 아버지 안에 있다는 것을
확실히 알게 될 것이다. (…) 나를 믿는 사람은
나뿐 아니라 나를 보내신 분까지 믿는 것이고,
나를 보는 사람은 나를 보내신 분도 보는 것이다.
내가 이토록 오랫동안 너희와 같이 지냈는데도
나를 모른다는 말이냐?

요한복음 10~14장

역사를 읽는
몇 가지 시각

호메로스 시대의 그리스인들은 올림포스 신들의 빛나는 현존에 대해 끊임없이 자신을 열고 압도됨으로써 강렬하고도 의미 있는 삶을 영위했다. 행복한 다신주의자들이었던 그들의 세계는 오늘날 우리의 허무주의 시대와는 딴판이었다. 그렇다면 어떻게 서양은 호메로스의 매혹적인 세계, 즉 경이와 감사로 가득 찬 세계로부터 현재 우리가 거주하는 탈마법화된 세계로 떨어진 것일까?

이런 투의 질문은 서양의 전통적 이야기를 조롱하는 질문처럼 보일 것이다. 19세기 초 헤겔 이래로 서양의 역사는 어쨌건 진보에 관한 이야기였다. 우리는 계몽주의 시대와 이후 시대야말로 이런 발전의 정점에 이른 시대라고 배워왔다. 자유의 자기충족성, 이성의 투명성, 남김없이 설명되고 통제되는 세계의 안정성, 이 모든 것이 역사의 진보를 가리킨다고 배워왔다.

그러나 이런 이야기 반대편에는 또 다른 전통적 이야기도 존재한다. 즉 현재 우리가 처해 있는 탈마법화된 상태야말로 끝없는 쇠퇴와 상실의 결과라고 보는 시각이다. 이런 반대 시각에는 향수鄕愁가 배어있다. 이 시각은 탈마법화된 오늘의 세계를 거부하고 과거의 마법적인 시대를 지지한다. 자유의 대가로 안게 된 홀로서기의 짐, 이성의 거침없는 행진이 닦아놓은 무미건조하고도 무자비한 길, 남김없이 설명되고 통제되는 세계의 생기 없는 얼굴, 이 모든 것이 역사의 쇠퇴를 나타낸다는 시각이다.

그러나 그 어떤 이야기도 옳지 않다면? 두 이야기에 공히 들어있는 생각—즉 경이와 매혹이 저 멀리로 사라졌다는 생각—이 현대 세계를 오해한 결과라면? 즉 우리가 성스러움으로 빛나는 신들을 잃은 것이 아니라, 단지 그들이 던져주는 의미와 접촉할 수 있는 기회를 잃은 것뿐이라면?

기실, 진보를 무조건적으로 찬양하는 태도나 상실에 대한 향수 어린 태도나 길을 잘못 잡은 점에서는 마찬가지다. 진보의 관념은 우리들 세속 시대의 허무주의에 의해 침식당한 지 오래이다. 반면, 이 세속적 세계의 가장자리에 여전히 남아있는 의미의 가능성들은 상실이라는 관념에 대해서도 의문을 던진다.

우리는 이런 이야기들 뒤에 감춰진 또 다른 서양 역사에 주목할 필요가 있다. 즉 우리가 어떻게 해서 성스러운 관례들과의 접촉을 상실해 왔는가에 관한 이야기이다. 이런 역사를 아직 승인받지 못한 역사적 사실들의 사례집 따위로 간주해서는 안 된다.

그러기보다는, 호메로스 시대에는 도처에서 만날 수 있었던 세계의 경이로움이 차츰 희미해진 과정으로 이 역사를 서술할 수 있을 것이다. 즉 이 역사는 신들을 상실한 역사가 아니라 그것을 무시해온 역사라고 말이다. 다시 말해서 신들이 손짓하며 부르는 소리에 우리 자신을 닫아버린 역사라는 얘기다. 이런 감춰진 역사를 이해하는 것은 곧 이런 형태의 세계에 참여하는 일이 여전히 우리에게 가능함을 깨닫는 것이기도 하다. 확실히 이런 참여는 우리 문화에서 주변적인 것이 되어버렸다. 그럼에도 그것은 여전히 자라나고 소생할 준비가 되어있다. 이 감춰진 서양 역사는 우리로 하여금 세계의 성스러운 마법들을 드러내주는 관례들을 되찾게 하는 가이드가 되어줄 것이다.

그러나 서양의 감춰진 역사를 자세히 설명하는 것은 이 책의 범위로는 불가능하다. 그 대신에 서양 문학의 핵심 포인트들을 몇 가지 일별해보는 방법이 있을 것이다. 아이스킬로스에서부터 요한복음까지, 그리고 바울과 아우구스티누스에서부터 단테와 루터까지, 마지막으로 데카르트와 칸트에 이르기까지, 이들 작품들을 각각 살펴봄으로써 우리는 어떤 종류의 의미들이 질식해서 죽었고 어떤 종류의 의미들이 새로 등장했는지를 알 수 있을 것이다. 현재 우리의 문화에 초점을 맞추어 이 위대한 작품들을 엮어봄으로써 말이다. 따라서 다음 두 장^章에서는 기원전 5세기 아이스킬로스의 고전기 아테네 문화에서부터 18세기 말 최고점에 다다른 칸트의 계몽주의에 이르기까지 각 지점들을 속도감 있게 살펴보기로 한다.

　한 시대에서 다음 시대로 넘어가는 이행 지점들을 자세히 설명하지 않는 데 대해 독자들은 항의를 할지도 모르겠다. 그러나 각 작품들에 대한 이런 간략한 접근은 우리들 저자가 일부러 택한 서술방식이지만, 시대들 사이의 이행 지점을 설명하지 못하는 우리의 무능력은 다른 데서 연유한 것이다. 서양 역사를 진보 혹은 상실로 보는 전통적 이야기에서는 역사 진행에 대한 합리적 설명을 기대한다. 예컨대 헤겔의 관점에서 보면 역사의 이행은 우연히 일어난 것이 아니라 합리적인 사건이다. 즉 모든 역사의 운동들은 이전 시대의 모순에 대한 하나의 해법으로 나온 것이다. 그러나 인간 탁월성에 대한 호메로스의 이해가 아이스킬로스의 이해로 이행한 것을 반드시 합리적이라 볼 수는 없다. 그 점은 아리스토텔레스의 과학 이해가 갈릴레이의 과학 이해로 이행한 것을 합리적인 과정으로 볼 수 없는 이유와 마찬가지이다. 토마스 쿤이 지적했듯이, 하나의 과학적 패러다임으로부터 다른 패러다임으로의 이행은 완전한 형태 전환^{Gestalt shift}으로서, 어떤 식으로도 정확히 설명할 수 없는 전환이다. 운동에 대한 아리스토텔레스의 설명과 갈릴레이의 설명 사이에는 어떤 합리적인 관계도 없다. 둘은 그냥 공약 불가능할 뿐이다. 호메로스와 아이스킬로스도 마찬가지이다. 물론 한쪽에 있는 것이 다른 쪽에는 없다고 말할 수는 있다. 하지만 왜, 그리고 어떻게 역사가 한 시대로부터 다음 시대로 이행했는지에 대해 하나의 이야기로 말하기는 어렵다.

그럼에도 불구하고 각 작품이 서양 역사의 한 부분을 이룬다는 사실만큼은 우리에게 결정적 의미를 갖는다. 왜냐하면 지나간 일들 가운데 무엇인가가 오늘의 세계 가장자리에 분명히 보존되어 있을 것이기 때문이다. 우리는 이제 살펴볼 예술작품들 속에 깃들여 있는 성스러움의 감각들에 주파수를 맞춰봄으로써, 이 세속의 시대에도 여전히 남아있을 성스러운 일들을 알아보고 소생시킬 수 있을 것이다.

오레스테이아 3부작

기원전 5세기 아테네에서 살았던 아이스킬로스는 비극의 아버지로 알려져 있다. 그의 연극은 극도의 희열과 공포로 가득했다. 그 느낌들이 어찌나 강렬했던지 연극을 보던 임신부들이 조산하는 일도 있었다고 한다. 물론 연극이 주는 즐거움도 그만큼 생생했다. 그의 3부작 연극 『오레스테이아』를 보는 것만으로도 사람들은 위대한 아테네의 황금시대에 참여한다는 긍지를 느낄 수 있었다.

아이스킬로스는 그리스 고전시대* 초기에 활동한 작가로 호메

---

* 고대 그리스의 시대 구분은 흔히 BC 8세기 호메로스 시대부터 BC 5세기 아테네의 발흥 직전까지의 '전前 고전시대', 아테네의 전성기였던 BC 5세기~BC 4세기의 '고전시대', 알렉산드로스의 마케도니아 제국 건설부터 BC 1세기까지의 '헬레니즘 시대', 이후 로마가 지중해 지배권을 확립한 '그리스-로마 시대'로 나눈다.

아이스킬로스 조상(彫像). 호메로스 이후의 그리스에서 아이스킬로스는 소포클레스, 에우리피데스와 더불어 3대 비극 작가로 꼽힌다. 특히 그는 아테네에서 해마다 열린 비극 경연에서 14차례나 우승하는 영예를 안았다.

로스보다 수백 년 후에 글을 썼다. 그의 신들은 이름만 같을 뿐, 호메로스의 신들처럼 다양한 정조의 집합체를 이루는 올림포스 신들이 아니었다. 아이스킬로스의 신들은 근본적으로 다른 존재들이었다. 그들은 아테네 세계를 떠받치는 힘이었다. 아이스킬로스의 작품에서 신들은 모든 상황에서 무엇이 중요한지를 판가름하고, 무엇이 의미 있는 일인지를 결정한다. 그들은 모든 사람들의 행위에 통일적 기준을 부여하는 신들이다. 즉 호메로스가 찬양했던 행복한 다양성만으로는 만족할 수 없었던 것이다.

그러나 아이스킬로스 시대의 신들은 통일성을 요구하는 존재들이었음에도 자기들끼리는 각기 경쟁 그룹들을 이루고 있었다. 『오디세이아』에서 호메로스의 신들은 서로 다르지만 관용이 있는 가족이었다. 그들은 가정에서나 전쟁터에서나 연인들의 침대 위에서나 서로 협력해서 인간을 인도하고 보호해주었다. 하지만 호메로스와 그 시대의 올림포스 숭배자들은 더 오래된 신들의 그룹을 억누름으로써 그런 행복한 상태를 이룰 수 있었다. 그들은 가족의 결속을 지켜주는 신들로서, 다산과 혈연성과 복수를 상징하는 존재들이었다. 이런 복수심과 피로 맺은 결속력 같은 옛날 정조들은 확실히 호메로스의 세계에 속하는 것이 아니었다. 그러나 아이스킬로스에 따르면, 이런 옛 정조들을 억누르는 데는 대가가 따랐다. 즉 호메로스의 올림포스 신들이 지닌 행복한 다양성은 아이스킬로스의 세계에 와서는 더 이상 중요성을 지닐 수가 없게 된 것이다. 그보다는 무엇이 옳은가에 대한 두 가지 화해할 수 없는 입장의 대결이 더 중요해졌다. 새로 등장한 올림포스 신들이 그 중 한 입장을 대변했고, 더 원시적이고 오래된 복수의 여신들(Furies, *Erinyes*)이 다른 한 입장을 대변했다.

이 두 개의 신 그룹은 각기 여러 구성원들을 가지고 있지만, 실상은 어느 그룹도 호메로스의 신들과 같은 다양성을 띠고 있지 않았다. 예를 들어 『오레스테이아』에 나오는 옛날 신들은 하나같이 똑같은 삶의 방식에만 매달린 늙은 노파의 모습으로 등장한다. 그들은 가족과 씨족을 보호하고, 그들이 원하는 피의 앙갚음을 수행하지 않는 이들을 겁박한다. 이와는 대조적으로 새로운 신들은 모두 아폴론 같은 이성적 존재로 표현된다. 공평하고 보편적인 이성에 대한 아폴론의 열렬하고도 일관된 믿음은 호메로스 신들의 다양성을 대체한다. 더구나 각 그룹은 통일성만 가진 것이 아니라 자기들만이 보편적 정당성을 가진다고 주장한다. 다시 말해 옛날 신들이건 새로운 신들이건 모두 정의에 대해 한 가지 이해만을 갖기를 요구한다. 그리고 그 기준을 위배한 자들에 대한 처벌권을 주장한다.

『오레스테이아』는 정의에 대한 옛 설명과 새로운 설명 사이의 대립을 줄거리로 삼고 있다. 옛적 신들인 복수의 신들은 모두 여성들로서 무엇보다 가족의 가치를 신봉한다. 반면 새로운 신들은 대부분 남성들인데, 개인, 가족, 도시 등 어떤 대상이건 예외 없이 공평하게 적용되는 보편적 법칙을 대변한다. 아폴론은 다음과 같은 말로써 정의에 대한 새롭고 공평한 생각을 천명한다.

남자건 여자건 도시건 그 누구에 대해서도 (…) 나는 전혀 감싸주고 싶은 마음이 없다. 올림포스 신들의 아버지, 제우스가 명령한 것을 빼고서는 말이다. 이것이 정의다.[1]

이와는 대조적으로 복수의 여신들은 가족만을 염려한다. 그래서 피붙이를 해친 사람들에 대한 응분의 보복만이 정의라고 생각한다.

친족의 피를 흘리게 했던 사람들을 우리는 기필코 고향에서 몰아내야 합니다.[2]

복수의 여신들이 보여주는 이 마피아적인 정의 개념은 호메로스의 세계에서는 없었다. 왜냐하면 호메로스 시대의 문화는 혈연에 대한 자연적 성향을 억눌렀기 때문이다. 아이스킬로스에 따르면, 복수의 여신들은 이런 식의 대우를 받아온 것에 대해 분개한다. 그들은 올림포스의 신들로부터 분리되어 "지하로 쫓겨난" 것에 대해 분노한다. 그들은 이렇게 반응한다.

(…) 지략이 뛰어나고, 반드시 성취하고, 악행을 기억하는 우리들 두려움의 여신들은 인간들의 애원에도 누그러지지 않고, 명예도 없이 멸시를 받아가며, 주어진 직무를 수행한다네.[3]

옛날 신들과 새로운 신들 사이의 알력 관계는 아이스킬로스의 고전기 아테네 문화 관념에서 핵심을 이룬다. 이 알력은 눈에 띄지 않게 조금씩 커지며 끝까지 이어진다. 우리는 이런 알력에 관한 최초의 직접적 묘사를 아이스킬로스 3부작 가운데 1부인 『아가멤논』에서 볼 수 있다.

아가멤논은 트로이에 대한 10년간의 군사 작전에서 그리스인들을 이끌었던 위대한 장군이다. 그의 동생이 바로 메넬라오스로서, 그가 부정한 아내를 둔 탓에 전쟁이 일어난 것이다. 개전 초기의 비극적 일화가 『오레스테이아』 3부작의 배경을 이룬다. 트로이로 가는 길에 아가멤논은 신들을 달래기 위해 그의 사랑하는 딸 이피게네이아를 희생 공물로 바친다. 연극이 시작되자마자 코러스가 등장해 이 사건을 환기시켜준다. 예언가들의 곤혹스런 요구를 받고 아가멤논이 괴로워하는 데서 이야기는 시작된다.

신들에게 복종치 않는다는 것은 진정 괴로운 일이오. 하지만 내 집안의 낙樂인 자식을 죽임으로써, 제단 앞에서 이 아비의 손을 딸의 피로 더럽히는 것 역시 괴로운 일이오. 그 어느 것인들 불행이 아니겠소?[4]

아가멤논의 갈등은 시작부터 옛 신들과 새로운 신들 사이의 대결에 초점을 맞추고 있다. 이피게네이아의 아버지이지만 또한 만백성의 왕으로서 아가멤논은 두 가지 요구 사이의 갈등에 휩싸여 있다. 연극을 이끌어 가는 핵심은 바로 이런 비극적 갈등이다. 이것과 비교해서 호메로스가 오디세우스를 묘사하는 방식에 대해 생각해 보자. 오디세우스는 매번 적절할 때마다 아버지, 왕, 모험가로 잇달아 변신한다. 다른 것을 버리고 하나를 선택해야 할 상황이란 그에게 벌어지지 않는다. 나아가 호메로스의 다신주의

고대 그리스 암포라. 클리타임네스트라가 아이기스토스와 공모해 아가멤논을 살해하는 장면.

는 이런 다중적 역할이 한 개인에게 동시에 공존할 수 있도록 해준다. 갈등이 특별히 조정될 필요도 없다. 이와 반대로 아이스킬로스는 통일성을 추구하는 일신주의적 경향을 보여준다. 즉 한 개인이 가진 이중의 역할들이 일으키는 갈등에 주목하고, 문화 속에서 그런 갈등의 해결을 도모한다.

이피게네이아의 죽음을 회상한 다음, 『오레스테이아』의 본격 사건들은 트로이 전쟁 직후 아가멤논이 귀향을 하는 데서 시작된다. 아가멤논의 아내 클리타임네스트라는 남편에게 화가 나 있다. 딸 이피게네이아를 잃은 것에 대해 그녀가 화를 내는 것은 당연하다. 하지만 그녀가 아가멤논을 미워하는 데는 또 다른 이유가 있다. 예를 들어 아가멤논이 카산드라라는 아름다운 트로이 노예를 데리고 집에 돌아온 일도 그녀가 화를 내는 이유이다. 물론 이 질투는 다소 잘못된 것이다. 왜냐하면 남편이 오래도록 집을 비운 사이 그녀 자신도 남편의 사촌인 아이기스토스와 불륜을 저질렀기 때문이다. 언제나 그렇듯이 그리스 비극은 복잡하고 외설적인 근친상간의 묘사들로 채워져 있다. 어쨌든 지금 중요한 점은 그게 아니다. 중요한 것은 아가멤논이 전쟁에서 돌아왔을 때 클리타임네스트라가 다른 곳도 아닌 바로 왕의 궁전에서 왕과 그의 첩을 냉혹하게 죽인다는 점이다.

클리타임네스트라의 행동은 상황으로 인해 과잉 촉발된 것이었다. 하지만 그녀는 이피게네이아를 위한 복수라는 명분이 있었기에 그 문화에서 자기 행동이 정당하게 받아들여지리라는 점을 알고 있었다. 그녀는 자신의 경우를 이렇게 설명한다.

이 사람의 죽음에 부끄러움이 있다고 나는 생각하지 않아요. 무엇보다 그가 반역을 하려고 집안에 죽음을 불러온 건 아니잖아요? 그와의 사랑으로 내게 잉태된 꽃, 눈물의 이피게네이아 때문에 그도 바로 그런 죽음을 당한 것뿐이니까요.[5]

중요한 것은 복수의 여신들이 자식의 살해자에게 복수를 하도록 했다는 점 외에도 그런 행위를 올바른 것으로 본다는 점이다.

그러나 클리타임네스트라의 행위는 동시에 자신의 국왕을 살해한 것이기도 하다. 즉 보편적 법을 무시함으로써 새로운 신들이 싫어할 행위를 한 것이다. 코러스는 아테네인들의 상식을 대변하듯 이 두 가지 입장 사이의 고민을 표현한다. 우선, 어미가 자식의 죽음에 보복하는 것은 당연한 처사다.

이렇게 비난에 비난이 맞서니, 사리를 판단하기는 어려운 일이로다. 약탈한 자는 약탈당하고 살해자는 대가를 치르나니.[6]

하지만 이것은 다른 한편으로는 불충한 국왕 시해 행위이다.

아아 왕이여 왕이여, 내 그대를 위하여 어떻게 울어야 하나이까? 그대를 사랑하는 이 마음 무어라 말해야 하나이까? 그대는 처참하게 숨을 거두시고 거미줄에 걸리어 여기 누워 계시나이다. 아아 슬프도다. 아내의 손에 쌍날 흉기를 맞고 음흉한 죽음을 당하신 채 여기 이렇듯 비천하게 누워 계시나이다.[7]

클리타임네스트라의 행위가 정당한지 여부는 그것이 딸의 살해자를 향한 복수 행위인지, 아니면 정의로운 국왕에 대한 시해 행위인지 여부에 달려 있다. 말하자면 그 행위가 오래된 신들의 이름으로 행한 것인지, 아니면 새로운 신의 이름으로 행한 것인지에 달려 있다.

복수의 여신들

아가멤논의 살해를 어떻게 이해할지에 대한 물음은 3부작의 제2부인 『제주祭酒를 바치는 여인들』(코에포로이)에서 더욱 첨예하게 제시된다. 이 연극은 아가멤논과 클리타임네스트라의 아들이자 이피게네이아의 동생인 오레스테스가 집에 돌아온 직후의 이야기로 구성되어 있다. 오레스테스는 부왕 아가멤논의 죽음에 대해 정의가 실현되어야만 한다고 느낀다. 그가 부딪힌 질문은, 복수의 여신들의 이름으로 다시 클리타임네스트라에 대한 복수를 행할 것인가, 아니면 새로운 신들과 보편적인 법의 이름으로 징벌을 할 것인가의 물음이다. 사랑하는 아버지의 살해자에게 잔혹한 복수를 행할 것인가, 아니면 그녀를 국왕의 살해자로서 냉정하고 공평하게 처벌할 것인가?

코러스는 복수의 여신들이 받드는 피의 앙갚음 개념이 끝없는 복수의 되풀이만을 가져올 뿐이며, 그런 개념을 지지하는 문화 자체를 모조리 파괴할지 모른다고 경고한다.

행한 자는 당하게 마련이라. 그것이 곧 법도임에랴. 누가 이 집에서 저주의 씨앗을 몰아낼 수 있을 것인가? 이 가문에는 재앙이 아교처럼 단단히 붙어 있음이라.[8]

따라서 오레스테스가 자기 문화에서 이런 복수의 순환을 끝내기 위해서는, 복수의 여신들과 피의 앙갚음으로써가 아니라 아폴론과 보편적 정의의 이름으로 그의 어머니를 죽여야 할 필요가 있었다. 냉정하고도 합리적으로 모든 것을 심사숙고해서 이 일을 처리해야 했다. 다시 말해서 오레스테스는 이 일을 모범적인 추론을 통해 필연적으로 도출된 행위로서 행할 필요가 있었다. 이것만이 자기 문화에 내전内戰을 초래할 위협적인 폭력을 중단시키는 유일한 길로 보였다.

문제는 합리적인 추론이 요구한다고 해서 자기 어머니의 목을 자를 수는 없다는 점이다. 이와는 달리 복수의 여신들은 이 문화에 기본적인 동기부여를 해주는 힘으로 여전히 존재한다. 여신들은 사람들을 채찍질하여 감정적인 분노를 일으키게 하며, 그것 없이는 하지 못할 일들을 할 수 있게끔 박차를 가해준다. 이런 종류의 분노 없이 어떻게 이성 혼자서 인간에게 행동의 동기를 불어넣어줄 수 있을까? 데이비드 흄이 여러 세기가 지난 후에 말했듯이, 이성은 정념의 노예이다.

마침내 아이스킬로스는 그 문제에 대한 창의적인 해법을 생각해낸다. 그가 이용한 방책을 알아보기 위해 다시 『오레스테이아』를 읽어보자. 비록 오레스테스가 이성 및 법과 관련된 올림포스 신들의 이름으로 냉정하고 공평무사하게 그럭저럭 일을 처리하기는 하지만, 문화는 이 행위만으로는 구원되지 않는다. 클리타임네스트라의 여신들이 다시 그녀를 위한 복수를 다짐하면서 오레스테스를 쫓아다닌다. 이렇듯 문화에서의 갈등은 단지 한 개인의

「복수의 여신들에게 추궁당하는 오레스테스」, 윌리엄-아돌프 부게로(William-Adolphe Bouguereau), 1862년.

문제로 끝나지 않는다. 아이스킬로스는 우리에게 어떤 개인적 행위로도 그런 갈등을 끝낼 수 없다고 말하는 듯하다. 그 대신에 아테네 문화 속에는 일련의 의례들을 통해 옛날 신들과 새로운 신들을 화해시킬 수 있는 길이 있었다.

　이것이 아이스킬로스가 3부작의 마지막 극에서 이룬 업적이다. 일단 『자비로운 여신들』(에우메니데스) 시작부에서는 아직 그런 희망이 보이지 않는다. 문화는 내전을 향해 치닫는 것처럼 보인다.

그러나 바로 이때 아테나가 해결책을 가지고 당도한다. 아테나는 새로운 올림포스 신들 가운데 한 명이다. 그녀는 여성이기는 하지만 특정 사안에 대해서는 아폴론의 보편적 이성을 지지하고, 또 다른 사안에서는 복수의 여신들의 폭력적 대응방식을 지지한다. 복수의 여신들의 억울한 심정을 그녀는 잘 이해한다.

퇴짜당하고 버림받고
구석으로 내몰리고[9]

그들 말이 옳다. 호메로스는 대지와 피의 여신들을 억압하고 올림포스 신들에게만 특권을 주었다. 즉 인간 감정의 위험한 측면을 직시하기보다는 비방만 했다. 실제로 호메로스는 복수의 여신들을 "역겹다"고 부르며 『오디세이아』 전체에 걸쳐 겨우 다섯 번밖에 언급하지 않는다.[10]

아테나는 복수의 여신들을 어둡고 위험스런 존재들로 만든 것 자체가 억압이라 이해한다. 그녀는 마치 심리치료사인 양 아테네 문화에서 복수의 여신들을 위한 자리를 인정하고 찾아주자고 제안한다. 아이스킬로스는 이런 도덕적 분노의 정념이 도덕성을 강화시키며, 이런 여성적 복수심이 행동을 동기부여해주는 데 필요하다고 본다. 이런 동기부여의 측면야말로 복수의 여신들이 옹호하는 가족과 씨족의 혈연적 결속력보다 더 보편적인 부분이다. 그러나 정념의 동기부여적 힘이 보편적이라고는 해도 무능력에 이를 만큼 추상적인 것은 아니다. 아폴론과 올림포스 신들이 지지하는 이성의 추상적 법칙들이 실제상에서는 무능력한 것과 다르게 말이다.

아테나는 옛 여신들을 이렇게 설득한다. 즉 그들이 문화의 한 요소인 원초적이고 동기부여적인 정념의 역할을 맡는다면, 그들도 새로운 신들에게서 존중받을 수 있고, 그들이 겪어온 억압과 소외의 세월 역시 돌이킬 수 있다고 말이다. 이렇게 아테나가 복수의 여신들에게서 적법한 역할을 찾아냄에 따라 여신들의 분노는 선한 의지로 바뀐다. 이제 그들은 가족의 복수를 포기하고 '에우메니데스' 즉 자비로운 여신들이 된다. 다시 말해 자신들의 정념을 가족 간의 불화를 선동하는 데 쓰기보다는 아테네 사람들과 그들의 삶의 방식을 보살피는 데에 쏟기로 약속한다. 그것을 아테나는 이렇게 표현한다.

전쟁은 성문 밖에만 머물러 있게 합시다. 극도로 명예욕에 사로잡힌 자들의 것이 되게 합시다. 제 집 안에서만 싸우는 수탉들을 어찌 참된 싸움꾼이라 할 수 있으리오.[11]

아테나는 복수의 여신들을 변화시키는 데서 나아가 올림포스 신들 역시 변화시키고자 한다. 특히 현실과 동떨어진 채 보편 법칙만을 좇는 그들의 성향을 변화시키려 한다. 그 성향이란 사건에 휘말린 아테네 시민들의 개별적 감수성을 법정에 올림으로써 그들의 건강한 감정마저 훼손시키는 경향성을 말한다. 이 성향들을 변화시키는 것은 아테네적인 삶의 방식에 있어서 핵심을 이룬다. 즉 에우메니데스들이 보살피고 보호해줄 수 있는 대상들이 된다는 말이다. 이런 방식으로 아테나 여신은 옛 신들과 새로운 신들을 변화시키고, 모든 아테네인들이 자랑스러워하는 이상적인 도시국가로 그들을 결집시킨다.

극의 마지막 부분에서 아테나는 자신이 확립한 새로운 삶의 방식을 다시 한 번 보증한다. "이 승리의 도시가 사람들의 평판 속에서 나락으로 추락하는 것, 나로서는 그것만큼은 결코 두고 보지 않을 것이오."[12] 이 말을 끝으로 전에는 복수의 여신들이었던 자비의 여신들과 올림포스 신들이 아테네의 영광을 함께 노래하며 극장 밖으로 행진한다. 그와 함께 "우리 걸음걸이에 맞춰 모두 함께 노래를 부르자"[13] 라는 말로 청중들 즉 아테네 시민들에게 행진에 참여하도록 초청한다. 두 그룹의 신들은 아테네 시민들과 함께 도시를 찬미하는 노래를 부르면서 연극 무대를 벗어나 아테네 거리로 나간다.

애국주의,
일신주의의 또 다른 얼굴

아테네인들은 이상과 같은 의식을 통해 호메로스의 다신주의를 과거로 떠나보낼 수 있었다. 이것이 가능했던 것은 아테네 시민들이 연극에 직접 참여함으로써 생성된 새로운 분위기, 즉 아테네에 대한 애국심의 분위기를 통해서였다. 시민들은 신이 부여해준 정조를 각자 간직함으로써 하나가 되는 자부심을 느낄 수 있었다. 기실, 그들이 자부심을 느낄 수 있었던 것은 모든 아테네인들을 애국심의 정조로 묶는 그 방식 때문이었다. 즉 아이스킬로스의 연극은 그 자체로 아테네인들이 성취한 빛나는 사례이자 진정한 모범이었으며, 마땅히 자랑할 만한 성과였던 것이다. 이 연극은 아테네에 대한 사랑이라는 새로운 정조 아래에서 어떻게 옛 신들과 새로운 신들이 화해할 수 있는지를 아테네인들에게 보여주었고, 피비린내 나는 복수의 감정과 그것과 분리된 도덕주의적 맹신을 어떻게 화해시킬 수 있는지를 보여주었다.

이처럼 아이스킬로스의 연극은 그 자체로 하나의 신처럼 기능한다. 하지만 그 신은 호메로스의 신들, 즉 상황마다 제각기 나타나서 지금 여기에서 우리를 행동하도록 이끄는 그런 신들이 아니다. 오히려 그것은 좀 더 보편적이고 일신주의에 가까운 신으로, 전체 아테네 문화를 그 민족의 것으로 드높여주는 신이다. 『오레스테이아』는 모든 아테네인들을 그들의 생활방식인 축제에 참여시키고 특별한 자긍심을 그들 속에 스며들게 함으로써, 새롭게 빛나는 세계에 참여하도록 그들을 이끈다. 아이스킬로스 연극이 지닌 성스러운 의미와 모범성은 아테네인들에게 명백한 것이었다. 해마다 아테네 시민들은 경연의 우승자를 뽑아 시의 비용으로 그 해의 연극무대를 열었다. 『오레스테이아』는 아테네 시가 해마다 비용을 부담하고 몇 번이나 공연한 유일한 연극이었다.

아이스킬로스는 애국심을 사회의 가장 압도적인 감정으로 삼고, 아테네를 시민적 헌신의 중심에 둠으로써 호메로스의 다신주의가 가졌던 성스러움의 관념에서 벗어나 좀 더 통일적이고 일신주의적인 우주의 개념으로 나아간다. 그러나 이런 이행은 올림포스 신들에 대한 아이스킬로스의 관념에 대해 한 가지 의문점을 제기한다. 즉 호메로스의 다신주의를 버리게 되면, 아테네 문화에는 제우스를 위한 자리도 있을 수 없지 않느냐는 의문이다. 다시 말해서 올림포스의 다신 가족 안에 아버지의 자리가 없게 된다는 얘기다. 아이스킬로스 역시 이 문제를 인식하고 있었다. 그는 이 문제에 대해 놀라운 해법을 제시한다.

아이스킬로스에게 제우스는 더 이상 만신전을 관장하는 인격화된 신이 아니다. 그렇다고 해서 제우스가 『오레스테이아』에 나오는 복수의 여신들과 새로운 올림포스 신들처럼 어떤 문화적 추동력을 상징하는 존재인 것도 아니다. 대신에 제우스는 이런 모든 힘들을 가능케 하는 근거, 보편적으로 인정되는 행위들의 근거가 된다. 그는 모든 것에 깔려 있는 배경으로서, 딱히 무엇이라고 묘사할 수는 없어도 모든 유의미한 사건들의 근저에 놓인 무엇이다. 예를 들면, 코러스는 "제우스, 그가 무엇이든"[14]이라고 언급하기도 하고, "제우스가 한 일이 아니라면 죽을 자들 가운데서 행한 것이므로"[15]라고 덧붙이기도 한다.

다시 말해서 제우스는 감춰진 배경으로서 그 자체로는 재현 불가능하지만, 문화의 모든 의미심장한 관례들과 실천들을 지탱해 주는 토대라는 것이다. 이런 관념은 성스러움에 관한 매우 근본적이고도 강력한 생각으로서, 특히 유대-기독교적인 신 관념에서 중점적으로 나타난다. 그러나 서양 문화는 이후 멜빌의 『모비 딕』이 나오기 전까지는 다시금 이런 시적 성취를 보여주지 못한다.

아이스킬로스의 『오레스테이아』는 아테네 문화에 내재된 갈등에 대해 그저 하나의 해법을 제시하기만 한 것이 아니었다. 그것은 해법을 실제로 실행하기도 했다. 아테네인들이 아테네를 찬미하며 극장 밖으로 행진할 때, 그들이 그냥 도시의 위대성을 노래하기만 했던 것이 아니다. 즉 아테네에 대한 자긍심을 그저 표출하기만 했던 것이 아니라는 얘기다. 그들은 그것을 수호하고 현실에서 구현하려고 했다. 아이스킬로스는 그가 확립한 애국주의적 정조 안에 위험한 요소가 있음을 이미 알고 있었을 만큼 심오한 사상가였다. 특히 그는 애국주의 같은 압도적 감정이 쉽게 건설적이 되는 것은 아님을 알고 있었다. 아테네라는 도시를 통해서 모든 시민이 애국심의 압도적 정조를 주는 정체성을 일단 공유하고 나면, 그 느낌은 너무나 강력하여 그 정체성을 영원히 유지하고 싶은 욕망을 필사적으로 갖게 된다. 그러나 이런 유혹은 퓌시스가 지닌 변덕스런 특성에는 반하는 것이다. 호메로스에게 정조란 사물을 의미심장하게 만드는 것이기도 했지만, 그만큼이나 일시적인 특성을 갖는 것이었다. 그것은 솟아오른 후 잠시 동안 모든 것을 지배하다가 마침내 사라지는 것이다. 아이스킬로스는 애국주의 정조도 마찬가지임을 알고 있었다. 복수의 여신들이 아테나에게 불안한 마음으로 "남은 시간 동안에도 자신들의 영예를 계속 보장해 줄 수 있는지"를 묻자, 아테나는 "나로서는 내가 할 수 없는 일을 약속할 수는 없어요"라며 정직하게 답한다.[16] 그럼에도 불구하고 아테네 문화 속의 애국주의 정조는 스스로를 영속시키고 싶은 욕망을 가지고 있었다. 아테네 자체를 파멸시킬 씨앗이 처음부터 그 안에 자라나고 있었던 것이다.

아이스킬로스의 기념비적인 연극 이후 수년 만에 아테네인들은 강압적으로 아테네의 보편성과 항구성을 확립하는 일에 착수한다. 모든 이웃나라들을 아테네 제국에 병합함으로써 자기들의 영속성을 확보하려 했던 것이다. 아테네의 신들을 인정하지 않거나 매년 아테네에 공물을 바치지 않는 식민지들은 무자비하게 파괴되었다. 남자들은 살해당했고 여자와 아이들은 노예로 팔려나갔다. 그러나 이런 무자비한 지배는 제국의 안녕을 보장하기는커녕 식민지들의 폭동을 야기했고, 내부적으로는 파벌주의와 심지어 내전까지 초래했다. 결국 아테네 황금시대는 겨우 50년 만에 끝나고 말았다.

예술작품의 초점조절 기능

『오레스테이아』는 모든 아테네인들에게 아테네인으로서 해야

하이데거는 예술작품이 그 시대의 문화적 의례들을 부각시켜주고 구현해 보여주는 패러다임의 역할을 한다고 보았고, 그리스 신전을 그 대표적인 사례로 들었다. 사진은 아테네의 아크로폴리스 신전.

할 바를 밝혀주고 그것에 초점을 맞춰주는 역할을 했다. 하이데거는 이처럼 초점조절 기능을 수행하는 것들 모두를 예술작품(예술의 작동, a work of art)이라 불렀다. 그리스 신전은 그가 이런 예술작품의 작동을 보여주는 주요 사례로 꼽았던 것이다. 하이데거에 따르면, 그리스 신전은 기원전 5세기 그리스인들에게 의미 있고 중요한 것이 무엇인지를 비춰주고 주목하게 해주는 것이었다. 그는 이렇게 말한다.

신전 작품은 탄생과 죽음, 재앙과 축복, 승리와 치욕, 인내와 쇠락이 어떤 경로들과 관계들을 통해 인간 존재에게서 운명의 형태로 드러나는지에 대해, 그 모든 관계들을 통일적으로 짜 맞

추는 동시에 한 데 모아준다.[17]

　신전이라는 예술작품이 그렇듯이 『오디세이아』 역시 호메로스 시대의 그리스에 꼭 맞는 예술작품이었다. 다시 말해서 그 작품은 호메로스 시대의 패러다임적인 관례들을 밝혀주고 부각시켜주는 성스러운 역할을 했다. 『오디세이아』는 오디세우스나 아킬레우스 같은 빛나는 영웅들, 그리고 헬레네와 같은 에로틱한 삶의 모범들을 위한 실존적 공간을 열어주었다. 마찬가지로 거기엔 구혼자들 같은 악한들도 삶의 가능한 방식으로서 의미를 얻을 수 있는 공간이 있었다. 호메로스 시대에 살았던 보통 그리스인들에게는 이런 인물들 모두가 삶의 방향과 의미를 보여주는 사례였다. 중세의 대성당과 단테의 『신곡』 역시 비슷한 역할을 했다. 중세 기독교인들은 그 작품들을 통해 구원과 파멸의 차원들을 이해했고, 그럼으로써 성자와 죄인을 구별할 수 있었다.[18] 다른 시대들도 마찬가지였다. 그 시대의 패러다임이 된 예술작품을 통해 사람들은 자신이 어디에 있고 무엇을 해야 하는지 알 수 있었다.

　그러나 서로 상이한 시대의 패러다임들은 근본적으로 공약 불가능하다. 그것들은 문자 그대로 공통분모를 가지지 않기 때문에 상호 비교할 수 있는 바탕이 없다. 따라서 어떤 시대에는 가치 있고 의미 있던 삶이 다른 시대에 와서는 욕을 먹을 수도 있다. 예컨대 호메로스 시대의 그리스에서 성자란 존재할 수 없었다. 타인이 자신을 완전히 깔아뭉개는데도 참고 마는 나약한 인간이 있었을 뿐이다. 마찬가지로 중세 시대에도 그리스 스타일의 영웅이란 존재할 수 없었다. 있었다 해도 충동적이고 무책임하게 행동하는 젊은 애송이로나 간주되었을 것이다. 성인이 된다는 것 또는 영웅이 된다는 것은, 바로 그런 방식으로 행동하는 것만을 뜻하는 게 아니었다. 그렇게 행동할 만한 사람으로 떠받들어진다는 것을 뜻하기도 했다. 영웅이 그렇듯이 한 시대의 패러다임이 된 예술작품은 특정한 삶의 방식을 비춰주는 역할을 했다. 그러나 바로 그 때문에 예술작품은 근본적으로 다른 삶의 방식을 은폐하는 역할도 했다.

신전, 대성당, 서사시, 연극, 그리고 기타 예술작품들은 그 문화에서 장려할 만한 가치가 있는 삶만을 떠받들고 주목하게 해준다. 이런 의미에서 예술작품은, 부모가 아이들의 어릴 적 사진을 보고 그 시절을 떠올리듯이 그렇게 무엇을 재현하는repereent 것이 아니다. 하이데거는 신전이 "아무것도 그려 보여주지 않는다"[19]고 분명히 말하고 있다. 오히려 예술작품은 작동work한다. 즉 예술작품은 특정한 삶의 방식을 드러내고 주목시켜주는 일들을 한데 모아 보여준다. 모름지기 빛을 발하는 예술작품은 그런 삶의 방식을 비추고 주목하게 해주며, 자신의 빛으로 모든 사물을 빛나게 한다. 예술작품은 그 세계의 진리를 구현한다.

물론 신전이나 비극작품은 그것을 낳은 공동체의 문맥에 함께 얽혀 있을 때만 이렇게 빛을 비춰줄 수 있다. 황량한 바위계곡 위에서 쇠락하고 있는 그리스 신전이 오늘날의 문화를 조직할 수는 없다. 그런 신전은 주변에 서성이는 어떤 사람에 대해서도 존재의 이해를 밝혀주거나 확고히 해주지 못한다. 즉 더 이상 "사물에 대해 그 사물의 외양을 입혀주고 사람들로 하여금 그것을 조감할 수 있게"[20] 해주지 못한다. 물론 그런 신전이라 해도 오늘날 심미적 감상의 대상이 될 수는 있다. 주위에 모인 관광객들로부터 "오!" "와!" 같은 감탄사를 끌어낼 수는 있다. 하지만 그리스 신전이나 중세 대성당이 아무리 이런 역할을 한다 해도 더 이상 예술작품으로 "작동"하지는 않는다.

예술작품이 하는 일이란 우리에게 세계를 열어주고 그것에 의미를 부여하며 진리를 드러내는 것이다. 이런 의미에서 예술작품의 작동은 성스러운 무엇이라 할 수 있다. 그 작동을 통해 사람들은 삶의 의미를 찾고 삶의 길을 인도받는다. 사람들이 예술작품을 신성하게 여기는 것도 이 때문이다. 그 때문에 사람들은 예술작품들을 신처럼 존경하고, 신에게 바치는 전당으로 삼는다. 이것이 바로 『오디세이아』, 『오레스테이아』, 그리고 『신곡』을 통해서 벌어졌던 일들이다. 이 작품들은 자신이 밝힌 세계로부터 각기 성스러운 것으로 존경을 받았다. 이런 방식으로 예술작품들은 신이 맡았던 전통적 역할을 대신해왔다. 예술작품은 인간이 아닌 하나의 권화權化로서, 사람들의 삶에 의미와 목적이라는 빛을 비춰주는 것이었다.

해설자와 재설정자

어떤 문화가 최상의 빛을 발하려면, 그 문화를 명료화[articulate]할 수 있어야 한다. 아이스킬로스 같은 시인은 자신이 살았던 아테네 세계를 명료하게 밝혀주었다. 시인만이 이런 일을 하는 것은 아니다. 아테네의 페리클레스, 게티스버그의 링컨, 링컨기념관 앞의 마틴 루터 킹 목사 같은 정치가들 역시 자기 시대의 문제들을 명료화했다. 칸트 같은 철학자, 토마스 아퀴나스 같은 신학자 역시 자신의 문화를 명료하게 보여주었다고 할 수 있다. 이런 해설자들[articulators]은 그 문화에서 의미 있는 것에 주목하게 해주고, 그것을 다시 새롭게 만든다. 그들은 그 문화에서 중요한 것, 의미 있는 것이 무엇인지를 알려주고 모두가 그것을 공유할 수 있게 해준다.

해설자는 만인이 공유하는 배경에 초점을 맞춰 말하기 때문에, 청중들은 즉시 그의 말을 이해한다. 아이스킬로스의 경우가 그러했고, 단테, 링컨, 킹 목사 역시 마찬가지였다. 그러나 명료한 언설이란 신이 볼 때는 대단한 것이 아니다. 뛰어난 신이라면 세계를 빛나게 하거나 돋보이게 하고 새롭게 단장하는 데만 만족하지 않는다. 가장 강력한 신들은 실제로 세계를 변형한다. 즉 낡은 세계를 새로운 세계로 바꿔버린다. 신이 할 수 있는 가장 강력한 일은 바로 이런 변형으로서, 우리는 이것을 단지 명료화라고 말할 수는 없고 문화의 재설정[reconfiguring]이라 불러야 한다.[21]

재설정자들[reconfigurers]은 문화를 너무나 급진적으로 뒤바꾸기 때

1969년 우드스톡 축제를 담은 다큐멘터리 필름 포스터. 우드스톡은 그것이 지닌 의미를 충분히 해설할 수 있는 계기를 갖지 못했기에 실패한 재설정 작업으로 끝나고 말았다.

문에 이미 확립된 언어나 공통 관례들로는 그들을 이해할 수가 없다. 결과적으로 그들 문화에 속한 사람들에게마저 본질적으로 이해될 수 없다. 나아가 그들은 자신마저 거의 이해하지 못한다.

재설정자는 신이거나 광인이지만, 이 가운데 어느 쪽인지는 오로지 나중에 회고를 함으로써만 알 수 있다. 새로운 신이 실제로 세계를 잘 재설정하고 그 세계에 속하는 삶의 방식에 맞춰 관례들을 조직한다면, 그 신은 모든 문제 상황과 행동양식을 완전히 새롭게 보여주는 본보기가 된다. 그러나 형세는 대개 불리하게 돌아간다. 문화에는 언제나 새로운 이해를 파괴하거나 그것을 현행 질서에 동화시키는 보수적인 힘들이 강력하게 존재하기 때문이다. 따라서 새로 만들어진 세계가 실패를 겪게 되면, 그것은 반드시 현행의 이해방식에 의해 평가를 받으며, 그 기준 앞에서 우스꽝스러운 것으로 보일 수밖에 없다.

1960년대의 음악은 이런 재설정 패러다임이 어떻게 나타나는가에 대한 힌트를 준다. 밥 딜런, 비틀스 등의 뮤지션들은 대중음악이 진정 다뤄야 할 것들에 대한 새로운 이해를 던져주었다. 이런 이해는 1969년 우드스톡 뮤직페스티벌에서 하나의 문화적 패러다임을 이루게 된다. 그곳에 모인 사람들은 며칠 동안 같은 존재 이해 속에서 생활했다. 즉 의지에 따른 행위, 질서, 절제, 그리고 자연과 인간에 대한 효과적 통제와 같은 현대적 관심사는 주변으로 밀려나고, 개방성, 자연의 향유, 춤, 그리고 디오니소스적인 황홀경 같은 새로운 정조가 중심이 되었다. 이런 존재 이해에서는 테크놀로지의 요소조차 거부당하거나 모욕당하지 않았다. 전자 소통기술 역시 이렇게 변화된 정조의 음악을 위해 봉사했던 것이다.

우드스톡에서 벌어진 일들에 대해 충분히 많은 사람이 자각을 하였더라면, 새로운 세계가 탄생했을지도 모른다. 즉 자신들이 관심 쏟고 있는 것이 과연 무엇인지 깨닫고, 또 그 깨달음을 다른 사람들도 공유하고 있다는 것을 알았더라면 말이다. 그러나 우드스톡은 새로운 신이 되는 데 실패하고 말았다. 기존 세계에 여전히 몸담은 입장에서 돌이켜볼 때, 우드스톡 세대의 관심사는 우리 문화를 재설정할 만큼 널리 확산되지도 못했고, 진지하지도 못했던 것으로 보인다. 그저 젊은이들의 유치한 실험 정도로 여겨졌을 뿐이다. 그러나 우리는 이것으로부터 문화의 재설정 패러다임이 어떻게 작동하는지에 대한 암시를 얻을 수 있다.

재설정 작업이 새로운 세계를 열기 위해서는 삼중의 구조를 가져야 한다.

첫째, 사물들에 의미를 부여하고 성스러운 것들을 빛나게 만드는 배후의 관례들 내지 실천들이 이미 주어져 있어야 한다. 그런 실천들은 물론 배후에 숨어서 세계를 드러내주는 것들이다. 그것들은 마치 오디세우스와 텔레마코스가 광에 무기를 숨길 때 아테네가 그들에게 비춰준 조명과 같은 것이며, 아이스킬로스의 제우스와 같은 것이다. 이런 배후의 관례들은 그 관례에 따라 단순하게 살던 사람들에게는 공기처럼 투명한 것이었다. 세대에서 세대로 이어지는 사회화 과정 속에서 그것들을 따르거나 전해주면 되는 일이었다. 그러나 이런 숨겨진 관례들은 결정적 중요성을 갖는다. 그게 없다면 특별히 재설정해야 할 것들도 없게 되기 때문이다. 즉 어떤 무엇인가로 보여줄 것이 아무것도 없게 된다는 것이다.

둘째, 어떤 사람 내지 사물, 사건과 같은 재설정자가 나와서 『오레스테이아』 같은 예술작품이 했던 명료화 역할 이상의 일을 해야 한다. 『오레스테이아』는 당대의 관례들과 정조의 집약체였기에 분명함과 일관성을 갖추고 있었다. 그 덕분에 사람들은 자신들이 이미 공유하고 있는 문화 양식의 찬란한 빛에 대해 찬탄을 보낼 수 있었다. 이와는 대조적으로, 재설정자는 사람들의 자기 이해,

세계 이해를 완전히 바꿔놓을 수 있는 새로운 관례들 및 정조를 소개해야만 한다. 완전히 새로운 삶의 방식을 보여줄 수 있어야만 한다는 얘기다.

마지막으로, 재설정 작업은 너무나 급진적이어서 사람들은 그 속에서 무엇을 해야 하는지를 이해하기가 어렵다. 그러므로 사태를 다시 명료하게 밝혀줄 해설자가 필요하다. 즉 재설정자의 일을 이해하고, 그것이 새로운 세계를 구현하는 패러다임이라고 명료하게 설명해주는 어떤 사람 내지 어떤 사물이 필요하다는 얘기다.

서양 역사에서는 단 두 명의 인물만이 이런 삼중의 재설정 작업을 해냈다. 좀 색다른 짝꿍으로 보이겠지만, 예수와 데카르트가 그들이다. 예수는 복음서에서 볼 수 있듯이, 성자와 죄인만 있는 세계에서 구원받는 사람도 함께 있는 세계, 즉 기독교적 세계를 성공적으로 정초한 재설정자였다. 데카르트는 우리의 근대 세계를 정초한 사람으로서, 사람과 사물을 각각 주체와 객체로 재설정했다. 이런 재설정 작업이 어떻게 이뤄졌는지를 알기 위해 우선 가장 순수한 성공사례인 예수의 재설정 작업을 살펴보도록 하자.

예수,
최초의 재설정자

예수라는 인물이 실제로 존재했는가는 확실히 흥미를 자아내는 역사적 주제이다. 정말 존재했다면, 과연 그가 예수라는 사람이 했다는 일을 한 것일까? 그러나 지금 우리의 관심사는 그런 게아니다. 우리가 당면한 문제는 재설정 현상 그 자체이다. 복음서에 기술된 것처럼, 예수는 인간 존재가 무엇인지에 대한 사람들의이해를 총체적으로 변형시킨 인물이다. 그것은 거의 초인간적인행위였다. 성서 속의 예수는 한 명의 신으로서 새로운 기독교 세계를 계시해주었다. 그러므로 예수의 이런 재설정 작업은 삼중의구조를 가져야 한다.

첫째로는, 어떤 배후 관례들이 이미 자리를 잡고 있어야 한다.이런 관례들로는 당연히 유대교적인 존재 이해가 있었다. 이런 관례들은 배후에 남아있어야 하는데, 사람들이 그 기초 위에서 살기 위해서는 눈에 띄지 않는 곳에 숨어 있어야 한다. 유대교에서신은 우리가 알 수 있는 모든 것들에 대해 근거를 부여해주는 배후 기능을 수행했는데, 바로 그 때문에 정작 신 자신은 재현될 수없는 존재로 이해되었다. 이런 재현 불가능한 배후 기능에 대해더 알고 싶다면 『모비 딕』을 다루는 6장 부분까지 기다려야 할 것이다.

둘째로는, 새로운 삶의 방식—새로운 존재 이해—을 구현하고그것을 밝혀주는 본보기가 있어야 한다. 요한복음에서 예수가"나를 본 자는 누구든 아버지를 보았거늘"(요한 14:9)이라고 말할때, 그는 이런 역할을 드러내고자 노력했다. 말하자면 예수는 인간 존재가 무엇인지에 대한 새로운 이해를 보여주는 빛나는 본보기로서 자신을 들었던 것이다. 키르케고르는 이런 예수를 "패러다임"이라 부른다. 즉 신이 예수로 육화肉化된 이후로 성부 하느님에 대한 모든 직접적 접촉은 막히게 되었다고 설명한다.

패러다임은 배경 그 이상의 것이다. 왜냐하면 배후 관례들의 형태를 가시화해주는 것이기 때문이다. 그러나 패러다임은 그것이 드러내려는 비가시적 배후에 의존한다. 그래서 예수는 "아버지는 나보다 더 위대하다"(요한 14:28)고 말한다. 하지만 그는 또 "아버지와 나는 하나이다"(요한 10:30)라고 말하기도 한다. 예수는 이렇게 덧붙인다. "너희는 아버지께서 내 안에 계시고 또 내가 아버지 안에 있다는 것을 확실히 알게 될 것이다."(요한 10:38) 물론 제자들은 이 말들을 전혀 이해하지 못한다. 단지 예수가 말하는 것을 받아 적을 뿐이다.

예수 탄생 이래 거의 백 년 후*까지도 사도 요한은 패러다임 현상을 올바르게 이해시켜 줄 단어를 찾느라 애썼다. 요한이 예수에 대해 한 말 가운데 가장 어려운 말이 이것이다. "그분이 세상에 계셨고 세상은 그분을 통해서 만들어졌는데도 세상이 그분을 알지 못했으며…"(요한 1:10) 그가 세상을 만들었다니, 불가능한 말처럼 들린다. 그러나 이 현상을 설명하는 말로 더 나은 것이 없다. 패러다임은 이처럼 오로지 역설적인 방식으로만 기술될 수 있다. 재설정자는 세계 안에 있는 사람 또는 사물이어야 한다. 즉 세

---

* 사도 요한은 AD 100년경 죽은 것으로 추정된다.

계에 의존해 있을 수밖에 없다는 말이다. 그러나 재설정자는 동시에 세계를 개방하며, 이 때문에 세계는 재설정자에게 의존한다.

마지막으로, 예수의 메시지는 너무도 급진적이어서 함께 살았던 사람들조차 이해할 수 없을 정도였다. 이런 역설적 현상은 어떤 재설정자에게든 나타나는 것이다. 예수가 보여준 삶의 방식이 동시대 사람들의 삶의 방식과 극단적으로 다른 것이었다면, 그는 전혀 이해될 수 없는 사람, 완전히 미친 사람으로 보였을 것이다. 그와 달리 그가 미친 사람으로 보이지 않았다면, 그의 삶 역시 기존 삶의 방식과 그다지 다를 바 없었다는 얘기가 될 테니 말이다. 진정한 의미에서 문화를 재설정한다는 것은, 이런 선택지들 사이에서 키를 잘 잡는다는 것을 뜻한다. 하지만 우선 복음서가 예수를 이런 종류의 재설정자로 분명하게 제시하고 있다는 점에 주목해보자.

요한복음이 보여주는 바, 예수의 삶은 가치 있는 삶이 무엇인지에 대한 유대교적 이해를 총체적으로 변형시킨다. 그러나 예수에게는 자신의 새로운 이해를 표현할 수 있는 개념이 없었다. 그렇기 때문에 그는 비유를 통해서 말할 수밖에 없었다. 그의 제자들조차 이해하기 힘들었던 비유로써 말이다. 요한에 따르면, 심지어 예수 자신마저 자신의 행위와 비유를 이해하고 있었는지 분명치가 않다. 그가 느꼈던 삶의 방식, 전복적이라고 불렀던 삶의 방식만이 유일하게 사유하고 행동할 수 있는 방식이라면 그는 어떻게 해야 했을까?

나아가 요한복음에 따르면, 예수는 자신이 재설정자임을 알고 있었고, 따라서 그 메시지를 전해줄 해설자가 필요하다는 점도 알고 있었다. 그는 이렇게 말한다.

그러나 진리의 성령이 오시면, 그분이 너희를 모든 진리 가운데로 인도하실 것이다. 그분은 자기 생각대로 말씀하시지 않고 들은 것만 말씀하실 것이며 앞으로 일어날 일도 너희에게 말씀해 주실 것이다.(요한 16:13)

다시 말해서, 예수를 설명해줄 해설자는 예수가 떠난 후에야 와서 예수가 말하고 행했던 것들을 이해시켜 줄 거라는 얘기다. 성령은 이런 해설자들을 통해서 빛을 얻음으로써 예수의 환희, 그의 사랑을 전할 수 있고, 예수가 말한 것을 환기시켜 줄 수 있을 것이다. 모든 개별 상황들에 그의 뜻이 어떻게 관계하는지를 똑똑히 보여줄 것이고, 예수의 삶과 비유가 던지는 빛 아래서 사람들이 어떻게 행동해야 할지를 계시해줄 것이다. 예수는 다음과 같이 말한다.

내가 아직 너희와 함께 있는 동안에 이 말을 너희에게 하였다. 그러나 보호자, 곧 아버지께서 내 이름으로 보내실 성령께서 너희에게 모든 것을 가르쳐 주시고 내가 너희에게 말한 모든 것을 생각나게 하실 것이다.(요한 14:25-26)

이렇게 보면 예수 자신도 그의 재설정 행위가 위에서 제시된 삼중의 구조를 요구한다는 점을 이해하고 있었다고 할 수 있다. 기독교적 용어로 이 현상을 설명하면 이러하다. 성부 하느님은 유대교적 배경에서는 우선 정의의 신으로서 유대인에게 무엇인가를 이해하게 해주는 관례였다. 그러나 성자 예수가 삶의 패러다임으로 나타나 새로운 방식으로 관례들을 세우고, 아가페적 사랑이라는 새로운 정조를 드러내주었다. 마지막으로 성령이 내려와 여러 사람 가운데 특히 요한과 바울을 택하여 기독교적 삶의 방식을 명료하게 해설해주도록 이끌었다. 이후 2천 년간 서구 역사의 중심은 예수가 이해한 인간 실존의 방식을 명확하게 밝히려는 시도로 이루어졌다고 할 수 있다.

바울,
예수의 해설자

기독교에서 최초이자 가장 중요한 해설자는 성 바울이다. 복음서 필자들이 기억을 되살려 복음서를 집필하기 이전에 이미 바울은 초기 기독교 공동체들에 보내는 편지를 써서 교인들이 어떻게 행동해야 할지를 일러준다. 그러나 바울이 요한이나 후대 신학자들처럼 철학적 개념들을 써서 예수의 메시지를 밝히고자 한 것은 아니다. 아우구스티누스와 토마스 아퀴나스 같은 신학자들은 그리스적인 개념을 통해 예수의 가르침을 설명하고자 애쓴다. 그러나 앞으로 살펴보겠지만, 그리스적 개념들은 방해만 될 뿐이다. 그와 달리 바울은 기독교인으로서 어떻게 살아야 하는지에 대해 오로지 자신이 경험한 것만을 보고함으로써 이들 신학자보다 훨씬 더 명료한 설명을 해낸다. 그랬기에 마르틴 루터 같은 후대의 해설자는 이들 신학자들을 몰아내고 바울이 시작한 곳을 출발점으로 삼는다.

복음서들에서 예수는 어떻게 살아야 하는지에 대해 잘 정리된 관점을 제시하고 있지 않다. 그보다 예수는 스스로 재설정의 본보기로서 단지 수많은 예화들만을 보여준다. 그는 명료한 해설을 행하기보다는 새로운 삶의 방식을 비춰줄 뿐이다. 반면 바울은 성령의 중개를 통해 예수가 보여주고자 한 것이 무엇인지를 명료화한다. 그는 새로운 패러다임의 빛 아래서 유대인들이 근본적으로 그들의 행위를 바꿔야 한다는 점을 분명하게 밝히려 한다.

그러나 성령은 어떤 방법으로 예수를 이해시킬 수 있을까? 예수가 정말 근본적으로 새로운 삶의 방식을 펼쳐보였다 해도, 기존의 언어로는 이것을 표현할 방법이 없기 때문이다. 즉 그가 이해 불가능하다면 미친 것처럼 보일 테고, 반대로 잘 이해된다면 예수의 변형은 근본적이지 않게 되기 때문이다. 어떻게 그 중간 지점이 존재할 수 있을까? 우리는 복음서에서 이렇게 불가능해 보이는 과제를 해결하는 사례를 만나볼 수 있다.

먼저 우리는 예수가 변형시켰다는 유대 세계로 돌아가 볼 필요가 있다. 유대교의 관례들은 율법에 집중되어 있었다. 십계명

「사도 바울의 회심」, 루이스 드 라발(Louis de Laval)의 기도서 삽화, 15세기경. 기
독교인들을 핍박하러 가던 바울은 하늘에서 쏟아진 빛(성령)의 소리를 듣고 크게
놀라 말에서 떨어진다. 바울은 이때부터 예수의 해설자로서 거듭난 삶을 산다

과 레위기 전체는 대부분 이런 율법에 관한 설명, 즉 무엇을 해야
하고 무엇을 하지 말아야 하는지에 대한 613개의 율법에 집중되
어 있다. 안식일에 할 수 있는 일과 없는 일은 무엇인지, 우리는 무

엇을 먹을 수 있고 먹을 수 없는지, 기타 등등이다. 십계명과 이들 세부 율법을 잘 따르면 우리는 올바른 삶에 이를 수 있지만, 그러지 못하면 악한 삶에 이를 것이다.

예수는 인간 존재, 그리고 가치 있는 삶에 대한 이런 유대교적 이해를 근본적으로 변형시킨다. 예수는 밖으로 드러난 행위 대신에 인간의 사적이고 내적인 욕망을 중심으로 가치 있는 삶을 편성한다. 예컨대 산상설교에서 예수는 이렇게 말한다. "율법에는 '간음하지 말라'고 쓰여 있으니, 누구든지 정욕의 눈으로 여자를 바라보는 사람은 이미 마음으로 그녀와 간음한 것이니라."[22] 이 말로 인해 이제는 마음의 내적 욕망이 외적 행위보다 훨씬 중요한 것이 된다. 유대교적 관점에서 이것은 미친 생각이다. 나의 욕망은 사적인 것이기 때문이다. 율법은 욕정의 눈으로 여인을 바라보는 것을 금지할 수가 없다. 욕정에 사로잡혔다고 해서 그 사람을 법정에 끌고 갈 증인이 없기 때문이다. 나는 내 욕망을 통제할 수 없다. 그런데 그 욕정을 왜 통제해야 하나? 나의 욕망이 누구를 해치는 것도 아닌데 말이다.

욕망을 가진 것만으로도 유죄라는 생각은 유대인들에게 미친 생각처럼 보였을 것이다. 그러므로 예수가 이해되기 위해서는, 사적인 욕망에 대한 어떤 이해의 단초나 그것이 비난받을 만한 짓이라는 생각이 유대인들의 배후 문화에 있어야만 한다. 그렇지 않다면 어떤 사람도 욕정어린 눈빛에 대한 예수의 비난을 이해할 수 없을 것이다. 호메로스 시대의 그리스인들을 생각해보자. "한 여인에게 욕정을 품었다면 그는 간음을 한 셈이다." 아무도 이 말을 이해하지 못했을 것이다. 내면으로 운다거나 꿈꾼다는 말이 무엇인지 모르는데, 어떻게 내적으로 욕망할 수 있다는 말인가? 호메로스 시대의 그리스인들과 달리 유대인들은 사적인 욕망을 알고 있었지만, 율법 문화에서 그런 욕망은 부수적인 중요성조차 갖지 못했다. 그렇다면 유대인들은 마음속의 욕정을 금하라는 말을 어떻게 이해할 수 있었을까?

유대인들이 이미 몇 가지 욕망들을 이해하고 있었고, 그것을 비난하고 있었다는 점에 해답이 있을 것이다. 단지 그것을 중요하게 생각하지 않았을 뿐이다. 확실히 우리는 이 점을 정확히 찾아낼 수 있다. 십계명 가운데 적어도 하나는 분명히 이런 내적 욕망을 금지하고 있다. 특히 열 번째 계명은 노예, 당나귀, 집 그리고 아내를 포함해서 이웃의 것을 탐내는 것을 금지한다. 바울은 간음을 금한 예수의 가르침과 탐욕을 금한 계명 사이의 연관성을 찾아낸다.

율법을 통하지 않았다면, 진정 나는 무엇이 죄인지도 몰랐을 겁니다. 만일 율법이 "탐내지 말라"고 하지 않았다면 나는 탐욕이 무엇인지도 몰랐을 것입니다.[23]

유대인들에게 탐욕의 금지는 단지 부수적인 것이다. 열 개의 계명 가운데 하나일 뿐이고, 게다가 마지막 계명이다. 그러나 예수는 그로부터 개인의 모든 내적인 경험을 추출하여 핵심적인 것으로 만든다. 이렇게 십계명을 통해 주변적인 것과 중심적인 것의 차이를 설명할 수 있으니 다행이다. 우리는 예수와 바울에게서 '욕망'이란 것이 10퍼센트의 중요성을 갖는 것에서 100퍼센트의 중요성을 갖는 것으로 변하는 것을 볼 수 있다.

예수는 히브리 율법에 언급된 모든 외적 행위의 금기들을, 그런 행위에 대한 내적 생각의 금지로 바꾼다. 바울은 나중에 마태복음에 나올 말들을 한발 앞서 강조한다. "살인, 간음, 간통, 도둑질, 거짓맹세, 중상모략에 대한 생각들, 이 모든 것들은 마음에서 일어난 것이며, 한 사람을 더럽히는 것들이다."(마태 15:19) 그렇게 함으로써 그는 사적이고 내적인 감정들을 삶의 주변부에서 중심적인 관심사로 돌려놓는다.

그렇다면 율법이란 무엇일까? 유대인들에게 안식일의 엄수는 대단히 중요한 관례였다. 신약성서 필자들이 말하는 것처럼, 유대인들은 율법 준수에 너무나 신경을 쓴 나머지 율법을 범한 자를 사제에게 고발하는 일에만 급급해서 예수가 행한 기적에는 관심을 돌릴 수조차 없었다. 예컨대 예수가 일어나 걸으라고 명한 절름발이의 기적을 살펴보자. 예수가 그에게 일어서라고 하자 그 남자는 즉각 완쾌되었다. 그는 자리를 들고 걷기 시작했다. "그런데 이 날은 안식일이라. 그리하여 유대인들은 병 나은 사람에게 이르되 '안식일인데 네가 자리를 들고 가는 것은 옳지 아니하리라' 하였다."(요한 5:8~10) 요한은 이어서 말한다.

바로 이것이 안식일에 그런 일을 행한다 하여 유대인들이 예수를 박해하게 된 일이라. 예수께서 그들에게 이르시되 '나의 아버지께서 당신의 일을 멈추지 않으시니 나도 일한다' 하시매, 유대인들은 이로 말미암아 더욱 예수를 죽이고자 하였다.(요한 5:16~18)

예수는 기가 꺾이는 기색도 없이 다음과 같은 말로 레위기의 식사 율법까지 기각한다. "사람은 그의 입으로 들어가는 것을 통해 더럽혀지는 것이 아니라 그로부터 나오는 것을 통해 더럽혀진다."(마태 15:18)

예수는 율법에 순응하기보다는 그것을 "완성하러 왔다"고 새롭게 말함으로써 율법을 주변적인 것으로 만든다. 즉 율법과 그것이 정한 금기를 문자 그대로 받아들일 것이 아니라, 율법의 정신을 구현할 수 있도록 행동해야 한다고 말한다. 이렇게 하여 예수는 유대교적 관념에서는 주변부에만 머물러 있던 순수한 인간 욕망의 문제를 기독교적 관념의 중심부로 옮겨놓음으로써, 가치 있는 삶에 대한 생각을 근본적으로 바꾼다. 동시에 그는 율법의 자리 역시 중심으로부터 주변으로 옮겨놓는다. 이런 방식으로 그는 유대 세계를 완전히 변형시킨다. 이제 기독교인이 목표로 삼는 것은 악에 반대되는 의미에서의 정의로운 일이 아니다. 즉 죄인이 되지 않는 것이 목표가 아니라 성자가 되는 것이 목표다. 따라서 기독교인의 삶의 과제는 정의롭게 행동하는 데 있는 것이 아니라 욕망을 정화하는 데 있다.

나아가 욕망의 정화는 내가 하고 싶다고 해서 맘대로 할 수 있는 것이 아니다. 그 일은 나의 통제를 벗어난 것이다. 복음서는 나를 변화시키는 구원자가 필요하다고 말한다. 내가 거듭날 때 예수는 내 안에 살게 된다. 즉 그의 육신을 입는 것이다. 이런 말들은 무슨 뜻일까? 기독교적 구원은 이처럼 예수의 전염되기 쉬운 아가페적 사랑의 정조[24]를 포착할 때 일어난다는 뜻일 것이다. 아가페*agape*는 통상 "자비"로 번역되지만, 복음서에서는 모든 타인을 위해 기꺼이 죽을 수 있을 만큼 즐겁게 넘치도록 보살피는 것을 뜻한다. 나의 욕망은 나의 통제를 벗어나 있지만, 예수 및 그의 사도들의 정조를 함께 나눔으로써 나는 순수한 욕망을 가진 새로운 존재로 거듭난다.

복음서에 묘사된 것처럼, 예수는 성공적인 재설정자이다. 마치 신이 그러하듯이 그는 새로운 세계를 연다. 즉 내적인 욕망과 의도가 외적 행위에 우선하는 세계를 말이다. 이것은 신들이 주는 빛에 응답한 호메로스적 세계와는 멀리 떨어진 것이며, 아이스킬로스가 연극으로 보여주었듯이, 문화의 배후 관례들을 중시한 아테네인들의 생각에서도 한참 나아간 것이다. 이제 우리는 그 다음 단계, 즉 외적 행위보다 내적 경험을 강조하는 이 방식이 그리스 철학과 어떻게 결합되는지를 살펴보자. 이 길은 아우구스티누스로부터 토마스 아퀴나스, 마르틴 루터, 데카르트, 칸트, 그리고 니체가 말한 신의 죽음과 허무주의로 차례로 이어진다.

아우구스티누스의 고민

새로운 기독교 세계를 이해하기 위해 기독교 사상가들은 우선 '계시'를 개념화해야 했다. 천 년이 넘는 시간 동안 그들은 다양한 그리스적 철학 개념을 이용해 유대-기독교적인 종교 경험을 포착하려고 부단히 애썼다. 그러나 이것은 잘못된 생각이었음이 판명된다.

이것은 명백히 잘못된 짝짓기였다. 기독교로의 전환은 일단 차치하고, 우선 전통적 유대 문화와 그리스 문화의 관계부터 살펴보자. 기원전 5세기 플라톤 시대의 그리스인들이 보기에 인간은 단일하고도 보편적인 본성을 가지고 있다. 인간은 합리적 주체로서, 불편부당한 철학적 논증을 통해 자연과 인간의 윤리적 탁월성에 대한 진리, 즉 객관적이고도 보편적이며 영원한 진리를 발견할 수 있다고 믿었다. 인간은 플라톤이 '선善'이라 부른 최상의 상태를 관조할 수 있는 존재였다.

이와 달리 플라톤 시대 무렵에 살았던 유대인들에게는 사정이 전혀 달랐다. 왜냐하면 유대인들에게 그들의 본성과 정체성을 부여해주는 근거는 이성이 아니라 신과의 계약이었기 때문이다. 그 계약은 모든 인간이 보편적으로 갖는 본성이 아니었다. 그것은 무엇보다 유대인과 다른 민족을 구별해주는 특징이었다. 본질에 대한 이런 이해는 다른 결과를 낳는다. 즉 유대인들은 초연한 관조가 아니라 전적인 참여를 통해 진리를 포착할 수 있다고 생각했다. 다시 말해서 신에게 진실하고 신과의 계약을 준수함으로써 진리를 포착할 수 있다고 보았다. 따라서 그들에게 계시되는 진리 역시 다른 성격을 가진다. 진리는 보편적이고 영원한 것이라기보다는 국지적이고 역사적인 것이다. 객관적이고 영원한 사실들로서 우리와 독립해 있는 것이 아니라 역사적 전통으로 보존되어야 하는 것이었다.

서구 문화는 이처럼 유례없는 갈등의 문화, 즉 서로 대립하는 두 강력한 전통들의 산물이다. 물론 타 문화 역시 다양한 전통을 갖는다. 가령 중국에는 불교와 유교가 있다. 그러나 이런 전통들은 대개 서로를 보완해주거나, 아니면 아예 서로에 대해 무관심하다. 서구 문화를 제외하면 어떤 문화도 그토록 포괄적이면서 서로 적대적인 전통들을 갖고 있지 않다. 그리스인들은 영원한 보편적 진리를 향한 불편부당하고도 탈육체적인 접근법을 발견했는데, 이것은 역사 개입적인 신에게 복종해야 한다는 유대인들의 생각과 상반된다. 한 쪽은 우리의 사유 능력을 본질적인 것으로 보며, 다른 한 쪽은 성스러움에 대한 감각을 본질적인 것으로 본다. 이런 갈등을 일신주의적으로 계승한 상속자가 두 가지 근본적인 삶의 방식을 통합하려고 하는 것은 당연하다.

기독교적 전통에서 '육화'가 갖는 중요성을 생각해보면 이런 갈등은 더욱 뚜렷하게 드러난다. 예수의 삶은 실존의 한 본보기이기에 영원한 진리의 집합체로 환원될 수 없다. 예수가 특정한 시공간을 통해 세상에 왔다는 점과, 그가 행했던 방식대로 살아감으로써 사람들이 실존의 가능성을 찾을 수 있다는 점은 기독교적 전통에서 정말로 중요하다. 그가 아가페적 사랑의 정조를 예증했다는 점도 중요하다. 그를 따르는 것만으로도 사람들이 그 정조를 붙들 수 있으니 말이다. 이런 정조는 철학적 관조를 통해 도달하는 보편적 원리들로는 포착할 수 없는 것이다. 사랑의 정조는 인간에게 가장 중요한 것에 자신을 조율하는 방식 그 자체를 말하는데, 우리는 그런 사랑을 예증한 본보기를 통해 그 정조에 접근할 수 있다. 기독교가 강조하는 이 '체현體現'의 측면이야말로 아가페적 사랑이라는 구원의 정조를 이해하는 데 본질적이다. 기독교의 이 요소는 결코 그리스적인 철학 용어로 개념화할 수 없는 부분이다.

하지만 아우구스티누스(AD 354~430)는 그리스적인 개념화를 포기하지 않는다. 그는 그리스 철학의 범주를 통해 기독교를 해석한 최초의 크리스천 사상가이다. 기독교에 대한 그의 설명은 인간과 선의 본성에 대한 플라톤의 설명에 크게 의존하고 있다.

플라톤에 따르면, 모든 영혼은 시간과 공간 밖에 존재하는 영원한 선을 갈망한다. 아우구스티누스는 시간을 넘어서는 포괄적 영원성에 관해 플라톤의 입장을 따랐고, 오직 영원한 것만이 궁극적으로 실재한다는 견해에도 동의했다. 나아가 플라톤은 말하기를, 인간 존재는 이런 실재를 정신적으로 관조함으로써 거기에 도달할 수 있다고 주장했다. 예를 들어 추상적이고 영원한 미의 형상form에 대해 알려면, 아름다운 한 사람을 고려하는 데서 시

「성 아우구스티누스」, 보티첼리(Sandre Botticelli), 1480년. 아우구스티누스는 진리의 추상적 보편성과 예수의 실존으로 육화된 진리의 모습을 조화시키기 위해 평생을 고민했고, 그런 사유로 인해 초기 기독교 교부들 가운데 가장 중요한 철학자가 되었다.

작해서 그 아름다운 사람이 다른 모든 아름다운 사람과 공통적으로 가진 것이 무엇인지를 묻는 데로 나아가야 한다는 것이다. 이렇게 하여 우리는 아름다운 영혼에 관해 묻는 쪽으로 나아갈 것이며, 그 다음에는 지식과 법칙의 아름다움으로, 마지막으로는 아름다움 그 자체의 본성에 대해 묻는 길로 나아간다는 것이다. 이렇게 플라톤의 방식으로 상승하다 보면, 마침내 우리는 영원한 추상적 진리를 관조할 수 있게 된다.

그러나 아우구스티누스는 이런 순수 플라톤적 설명만으로는 해결할 수 없는 어떤 영적인 차원이 있음을 알고 있었다. 『고백록』에서 그는 기독교인이 되기 전에 어떻게 플라톤적인 상승을 통해서 선에 대한 관조를 경험했는지에 대해 말한다. 그러나 플라톤적인 선은 너무나 추상적인 것이어서 신적 존재에 대한 아우구스티누스의 동경을 만족시킬 수 없었다. 그 선이란 너무나 생기가 없어서 구원의 힘이 될 수 없었다. 그는 하느님께 이렇게 고백한다.

당신의 피조물들을 통해 알게 된 당신의 보이지 않는 본성을 나는 보았나이다. 그러나 나는 내 시선을 유지할 수 없었나이다. 나의 연약함은 되살아났고, 마치 맛있는 향내만 맡고 끝내 먹지는 못했던 음식처럼, 나는 단지 내가 사랑했고 동경했던 것에 대한 기억만을 안고서 다시금 나의 습관적인 상태로 뒷걸음쳤나이다.[25]

아우구스티누스가 사랑하고 동경한 것은 추상적이고 영원한 것이 아니라 맛있는 향기를 가진 것, 그가 먹고 싶었던 것이라는 점에 주목하자. 한마디로 말해 이것은 그리스적 추상과 기독교적 육화의 혼합이다. 아우구스티누스는 이성적으로 관조할 수 있는 추상적인 말뿐만 아니라 "살로 된 말"이 필요하다는 점을 알고 있었다.

그리하여 나는 당신을 즐겁게 해줄 수 있는 힘을 얻는 수단을 찾기 시작했습니다. 하지만 신과 인간 사이의 중재자이신 예수 그리스도, 곧 뭇 인간들 중의 하나이지만 또한 만물을 지배하는 영원히 복되신 신을 영접할 때까지는 이런 수단을 찾을 수 없었습니다.[26]

후에 아우구스티누스가 기독교로 개종했을 때, 그는 신성한 것에 대해 훨씬 더 구체적인 체험을 얻는다. 그는 하느님께 이렇게 말한다.

당신은 내 주위로 당신의 향을 뿌리셨습니다. 나는 숨을 들이마셨고 지금은 당신의 향긋한 냄새를 열망합니다. 나는 당신을 맛보았고 지금은 당신에 허기지고 목말라합니다. 당신은 나를 만지셨고 나는 당신의 평화의 사랑으로 활활 타오릅니다.[27]

이 문장이야말로 정확히 아가페적 사랑에 대한 감각적 경험을 보여준다. 이 경험이야말로 사람들이 초기 기독교인들로부터 전수받고자 했던 것이며, 우리가 구원을 받기 위해서는 예수의 육체적 현존이 중요하고 예수의 육화를 진지하게 받아들여야 하는 이유가 된다.

그러나 아직 끝나지 않았다. 아우구스티누스는 신의 육화와 감각적 현존을 갈망했음에도 여전히 우주에 대한 플라톤의 추상적이고 비육체적이며 이론적인 설명을 저버릴 수가 없었다. 신의 육체적 현존에 대한 채워지지 않는 갈증을 말한 다음, 그는 육화된 신을 가리켜 "죽을 수밖에 없는 인간의 옷을 입음으로써 약해진"[28] 자라고 기술한다. 나아가 훗날 그는 신이 예수에게 겸손을 강요하기 위해 육신을 준 것이라고 말하기까지 한다. 이렇게 보면 아우구스티누스는 궁극적이고 참된 실재는 지상의 여기에 있는 것이 아니라 플라톤의 추상적인 하늘에 있는 것이라는 생각에 찬성하는 것처럼 보인다. 결국 육체는 아우구스티누스에게 골칫거리였다는 점이 분명하다. 예를 들어 그는 인간이 자기 뜻대로 설 수 없다는 데 불만을 표하면서, 이런 불행한 상태는 심판의 날에 모든 사람들이 자기 육신을 되찾을 때 바로잡힐 것이라고 약속한다.[29] 그러나 아우구스티누스가 이렇게 고민하는 사이, 그가 경험했던 기독교적 핵심은 추상적이고 이론적인 것에 대한 플라톤적 관심에 밀려나고 말았다.

이 같은 육체의 추방은 사실상 아우구스티누스 초기 때부터 시작된 것이었다. 그는 신과의 감각적 접촉을 갈망하면서도 여전히 이 경험을, 육체를 갖지 않는 현존과 관련지어 해석하는 길을 찾고 있기 때문이다. 아우구스티누스는 놀라운 방식으로 이런 방책을 찾아낸다. 즉 감각적이고 육체적인 경험들을 그것들을 일으키는 내면적 상태를 가지고 설명하는 것이다. 우리가 이미 살펴보았듯이, 호메로스에서 플라톤에게 이르기까지 모든 그리스인들에게 내적인 경험이란 도대체 있을 수 없는 것이며, 있다 해도 기껏해야 호기심거리였다. 물론 호메로스는 오디세우스가 속으로 울 수 있다는 점에 감탄을 표시하고 있지만, 어떤 성취로서가 아니라 단지 유별난 능력으로 볼 뿐이다. 마찬가지로 플라톤에게 욕망 즉 에로스란 내적인 경험이 아니라 자기 바깥에 있는 진리를 향한 영혼의 끌림이다.

욕망을 인간 내면을 설명하는 진리로 처음 강조한 사람은 바로 예수였다고 바울은 해석한다. 이미 살펴보았듯이, 성인과 죄인은 더 이상 공적인 행위를 통해서 구분될 수 없고, 영원한 진리에 다가서려는 노력으로도 구분될 수 없다. 그보다는 사적인 충동을 통해서 구분된다. 욕망에 따라 인간은 순수해지기도 하고, 마음속으로 간음을 범하는 죄인이 되기도 한다.

그러나 예수가 죽은 지 300년이 지난 아우구스티누스 시대까지도 진리에 대한 이런 특별한 내적 접근방식은 아직 인기를 얻지 못하고 있었다. 아우구스티누스는 사람들이 내적인 삶을 가지고 있다는 점을 깨닫게 해야 했다. 그래서 『고백록』에서 그는 성 암브로시우스의 성서읽기 방식을 사람들에게 환기시키려 한다. 무엇 때문에? 암브로시우스는 자기 자신에게 책을 읽어주었기 때문이다! 아우구스티누스는 이렇게 말한다.

성 암브로시우스가 책을 읽을 때는 그 눈이 책갈피를 훑고 그 마음이 의미를 찾고 있었지만, 그의 목소리는 침묵했고 그의 혀는 움직이지 않았나이다.[30]

아우구스티누스의 시대에는 모든 사람이 소리 내어 책을 읽었다. 암브로시우스가 텍스트의 의미에 직접 다가서려 했다는 일화는, 인간의 내면이 단지 욕망의 장소만이 아니라 진리의 경험들을 쌓아두는 보고일 수 있다는 점을 보여준다. 플라톤 철학에서도, 예수의 전염성 강한 사랑에서도 볼 수 없는 생각, 즉 우리 마음을 통해 구원의 진리에 다가설 수 있다는 발상이야말로 아우구스티누스의 새로운 점이다. 암브로시우스의 독서 방식은 우리 내면이 그냥 욕망의 장소가 아니라 세계와 신에 대한 진리의 저장소임을 보여준다. 아우구스티누스는 이렇게 쓰고 있다.

내가 신을 사랑할 때, 내가 어떤 빛, 목소리, 향기, 음식, 포옹을 사랑한다는 것은 진실입니다. 그러나 그것들은 내 내면의 자기 속에서 내가 사랑하는 것들입니다.[31]

이제 우리 저자들은 더 이상 아우구스티누스가 말한 내면의 중요성을 강조하지 않겠다. 왜냐하면 신의 진리가 마음속에 있다는 아우구스티누스의 생각이야말로 내적인 욕망의 정화를 강조한 바울의 생각에서 이어지는 직항로이기 때문이다. 그러나 이처럼 인간 존재를 내면의 영역 속에 안착시키려는 시도는 이후 1,200년 동안 잠복기에 들어간다. 아우구스티누스의 실마리를 다시 꺼내든 사람은 데카르트였다. 데카르트는 자기충족적인 "코기토*Cogito*"[32] 즉 외부 세계와 단절된 내적 경험으로서의 코기토를 다시금 강조함으로써 그것을 되살려낸다. 그리고 또다시 150년 후 칸트가 완전히 자율적인 자아로서 인간 개념을 언급함으로써 이 생각들은 결실을 맺는다. 하지만 데카르트와 칸트에게로 이동하기 전에 우리는 먼저 토마스 아퀴나스와 단테의 길로 우회를 해야 한다. 그들은 플라톤보다는 아리스토텔레스를 도입함으로써 기독교를 그리스 식으로 이해하려 했던 사람들이다. 그러나 그들의 시도는 다시 마르틴 루터에 와서 실패한 것으로 드러난다.

5

자율성의 매력과 위험

단테에서 칸트까지

한 사람의 기독교인으로서
우리는 어떤 법에서도 자유롭고
어떤 피조물에게도 종속되지 않습니다.
왜냐하면 그는 위대한 선물,
그 보물을 자기 마음 안에 갖고 있기 때문입니다.

마르틴 루터

현상을 있는 그대로
이해하기

지금까지 이 책을 이끌어온 주제는 다음과 같은 질문들로 표현될 수 있겠다. 첫째는 어떠한 인간 이해가 서양사의 각 시대를 만들어왔는가 하는 질문이다. 다시 말해서 우리가 성스러운 것으로 받들어온 것들, 즉 우리 외부에 있는 의미의 원천과 관련해서 각 시대는 인간의 실존을 어떻게 설명해왔는가 하는 질문이다. 둘째는 인간 존재와 성스러움에 대한 이런 설명들이 허무주의의 위협을 어떻게 저지해왔는가 하는 질문이다. 셋째는 역사에서 얻은 이런 자기 이해들 가운데 우리는 무엇을 가지고 이 세속 시대의 허무주의와 싸울 것인가 하는 질문이다.

이런 질문들에 답하기 위해서는 서양 역사를 인문학적 방식이나 헤겔적인 방식으로 읽기보다는 현상학적으로 읽는 것이 필요하다. 왜냐하면 현상학적인 접근이야말로 사람들이 경험해온 방식 그 자체에 초점을 맞추게 해주고, 우리와 세계에 대한 이성적 관념이 아닌 성스러움 그 자체에 주목하게 해주기 때문이다. 이런 접근법은 역사를 일방향적인 진보나 후퇴의 역사가 아닌 상이한 문화적 패러다임들의 연속으로 볼 수 있게 해준다. 즉 인간의 경험 가운데 특정 측면들을 부각시키기도 하고 다른 측면들은 가리기도 하는 그런 패러다임들 말이다. 우리는 서양 역사의 특정 시기를 대표하는 위대한 작품들을 읽음으로써 우리의 문제와 동떨어져 있는 것처럼 보이는 시대들에서도 무엇인가를 찾아낼 수 있다. 이것들은 결국 우리의 문제로 수렴될 것이다.

우리는 이 장을 단테 알리기에리^{Dante Alighieri}의 『신곡』으로 시작한다. 『신곡』은 중세 전성기의 정점이자 패러다임을 이루는 작품이다. 우주가 신에 의해 창조되었다는 생각, 따라서 우주의 도덕적이고 영적인 의미가 신의 얼굴에 쓰여 있다는 생각은 단테 세계의 주요 특징을 이룬다. 달리 말해서 중세 기독교왕국은 모든 것에 절대적으로 자리가 정해져 있는 세계였다. 상상할 수 있는 한 허무주의에 가장 반대되는 세계가 이 세계였다. 중세의 세계에서 본래적인 의미를 갖지 않는 것은 아무것도 없었고, 세계는 이런 의미들로 충만해 있었다. 그렇다면 우리는 이렇게 물어볼 수 있겠다. 우리 세계의 한 구석에도 여전히 이런 중세적 이해와 동일한 반反허무주의적 경험이 존재하지 않을까?

창조에 대한 중세적 이해방식은 오늘날 더 이상 원형 그대로 받아들여지지 않는다. 독실한 기독교인들조차 오늘날의 세계를 신의 얼굴에 쓰인 그대로 창조되었다고 믿지 않는다. 우주의 모든 면들이 신이 부여한 의미를 고스란히 보여주는 식으로 창조된 게 아니라는 얘기다. 하지만 단테의 생각 속에는 여전히 이 허무주의의 시대에 중요한 빛을 던지는 실마리가 있다. 즉 우리는 충분히 자유롭게 우리의 욕망을 단련함으로써 마침내 그 욕망을 유지하고 충족하는 길로 나아갈 수 있다는 생각이다. 다시 말해서 이 세계 안에 이미 주어져 있는 의미들에 우리의 욕망을 조율할 수 있다는 것이다.

우리의 문화가 아무리 신과의 접촉을 잃고 모든 의미와 내용을 상실했다 해도, 우리는 단테로부터 몇 가지 의미 있는 통찰들을 얻을 수 있다. 우선 그의 작품에는 우리가 여전히 경계해야 하는 지옥의 매력에 대한 경고가 담겨 있다. 또한 지상의 삶에서 얻을 수 있는 의미들에 대한 약속도 담겨 있다. 물론 단테 스스로는 그것을 발굴하는 데 실패했지만 말이다. 또한 그의 작품에서는 그리스적 실재관이 어떻게 유대-기독교적 계시를 훼손하는지에 대한 멋진 증거도 볼 수 있다.

단테의 두 스승

기독교는 매우 급진적인 것이었기에 그것을 명료하게 설명해줄 수단들이 많이 필요했다. 그 과정에서 선택된 것이 플라톤 철학이었다. 서양 세계는 거의 1,000년에 걸쳐 플라톤적 용어로 기독교를 설명하고자 애써왔다. 아우구스티누스와 여러 교부들이 그 대표적 인물들이다. 이들은 한편으로는 육화된 신을 중심의 위치에 두었음에도, 다른 한편으로는 추상적 영원성을 동경한 플라톤의 생각을 받아들임으로써 또다시 육체를 거부하는 결과에 이르고 만다. 그러나 이후 놀라운 돌파구가 만들어진다. 오랜 세월 동안 지하에서 썩고 있던 강의 노트들이 재발견되어 아랍어로 번역되었고, 마침내 라틴어로 번역되어 서양에 퍼지게 된 것이다.

이 과정에서 아리스토텔레스라는 저자가 플라톤에 대한 뛰어난 비판자였음이 드러난다. 플라톤과 달리 그는 영원하고 추상적인 관념들이 아닌 나무나 탁자와 같은 물질적 사물들이야말로 가장 실재적인 것이라고 주장했다. 또한 플라톤과 아우구스티누스가 주장한 것과 달리, 몸을 가진 존재는 절대로 허약하거나 욕된 것이 아니라고 주장했다. 아리스토텔레스에 따르면, 몸은 오히려 힘을 지닌 것이고, 몸을 가진 개체는 몸이 없는 영혼보다 더 완전하다.

기독교 철학자들과 신학자들은 플라톤보다는 아리스토텔레스가 자신들이 원하던 사람임을 깨닫게 된다. 이제 그들은 아리스토텔레스의 용어를 통해 기독교를 명료화하고자 애썼다. 이런 해설자 가운데 가장 위대한 사람이 토마스 아퀴나스(1225~1274)였다. 그는 『신학대전』이라는 거대한 과제를 떠맡았는데, 이 책은 실재에 관한 그리스적 이해와 기독교적 이해를 세부에 이르기까지 완전하게 화해시키려 한 작품이었다. 이런 아퀴나스 신학을 대중

왼쪽은 아리스토텔레스 흉상, 리시포스(Lysippos), BC 330년경 작품. 오른쪽은 「성 토마스 아퀴나스」, 카를로 크리벨리(Carlo Crivelli), 15세기 작품. 단테는 아리스토텔레스가 구축한 우주의 위계질서와 그것을 기독교적으로 재구성한 아퀴나스를 이어받아 『신곡』의 세계를 만든다.

화한 사람이 바로 아퀴나스보다 한 세대 뒤에 살았던 단테 알리기에리였다.

단테는 『신곡』이라 이름 붙인 시편을 통해 아퀴나스가 이룬 성취를 펼쳐 보여주었다. 『신곡』은 학문적 언어인 라틴어 대신 쉬운 이탈리아 자국어로 쓰였으며, 존재하는 모든 것에 대한 중세적 이해를 동시대인들에게 밝혀주었다. 이런 점에서 그것은 신과 같은 기능을 한 예술작품이었다. 아치볼드 매캘리스터는 『신곡』의 「지옥편」 앞에 붙인 "역사적 이해를 위한 서문"에서 이 점을 지적한다.

1321년 단테가 죽기도 전에 이미 『신곡』의 앞 두 부분은 (…) 초
자연적인 경외심이 깃들여진 평판을 얻고 있었다.[1]

따라서 단테의 시가 16세기에 이르러 '신성한' 작품 즉 『신곡
Divine Comedy』으로 여겨진 것은 놀라운 일이 아니다.

아리스토텔레스는 세계가 위계질서에 따라 조직되어 있다고
주장했다. 이것이 의미하는 바는 세계가 통일되어 있다는 것만이
아니라, 모든 것이 완전성의 정도에 따라 등급을 갖는다는 뜻이
기도 하다. 이런 질서의 맨 꼭대기에는 아리스토텔레스가 제1운
동자라고 말한 존재가 있다. 제1운동자는 절대적 완전성을 띤 존
재로서 모든 존재들을 자신에게로 이끈다.

아리스토텔레스에 따르면 위계질서는 주로 자연계에서 볼 수
있는 질서이다. 그러나 이러한 우주적 위계질서 안에 만물의 위치
가 정해져 있다는 생각은 창조주 신에 대한 유대-기독교적 믿음
과 잘 들어맞았다. 중세의 세계에서는 납에서 황금까지, 생쥐에
서 코끼리까지, 그리고 죄인에서 성인까지 모든 것에 등급이 매겨
져 있었다. 심지어 죄의 유형들조차 등급을 가지고 있었다. 『신곡』
제1부인 「지옥편」에서 단테가 지옥으로 내려가면서 접하는 죄인
의 삶들은 한 단계씩 내려갈수록 더 나쁜 등급으로 떨어진다. 심
지어 성인들마저 등급이 있다! 작품 마지막 부분인 「천국편」에서
단테는 천국으로 안내를 받는데, 위로 올라갈수록 그는 점점 더
거룩한 성자들을 만난다. 우리는 이것을 획일적 일신주의라 부를

수 있을 것이다. 이러한 세계 속에는 호메로스의 다중적 세계란 있을 수 없고, 아이스킬로스가 그려낸 비극적 갈등의 상황도 자리를 차지할 수가 없다.

단테가 자기 작품을 통해서 아퀴나스의 형이상학과 신학을 대중적 언어로 표현하려고 했다는 점은 분명해 보인다. 그러나 그의 원래 동기는 그보다 훨씬 단순한 것이었다. 아홉 살에 그는 피렌체에서 베아트리체 포르티나리Beatrice Portinari라는 여덟 살짜리 소녀를 만나 "첫눈에" 사랑에 빠진다. 그 순간부터 단테는 베아트리체를 이상적인 여인으로 삼고서, 이전에는 아무도 쓰지 못했던 시를 그녀를 위해 쓰기로 맹세한다.

그리고 그는 그렇게 했다.

단테는 서른다섯 살이 되던 1300년에 『신곡』을 쓰기 시작했다. 이 시의 유명한 첫 줄을 그는 이렇게 썼다. "우리 인생길의 한중간에서 / 나는 올바른 길을 잃어버렸기에 / 어두운 숲속을 헤매고 있었네." 우리는 단테가 어떻게 길을 잃었는지에 대해 아는 바가 없다. 단지 그가 길을 잃었다는 사실만 알 뿐이다. 그래서 그는 영혼을 구원받기 위해 여행을 떠나야만 했다. 그러나 여정 자체는 비교적 명확하다. 여행을 통해 그는 기독교적 영혼의 세계를 모두 만난다. 먼저 단테는 지옥 그 안으로 들어가야 했다. 그곳에서 그는 기독교가 죄악이라 이름붙인 모든 유형의 죄들을 보게 되는데, 그 죄들은 각기 거기에 맞는 형벌이 정해져 있었다. 다음으로 그는 연옥의 산에 오르게 되는데, 거기서 그는 죄를 지었으나 뉘

「단테, 신곡, 그리고 피렌체 시」, 도메니코 디 미켈리노(Domenico di Michelino), 1465년. 단테 『신곡』의 배경이 되는 요소들을 잘 담은 그림이다. 뒤쪽에는 천국의 구조가, 왼쪽에는 지옥의 다섯 번째 원에 해당하는 디스(Dis)의 성벽이 그려져 있다. 또한 단테 개인에게 정치적으로 큰 의미를 가졌던 피렌체 시가 오른쪽에 그려져 있다.

우치고 있는 영혼들, 그리하여 회생의 절차를 밟고 있는 영혼들을 본다. 마지막으로 그는 천국에 가서 다양한 유형의 거룩한 영혼들을 보고, 그들이 성취해가는 더욱 복된 상태들을 목격한다. 이런 방식으로 단테는 가치 있는 삶을 이루는 길에 대해 정확한 이해를 얻게 되며, 거기에 이르지 못한 모든 삶들에 대해서도 충분히 알게 된다.

여행 내내 단테에게는 두 명의 안내자가 따른다. 지옥과 연옥에서는 위대한 로마 시인 베르길리우스가 길을 안내해준다. 기독교적 우주를 가로지르는 여정에 베르길리우스가 동행하는 것은 다소 특이하게 느껴진다. 왜냐하면 그는 예수가 오기 전에 죽은 사람이기 때문이다. 베르길리우스가 가진 로마 스토아철학은 확실히 흥미로운 길이기는 하나, 기독교 세계에서 중시하는 것을 오해하도록 이끌 소지가 있다. 결국 베르길리우스의 이해방식은 더 이상 힘을 못 쓰게 된다. 왜냐하면 이성만으로는 기독교적 사랑을 이해할 수 없기 때문이다. 이것이 바로 단테에게 두 번째 안내자가 나타나는 이유이다. 단테가 천국의 단계들로 들어서려 하자 그때부터는 그의 여인 베아트리체가 길을 인도한다.

지옥의 요새

단테와 베르길리우스가 통과하는 지옥문에는 다음과 같은 구절로 끝나는 유명한 시구가 새겨져 있다. "여기 들어오는 자는 모든 희망을 버릴지어다."[2] 지옥은 죄를 지은 사람들뿐만 아니라 생전에 불행한 삶을 살았던 사람들 또는 그리스도의 영향권 바깥에서 살았던 사람들을 위한 곳이다. 지옥의 아홉 개 원 가운데 첫 번째 원은 그다지 고통이 심하지 않은 곳으로, 림보Limbo라 불리는 곳이다. 이곳은 덕망 높은 이교도들과 세례를 받지 못한 채 죽은 아이들을 위해 마련된 공간이다. 림보는 베르길리우스의 영원한 고향이기도 한데, 그 곁에는 고전세계와 구약의 위대한 인물들이 함께한다. 예를 들면 호메로스와 오비디우스 같은 시인들, 플라톤과 아리스토텔레스 같은 철학자들, 그리고 예수를 통해 나중에 구원을 받는 아브라함, 노아, 다윗 같은 유대인들이 그들이다. 이들 덕망 있는 이교도들은 기독교인이 될 기회를 얻지는 못했지만, 그들이 살았던 삶은 자기 환경에서 이룰 수 있는 최고의 것이었다. 림보에서 그들은 절제와 위엄을 가지고 행동하면서 덕망 있는 삶을 이어나가고 있다. 하지만 그들은 삶에서 무엇인가 놓치고 있음을 알고 있다. 베르길리우스가 말하듯 그들이 지옥의 고통을 당하고 있는 것은 아니지만, 한 가지 고통 즉 "희망 없는 열망 속에서 살아가는"[3] 고통은 피할 수 없다.

덕망 있는 이교도들은 정확히 이해하거나 설명할 수 없는 무엇인가가 자신들에게 결여되어 있음을 알고 있기에, 림보의 공기는 한숨으로 가득하다. 단테의 기독교 세계 속에서 인간으로 산다는 것은, 신이 만들어주는 최선의 충족상태를 열망하도록 창조되었다는 것을 뜻한다. 그러나 신의 세계 속에서 이런 충족상태는 아가페적 사랑이라는 기독교적 정조를 통해 신과 올바른 관계를 맺을 때에만 가능하다. 문제는 예수가 와서 그것을 보여주기 전까지는 어느 누구도 이 점을 몰랐다는 점이다. 말하자면 림보의 고상한 영혼들은 기회를 놓쳤던 셈이다.

지옥의 다음 네 개 원에서는 여러 죄지은 영혼들이 묘사된다. 차례로 나열하면 음란한 영혼, 식탐하는 영혼, 재물욕에 사로잡힌 영혼, 분노한 영혼들이 그들이다. 림보에 사는 영혼들과 달리 이들은 기독교인으로서 일탈을 범한 자들이다. 이들을 자세히 설명하기보다는 그들의 죄가 어떤 구조적 유사성을 갖고 있는지를 지적하는 편이 낫겠다. 그들은 자신의 욕망을 채워줄 수 없는 것들에 사랑을 쏟은 자들이다. 예컨대 음란한 자는 육체적인 성적 쾌락을 사랑했던 사람들로, "살 속에서 죄를 범한"[16] 자들이다. 단테는 이 책 1장에서 언급했던 파올로와 프란체스카를 비롯해 클레오파트라, 트리스탄, 그리고 헬레네와 파리스 등을 이런 인물들로 꼽는다. (단테의 헬레네 해석이 호메로스의 해석과 얼마나 다른지에 주목하자.) 그들이 저지른 죄는 결국 영적 충족감을 줄 수 없는 것들에 사랑을 낭비했다는 점에 있다.

단테가 이들을 위해 마련한 긍정적 대안들을 일단 제쳐두고 보면, 그는 이런 인생들을 부당하게 대우하고 있는 것처럼 보일지도 모르겠다. 단테가 이 죄인들을 이해한 방식에 따르면, 그들은 다양한 종류의 섹스 중독자, 사랑 중독자들이다. 그들은 음식이나 재물, 심지어 자신의 분노에 중독된 사람들이다. 독특한 점은 이런 중독의 구조가 불만족으로부터 만들어진다는 것이다. 그것은 담배 중독과 비슷하다. 중독자는 자신이 얻으려는 것이 그를 좀더 충족시켜줄 것이고, 행복하게 해줄 것이며, 또는 삶에 의미를 줄 것이라는 생각에 끝없이 귀착된다. 그것은 욕망할 만한 것이며, 그런 욕망을 충족시켜줄 것처럼 보인다. 하지만 담배 한 개비를 다 피운다 해도 그에게는 더 많이 피우고픈 갈망만이 남을 뿐이다. 궁극적으로 이런 죄인들에게 남는 것은 충족을 줄 수 없는 것에 대한 더 큰 욕망뿐이다.

이런 종류의 중독에 빠진 삶을 피해야 한다는 점에서 단테는 분명히 옳았다. 그러나 단테는 아리스토텔레스적인 그림에 따라 이런 사례를 독특하게 분석한다. 그에 따르면, 신은 아리스토텔레스의 제1운동자가 지닌 완전성이 그렇듯이 자신의 완전성 안에 모든 것을 귀의시킨다. 특히 인간은 신에 대한 직접적 경험을 통해 충족을 얻도록 태어났다. 그러므로 우리의 사랑을 신에게 돌리지 않고 다른 것—심지어 베아트리체까지 포함해서—에게로 향하는 것은 충족되지 않는 삶을 사는 길이다.

타인에 대한 전적인 헌신을 통해 과연 충족을 얻을 수 있는가의 문제와는 관계없이, 더 깊은 지옥에 떨어진 영혼들은 또 다른 문제를 안고 있다. 다섯 번째 원 안에는 얕은 지옥과 깊은 지옥을 나누는 거대한 성벽이 있다. 그 성벽 너머야말로 진짜 지옥이라 할 만한 곳인데, 단테는 그곳을 디스^{Dis}의 도시라고 부른다.('디스' 는 명계冥界의 신 하데스의 로마식 이름이다.) 지옥의 바닥까지 가려면 단테와 베르길리우스는 디스의 도시를 통과해야 한다.

이곳이야말로 베르길리우스의 비기독교적 배경이 한계에 봉착하는 곳이다. 물론 베르길리우스는 능력 있는 여행안내자로서 도시에 들어가기 위해 위압적인 성문을 향해 나아간다. 그는 "두려워 말라"고 하면서 자신의 경건한 임무를 이야기한다.

우리의 길은 그분께서 주셨으니

아무도 방해하지 못하리라.[5]

그러나 그가 문 앞에 이르러, 아마도 신의 이름으로 문을 열 것을 요구하자 문지기들은 성벽 뒤로 가서 그의 면전에서 문을 쾅 닫아버린다. 단테는 이 장면을 다음과 같이 쓰고 있다.

그를 둘러싸고 있던 무리들이 갑자기 울부짖으며 물러나더니

(…) 내 스승의 눈앞에서 성문을 쾅 닫아버렸고,[6]

베르길리우스는 어안이 벙벙해져서 "누가 나에게 이 고통의 집을 금했느뇨?"[7]라며 의아해한다. 그러나 베르길리우스는 지옥의 영적 설계도를 오해하고 있었다. 그는 지옥의 가장 깊은 원이 마치 철통같은 감옥처럼 지어져서 가장 흉악한 범죄자들을 가두고 있는 듯이 생각한다. 이런 지옥의 형태는 로마 시대의 감옥과 유사한 것임이 분명하다. 또한 베르길리우스가 디스의 영혼들을 묘사하면서 "나는 각 개인이 어떻게 감금되었고 왜 감금되었는지를 설명할 것이다"[8]라고 했을 때, 이 이교도 시인의 머리에는 같은 생각이 들어있었음이 분명하다. 그러나 디스의 도시는 감옥이 아니며 죄 많은 영혼들을 가두기 위한 곳도 아니다. 오히려 그곳은 신을 들이지 않기 위해 지은 요새다. 단테는 기독교인으로서 이 점을 금세 이해한다. 그는 이 생각을 다음과 같이 표현한다.

요새가 둘러싸고 있는 상황을

보고 싶은 생각에 사로잡힌 나는[9]

　디스의 도시는 감옥이 아닌 요새다. 그곳에 사는 영혼들은 충족을 줄 수 없는 것들을 신보다 더 사랑했기 때문이 아니라, 적극적으로 신을 거부했기 때문에 그곳에 가게 된 것이다. 토마스 아퀴나스는 육체적인 죄와 영적인 죄를 구별한 바 있는데, 이 구별은 단테가 생각하는 지옥의 지형도에도 그대로 반영되어 있다. 육체적인 죄란 음식, 섹스, 재물 따위를 사랑하는 것, 아니 너무 과도하게 그것들을 사랑하는 것이다. 이런 것들을 과대평가함으로써 범하게 된 죄는 디스의 벽 바깥에서 처벌받는다. 반면, 영적인 죄란 신의 창조를 거부하는 것이다. 이들 영적 죄인들은 스스로 바리케이드를 치고 디스의 벽 안쪽에 자신들을 가둔다. 그러고는 신이 들어오지 못하게 하는 데 정력을 쏟는다.

　누군가 신에게 반항한다면 어떤 이유에서 그러는 것일까? 밀턴의 『실낙원』을 보면 그 이유를 알 수 있다. 『실낙원』에서 사탄은 이렇게 말한다. "하늘에서 복종하느니 지옥에서 지배하련다." 사탄이 화난 것은, 평화와 충족이란 것이 오로지 신에 의해 창조되어 신을 관조하는 데서만 얻을 수 있다는 점 때문이다. 사탄은 자신이 숭배할 대상을 자기 생각에 따라 정할 수 있기를 바란다. 단테의 사탄도 마찬가지다. 디스의 벽을 방어하고 있는 반역천사들은 자기들을 만족시킬 대상을 자유롭게 선택하는 데 전념한다.

그들은 자기들이 옳다고 보는 가치들을 사물들에 부여하기 위해 신의 창조를 거부한다. 그래서 디스의 도시 안에 사는 죄인들은 자연적인 성애 대신 적극적으로 선택하는 성애를 추구한다. 예컨대 단테는 디스 안에서 무리를 지어 다니는 동성애자들을 본다. 단테의 세계에서 이것은 반역이다. 일부일처제적인 이성애[10]라는 자연적 욕망을 거스르는 행위이다. 이보다 더 심각한 죄도 있는데, 그것은 삶 자체를 거부하는 것이다. 그래서 자살한 자들은 디스의 도시에서도 가장 깊은 곳에서 처벌을 받는다.

뒤에서 살펴보겠지만, 단테가 지옥 아래로 내려가면 갈수록 저승의 어둠은 신의 사랑으로 자라난 사물들의 매력에 대해 더욱 굳게 문을 닫으며, 사물들 역시 스스로 닫혀버린다. 신으로부터 멀어지면 멀어질수록 지옥의 영혼들은 신의 사랑이 만드는 움직임을 덜 받게 된다. 신은 결국 제1운동자이다. 지옥의 바닥으로 가면 갈수록 지옥은 더욱 움직이지 않는다. 지옥의 바닥까지 가 있는 죄인들은 문자 그대로 얼음 웅덩이 속에 얼어붙어 있다. 신이 창조한 그 무엇에 의해서도 미동하지 않기 때문에 그들은 전혀 움직일 수 없는 상태가 된다.

밀턴이 그려낸 프로테스탄트적인 지옥에서는 어느 길로 가든 뜨겁기가 매한가지이다. 타락한 천사들의 우두머리로서의 사탄, 인간의 삶에 능동적으로 개입하는 사탄의 모습에 우리는 매우 익숙하다. 하지만 단테가 생각한 사탄은 너무나 자기충족적이어서 어떤 일에도 끌리지 않는다. 그는 거의 완벽하게 얼음 속에 고정되어 있다. 그가 할 수 있는 일이란 날개를 퍼덕이는 것뿐이다. 지옥이 얼어붙은 것은 바로 사탄의 날갯짓 때문이다.[11]

계몽주의에서는 독립을 위해 애쓰는 모든 삶의 방식이 칭송을 받는다. 자율적 존재로서 스스로 만든 법만을 자신에게 부여하는 자기충족성이야말로 칭찬받을 만한 것이다. 하지만 중세인들에게 있어서 자율성을 지키기 위해 천국의 기쁨을 물리친다는 것은 곧 죄의 본질에 다름 아니었다. 따라서 단테의 작품은 자율성의 해악에 대해 경고하는 이야기로 동시대인들에게 읽혀질 수 있었다. 이런 경고는 우리들 현대인들에 대해서도 시사해주는 바가 크다. 즉 니체적인 외고집에 끌리는 사람들, 예를 들면 앞에서 다루었던 데이비드 포스터 월러스 같은 사람들에 대한 경고일 수도 있다는 얘기다. 신의 창조야말로 우리를 충족의 상태로 이끄는 것임에도, 우리는 그 속에서 사물의 숨겨진 의미를 키워내기보다는 사물들에 대해 자기만의 가치를 정립하려 하고 자신만의 의미를 부여하려고 시도한다. 단테에 따르면, 이런 시도는 결국 서글픈 허무주의, 즉 아무런 의미도 없고 자기를 움직이는 것도 전혀 없는 허무주의만을 가져올 뿐이다.

단테식 자유의지

그러나 단테는 자신의 체계 속에 자유의지를 위한 자리도 필요하다는 점을 알고 있었다. 만일 우리의 의지가 궁극적으로 우리 삶과 아무런 관련이 없다면, 그리고 삶이란 모두 예정지어진 것이어서 그것에 대해 우리가 할 수 있는 일이 아무것도 없다면, 도대체 그런 삶에 대해 상을 내리거나 벌을 준다는 게 무슨 의미가 있을까? 하지만 단테는 디스의 도시에서 만난 자율성에 대해서는 반대하는 입장이다. 그렇다면 그가 가질 수 있는 자유의지의 개념은 무엇일까?

단테의 체계 속에는 분명 자유의지를 위한 자리가 있기는 하나, 그것은 우리에게 익숙한 자유의지가 아니다. 한 가지 예를 들어보자. 단테의 자유란 우리가 생각하듯 어떤 인생을 살아갈지, 또는 어떻게 행동할지를 선택하는 능력이 아니다. 특히 그의 자유는 우리 행위에 대한 외적 강제로부터의 자유를 의미하지 않는다. 우리가 생각하는 자유란 결정론의 개념에 반대되는 종류의 자유이다. 이것이야말로 우리가 흔히 생각하는 자유이지만, 그것은 단테가 말하는 자유가 아니다.

단테에 따르면, 자유란 장차 도달하게 될 충족 상태에 맞춰 우리 욕망을 훈련할 수 있도록 자유로운 상태에 있음을 뜻한다. 단테의 관점에서 욕망을 훈련시키는 일은 원칙적으로 국가와 교회가 맡아야 할 의무이다. 근대 세계의 문제는 국가와 교회가 그 일에 실패했다는 데 있다.[12] 우리가 잘 훈련을 받아 올바른 욕망을 갖게 되면 우리 각자는 활을 떠난 화살처럼 곧장 신에게로 갈 것이다.[13] 하지만 단테의 세계에서는 교회나 국가가 우리를 올바르게 훈련시키는 데 실패할 때마저도 우리가 원하기만 하면 스스로를 재교육할 자유가 있다. 이것이 바로 단테가 연옥을 설명하면서 자세하게 기술한 현상이다.

단테의 견해에 따르면, 감각과 욕망은 자신을 사로잡는 것들에 매여 있기는 하지만, 우리의 의지는 또한 그런 감각을 형성하는 자유를 지닌다. 더구나 우리에게는 지성이 있기에 감각을 올바른 것들에만 사로잡히게 만들 수 있다. 가령 식탐 습관을 고치려면 더 이상 음식을 욕망의 유일한 대상으로 보지 않도록 스스로를 재교육하는 방법이 있다. 연옥에서 탐식자들은 이런 종류의 재훈련에 능동적으로 참여한다. 그들은 탄탈로스의 형벌 즉 강제적 다이어트에 동의한다. 여기서 지옥과 연옥의 중요한 차이가 드러나는데, 지옥의 사람들은 여전히 나쁜 욕망을 품고 있는 데 반해 연옥의 사람들은 그것을 뉘우친다는 점이다. 뉘우침의 행위는 자유의지에서 나온 행위로서 나중에 심판을 다시 받을 수 있는 근거가 된다. 회개는 구원으로 가는 길이요, "처벌" 역시 감각과 욕망의 왕국을 혁신하여 자유로이 올바른 길로 나아가게 하는 데 필요하다.

단테에 따르면, 모든 영혼은 세상의 사물들에 자연적으로 끌리는 성향을 가진다. 그렇다면 우리는 어떻게 이런 끌림을 가치 있는 삶 쪽으로 돌릴 수 있을까? 여기에는 두 가지 선택지가 있다. 첫 번째는 우리 욕망을 억누르든가 아니면 제거하는 방법이다. 이것은 스토아학파에게서 전형적으로 볼 수 있는 접근방식인데, 베르길리우스 역시 이 방식을 채용한다. 그가 "이성은 허용의 문턱을 지켜야만 한다"[14]라고 말한 의미가 바로 이것이다. 다시 말해서 욕구는 억제되어야 하며, 이렇게 우리를 욕망으로부터 보호하는 것은 다름 아닌 이성이라는 얘기다.

하지만 단테는 다른 견해 즉 기독교적인 견해를 가지고 있었다. 단테가 생각하기에 모든 사랑은 올바른 대상에 적절하게 향하고 있기만 하다면 좋은 것이다. 반면 베르길리우스의 스토아적 견해에서 자유란 맹목적 사랑에 재갈을 물리는 것이어야 한다. 하지만 단테는 자유란 대상에 대한 직접적 사랑이어야 한다는 기독교적 견해를 취함으로써 이런 스토아적 생각에 반대한다. 사랑은 억제되어야 하는 것이 아니라 더 강화되어야 하는 것이고, 우리는 우리 마음을 끄는 것에 더 헌신적으로 전념해야 한다. 설령 그것이 우리를 충족시켜 주지 못할지라도 우리는 그런 실패로부터 무엇인가 배우게 될 것이 분명하다. 이런 과정을 통해 우리는 마침내 우리의 열정과 헌신을 남김없이 바칠 수 있는 대상 혹은 존재를 발견하게 될 것이다. 따라서 이제 우리가 해야 할 마지막 일은 욕망을 다듬는 것뿐이다. 자유의지란 이 욕망을 올바른 방향으로 나아갈 수 있도록 훈련시켜 주는 것이다.

베아트리체에 대한 사랑에서 신에 대한 사랑으로

단테는 욕망의 목표가 다양할 수 있다는 점을 받아들이는 듯하다. 최소한 그와 비슷하게 보인다. 문제는 이런 생각을 가지면서도 단테가 일관성을 유지할 수 있는가 하는 점이다. 다시 말해서 문제는, 열정과 헌신을 남김없이 바칠 대상이나 존재를 과연 여기 지상에서도 발견할 수 있느냐 하는 점이다. 만일 그럴 수 없다고 한다면, 단테는 예수의 육화와 체현의 의미를 이해하지 못한 아우구스티누스의 기독교 해석을 반복할 위험에 처하게 된다.

물론 단테가 자기 작품에서 예수를 소홀히 취급하고 있는 것은 아니다. 아우구스티누스가 그랬듯이 그 역시 예수를, 자신의 깊은 내적 자아를 통해 영원히 육체에서 벗어난 존재로 보려고 한다. 단테는 출신지 피렌체의 정치에 휘말려 유랑객이 된 사람이었고, 또한 자신의 시에 영감을 준 여인에게 전적으로 헌신했던 사람이었다. 행복하게도 그에게는 비슷한 유의 선배들이 있었다. 즉 음유시인 또는 방랑시인troubadour이라 불리던 일군의 프랑스 및 이탈리아 시인들*이 그들이다. 그들은 예수에 대한 헌신이라는 초기 기독교적 정조를 이어받아 사랑에 대한 새로운 이해로 발전시킨 전례를 보여주었다. 그들이 말한 사랑은 그리스적 에로스가 아니지만 기독교적인 아가페도 역시 아니다. 그것은 전혀 새로운 정조로서 궁정식 사랑이라 불리던 것이었다. 이런 종류의 새로운 사랑은 우리 인생의 중심에 들어온 사람에게 완전한 헌신을

---

* 『신곡』에서는 실제로 아르노 다니엘(Arnaut Daniel), 지로 드 보르넬(Giraut de Bornelh), 기도 기니첼리(Guido Guinizzelli), 기토네 다레초(Guittone d'Arezzo) 같은 음유시인들이 여럿 언급되고 있다.

바치는 사랑이었다. 음유시인 전통에서 이런 연인은 실제로 우리에게 정체성을 부여해준다. 다시 말해서 우리는 그녀와의 관계를 통해서만 내가 누구인지를 완전히 이해할 수 있다는 얘기다. 그러므로 그녀를 위해 죽을 준비가 되어 있다는 게 전혀 이상하지 않다. 나는 그녀 없이는 더 이상 그녀를 사랑하는 사람으로 존재할 수가 없기 때문이다. 요컨대 음유시인들은 낭만적 사랑을 발명한 사람들이었고, 단테는 그런 낭만적 구애자 가운데 하나였다.

베아트리체에게 단테가 바친 헌신의 깊이는 그의 시 속에서 찾아볼 수 있다. 『신곡』 중간쯤에 나오는 연옥의 산 정상에서 단테는 성서에 바탕을 둔 야외극*을 목격한다. 그 야외극은 교회의 역사를 보여준다. 야외극 중간쯤에 그리핀(독수리의 머리와 날개에 사자 몸을 한 괴수)이 끄는 마차 한 대가 행렬을 이끌고 도착한다. 그리핀은 전통적으로 예수를 상징하는 동물인데, 두 가지 본성을 한 몸에 지닌 야수로서 신성과 인성을 동시에 지닌 예수를 가리킨다. 행렬이 멈추고 마차는 단테 바로 앞에서 멈춰 선다. 단테는 마차에서 베일을 쓴 한 인물을 보는데, 이때 무엇인가 교회 역사의 정점을 이루는 사건이 일어난다. 천사들이 머리 위에서 노래를 부르며 날고 있다. "오시는 이여 복되도다." 우리는 베일이 벗겨지면 예수 그리스도가 나타날 것이라고 마음의 준비를 하게 된다.

---

* 『신곡』 「연옥편」 제29곡 및 제30곡에 해당하는 이 부분은 실제로는 야외극이 아니지만, 앞에서 언급한 음유시인들과 짝을 맞추기 위해 저자들은 야외극에 비유하고 있다.

「단테와 베아트리체」, 아리 셰퍼(Ary Scheffer), 1851년. 낭만파 시대의 그림이야말로 오히려 단테와 베아트리체의 낭만적 사랑을 잘 표현한 것으로 보인다.

하지만 여기서 단테는 가장 대담한 변화를 꾀한다. 마차를 탄 인물은 예수가 아니다. 그는 베아트리체다! 단테는 그리스도의 자리에 그의 연인을 앉히고 있는 것이다! 그가 자기 연인에 대해 쓴 이 시는 정말이지 이전의 어떤 시인보다도 더 드높게 자기 연인을 찬미하는 것이었다.

우리는 여기서도 현상학적이라고 할 만한 무엇인가를 볼 수 있다. 여기서 볼 수 있는 현상이란, 사랑은 한 여인을 세상의 중심으로 만들 만큼 한 사람을 타인에게 이끌리게 만든다는 것이다. 그런 사랑에 이끌린다는 것은 곧 축복받은 일로서, 삶의 모든 사건들은 이제 그녀와의 관계 속에서 의미를 얻게 될 것이고, 이렇게 생겨난 의미들은 삶을 찬란하고 영광스러우며 완전히 만족스런 것으로 만들 것이다. 우리는 이런 사랑이 삶에 새기는 정의를 통해 우리 자신을 완전하게 그리고 행복하게 이해할 수 있게 된다.

단테가 경험한 것이 과연 이것이었다면, 연옥의 정상에서 펼쳐진 야외극에서 그가 베아트리체를 구원자 그리스도의 역할을 하는 사람으로 본 것이 그리 미친 짓은 아닐 것이다. 이렇게 보면 결국 누군가에 대한 낭만적 사랑이란, 그토록 멀게만 느껴지던 성스러움의 경험들과 그리 다른 것이 아님을 알 수 있다. 우선 이 두 가지는 우리가 자의적으로 선택할 수 있는 느낌이 아니라는 데 공통점이 있다. 아테나 여신의 인도를 받거나 예수의 현존을 통해 전염성 강한 아가페적 사랑에 사로잡히는 것처럼, 낭만적 사랑 역시 우연히 다가와서 우리를 사로잡는 것이다. 두 번째로, 그것들은 감사의 느낌을 자아낸다. 마지막으로 우리는 그 기초들 위에서 어떻게 행동해야 할지를 정확히 이해한다. 이처럼 낭만적 사랑은 우리를 눈앞의 상황에 조율시켜 주며, 그것에 따라 모든 것들은 알맞은 만큼의 중요성을 띠게 된다. 만일 단테가 베아트리체와 함께 연옥의 정상에서 멈추기만 했다면, 그는 자신의 삶에 환희와 의미를 가져다줄 완벽하게 아름다운 세상을 묘사하는 것으로 끝낼 수 있었을 것이다.

게다가 단테가 베아트리체에게 바친 헌신은 육체적이고 구체적인 존재를 향한 것이었다. 그는 베아트리체의 아름다운 초록빛 눈, 사랑스런 입술, 특히 다리에 대해 말하곤 하는데, 그의 전적인 헌신은 이런 것들에서 기인한 것이다. 이 같은 방식으로 단테는 구원의 정조가 물리적이고 육체적인 세상에서 일어나는 일이라는 기독교적 직관의 본질을 포착하고 있었다. 만일 단테가 이렇게 베아트리체에 대한 헌신으로 만족했다면, 추상적이고 비육체적인 방식으로 기독교를 해석하고자 했던 아우구스티누스의 오류에 맞서는 길을 찾아냈을 것이다. 바로 이 지점이야말로 단테가 기독교를 구해낼 수 있는 순간이었다. 즉 기독교와는 양립 불가능한 그리스적 추상으로부터 기독교를 해방시킬 수 있는 기회였다.

하지만 불행히도 단테는 이 길로 들어서지 않는다. 서양은 단테가 기술했던 낭만적 사랑의 현상학을 쇠렌 키르케고르가 다시 발전시키기까지 500년의 세월을 더 기다려야만 했다. 단테의 경우를 보자면, 베아트리체가 천국 내내 그를 안내하기는 하지만 단테는 그녀에 대한 헌신만으로는 삶의 의미를 발견하지 못한다. 천국을 여행하는 동안 단테를 인도했던 베아트리체는 마지막으로 자기 자리를 찾아 돌아간다. 그곳은 구원받은 영혼들이 신을 관조하면서 앉아있는 커다란 장미꽃 속의 자리이다. 그녀는 구세주의 처소, 즉 사도 요한이 진리이자 길이라고 말한 그분의 처소 안에 자리를 찾아 앉지만, 단테는 그런 베아트리체를 신에게 이른 후에는 뒤에 버려두는 사다리처럼 여긴다. 왜냐하면 제아무리 베아트리체라 해도 단테의 최종 설계도 안에서는 사랑의 궁극적 대상이 될 수 없기 때문이다.[15] 그녀는 길이지 진리가 아니다.

베아트리체가 자기 자리를 찾아 돌아갔을 때 단테는 그녀의 자리가 장미 꽃잎들 가운데 상층부, 즉 베드로 바로 아래임을 본다. 그녀는 단테에게 마지막 미소를 던지고 신의 찬란한 빛을 관조하기 위해 자기 자리로 돌아간다. 단테는 이 장면을 이렇게 묘사한다. "그러한 빛 앞에서는 거기에서 눈을 돌려 다른 것을 바라보기란 불가능한 일이었다."[16] 베아트리체는 단테를 행복이 넘치는 비전—즉 신에 대한 직접적인 관조—에 이르도록 이끌어왔다. 하지만 신의 사랑이 주는 축복은 너무나 압도적이어서 그의 삶과는 무관하고, 그에게 행위의 구심점을 제공해주지도 않는다. 단지 그의 삶을 완전히 벗어나도록 이끌 뿐이다. 단테로 하여금 활력을 되찾아 정치 일선으로 돌아가게 하지도 않으며, 베아트리체가 권하던 대로 살아가게끔 해주지도 않는다. 오히려 단테는 한 개인으로서 자신에 대한 모든 감각을 잃은 것처럼 보인다. 토마스 아퀴나스에 따르면, 신의 빛을 관조함으로써 얻는 행복이야말로 인간 삶의 궁극적 목표이다. 하지만 신의 관조가 주는 축복은 너무나 압도적이어서 지상의 다른 모든 즐거움을 무의미하게 만든다.

이 때문에 단테는 다시는 베아트리체를 되돌아보지 않는다. 지상의 삶에서 가장 중요했던 헌신이 이제는 영혼의 충족과 무관한 것이었음이 판명된다. 결과적으로 삶에서 유일하게 중요성을 가졌던 구분, 즉 베아트리체에 대한 사랑과 그 밖의 모든 것들을 갈랐던 차이는 신을 관조하는 기쁨 속에서 평준화가 되어버린다.

정치 참여가 단테에게 무의미해지는 것도 마찬가지 이유에서이다. 단테는 천국의 자리에서 지상을 내려다보며 이렇게 말한다. "지구를 보았더니 그 초라한 모습에 웃음이 나올 정도였다."[17] 그는 지상의 모든 것, 심지어 정치마저도 사소한 일로 본다. "미친 죄를 게걸스럽게 탐하게 만드는, 우리가 뒹굴던 밑바닥이 내게는 아주 작은 먼지로 보였다."[18] 베아트리체에 대한 사랑이 그렇듯이, 삶에서 의미를 지녔던 모든 정치적인 문제들이 신의 빛 아래에서는 한갓 노름이었음이 드러난다. 일단 신을 본 이상, 단테는 신의 빛으로부터 눈을 돌려 정치로 되돌아가거나 베아트리체를 다시 보는 일은 없을 것이다.

중세식 허무주의

아리스토텔레스가 기술한 바에 따르면, 제1운동자는 자신이 지닌 완전성의 매력을 통해 다른 모든 존재들을 움직인다. 『신곡』 「천국편」의 마지막 구절은 이 그리스적 최고 존재가 단테의 욕망과 의지를 어떻게 움직이고 있는지를 기독교적 방식으로 묘사하고 있다.

한결같이 돌아가는 바퀴처럼 나의
열망과 의욕은 다시 돌고 있었으니,
태양과 별들을 움직이는 사랑 덕택이었다.[19]

　음유시인들 덕분에 단테는 자기 인생의 가장 중요한 경험이 한 여인에 대한 사랑이었음을 알게 된다. 이런 과정을 통해 단테는 제1운동자의 궤도 속으로 이끌려 들어간다. 하지만 신의 관조를 통해 얻는 축복은 너무나 압도적이어서 그의 모든 개인적 의지, 즉 베아트리체에 대한 사랑이나 정치에 헌신하고자 하는 의지를 없애버린다. 확실히 단테는 축복받았다고 할 수도 있다. 축복이 우리들 개인을 지우면 지울수록 우리는 더욱 강렬한 기쁨에 젖게 되니 말이다. 그러나 이토록 행복한 축복과 견주어볼 때 우리가 지상에서 얻는 모든 기쁨은 하찮은 것이 된다. 단테는 이것을 "온갖 달콤함을 능가하는 기쁨"[20]이라고 표현한다. 단테는 궁극적으로 자기 자신을 모든 피조물을 만든 창조주의 사랑 속에 흡수시키고 있는 것이다.

　하지만 이것이 정말로 실존의 충만함에 이르는 길일까? 그것은 실존의 충만함에 이르는 길이라기보다는 오히려 의미 있는 삶을 회피하는 길처럼 보인다. 사실상 이것은 중세적 형태의 허무주의라 할 수 있다. 왜냐하면 신의 사랑 앞에서는 베아트리체의 사랑도, 단테의 정치적 열정도 모두 사소한 것이 되고, 이런 삶 속에서 의미 있는 것은 아무것도 남지 않기 때문이다. 바로 이 지점에서 단테는, 아퀴나스의 그리스적 형이상학이 요한과 바울의 초기 기독교가 지녔던 아가페적 사랑을 파괴하고 있음을 무심코 드러내고 있다. 초기 기독교 모델에서 세상을 살아간다는 것은 곧 내 안에 있는 예수와 함께 산다는 것을 의미했다. 이것은 곧 축복이 아닌 기쁨의 정조 속에서 산다는 의미였고, 피와 살로 이루어진 말씀의 세계 속에서 우리의 행위가 규정되고 인도된다는 뜻이었다. 사실 '신의 사랑'이라는 개념은 꽤나 모호하다. 단테의 세계에서 그것은 우리들 각자가 아리스토텔레스적인 최고 존재를 사랑한다는 뜻이다. 반면 복음서에서는 예수가 우리들 각자를 사랑한다는 뜻으로 쓰인다. 우리는 단테가 신비적 합일을 이루는 마지막 장면 안에 아가페적 사랑의 본보기이자 육화된 대상으로서의 예수의 자리가 마련되어 있지 않은 것을 알 수 있다. 단테가 마지막으로 본 것은 단지 신의 광채 안에 "인간의 얼굴이 어린 듯한"[21] 광경일 뿐이다. 이처럼 단테에게 예수란 단지 하나의 얼굴에 지나지 않는다. 그 얼굴을 받쳐주는 육체가 붙어있지 않는 것이다.

요약하자면, 아리스토텔레스의 용어를 가지고 기독교를 설명하고자 한 중세의 시도는 결국 실패한 시도였다. 「지옥편」이 부정적으로 전하고 있는 메시지, 즉 자율성이 능동적인 허무주의를 낳는다는 메시지는 현상학적으로 일견 타당해 보인다. 모든 의미가 우리와 더불어 생기는 것이라면, 그 어떤 힘이나 권위도 우리를 움직일 수 없을 것이기 때문이다. 반면에 아리스토텔레스적인 용어로 육화된 예수의 사랑을 설명하려는 시도 역시 수동적인 허무주의를 낳는다. 그 시도는 결국 최고 존재에 대한 사랑, 즉 모든 개체성과 의미 있는 차이를 지워버리는 사랑으로 귀착되기 때문이다. 단테를 베아트리체에게로 이끌었던 무조건적인 사랑, 즉 의미의 개인적 원천을 중세 기독교 문화에 심어줄 수도 있었던 헌신적 사랑은 그리스적이고 비개인적인 신비 경험에 의해 일소되고 만다. 우리가 말하는 중세적 종합, 즉 아퀴나스와 단테가 아리스토텔레스의 용어를 가지고 기독교적 계시를 개념화함으로써 도달했다고 하는 성취는 허무주의에 대한 해결책이 아니라 그 방향으로 가는 또 다른 길임이 밝혀졌다.

살로 만들어진 말씀

토마스 아퀴나스는 아리스토텔레스를 좇아서 인생의 최고 목표가 제1운동자 즉 최고 존재를 행복하게 관조하는 것이라고 주장했다. 신에 대한 직접적 관조로부터 얻는 축복이야말로 삶의 목표라는 것이다. 하지만 지금까지 단테의 작품을 통해 보았듯이, 이런 축복은 예수와 아가페적인 사랑을 위한 어떤 자리도 남겨두지 않는다. 기쁨에 넘치는 크리스천들의 공동체도 남겨두지 않으며 개인적인 자아의 공간도 남겨두지 않는다.

토마스 아퀴나스와 단테보다 2세기 뒤에 글을 썼던 마르틴 루터는 기독교를 아리스토텔레스로부터 구해내고 바울의 편지에 표현된 초기 기독교로 되돌아가기로 결심한다. 루터는 아리스토

텔레스가 초래한 불행한 결과들에 대해 노골적인 혐오감을 드러
낸다.

이 교만하고 교활하고 저주받은 이교도가 자신의 오도^{誤導}된
저작들을 가지고 그토록 많은 선량한 기독교인들을 속이고 바
보로 만들었다는 사실이 나를 뼈저리도록 슬프게 합니다. 신
이 우리를 괴롭혔던 것은 바로 우리의 죄 때문입니다.[22]

또한 그는 이렇게 덧붙인다.

대학 역시 철저한 개혁이 필요합니다. (…) 아리스토텔레스의
책들, 지금까지 최고로 평가되어 온 그의 책들을 모조리 교육
과정에서 제거해야 한다는 것이 나의 조언입니다.[23]

이렇게 하여 루터는 그리스 철학과 유대-기독교적 경험을 통
합하려는 시도와 단호히 결별한다. 그는 다음과 같은 말로 아우
구스티누스와 토마스 아퀴나스 및 단테를 비판할 수 있었다. "십
자가의 겸양과 수치 속에서 신을 인식함이 없이 영광과 위엄 속
에서만 그를 인식하는 것은 우리들 죄인에게 바람직한 일이 아니
다."[24] 더 간결하게는 이렇게 말한다. "'영광의 신학자'는 나쁜 것
을 좋다고 하고, 좋은 것을 나쁘다고 부른다. 반면 '십자가의 신학
자'는 그것이 무엇인지에 대해서만 말한다."[25] 다시 말해서 기독교

인의 소명은 그리스적인 신 즉 순수하게 존재하는 신을 경험하는 데 있는 것이 아니라, 요한이 기술하고 바울이 체험한 예수 즉 "살로 만들어진 말씀"을 만나는 데 있다는 얘기다.

루터는 신비가들이나 수도사들을 별로 인정하지 않는다. 두 유형 모두 세상과 절연한 사람들이기 때문이다. 루터에 따르면, 신을 관조함으로써 얻는 축복보다는 세상 속에서 누리는 공동체적 기쁨이야말로 전염성 강한 기독교적 정조에 가까운 것이다. 따라서 루터는 확고한 어조로 이렇게 말한다.

> 우리는 (…) 자신의 몸과 그 몸이 하는 일을 통해 우리 이웃을 아낌없이 도와야만 합니다. 우리 각자는 타인에게 마치 그리스도가 된 듯해야 합니다. 이렇게 함으로써 우리는 서로에게 그리스도인이 될 것입니다.[26]

이것은 아우구스티누스처럼 자아 깊은 곳에서 신의 진리를 관조함으로써 세상을 떠난다는 뜻도 아니요, 단테처럼 모든 피조물을 움직이는 사랑에 합일을 이룸으로써 세상을 버린다는 의미도 아니다. 그보다는 기독교인들이 "새 세상에서 새로운 사람으로"[27] 거듭나야 한다는 뜻이다.

바야흐로 새로운 세계가 열리고 있는 것이 분명했다. 루터 덕분에 아리스토텔레스, 토마스 아퀴나스, 단테 등의 신학은 우리 자신을 문화적으로 이해하는 데 있어 더 이상 중심을 이룰 수 없게 되었다. 거듭난 기독교인들은 다른 모든 기독교인들과 더불어 예수의 정조를 직접 공유하기에, 더 이상 교황과 사제의 중개를 필요로 하지 않는다. 루터에 따르면 모든 기독교인이 교황이며, "그리스도를 신실하게 믿는 모든 자가 성자"[28]이다.

이것을 자기충족적인 존재 혹은 자율적인 존재의 길이라 볼 수는 없을 것이다. 하지만 그것은 적어도 서양에서 가장 강력한 제도 가운데 하나였던 교회에 맞서 인간이 스스로를 자족적인 존재로 생각할 수 있는 가능성을 터주었다. 루터야말로 계몽의 새시대를 안내한 사람으로서, 특히 다음과 같은 말에서 자족적 존재에 대한 그의 생각을 엿볼 수 있다.

우리가 바르게 정의한다면, 한 명의 기독교인은 모든 법으로부터 자유롭고 어떤 피조물에도 종속되지 않습니다. 그 안에 있건 밖에 있건 말입니다. (⋯) 왜냐하면 그는 그런 선물, 그 보물을 자기 마음 안에 갖고 있기 때문입니다. 비록 그것은 거의 없는 듯이 보이나 그럼에도 그 작음은 하늘과 땅보다도 더 위대합니다. 왜냐하면 위대하신 그리스도가 바로 그 선물이기 때문입니다.[29]

이렇게 하여 루터의 개혁 즉 프로테스탄트 종교개혁은 단테가 처했던 중세의 수동적 허무주의를 교정할 수 있는 길을 보여주었다. 하지만 개인의 자유를 강조하다 보면 신의 죽음과 결부된 능동적 허무주의에 빠질 위험성이 생긴다. 따라서 루터는 우리의 죄에도 불구하고 신의 사랑이 우리를 감싸고 있다고 주장함으로써 중세적 허무주의를 교정할 중심축을 세운다. 그러므로 루터에게 있어서 기독교적 정조의 중심을 이루는 것은 즐거움과 감사다.[30] 이런 정조는 루터 자신의 삶에 대해서도 어떻게 행동할지에 대한 확신을 심어주었다. 이런 확신은 1521년 보름스 종교회의에서 행한 루터의 진술에 잘 나타나 있다. "바로 이곳에 제가 서 있습니다. 저는 달리 어찌할 도리가 없습니다." 루터가 로마 교인들에게 보내는 바울의 편지에 주석을 달면서 "천만 번을 죽는다 해도" 버릴 수 없다고 한 확신, 즉 이 세상의 삶에 대한 루터의 확신은 축복의 정조가 이 세상의 삶으로부터 우리를 빼내어 드높일 것이라는 단테의 허무주의적 희망과 극명한 대비를 보여준다.

하지만 이러한 교정의 길은 의미들을 희생함으로써 가능했다. 루터는 즐거움과 감사의 정조가 갖는 특수성을 강조한 나머지, 그런 정조가 예수와의 사적이고 개별적인 관계를 통해서만 경험될 수 있다고 주장했다. 이렇듯 사적이고 개별적인 예수와의 관계는 계몽주의가 찬미한 독립적 개인과 꼭 같은 것은 아니지만 그런 방향으로 나아가는 첫걸음이었다. 루터의 종교개혁은 개인을 내적인 생각과 욕망으로 정의되는 존재로서 강조하는 결과를 낳았다. 그것은 신이 만들어준 위계질서 즉 개인 외부에 존재하는 세계의 의미들을 희생한 대가였다.

루터의 기독교 해설을 통해 확실히 세상은 그 정치적, 종교적,

환경적 외양에 있어 마법에서 완전히 풀려날 수 있었다. 이제 우리는 단테가 보았던 의미들의 위계질서―신의 얼굴에 모든 것들의 가치가 씌어 있는 그런 위계질서―로부터 멀리 벗어날 수 있게 되었다. 루터에 따르면 개인들은 더 이상 왕과 국가에 복무해야 한다는 법률들을 따를 필요가 없기 때문에 저마다 왕으로서 존재한다. 그 대신 개인은 예수의 사랑과 고난이 우리에게 전해 준 정조에 은혜를 입고 있다. 즉 예수가 말했듯이, 사랑이야말로 율법을 완성시켜 준다는 것이다. 신과의 관계에 있어서도 우리는 더 이상 사제나 그들의 중개에 의존할 필요가 없다. 그보다 예수는 당신의 은총과 사랑을 우리에게 직접 전함으로써 우리를 우리 자신으로서 정당화시켜준다.

　이것이야말로 자아를 의미의 자족적 원천으로 보는 계몽주의적 이해의 먼 출발점이었다. 하지만 데카르트, 칸트와 같은 계몽주의 사상가들과 달리, 루터는 여전히 개인이 구세주에게 의존한다는 생각을 강하게 견지했다. 그에 따르면, 교회와 개인이 행하는 헌신의 일들은 믿음과 겸손으로 행해지지 않는다면 무가치하고 오만한 행위에 지나지 않는다. 우리는 우리가 가질 수 있는 정조들보다 더한 믿음을 스스로 가질 수가 없다.

　믿음은 살아있고 흔들리지 않는 확신이다. (⋯) 그것은 우리를 즐겁고 고양된 정신 상태로 이끌며, 신 그리고 모든 인류와의 관계를 열망하게 한다. (⋯) 이런 종류의 올바름은 자연의 일상적 과정, 다시 말해서 우리 자신의 자유의지 또는 우리 자신의 힘을 통해서는 일어날 수 없다. 어느 누구도 스스로에게 믿음을 부여할 수 없는 것이다. (…)[31]

반면에 데카르트는 이런 수용성을 철저히 거부하고 오로지 자신의 의지력을 통해서 얻을 수 있는 것에만 초점을 맞춤으로써 허무주의로 향하는 커다란 발걸음을 내딛었다.

17세기 초에 이르러서야 비로소 우리는 프랑스 철학자 르네 데카르트를 만나게 된다. 서양 역사에서 데카르트는 유일하게 예수와 비견될 만한 재설정자라고 할 수 있다. 예수가 기독교 세계를 성자와 죄인이 함께 존재하는 세계로 정립했듯이, 데카르트는 근대 세계를 자기충족적인 주체와 자기충족적인 객체가 대립적으로 존재하는 세계로 정립했다. 그는 아우구스티누스가 발견한 영혼의 내면적 깊이와 루터가 강조한 개별 기독교인의 독립성을 발전시킴으로써 이 일을 해낸다. 그러나 루터가 아가페와 감사의 정조에 대한 이해를 통해서 수용성이 기독교인에게 필수적이라는 생각을 견지한 데 반해서, 데카르트는 인간 주체란 완벽하게 초연하고 자기 내포적인 존재이므로 수동성과는 무관하며 신에 필적할 만큼 큰 의지력을 갖는다고 보았다. 그는 이렇게 말한다.

내 안에서 그보다 더 큰 관념을 생각할 수 없을 만큼 큰 관념으로 발견되는 것은 오직 의지, 즉 자유의지뿐이며, 따라서 내

가 이른바 신의 형상과 유사한 모습을 지니고 있다는 것을 알
게 되는 것도 주로 이 의지에 의해서이다.[32]

의미의 할당자

우리가 지금까지 예로 들었던 성스러움의 경험들은 시종일관
정조들에 대한 경험이었다. 호메로스의 신들을 설명하면서 우리
는 신들이야말로 다양한 정조들을 부여하는 존재들이었고 그런
압도적 정조들에 이끌림으로써 인간의 행위가 가능했다고 말한
바 있다. 또한 우리는 다른 정조들, 가령 아이스킬로스가 보여준
애국주의적 정조, 요한과 바울의 아가페적 정조, 단테에게서 볼
수 있는 축복, 그리고 루터가 말한 즐거움과 감사에 대해서도 살
펴보았다. 이들과 계몽주의가 결정적으로 다른 점은, 이전 시대에
서 정조가 차지했던 중심적 역할이 이제는 다 닳아 없어졌다는
것이다. 정조는 공적이고 공유가능한 것이었다. 사람들은 아레스
혹은 아킬레우스를 통해 대담한 용기의 정조에 사로잡힐 수 있었
으며, 예수의 현존 안에 거함으로써 아가페적 사랑의 정조에 사로
잡힐 수 있었다. 그러나 개인을 주체로 보는 오늘날의 데카르트적
이해 속에서 정조란 사적이고 내적인 상태를 말하며, 본질적으로
타인과 공유할 수 없는 것이다. 이런 오래된 정조의 개념, 즉 성스
러움에 내재된 것으로서의 정조는 멜빌에 와서 다시 결정적인 것
이 된다. 그가 모든 형태의 의지와 일신론에 저항한 데서 우리는

그 점을 엿볼 수 있을 것이다.

여기서 잠시 분명히 해야 할 점은, 성스러움에 대한 호메로스적 생각으로부터 중요한 시사점을 얻기 위해 그리스 신들이 실제로 존재했다고 믿을 필요는 없다는 것이다. 이 점은 예수를 물리적으로 불가능한 기적을 일으킨 사람으로 반드시 믿지 않아도 되는 것과 마찬가지다. 그럼에도 불구하고 인간 주체야말로 우리가 수행하는 행위들의 유일하고도 자족적인 원천이라는 근대적 생각은 거부되어야 한다. 왜냐하면 인간 주체에 대한 이 근대적 생각 덕분에 호메로스가 감지했던 현상들이 가려지고 있기 때문이다. 이 점을 살펴보기 위해서 우리는 근대적 자아 개념의 발생 과정을 간략히 추적할 필요가 있다.

데카르트 이전까지 사람들은 내면적 자아에 대한 생각을 거의 지니고 있지 않았다. 우리가 이미 살펴보았듯이, 아우구스티누스는 사람들이 내면적 자아를 가지고 있다고 믿게 하기 위해 특별한 노력을 기울여야 했다. 인간이 본질적으로 외부의 모든 힘들에 개방되어 있다는 점은 명백해 보인다. 게다가 단테는, 인간 영혼이 하느님의 신성한 사랑과 자율성에 대한 사탄의 유혹 모두에 대해 수용성을 갖는다고 보았다. 어떻게 해야만 우리가 최선의 상태에 이를 수 있는가에 대해 호메로스의 세계와 중세 세계는 분명 한 가지 공통점을 가지고 있었다. 즉 우리 자신의 사고와 생각으로는 우리를 직접적으로 끌어당기는 것들을 얻을 수가 없다는 점이다.

이와는 반대로, 데카르트는 아우구스티누스를 기초로 삼아 우리가 자족적인 존재라는 관념을 전면에 내세운다. 즉 우리는 자기 자신에게 기반을 둔 존재, 즉 자신의 사적 생각과 욕망을 통해 정의될 수 있는 존재라는 것이다. 데카르트적 견해에서 만일 내가 누구인지 알기를 원한다면, 내부를 바라보는 것-내가 어떤 생각을 내 것으로 받아들이는지 스스로 묻는 것-보다 더 좋은 것은 없다.

데카르트의 영향으로 인해 우리는 자신을 주체로서, 즉 내적인 사유와 욕망과 의지를 갖는 존재로서 이해하게 되었다. 반면 데카르트에 따르면, "외적 세계"는 의미 없는 대상들, 즉 나와 대립해 있는 비주체적 실체들로 이루어져 있다. 데카르트 이전까지 사람들은 자신을 주체와 대상의 개념으로 이해하기보다는 신의 피조물로 이해했다. 데카르트 이후 우리는 자신을 거의 무한히 자유로운 '의미의 할당자'로 보게 된다. 이런 할당자는 자신이 선택한 의미만을 자기 주변의 무의미한 대상들에게 부여한다.

이런 생각은 우리가 세계와 그 힘들에 대해 열려 있는 존재라는 전통적 생각을 철저히 뒤집는 것이었다. 그래서 인간 역사에서 처음으로 사람들은 다음과 같은 질문에 직면하게 되었다. 만일 이처럼 완벽히 자기 내포적인 방식으로 스스로를 이해한다면, 우리는 어떻게 살아야 할까?

데카르트는 답을 가지고 있다고 생각했다. 그는 이성과 경험을 가지고 매 상황에서 해야 할 올바른 것이 무엇인지를 이성적으로

르네 데카르트의 초상, 프란스 할스, 1649-1700년 사이.

계산할 수 있는 규칙을 발견했다. 그는 과학과 수학에서의 일을
끝내자마자 윤리학까지 완수하기로 마음먹었다.

데카르트는 다음과 같이 적고 있다.

잠시 동안이라도 내 행동들에 우물쭈물한 망설임을 남겨두지
않기 위해서는 (…) 나는 서너 가지 격률로 이루어진 잠정적인
도덕률을 나 자신을 위해 마련할 필요가 있었다.[33]

데카르트는 자신의 철학을 완수하기 위해 지금까지 몰두해온

것에서 벗어나 따뜻한 방에 칩거하기로 했다고 말하고 있다. 하지만 데카르트는 주체와 객체만으로 이루어진 엄격한 세계 위에 윤리학을 정초하는 길을 찾지 못했던 것이 분명하다. 과학과 수학 분야에서 그의 기여는 매우 획기적이었지만, 윤리학을 발전시키는 방향으로는 나아가지 못했다. 하지만 데카르트가 서양 세계를 완전히 재설정한 것만큼은 분명하다. 데카르트는 단테가 악의 특징이라고 보았던 고집스런 자율성을 살려서 인간 존재의 가장 근본적이고도 신적인 측면으로 만들었다. 그는 이런 방식으로 허무주의를 향한 결정적 발걸음을 내딛었다.

칸트와
자율적 주체 개념

자유에 대한 데카르트적 이해는 너무나 급진적이어서 해설자를 필요로 했는데, 그가 바로 18세기의 위대한 독일 철학자 임마누엘 칸트였다. 칸트는 우리가 자족적인 주체라면, 우리가 어떻게 행동해야 하는지에 관해 우리 스스로 부여하는 법칙 외에는 다른 어떤 법칙도 있을 수 없다고 논증했다.

칸트에 따르면, 주체는 세상의 주재자로서의 신을 대신한다. 칸트는 계몽주의란 결국 우리 자신의 행위에 대해 책임지는 것을 배우는 것이라는 유명한 주장을 폈다. 다시 말해서 우리는 계몽주의를 통해 오직 나의 자유로운 선택에 의해서만 교황에게든 왕에게든 복종할 수 있는 성숙함을 갖추게 된다는 것이다. 자율성, 즉 나 자신의 법칙에 따라 행동을 선택하는 것—단테가 묘사한 '디스'에서 이것은 오히려 영혼의 죄악이었다—이야말로 인간의 최고선이 된다.

이런 칸트의 견해는 루터에게서 온 것인 동시에 루터로부터 벗어난 것이었다. 루터가 개인의 중요성을 강조한 것은 사실이다. 하지만 루터의 기독교 신학이 가진 핵심은 즐거움과 감사의 정조가 신의 은총을 받아들이는 경험으로부터 온다는 것이었다. 어떻게 행동해야 하는지에 대해 확신을 갖는다는 것은 곧 신에게 은총을 입었음을 느끼는 것과 같다. 그랬기에 루터는 이렇게 말할 수 있었다. "바로 이곳에 제가 서 있습니다. 저는 달리 어찌할 도리가 없습니다. 신이 나를 그렇게 했으니까요." 루터에게 확신이란 실존의 확신이었다. 즉 내가 무엇을 해야 할지 알고 있는 대로 즐겁게 그 행위에 참여하는 것을 의미했다.

그러나 칸트는 이것을 윤리적 행위를 위한 처방으로 바꾼다. 칸트 자신도 알고 있었듯이, 이것은 완전히 역전된 것이다. 루터에게 있어서 나의 실존적 확신의 원천은 나에 대한 예수의 무한한 사랑을 경험하는 데 있는 반면, 칸트에게 있어서는 오로지 나 혼자만이 모든 행동에 책임이 있다. 더구나 칸트에 따르면 이것이야말로 나의 성숙함을 보여주는 표식이다.

자기 입법적인 법칙이 갖는 특징들에 대해 칸트는 더 많은 세부 사항들을 이야기하고 있지만, 여기서 본질적인 점은 도덕 법칙이 우리 자신으로부터 주어져야 한다는 것이다. 칸트의 용어로 우리는 스스로 입법하는 자, 즉 우리 자신이 세운 법률에 따라서만 행동하는 "자율적" 주체이다. 신 또는 기타의 힘, 충동, 권위 있는 문헌, 부모의 요구, 사회적 관습, 국가의 법률 등 우리 바깥에 있는 그 어떤 것도 우리 행위의 기초가 될 수 없다. 칸트에 따르면, 모든 외적 힘들은 "의지의 타율적 규정들"[34]로 평가절하된다. 그것은 타자가 부여한 우리 행동의 원인들이다. 이런 외적인 힘들이 우리 행위에 영향을 미치도록 놓아둔다면, 우리는 우리의 본질인 자유롭고 자족적인 존재가 요구하는 바에 맞춰 살지 못하는 셈이 된다.[35]

비록 칸트의 견해가 추상적이고 형식적인 언어로 표현되어 있다고는 하지만, 그 기본적인 추동력은 근대 세계와 깊이 얽혀 있다. 만일 어떤 사람이 자기 행동에 책임을 지지 않는다면 비판받아 마땅하다고 우리는 자연스럽게 생각한다. 근대적 관념에서 인간 행위란 인간 주체가 책임져야 하는 행동이다. 우리가 앞서 보았듯이, 20세기 중엽 프랑스 철학자 장-폴 사르트르는 그의 실존철학에서 이런 견해를 논리적으로 확장시켰다. 사르트르는 이렇게 썼다. "실존주의의 첫걸음은 모든 사람으로 하여금 그의 존재의 임자가 되게 하고, 그에게 그의 존재에 대한 전적인 책임을 돌리는 것이다."[36] 이것은 호메로스의 세계로부터 아주 멀리 떠나온 세계이다. 즉 헬레네가 파리스와 함께 도주했을 때 아프로디테가 그렇게 하도록 자신을 이끌었다고 말하는 헬레네의 세계와는 아

임마누엘 칸트와 장-폴 사르트르. 두 사람은 거의 200년의 시대 간격이 있음에도 자율적 주체로서의 개인을 중시한 점에서는 거의 차이가 없다. 즉 18세기 칸트에게서 완성된 근대 계몽주의의 이념은 20세기까지 그대로 온존된 셈이다.

주 다른 세계이다.

우리가 우리 자신의 실존에 전적으로 책임이 있다는 근대적 견해는, 우리를 끌어당기는 외부의 힘에 우리가 열려 있을 때만 최선으로 행동할 수 있다는 호메로스의 생각과 철저한 대척점에 서 있다. 사실 이런 대비만으로도 우리는 왜 호메로스적 현상이 오늘날의 세계에서 가려져 있는지를 분명히 알 수 있다. 호메로스가 인간 탁월성의 모범이라 생각한 행동들은 칸트나 우리가 보기에는 도저히 인간적인 행동으로 설명하기가 어렵다. 호메로스가 칭송했던 탁월성은 오늘날의 세계에서는 의지에 대한 타율적 규제—자유의 잘못된 포기—로 보일 뿐이다. 헬레네가 파리스와 함께 도주한 사건은 우리에게는 탐닉이나 충동으로 인한 행위일 뿐이다. 우리 눈에 그녀는 통제력을 상실한 것처럼 보인다. 사랑에 지나치게 집착한 여인의 가장 유명하고도 비판적인 사례로 보일 뿐이라는 얘기다.

칸트적 입장이 갖는 위험성은, 우리 행동을 우리가 전적으로 책임짐으로써 가장 중요한 것들이 오로지 우리의 손에만 맡겨진다는 데 있다. 지난 150년간 서구가 봉착했던 역사는, 우리 자신이 세계 속에서 의미의 타당한 원천이 아니라는 점을 암시해준다. 사실상 인간을 완전히 자율적인 자아로 본 칸트적 개념으로부터 인간을 모든 의미를 만들어내는 자유로운 정신으로 본 니체적 개념까지의 거리는 매우 짧다. 그러나 의미들은, 그것들이 자유롭게 만들어진다는 바로 그 점 때문에 또한 자유롭게 취소될 수 있다. 그러므로 의미는 제작자를 넘어서는 권위를 갖지 못한다. 이것이 바로 능동적 허무주의요, 단테가 이미 알고 있었지만 인간 실존의 의미 있는 개념으로 내세울 수는 없었던 생각이다.

칸트로부터 한 세기가 채 안 지나서, 그리고 니체보다 한 세대 전쯤에 글을 썼던 허먼 멜빌은 이런 허무주의의 위협이 거대한 모습을 드러내는 것을 이미 목도하고 있었다. 더 놀라운 점은, 그가 허무주의를 극복하는 길로 호메로스의 다신주의적 신들을 상상했다는 점이다. 이제 우리는 『모비 딕』으로 방향을 돌려서 다시 우리 이야기의 원 줄거리로 되돌아가기로 한다.

6

광신주의와 다신주의 사이

멜빌의 '악마적 예술'

미끄러지듯 나아가는 고래는 조용한 기쁨,

빠르고 힘찬 움직임 속에서 맛보는 평화로운 안정감에

싸여 있었다. 에우로파를 납치하여 자신의 우아한 뿔에

매달고 헤엄쳐 가는 하얀 황소, (⋯) 즉 그 위대한 최고신 제우스도

성스럽게 헤엄치는 저 아름다운 흰 고래를 능가하지는 못했다.

허먼 멜빌, 『모비 딕』

사악한 책

"사악한 책을 한 권 썼습니다. 하지만 나는 어린양처럼 순진무구하다고 느낍니다."

1851년 11월 멜빌은 친구인 너새니얼 호손^{Nathaniel Hawthorne}에게 편지를 쓰고 있었다. 한 달 전 『모비 딕』의 영국판이 먼저 출간되고 나서 미국판이 막 세상에 나오고 있던 시점이었다. 그는 "실로 이상한 느낌이 듭니다"라며 편지를 이어간다.

이 느낌 속에는 희망도 절망도 없습니다. 있다면 만족이겠지요. 그리고 무책임도 있습니다. 하지만 방탕한 성향이 깃들여 있는 것은 아닙니다. 나는 지금 일시적 느낌이 아니라, 나의 가장 깊은 존재 감각에 대해서 말하고 있는 겁니다.[1]

『모비 딕』은 항간에서 말하듯 식인 풍습에 관한 이야기도 아니요, 당대의 섹스 심벌로 미국 문학에서 최초의 자리를 점한 작가의 평판처럼 원시적이고 개방적인 성애를 다룬 이야기도 아니었다.[2] 멜빌은 자기 작품에 그보다 더 깊고 위협적인 것, 말하자면 더 사악한 요소가 있다고 생각했다.

그가 이전에 쓴 다섯 편의 소설들—멜빌은 1846~1850년 사이 해양 모험소설들을 이례적인 속도로 출간한다—은 논쟁과 열광을 불러일으켰고, 무삭제판을 구하려는 욕구까지 촉발했다. 런던의 「더 타임스」가 서평에 썼듯이 멜빌의 첫 번째 소설 『타이피 족 *Typee*』은 그에게 가정과 넉넉한 양식과 열광적인 관심을 가져다준 작품이었다. 멜빌은 이 소설에서 남태평양 폴리네시아의 한 섬에서 조난자로서 환영받았던 경험에 대해 썼는데, 서평은 멜빌의 성공을 여기에 빗대어 "부러운 허먼! 타이피 계곡의 허먼보다 더 행복한 개를 상상하기란 불가능하다"[3]라고 말하고 있다. 덕분에 멜빌은 1847년 엘리자베스 쇼와의 결혼식을 교회에서 치를 수조차 없었다. 한 자료에 따르면, "교회 안으로 팬들이 몰려들 것이 우려되었기 때문이다."[4]

하지만 『모비 딕』은 이전 작품들과는 다른 것이었다. 멜빌의 초기 작품들처럼 이 소설 역시 해양 모험소설로 분류할 수 있기는 하지만, 어둠을 더 깊이 꿰뚫고 있다는 의미에서 사악한 것이었다. 앤 알렉산더 호라는 고래잡이배가 1851년 8월말 칠레 연안에서 향유고래에 부딪쳐 침몰했다는 소식[5]을 듣자, 멜빌은 자신의 문학에 밴 흑마술이 그 괴물을 불러낸 게 아닌지 염려했다. "그것은 실제로 그리고 참으로 놀라운 우연의 일치입니다. 아무리 줄여 말한다 해도 그렇습니다." 그는 자기 소설의 제목으로 쓴 고래와 새로 보고된 칠레 고래 사이의 유사점에 대해 이렇게 말하고 있다.

약 14년 전 피쿼드 호의 슬픈 운명 이후 모비 딕이 잡혔다는 말이 없었기에, 나는 그 고래가 바로 모비 딕이라는 점을 의심하지 않습니다. 오, 신이시여! 앤 알렉산더를 침몰시킨 이 고래는 얼마나 해설자 같은지요! 그것은 마치 해설자처럼 짧고 함축적이며 핵심을 찌르는 메시지를 던집니다. 나의 악마적 예술이 이 괴물을 일으켜 세운 게 아닌지 걱정되는군요.[6]

멜빌이 보기에는 앤 알렉산더 호의 비극이야말로 그의 새 소설이 지닌 위험스런 힘이 무엇인지 보여주는 사건이었다. 1851년 6월말 멜빌은 『모비 딕』을 탈고하면서 친구 호손에게 원고 사본 일부를 보냈다.

당신께 맛보기 견본으로 고래 지느러미 하나를 보내드릴까요? 꼬리는 아직 요리되지 않았습니다. 책 전체를 구워내는 지옥불이 터무니없이 꼬리까지 모두 요리해버리지는 않았으니까요. "Ego non baptiso te in nomine…," 이것이 이 책의 모토(비밀스런 모토)입니다. 나머지 문구는 알아서 완성하시기를.[7]

멜빌이 끝맺지 않은 라틴어 문장, 즉 『모비 딕』의 비밀스런 모토는 원래 이런 문장이다. "Ego non baptiso te in nomine Patris et Filii et Spiritus Sancti – sed in nomine Diaboli." 번역하면 이렇다. "나는 성부와 성자 그리고 성령의 이름으로 당신에게 세례를 주는 게 아니요, 악마의 이름으로 세례를 주노라."[8]

악마적인, 그러나 순진무구한

그렇다면 무엇이 『모비 딕』을 그처럼 사악한 책으로 만든 것일까? 그 소설이 그토록 악마적이라면, 어떻게 멜빌은 그것을 쓰면서 "어린 양처럼 순진무구하다"고 느낄 수 있었을까? 또한 "비밀스런 모토"란 어떤 숨겨진 메시지를 말하는 것일까? 도대체 멜빌이 생각하는 "악마적 예술"이란 정확히 무엇일까?

만찬을 즐기기 위해 아직 식탁이 다 차려진 것은 아니다. 그러나 위 물음들에 대한 답이 무엇이건 간에, 일단 판돈을 최대로 키울 만한 질문들이 나왔다는 데 만족하자. 멜빌에 따르면, 이 소설은 그냥 사악하기만 한 것이 아니요, 방탕하기만 한 것도 아니며, 나아가 잔인하기만 한 작품도 아니다. 작품 전체가 지옥 불을 쐬었고, 통째로 지옥의 오븐 안에서 구워지고 요리된 것이다. 그러나 이렇게 된 데에 멜빌은 책임이 없다고 말한다. 멜빌은 그냥 순진무구한 게 아니라, 재판에서 배심원에게 풀려난 사람처럼 무죄

허먼 멜빌(Herman Melville, 1819-1891).

라고 한다. 그는 극히 깊은 곳까지 순수하고 결백하며, 자신이 "어
린양처럼 순진무구하다"고 강조한다.

  하느님의 어린 양, 그분은 바로
  우리 주 예수 그리스도이시니

  여기에서 느껴지는 종교적 심상은 복잡하다. 비밀스럽고 섬뜩

한 반그리스도적 사악함이 지극히 깨끗한 순결함과 연결되어 있는 듯 보인다. 그러나 순결함이란 원래 예수 그리스도 자신의 원죄 없음과 동일시되는 말이었다. 어떤 전통적 해석을 보더라도 사악함과 순결함의 이미지는 정반대되는 것들이었다. 멜빌에게서처럼 그것들이 연결된다는 말은 이해하기 어려운 것이었다.

애매한 부분들은 이밖에도 많다. 한 가지 예를 들면, 멜빌이 호손에게 보낸 편지에서 언급한 "비밀스런 모토"란 것도 결국에는 그리 비밀스러운 것이 아니라는 게 드러난다. 단 하나에 미쳐있는 광기어린 고래사냥꾼 에이해브 선장이 소설의 핵심 사건이 진행되는 중에 이 모토와 비슷한 악마의 주문을 외우고 있기 때문이다. 세 명의 이교도 작살잡이가 마지막 추격 준비를 끝내자, 에이해브는 거대한 흰 고래 모비 딕을 죽이기 위한 작살에 이교도들의 피로 세례를 주면서 신성모독적인 주문을 엄숙하게 읊조린다.

비밀 모토가 정확히 무엇을 의미하는지는 어쨌든 불분명하다. 소설에서는 공공연히 주문을 외우고 있지만, 소설 이외의 곳에서는 호손에게 보낸 편지에서처럼 미완성 문장으로 나오기 때문이다. 멜빌은 "나는 ~의 이름으로 당신에게 세례를 주는 것이 아니요"라는 문장 앞부분만 감질나게 보여주고, 나머지는 밝히기를 거부한다. "나머지는 알아서 완성하시기를…"이 그가 말한 전부이다. 이 말이 과연 어떤 문장으로 끝나기에 책의 비밀스런 모토가 되는 것일까? 새로운 세례란 과연 누구의 이름으로 행해지는 것일까?

마지막으로, "순진무구하다"는 말 역시 애매하게 보인다. 어째서 멜빌은 자신의 책이 반그리스도적인 사악함을 내포하고 있다고 생각하는 것일까? 그럼에도 불구하고 어떻게 그것이 우리 문화를 구원해줄 것이라고 하는 걸까? 마치 예수가 자신의 순결함을 통해 이전 시대 사람들에게 구원을 약속했듯이 그 사악함이 우리를 구원해준다는 말일까? 혹시 그는 『모비 딕』에서 새로운 종류의 희망, 성스러움, 나아가 문화 전체를 구원할 가능성을 보고 있는 것일까?

이런 물음들은 멜빌의 이 심오하고 당혹스런 책에 들어있는 가장 모호한 구절을 이해할 수 있는 길을 열어준다. 대부분들의 해석자들은 이 구절을 무시해왔거나, 잘해야 오해하기 일쑤였다. 그러나 분명 이 구절은 책의 핵심이자 아마도 가장 본질적인 부분일 것이다. 이 구절에서 멜빌은 마치 예언을 하는 듯 보이기 때문이다. 그 구절은 이러하다.

앞으로 고도의 문화를 가진 어느 시적인 민족이 그들의 타고난 권리로써 옛날의 쾌활한 오월제 신들을 불러내어, 오늘날의 이기적인 하늘 아래, 신들이 사라진 언덕에 그 신들을 다시 앉힌다면, 거대한 향유고래는 틀림없이 제우스[9]처럼 높은 자리에 군림하게 되리라.[10]

이제 그것에 대해 살펴보기로 하자.

물보라 여인숙의 그림

『모비 딕』은 물론 고래를 추적하는 이야기이다. 이 소설은 단 하나에 미쳐버린 에이해브 선장의 탐험에 관한 이야기이며, 낸터컷에 보급기지를 둔 포경선 피쿼드 호의 항해에 참가한 사람들의 이야기다.

그러나 고래는 보는 사람마다 제각기 다 다르게 보인다. 책의 서장에 나오는 엉망진창으로 수집된 「발췌록」에서 이것이 암시된다. 우리가 읽어보면 알 수 있듯이, 발췌들은 "부지런한 두더지나 굼벵이처럼 가련한 사서의 말단 조수"[11]가 수집한 것이다. 이 뒤죽박죽 무질서한 발췌들 속에는 "성스러운 책이거나 세속적인 책이거나 어떤 책에서든 그가 찾을 수 있는 고래에 관한 것이면 무엇이든 닥치는 대로 수집한"[12] 것들이 다 섞여 있다.

「발췌록」에서 볼 수 있는 거친 나열들이나 괴상망측하게 튀어나오는 어휘들은 우스꽝스럽기까지 하다. 고래의 호흡에 대한 묘사―"머리가 어지러울 정도로 견디기 힘든 악취"―에 이어서, 마치 알렉산더 포프*가 여성용 페티코트에 대해 풍자한 듯한 표현―"고래 갈비뼈로 무장한"―이 나오는 것을 보면서 웃지 않기란 힘들다. 또한 기묘하거나 명백히 잘못 뽑은 항목들이 마치 불가해한 자연 현상처럼 불쑥 나올 때도 우리는 웃음을 참을 수 없다.

---

* Alexander Pope(1688~1744). 영국의 시인이자 비평가. 당대인들의 허영을 풍자한 시들로 유명하다.

예컨대『새뮤얼 컴스톡의 생애』라는 책에서 뽑았다는 발췌문을 보면 이런 실례를 접할 수 있다. "조금이라도 떠들면 지옥으로 보내버리겠어.' 새뮤얼은 대꾸했다." 왜 이런 발췌가 들어있는지 우스울 따름이다.

고래를 직접 언급하고 있는 항목들도 모호하기는 마찬가지다. 하지만 이 발췌들은 단지 웃음을 자아내려는 목적이 아니라 더 깊은 목적을 가지고 있는 듯하다. 왜냐하면 그것들은 고래가 무한대의 의미를 가지고 있음을 암시해주기 때문이다. 오래된 고래잡이 노래에서 발췌한 것처럼, 우선 고래는 "끝없는 바다의 왕"으로 마치 신과 같은 무한성을 갖는다. 하지만 고래는 또한 악마적 괴물이기도 하다. 즉「이사야서」에 나오는 "리바이어던(바다괴수)"이라는 표현처럼, 때로는 사탄으로 불리기도 했던 신의 위대한 적수이다.[13] 또한 고래는 요나를 삼킨 짐승으로서, 그 입은 혼돈을 뜻했다. 반면 헨리 왕은 고래의 경뇌유鯨腦油가 "지상 최고의 특효약으로 (…) 내상에 잘 듣는다"고 말하고 있다. 또 베이컨 경은 고래의 가공할 크기에 대해 "우리는 확실하게 아는 것이 아무것도 없다"고 전한다.[14]

이런 암시들은『모비 딕』의 줄거리가 진행되면서 더 정교하게 발전한다. 결국 고래는 일종의 신비, 즉 너무나 많은 의미를 가진 나머지 무의미나 다를 바 없고, 너무나 해석이 분분한 나머지 그 해석들 모두를 버릴 수밖에 없는 그런 신비적 대상이다. 이것이 바로 거대한 향유고래의 모호하고도 감질나는 특징이다. 뒤에 가면 고래는 얼굴조차 갖지 않는 당당한 "피라미드적 적막"으로서, 헤아릴 수 없을 만큼의 "신성함과 공포스런 힘"을 이마에 숨기고 있는 존재로 나온다. 우리는 그것이야말로 우주의 중심에 자리한, 무자비하고도 굴하지 않는 신비임을 듣게 된다. 소설 속 화자는 이렇게 말한다. "나는 여러분 앞에 그 이마를 내놓을 뿐이다. 읽을 수 있다면 한번 읽어보시라."[15]

이 소설에 있어서 아마도 가장 핵심이 되는 철학적 질문은, 이 신비가 무엇이냐 하는 질문보다는 그 신비 속에서 우리가 어떻게 자신을 이해할 수 있느냐 하는 질문일 것이다. 우리는 소설 서두에서 그에 대한 예비적 암시를 볼 수 있다.

'이슈메일'은 책의 화자 또는 이 화자의 필명이다. 소설의 유명한 서두에서 그는 "내 이름을 이슈메일이라고 해두자"라고 말한다. 그는 피쿼드 호의 불운한 항해에서 유일하게 살아남은 생존자로서, 이 이야기에서 영웅과 같은 역할을 맡고 있다. 하지만 그는 이상한 영웅이다. 배에 승선한 인물들 가운데 상대적으로 주변적인 인물이며, 게다가 지나치게 우울하고 변덕스런 성향을 지닌 사람이다. 하지만 그의 시각은 믿고 배울 만하다. 이 책은 세상을 바라보는 다양하고 상이한 방식들을 보여준다. 이슈메일—집에서 쫓겨나 유랑의 삶을 살게 된 성서의 인물*에게서 따

---

* 「창세기」에서 동생 이삭을 괴롭히다가 아버지 아브라함에게 쫓겨나서 유랑의 삶을 살게 된 인물 이스마엘을 말함.

온 듯한 이름―은 모든 고상한 것들뿐 아니라 세상이 주는 두려움과도 친숙한 인물이다. 그는 이렇게 말한다. "나는 좋은 것을 무시하지 않지만 공포에 대해서도 민감하며, 그것과 사이좋게 지낼 수 있었다."[16]

이슈메일은 멜빌 자신을 떠오르게 한다. 멜빌은 포경선과 군함을 타고 다양한 항해를 했고, 3주 동안 타이피 계곡에서 식인종과 함께 살았던 사람이다. 그는 모든 유형의 사람들과 잘 어울려 지내는 미덕―직업은 말할 것도 없이―을 가졌던 듯하다. 멜빌처럼 이슈메일도 교단에서 "시골에서 학교 선생으로 위세를 부리며 가장 덩치 큰 학생들까지도 벌벌 떨게 하며"[17] 얼마 동안을 보냈다. 또한 멜빌 자신의 전기에서도 이런 방랑자적 삶에 대한 암시적 표현을 볼 수 있다. 그것에 따르면, 이 같은 방랑, 집 잃은 실존―자기 문명의 확실성을 떠나서 세상의 모든 좋은 것과 공포스런 것과 교제하는 인생―은 삶의 고뇌에서 벗어날 수 있는 최선의 방법이다. 한 주석가는 멜빌이 다음과 같이 말했다고 한다. "남쪽 성좌 아래에서의 묵상이 나로 하여금 새로운 생각을 받아들이게 한다."[18]

이런 인물이 이슈메일이다. 따라서 우리는 그의 손을 잡고 안내를 받아야 한다. 이 우울하고 사교적인 인물이, 집을 잃고 방랑하는 이 추방자가 과연 우리에게 고래의 신비에 대해 말해줄 수 있을까? 그 신비의 한가운데에서 우리가 스스로를 이해하는 방법에 대해 말해줄 수 있을까?

이슈메일은 "당분간 배를 타고 나가서 세계의 바다를 두루 돌아보기로"[19] 결정하는데, 이런 이야기에서 대개 그렇듯이 그를 그런 길로 떠민 것은 다름 아닌 그의 변덕증이다. 끝없는 바다를 방랑하는 것은 그의 설명에 따르면, "울적한 기분을 떨쳐버리고 혈액순환을 조절하는" 방법이다.

> 입 언저리가 일그러질 때, 부슬비 내리는 11월처럼 내 영혼이 을씨년스러워질 때, 관을 파는 가게 앞에서 나도 모르게 걸음이 멈추거나 장례 행렬을 만나 그 행렬 끝에 붙어서 따라갈 때, 특히 심기증에 짓눌린 나머지 거리로 뛰쳐나가 사람들의 모자를 보는 족족 후려쳐 날려 보내지 않으려면 대단한 자제심이 필요할 때, 그럴 때면 나는 되도록 빨리 바다로 나가야 할 때가 되었구나 하고 생각한다.[20]

이슈메일이 점점 커져가는 절망적 기분을 쫓아내기 위해 바다로 나가기로 결정했을 때, 그는 물보라 여인숙에 걸린 그림을 목격하게 된다. 여인숙 현관에는 커다란 캔버스가 입구를 차지하고 있는데, 꽤나 흐릿해서 알아볼 수가 없다. 그림은 "구석구석 그을리고 모든 곳이 손상"되어서 읽어내기가 극도로 어렵다. 그것은 "굉장한 그림"으로서 보는 이의 주목을 끌기는 하지만, 그 깊이를 재려는 모든 시도를 거부하는 듯 보인다. 이슈메일은 말한다. 그림은 "때때로 밝아지기도 한다. 하지만 안타깝게도 당신은 곧 착시에 빠질 것이다."

그것은 한밤중 폭풍 속에 있는 흑해다. 그것은 기본 4원소들이 벌이는 부자연스런 전투다. 그것은 말라버린 황야이다. 그것은 북극의 겨울 경관이다. 그것은 시간이라는 얼어붙은 강물이 절단된 모습이다.

또 다른 관점도 가능할 것이다. "마녀들이 횡행하던 시대에 뉴잉글랜드에 살았던 어느 유명한 젊은 예술가가 마법에 사로잡힌 혼돈을 그리려고 애쓴 듯한" 그림으로 볼 수도 있다.

그 그림은 물보라 여인숙의 현관에 불쑥 튀어나와 있는 신비이다. 현관은 "천장이 낮고, 어질러지긴 했지만 꽤 널찍한 현관"인데, 벽에는 "오랫동안 쓰다 버린 낡은 배의 뱃전"[21]을 연상케 하는 "구식 징두리 널"이 둘려 있다. 즉 이 오래된 여인숙 배는 고대 때부터 있었던 배로, 이슈메일은 이 배에서부터 고래 여행을 시작한다. 또한 문간에는 그림으로 재현된 신비가 걸려 있다. 그것은 사람을 현혹하는 신비로서, 너무 오래되고 흐릿하고 성가신 탓에 상당한 식별을 요하지만, 또한 그만큼이나 식별을 거부하는 신비이다.

이 신비로운 그림이 지닌 숭고함에 무심코 이끌린 이슈메일은, 자신이 그 깊은 소리를 듣는 사람으로 결정되었음을 깨닫는다.

하지만 그 그림에는 명확하지는 않지만 절반쯤 달성된 상상할 수 없는 숭고함이 있어서, 그것이 사람의 마음을 사로잡아, 결국에는 그 불가사의한 그림이 무엇을 의미하는지 알아내고야 말겠다고 자신도 모르게 다짐하도록 만든다.[22]

그림이 가질 수 있는 이런 무한정한 의미들 때문에 이슈메일이 결국 낙담할 거라고 생각하는 사람도 있겠다. 즉 그림이 지닌 판독 불가능한 신비를 이슈메일이 견뎌내지 못할 것이라고 말이다. 그런 선례가 없는 것도 아니다. 여러 세대가 지난 다음의 일이기는 하지만, 엘리엇의 시 「J. A. 프루프록의 연가」에서부터 앨런 긴즈버그의 시 「울부짖음」*과 그 너머까지 나아간 20세기 절망의 문학들이 그랬다. 또한 우리가 앞으로 보겠지만, 에이해브 선장도 그런 신비가 세상에 퍼져 있다는 생각을 견딜 수 없어 한다. 하지만 이슈메일은 에이해브처럼 그리 신경질적인 사람이 아니다. 그의 여행은 일시적인 절망에서 벗어나려는 여행이지, 시적 흥취를 즐기려는 여행이거나 인생의 영원한 구원을 찾으려는 여행이 아니다. 이슈메일은 그림에 대해 "나이 많은 사람들과" 긴 토론을 하고 "풍부하고 진지한 성찰과 여러 차례 거듭해서 심사숙고"를 한 끝에, 마침내 한 가지 결론에 도달하게 된다. 물론 그 해석이

---

* Allen Ginsberg(1926~1997)는 '비트제너레이션'의 대표적 시인. 그의 시 「울부짖음(Howl)」은 시대의 절망과 상실을 대변한 시로 유명하다.

진실이기 때문에 받아들이는 것은 아니다. 이슈메일은 단지 "나 자신의 최종 결론"일 뿐이라고 생각한다.

이 모든 공상은 결국 그림 한복판에 그려져 있는 불길한 그 무언가에 굴복하고 만다. '그것'이 무엇인지만 알아내면 나머지는 모두 분명해질 터였다. 하지만 잠깐만. 저건 무슨 거대한 물고기와 비슷하지 않나? 거대한 고래를 닮지 않았나? 사실 화가의 의도는 이런 것 같았다. (…) 그 그림은 혼 곳을 돌다가 강력한 허리케인을 만난 배를 묘사하고 있었다. 반쯤 가라앉은 배는 물에 잠겨, 돛이 갈기갈기 찢겨서 앙상해진 돛대 세 개만 보인다. 그리고 성난 고래 한 마리가 선체를 뛰어넘으려다가 세 개의 돛대머리에 꽂혀 꼼짝 못하게 된 무서운 장면이었다.

이제 부러진 삼중 돛대에 걸린 그 고래는, 돛대만을 남긴 채 가라앉는 배와 마찬가지로 폭풍이 휘몰아치는 끝없는 바다의 파도 속으로 휘감겨 들어가게 될 것이다.*

고래에 대한 참으로 웅변적인 해석이 아닐 수 없다. 왜 이슈메일이 이 해석에 만족하는지 당신도 이해할 것이다.

---

* 여기서 '삼중 돛대'는 삼위일체설에 근거한 기독교적 일신론, '침몰하는 배'는 거기 의존해온 서구 문명을 상징하는 것으로 저자들은 해석하고 있다. 또한 '고래'는 우주 또는 신의 불가지적인 진리, 따라서 허무주의와도 통하는 진리를 상징하는 것으로 해석한다.

이슈메일의 변덕

멜빌은 호손에게 다음과 같은 편지를 쓴 적이 있다.

이것은 긴 편지입니다. 하지만 답장을 보낼 필요는 없습니다. 만일 당신이 답장을 한다면, 그리고 허먼 멜빌에게 직접 보낸다면, 당신은 잘못 보내는 셈이 될 겁니다. 왜냐하면 지금 저의 펜을 인도하고 있는 손가락들은 펜을 막 붙들고 종이 위에 썼던 손가락들과 같은 것이 아니니까요. 주여, 우리는 이런 교대를 언제쯤에야 그칠 수 있을까요?[23]

결코 그칠 수 없다는 것이 그 물음에 대한 답변이다. 우리는 결코 교대를 끝낼 수 없다. 이슈메일에게도 멜빌에게도 그 점은 똑같이 해당된다. 왜냐하면 그의 창조주가 늘 변화를 멈추지 않는 것처럼, 이슈메일 역시 자신의 정조가 달라질 때마다 끊임없이 변하는 성격을 가지고 있기 때문이다. 하지만 멜빌이 썼듯이, 이슈메일은 캣스킬 산의 독수리 같은 존재이다. 가장 높은 봉우리에서 가장 어두운 골짜기까지 맘대로 날 수 있는 고귀한 새다. 그가 변덕스럽게 날아다니는 모든 곳마다 신적인 진리와 의미가 드러난다. 그런 점에서 이슈메일은 멜빌이 그렇듯이 수용력이 큰 사람이다. 멜빌은 썼다. "신적인 아량은 자발적이며 즉흥적인 특성을 가집니다. 할 수 있을 때 그것을 붙드세요."[24]

따라서 이슈메일을 물보라 여인숙으로 이끌었던 정조가 "부슬비 내리는 11월 같은 영혼"과 다른 정조였다면, 그림을 해석하는 방식도 달라졌을 것이다. 하지만 이슈메일의 축축한 정조야말로 오늘날의 우리가 가지고 있는 정조이기에, 멜빌의 책이 현대에 대해 그토록 강력한 메시지를 던지는 책이 된 것이다. 그러므로 이슈메일이 "우울한 기분을 떨쳐버리기로" 마음먹은 것처럼 우리도 그렇게 해야만 한다. 때로는 그럴 수 없을지라도 말이다.

우리는 삶에서 마주치는 사건들, 예컨대 그림이나 예술작품이나 문학 또는 고래에서 뭔가 깊고 중요하고 진실된 의미를 찾아내려고 한다. 그러나 이러한 우리의 해석들이 이미 특정한 정조를 통해 여과된 것이라면, 결국 우리는 사물의 밑바닥까지 내려갈 수 없는 것이 아닐까? 다시 말해서 이토록 변덕스런 정조를 거쳐서 얻은 설명들이 얼마나 만족스럽고 참된지 의심해봐야 하지 않을까? 예컨대 과학은 세계에 대한 궁극적 진리를 드러내준다고들 한다. 그리고 누구나 알고 있듯이, 고요하고 반성적이며 중립적인 연구는 과학의 핵심적인 전제조건이다.

그러나 멜빌은 그렇게 생각하지 않는다. 우리가 실존의 가장 중요한 국면에 처했을 때─말하자면 우리 자신이나 우주, 고래 자체에 관한 가장 도전적이고 중요한 신비와 마주쳤을 때─, 중립적이고 과학적인 연구는 더 이상 힘을 쓸 수가 없다. 이런 주장이 가장 선명하게 드러나는 곳이 유명한 「고래학」 장이다. 멜빌은 고래의 과학적 분류를 예로 듦으로써 자신의 주장을 입증하려고 한다.

책에서 이슈메일은 이 분류가 "완성을 기약할 수 없는" 분류라고 말한다. "인간사에서 완전해야 하는 일은 바로 그 이유 때문에 반드시 불완전해질 수밖에 없다."[25] 고래 분류법도 마찬가지이다. 이 분류는 객관화될 수도 없고 논쟁을 피할 수도 없다. 완벽한 최후 분류법은 있을 수 없다. 왜냐하면 그것은 결코 끝날 수 없는 과제이기 때문이다. 이슈메일은 「고래학」 장의 결론에서 이렇게 말한다.

끝으로, 내가 처음에 말했듯이 이 분류법은 여기서 지금 당장 완성되지는 않을 것이다. 내가 약속을 지킨 것을 여러분은 분명히 알 수 있을 것이다. 하지만 나는, 쾰른 대성당이 탑 꼭대기에 아직 기중기를 세워둔 채 미완성인 상태로 남아 있듯이, 나의 고래학 체계도 미완성인 채로 남겨둘 작정이다. 작은 건물은 처음에 공사를 맡은 건축가들이 완성할 수 있지만, 웅장하고 참된 건물은 최후의 마무리를 후세의 손에 맡겨두는 법이다. 신이여, 내가 아무것도 완성하지 않도록 보살펴 주소서! 이 책도 전체가 초고, 아니, 초고의 초고일 뿐이다. 오오, 시간과 체력과 돈과 인내를![26]

그러므로 신성한 진리란 것이 과연 존재한다면, 그것은 언제나 변화될 수밖에 없는 것이요 결코 완성될 수 없는 것이다. 멜빌이 강조한 "신적인 아량" 역시 자발적이고 변할 수 있기 때문에 신성한 것이다. 다시 말해서 불완전하고 종결되지 않기 때문에 신적이고 참된 것이다. 그것이 그럴 수 있는 까닭은 오로지 현재의 정조를 통해서만 발휘되는 것이기 때문이다. 변덕스런 캣스킬의 독수리가 다른 모든 새들 위로 높이 날 수 있는 것도 바로 이런 이유 때문이다. 이슈메일은 이렇게 말한다.

그 독수리가 영원히 깊은 골짜기 안에서만 날아다니더라도, 그 골짜기는 산 속에 있다. 그래서 독수리가 아무리 낮게 급강하해도, 산속의 독수리는 평야에 사는 다른 새들이 높이 솟아오를 때보다 더 높은 곳에 있다.[27]

가장 높은 곳으로 나는 기쁨이든 가장 낮고 어둔 곳으로의 하강이든 이런 정조들을 진지하게 받아들인다는 것, 다시 말해 변덕스런 이슈메일이 그랬듯이 이런 정조들 안에 산다는 것은, 곧 이 정조들이 드러내주는 복잡한 진리들에 마음을 연다는 것을 뜻한다. 물론 이 진리들은 궁극적인 것도 영원한 것도 아니며, 고래의 신비가 그렇듯이 완성될 수 있는 것도 아니다. 하지만 바로 이 불완전성 때문에 그것들은 신성하고 참된 것이다.

식인종 퀴케그

이슈메일은 자기와는 전혀 다른 실존 유형과도 능히 친분을 쌓을 만큼 자신의 변덕스런 정조에 충실한 사람이다. 예를 들어 퀴케그를 살펴보자.

퀴케그는 예전에 한 번 소화불량으로 고생했던 기억이 있다. 확실히 그것은 기억할 만한 사건이었다. 큰 전투에서 승리를 거두고 나서 그의 부왕이 엄청난 잔치를 벌였던 것이다. 그들은 "그 전투에서 오후 두 시까지 적을 쉰 명이나 죽였고, 바로 그날 저녁에 모두 요리해 먹었다."[28]

퀴케그는 온몸이 무지개색인 코코보칸 식인종으로, 이슈메일이 물보라 여인숙에서 첫 밤을 보낼 때 방과 침대를 함께 썼던 사람이다. 그는 긴 하루 내내 쪼그라든 사람 머리를 팔고 다니다가 막 돌아왔는데, 그 행색이 꽤나 볼만했다. 몸에는 "끝에서 끝까지 온통 크레타의 미궁 같은 형상이 문신으로 새겨져 있었는데, 모든 부분이 저마다 다른 색깔"[29]이었고, 팔 역시 갖가지 색깔과 문양으로 가득 차 있어서 마치 "누빈 조각이불처럼 보였으며,"[30] "불그레한 대머리"[31]와 얼굴 문신은 아주 강렬한 색조에다 착색마저 완벽해서 "다양한 색깔이 줄무늬를 이룬 그의 뺨은 안데스 산맥의 서쪽 비탈처럼, 기후대에 따라 뚜렷이 대조적인 기후를 한 줄로 배열하여 보여주고 있는 것 같았다."[32]

이런 불길한 소개의 말과, 또 첫 만남에서 있었던 유감스런 "도끼질 솜씨"[33] 때문에 오해가 있었음에도 불구하고 이슈메일과 퀴케그는 급속히 절친한 친구가 된다. "술 취한 기독교인보다 정신이 말짱한 식인종과 함께 잠을 자는 편이 낫다"고 우리의 영웅은 논한다. 다음날 아침에 잠에서 깨었을 때, 이슈메일은 퀴케그의 오색찬란한 팔이 "너무 사랑스럽고 다정한 방식으로" 자신의 몸 위에 얹혀 있는 것을 본다. "누가 보았다면 내가 그의 마누라인 줄 알았을 것이다."[34]

뛰어난 이교도 작살꾼인 퀴케그는 나중에 에이해브 선장의 배에서 수석 작살잡이가 될 것이다. 피쿼드 호의 선주인 늙은 퀘이커교도들은 그에게 기독교적인 자비심이 없다는 것을 오히려 칭찬해마지 않는다. 그들 중 한 명이 말한다. "경건한 작살잡이는 절대로 훌륭한 뱃사람이 될 수 없어. 독실한 신앙은 작살잡이한테서 상어 같은 흉포성을 빼앗아가지."[35] 퀴케그의 이교도 피는 에이해브가 모비 딕을 잡으려는 작살에 세례를 주는 용도로 쓰인다.

19세기 중반의 독자들에게 퀴케그는 의심할 바 없이 세상에서 가장 소름끼치는 사람으로 보였을 것이다. 또한 그와 친구가 된 것을 만족스러워하는 이슈메일 역시 사악한 인간으로 보였을 것이다. 식인종 이교도가 우리에게서 배우는 것보다 우리가 그에게서 배우는 게 더 많을 수 있다는 반식민주의적 주장은 아직 부당하게 여겨지던 때였다. 이런 시각은 퀴케그의 옷 입는 방법을 설명하는 장면에서 엿볼 수 있다. 그는 처음에는 완전히 발가벗고 있다가, 엄청나게 큰 비버 털가죽 모자를 걸친 다음, 겸손한 퇴장이라도 하듯 엉뚱하게도 침대 속으로 들어가 부츠를 신는다. 그 다음에 친구가 여러 번 간절히 충고하는 것도 아랑곳없이 그런 상태로 열린 창문 앞을 잠시 동안 천박하게 덜렁거리며 돌아다니다가, 마침내 바지를 꿰입고서야 꼴사나운 짓을 마친다.[36] 퀴케그의 일화에 덧씌워있는 성적 이미지는 빅토리아 시대의 엄숙한 경향에서 일탈한 것이지만, 무의식적으로 이 인물에게 혐오스럽고 사악한 이미지를 입히기 위한 것임이 분명하다. 오늘날의 포스트모던 비평이나 정신분석학적 비평에서 이것이 좋은 소재가 되리라는 것은 쉽게 상상할 수 있다.[37]

멜빌의 책이 지닌 사악함이란 아마도 이런 요소를 말하는 것이리라. 다시 말해서 이웃의 기독교도보다 이교도 식인종 동료가 더 낫다는 암시, 나아가 기독교보다 이교도 식인주의를 더 가치 있게 받아들여야 한다는 이 터무니없는 암시야말로 멜빌의 악마적 예술로 안내하는 길잡이가 될 것이다.

이런 노선에는 분명 무엇인가가 있다. 결국 퀴케그는 기독교적인 삶에 대해 깊고도 심각한 회의를 표명한다. 원래 그가 고래잡이 항해에 참가한 것은 기독교에 대해 배우기 위해서였다. 그는 기독교적 실천들을 통해 자기 부족 사람들을 지금보다 더 행복하고 더 훌륭하게 만들 수 있으리라는 희망으로 항해에 참가했었다. 하지만 거기에 맞는 노력을 다한 끝에 그는 기독교가 일을 더 그르칠 뿐이라고 판단하기에 이른다. 이슈메일은 그에 대해 이렇게 말한다.

안타깝게도 고래잡이로 일하는 동안 그는 곧 기독교도들도 비참하고 사악할 수 있다는 것, 아버지의 신하인 이교도들보다도 훨씬 더 그럴 수 있다는 것을 깨닫게 되었다. (…) 세계는 자오선과 관계없이 어디나 사악하다. 그렇다면 나는 차라리 이교도로 살다 죽겠다고 그는 생각했다.[38]

사실 퀴케그가 걱정하는 정도는 그 이상이었다. 그는 기독교, 특히 기독교도들과 접촉한 것 때문에 어쩐지 자신이 더럽혀진 게 아닌지 걱정했고, 이교도적 순수성을 간직하고 있는 고향 코코보칸으로 돌아갈 자격을 잃은 게 아닌지 염려했다.

나는 그에게, 고향으로 돌아가서 왕위에 오를 생각은 없느냐, 마지막으로 뵈었을 때 아버지가 이미 노쇠했다니까 지금쯤은 벌써 세상을 떠났을지도 모르지 않느냐고 넌지시 물어보았다. 아니다. 아직은 아니라고 그는 대답했다. 그리고 자기는 기독교, 아니 기독교도들과의 접촉으로, 지금까지 서른 명의 이교도 왕이 대대로 앉았던 순수하고 순결한 왕위에 오를 자격을 잃은 게 아닐지, 그게 두렵다고 덧붙였다.[39]

그렇지만 이슈메일은 퀴케그의 삶이 기독교도의 삶보다 반드시 더 나은 것은 아니라고 생각한다. 낮게 걸린 빗장을 뛰어넘는 것을 대단한 성취라고 할 수는 없을 테니 말이다. 하지만 절대적인 의미에서도 퀴케그는 깊이 흠모할 만한 사람이자 정신적인 건강성을 갖춘 인물이다. 예를 들면 퀴케그가 아파서 사경을 헤맬 때도 그의 눈에서 "불멸의 건강"이 빛나는 것을 보고 이슈메일은 감탄을 한다.

생사의 갈림길을 헤맨 그 며칠 동안 그는 점점 야위고 쇠약해져서 나중에는 뼈와 문신밖에는 거의 아무것도 남지 않은 것처럼 보였다. 그런데 다른 부위들은 모두 여위고 광대뼈는 더욱 날카로워졌지만, 두 눈은 점점 커지고 게다가 묘하게 부드러운 광채를 띠게 되었다. 열병에 시달리면서도 이쪽을 온화하고 그윽하게 바라보는 두 눈은 그가 절대 죽을 수도 없고 약해질 수도 없는 불멸의 건강을 갖고 있다는 불가사의한 증거였다.[40]

이처럼 멜빌은 퀴케그에게서 여러 감탄할 만한 점들을 보고 있지만, 그렇다고 해서 퀴케그처럼 기독교 이전 상태로 돌아가야 한다는 메시지를 말하는 것 같지는 않다. 2,000년간 기독교와 더불어 살았던 우리가 어떻게 그럴 수 있다는 말인가? 퀴케그와 이슈메일은 확실히 서양 역사책을 지탱하는 양쪽 북엔드라고 할 수 있겠다. 퀴케그는 기독교 문명으로 들어가는 쪽에, 이슈메일은 그 문명에서 빠져나오는 쪽에 서 있다.[41] 고래와 마지막 대면을 할 때까지도 퀴케그는 죽지 않고 살아남지만, 결국 마지막 대면에서 죽음을 맞이한다. 이렇게 보면 기독교에 앞서 나왔던 이교적인 실존은 우리가 갈 길이 아니다. 그러므로 멜빌이 퀴케그의 이교도적 실존—그리고 이슈메일이 그와 나눈 우정—을 통해서 어떤 사악함을 묘사하고 있다 하더라도, 가장 깊은 사악함은 책의 다른 부분에 있음이 분명하다.

가면의 뒤

물보라 여인숙의 그림에 대한 자신의 해석에 만족해하는 이슈메일의 모습에는, 자신의 사악한 책에 만족해하는 멜빌의 모습이 겹쳐 보인다. 멜빌은 이렇게 말한 바 있다. "그 속에는 희망도 절망도 없습니다. 있다면 만족이겠지요." 좋은 설명 방식이자 해석 방식이다. 어느 쪽이건 대상을 있는 그대로 이해하는 것이니 말이다. 하지만 책 속에 더 이상의 희망은 없으며, 뭔가 더 최종적이고 궁극적인 진리에 대한 동경도 없다고 한다. 마찬가지로 궁극적 진리를 발견할 수 없다는 생각에서 오는 절망도 없다고 한다. 이제 안전하고 확실한 기초에 대한 중세적 사고—즉 신이야말로 존재하는 모든 것의 가장 깊고도 최종적인 원천이라는 생각—는 뒤에 남겨지게 되었다. 이에 대해 이슈메일은 이렇게 말한다. "나는 이미 느낀 바 있다. 인간이란 어떤 경우에서건 자기가 얻을 수 있는 행복에 대한 기대치를 결국에는 낮추거나, 적어도 바꿔야 한다는 것을 말이다."[42]

에이해브 선장은 그런 기대치를 바꿀 수 없었다. 아마도 에이해브는 언제나 이런저런 방식으로 고통을 받았던 것 같고, 그때마다 언제나 종교적 의미에 대한 물음에 빠졌던 것 같다. 책에는 오래 전 혼 곳에서 있었던 사건에 대한 모호하고 신비로운 이야기가 한 가지 나온다. 당시 에이해브는 성서적으로 의미심장한 기간*인 삼일 낮 삼일 밤 동안 "죽은 듯 누워 있었다"고 한다. 가톨릭교도로 추정되는 스페인 사람과 "산타에 있는 교회 제단 앞에서 죽기 살기로 싸웠기" 때문인데, 그가 실랑이를 벌인 것은 은제 호리병 때문인 것으로 보인다.[43] 이런 이야기들은 더 이상 밝혀지지 않은 채 미스터리로 남아있다. 은제 호리병은 가톨릭의 성찬식에서 쓰는 제기를 말하는 것일까? 가톨릭 신에 대한 모욕이 스페인 사람을 도발시켜 싸움이 시작된 것일까? 이 이야기의 반향 속에는 종교적 의미가 가득하지만 세부 사실은 영원히 밝혀지지 않을 것이다.

그러나 에이해브 선장의 과거 고통들이 무엇이건 간에, 예전 고래잡이 항해에서 거대한 흰고래 모비 딕에게 다리를 빼앗겼던 것보다 더 큰 고통은 없을 것이다. 그런 점에서 고래는 그를 괴롭혀온 주범이다. 에이해브는 단 하나에 미쳐 있는 자신의 목적, 즉 그의 "억누를 수 없는 원한"[44] 때문에 어쩔 수 없이 이 "불가사의한 것"[45]과 맞서고자 한다. 고래의 공격이 과연 악의적인 것이었는지, 아니면 단지 말 없고 의미 없는 야수의 공격이었는지를 알기 위해서라도 그는 이 불가사의를 파헤쳐야 한다. 책의 한 중요한 구절에서 에이해브는 우주의 형이상학적 구조가 어떻게 그에게 증

---

* 요나가 고래 뱃속에 있었던 기간, 또는 예수가 죽은 이후 부활하기까지의 기간 등을 말함.

오를 불러일으키는지 설명한다. 즉 세상의 모든 행위, 대상, 사건은 그 이면에 심오한 진리를 감추고 있으며, 인간의 목적은 이 영원한 궁극적 진리를 밝히는 데 있다는 생각이야말로 그를 괴롭히는 주제이다. 에이해브는 이렇게 말한다.

눈에 보이는 것은 모두 판지로 만든 가면일 뿐이야. 하지만 어떤 경우든, 특히 의심할 여지가 없는 진정한 행위를 하는 경우에는, 그 엉터리 같은 가면 뒤에서 뭔가 이성으로는 알지 못하는, 그러나 합리적인 무엇이 얼굴을 내미는 법이야. 공격하려면 우선 그 가면을 뚫어야 해! 죄수가 감방 벽을 뚫지 못하면 어떻게 바깥세상으로 나올 수 있겠나? 내게는 그 흰 고래가 바로 내 코앞까지 닥쳐온 벽일세. 때로는 그 너머에 아무것도 없다는 생각이 들 때도 있어. 하지만 그게 어쨌다는 건가. 그 녀석은 나를 제멋대로 휘두르며 괴롭히고 있어. 나는 녀석한테서 잔인무도한 힘을 보고, 그 힘을 더욱 북돋우는 헤아릴 수 없는 악의를 본다네. 내가 증오하는 건 바로 그 헤아릴 수 없는 존재야. 흰 고래가 앞잡이든 주역이든, 나는 그 증오를 녀석에게 터뜨릴 거야. 천벌이니 뭐니 하는 말은 하지 말게. 나를 모욕한다면 나는 태양이라도 공격하겠어.[46]

이 남자의 가장 큰 소망은 최종적인 진리가 제공하는 확실성을 찾는 것이다. 책의 후반부에서 에이해브는 배 만드는 목수와 이야기를 나누다가 목수의 작업장에 있는 바이스를 집어 들고 손가락을 죄어본다. 놀란 목수는 "선장님, 그러다가 뼈가 부러집니다. 조심하세요, 조심!"이라고 외친다. 에이해브는 말하기를, "걱정 말게. 나는 꽉 죄는 게 좋아. 이 믿을 수 없는 세상에서 나를 꽉 잡아줄 수 있는 무엇인가를 느끼고 싶어."[47] 그래서 그는 그렇게 한다. 얼굴 없는 종이 가면이 마지막 궁극적인 비밀을 드러낼 때에야 비로소 에이해브에게 행복이 찾아 올 것이다. 그는 그런 비밀이 어딘가 감춰져 있음이 틀림없다고 느낀다. 만일 에이해브가 언젠가 행복을 얻게 된다면, 행복에 대한 기대치를 낮추었기 때문은 아닐 것이다.

에이해브의 일신주의

에이해브의 끈질긴 추격에는 뭔가 감탄할 만한 점이 있다. 그것은 미국 역사에 나오는 집요한 결의의 장면들을 떠오르게 한다. "적들 눈의 흰자위가 보일 때까지 사격하지 말라!"*라든가 "기퍼를 위해 한 번 더 이겨봅시다!"** 같은 결의가 그것이다. 그것은 어떤 곤경을 무릅쓰고라도 "풀리지 않는 싸움"을 계속하겠다는

---

* 1775년 미국 독립전쟁 당시의 벙커힐 전투에서 대륙군 사령관이 영국군의 공격을 기다리며 내렸다는 명령.

결연한 의지와 강렬한 목표의식을 보여준다. 또한 그것은 단지 개인적 결단만이 아니라 타인을 이끌고 동참을 이끌어내는 능력, 대의를 내세워 군대를 결집시키는 능력이기도 한다. 에이해브 역시 모든 선원들에게 이런 영향력을 행사하며, 심지어 초연한 입장의 이슈메일조차 그의 주문에 빠지게 한다.

> 나 이슈메일도 이 배에 타고 있는 선원들 중 하나였다. 나의 외침도 그들의 외침과 함께 솟아올랐고, 나의 맹세도 그들의 맹세와 함께 뒤섞였다. 나는 내 영혼 속의 두려움 때문에 더 큰 소리로 외치고, 내 맹세를 더 힘껏 망치로 못질하여 단단히 고정시켰다. 나에게는 격렬하고 불가사의한 공감이 있었다. 에이해브의 억누를 수 없는 원한이 내 것처럼 느껴졌다. 나는 선원들과 더불어 저 흉악한 괴물을 죽여서 원수를 갚겠다고 맹세하면서, 그 괴물의 내력을 알고 싶어 열심히 귀를 기울였다.[48]

만일 우리가 에이해브에게 감탄을 느낀다면, 그리고 그에게 공감하고 찬성한다면, 아마도 그것이야말로 이 책이 지닌 궁극적인 사악함일 것이다. 왜냐하면 멜빌에 대한 오랜 전통적 비평들은,

---

** 로널드 레이건 미 대통령이 1988년 정치 슬로건으로 사용한 말. 원래는 1920년 미국 최고의 대학 풋볼 선수였던 조지 기퍼(George "the Gipper")가 젊은 나이에 죽으면서 남긴 유언이다. 후일 그가 속했던 노트르담 대학팀이 고전을 면치 못할 때, 감독이 이 유언을 선수들에게 전함으로써 승리를 거두었다고 한다.

영화 「백경」(1956) 속의 에이해브 선장. 그레고리 펙이 연기했다. 에이해브의
집념은 왼쪽 다리를 빼앗긴 데 대한 복수심에서 시작되었지만, 모비 딕의 불
가사의한 정체를 밝히려는 것이기도 했다.

에이해브의 웅변적이고 선동적인 모습이 밀턴의 『실낙원』에 나오
는 사탄의 모습을 반영한다고 설명하고 있기 때문이다. 또한 전통
적 비평들은 멜빌에게서 밀턴의 재능, 즉 "악에 대한 무의식적 공
감"[49]을 불러일으키는 능력을 본다. 예컨대 50년 전 헨리 A. 머레
이는 이렇게 주장한 바 있다. "멜빌의 사탄은 밀턴의 영웅을 쏙 빼

닮은 이미지이다. (…) 에이해브는 선동적이고, 열정적이고, 분노하고, 종종 웅변적이기도 한, 『실낙원』의 반역천사 역할을 맡고 있다."[50] 이 해석에 따르면, 멜빌의 모비 딕은 밀턴에 있어서 신의 자리를 차지하며, 모비 딕에 맞서는 자신만만하고 열정적인 에이해브의 모습은 반역천사들의 우두머리를 연상시킨다. 우리가 에이해브에게 공감한다면, 우리 역시 악마와 동맹을 맺는 셈이다.

『모비 딕』에 들어있는 성서적 암시들을 일일이 다 밝힌다면 이런 해석의 증거들은 더욱 많이 나올 것이다. 예컨대 선장 에이해브[Ahab]의 이름부터가 성경의 「열왕기 상」에 나오는 이스라엘의 왕 아합을 가리킨다. 그는 악명 높은 이세벨의 남편으로서 그때까지의 왕들 중 가장 사악한 왕으로 기록되어 있다(열왕기상 16:30). 선지자 엘리야는 신에 대한 아합 왕의 흉악하고 반항적인 행동 속에서 파멸의 씨앗을 발견하고는 그의 죽음을 예언한다. 멜빌의 책에서 엘리야는 한 늙은 선원의 모습으로 나온다. 그 이름처럼 그도 에이해브가 구원받지 못할 거라고 예언한다. "이보게, 에이해브 선장이 완쾌되면, 나의 이 왼팔도 완쾌될 거야."[51] 여기서 왼팔은 불길함을 뜻한다. "불길한[sinister]"이라는 단어는 라틴어에서 '왼쪽'을 말한다. 다시 말해서 왼쪽이 오른쪽이 되어야만, 그리고 악이 선의 자리를 차지해야만 에이해브의 병이 나을 것이라는 얘기다.

이런 성서적 연관성들은 분명 많은 것들을 암시해준다. 그리고 우리 저자들 역시 이런 전통적 독해, 즉 에이해브가 사악하다는 독해에 대해 반대하지 않는다. 하지만 그의 사악함은 밀턴의 사탄이 지닌 사악함과 똑같은 것이 아니다. 모비 딕이 밀턴의 신과 똑같지 않은 것처럼 말이다. 나아가 에이해브의 사악함은 오히려 어떤 의미에서는 반역천사의 사악함과 대립되는 것이다. 왜냐하면 그의 사악함은 신에 대해 반역을 꾀한 데서 오는 것이 아니라, 반역을 꾀할 신이 있는지 찾아내려는 그의 결단에서 오는 것이기 때문이다. 어쨌건 모비 딕을 추격하는 에이해브의 모습은, 사물들이 존재하는 방식에 관한 최종적이고 궁극적인 진리를 미친 듯이 추구하는 모습을 연상시킨다. "공격하려면 우선 그 가면을 뚫어야 해!" 하지만 멜빌의 세계 속에 그런 최종적인 진리란 없다. 비합리적인 가면 배후에는 어떤 합리적인 것도 있을 수 없다. 그런 토대를 찾아내려는 에이해브의 결의, 그것은 단 한 가지에 미쳐 있는 일신주의의 사악한 성격을 보여줄 뿐이다.

이런 역전 관계를 통해서 우리는 멜빌의 책이 지닌 진정한 사악함에 대해 더 잘 알 수 있다. 에이해브가 가장 철저하게 증오하는 것은 우주가 종국에는 불가사의하다는 생각, 궁극적으로 "그 너머에 아무것도 없다"는 생각이다. 따라서 그는 궁극적이고 최종적이며 보편적인 진리, 즉 사물들의 존재 방식에 관한 진리가 있다는 생각을 필사적으로 고수한다. 그것은 뭔가 전통적 신 같은 것이 존재한다는 생각이기도 하다. 이 책이 보여주는 이런 잘못된 일신론적 정념이야말로 가장 위험스럽고 치명적인 것이다. 다시 말해서 멜빌의 책에서 진짜 사악한 것은, 단 하나에 미쳐 있는 에

이해브의 일신주의를 통해서 이 우주가 가장 혐오하는 방식의 육화를 그려내고 있다는 점이다.

이런 사악함과 달리 이 책이 가지고 있다는 순진무구함은 책이 보여주는 다신주의적 대안 때문이다. 이 대안을 좀 더 명확히 하기 위해서 우리는 우선 고래에 대해, 즉 모비 딕이 보여주는 섬뜩한 흰색에 대해 좀 더 주의 깊게 살펴보도록 하자.

고래에게
얼굴이 없는 이유

우리는 고래가 하나의 신비이자 무한대의 의미를 가지며, 궁극적으로 재현 불가능하다는 것을 살펴본 바 있다. 고래의 이런 특징은 책의 서장에 나오는 「발췌록」에서 암시되며, 물보라 여인숙에 걸린 신비로운 고래 그림에 대한 논의를 통해 더 확장된다. 이런 특징은 「고래학」 장의 주장, 즉 완성될 수 있는 것은 가치가 없으며 진실일 수도 없다는 주장으로 매듭지어진다. 따라서 만일 고래가 신이라면 그것은 다신주의의 신일 것이며, 그의 세계 역시 다양한 의미들과 진리들로 구성되는 세계일 것이다. 멜빌이 향유고래와 성서적 신 사이에 그어놓은 특별한 구분선에 대해 살펴보자.

유대적 전통에 따르면 신은 자신의 얼굴을 보여주지 않는다. 모세가 신에게 그의 영광을 보여 달라고 청하자 신은 이렇게 답한다.

내가 내 모든 선한 것을 네 앞으로 지나가게 하고 나 야훼의 이름을 네 앞에 선포하리라. 나는 은혜 베풀 자에게 은혜를 베풀고 불쌍히 여길 자를 불쌍히 여기느니라. 그러나 너는 내 얼굴을 보지 못하리라. 이것은 나를 보고 살아남을 자가 없기 때문이다.(출애굽기 33:18~20)

멜빌이 향유고래를 새로운 유형의 신으로 제안했을 때, 그는 이런 유대적 전통을 의식하고 있었음이 분명하다. 그는 성서의 설명을 한 걸음 넘어서고자 한다. 즉 향유고래가 지닌 특별하고 성스러운 힘은 인간에 대해 얼굴을 감추는 데서 오는 게 아니라는 얘기다. 향유고래는 아예 얼굴을 가지고 있지 않다.

향유고래의 경우에는 이마에 본래 갖추어진 고귀하고 위대한 신 같은 위엄이 너무 크게 확대되어 있기 때문에, 그것을 정면에서 바라보면 자연계의 어떤 생물을 볼 때보다 훨씬 강력하게 '신성'과 그 무서운 힘을 느끼게 된다. 그것은 향유고래의 이마에서 어느 한 점도 정확히 볼 수 없기 때문이다. 거기에는 이목구비가 하나도 뚜렷하게 드러나 있지 않다. 눈, 코, 귀, 입도 없고 얼굴도 없다. 향유고래에게는 진정한 의미의 얼굴이 없다. 주름투성이 이마가 넓은 하늘처럼 펼쳐져 있을 뿐이다. 그것은 보트와 배와 인간의 운명을 품고 묵묵히 아래로 내려가 있다.[52]

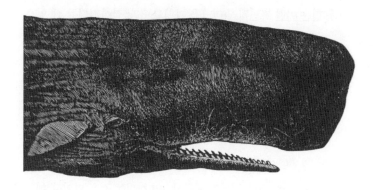

모비 딕은 수많은 특징을 지닌 동물이다. 그러나 가장 중요한 특징은 가공할 힘을 단단한 이마에 숨기고 있으면서도 얼굴을 가지고 있지 않다는 점이다.

향유고래가 얼굴이 없다는 말은 기독교의 신비주의적 전통을 뛰어넘는 이야기다. 그 말은 고래의 얼굴이 너무 두려워 볼 수 없다거나 너무 복잡해서 포착할 수 없다는 뜻이 아니다. 즉 신이 우리의 이해 능력을 벗어나 있다는 따위의 문제가 아니라는 것이다. 멜빌의 우주에는 신이 없으며, 따라서 우주 자체에 숨겨진 진리도 없다. 종이 가면 뒤에 얼굴이 숨어 있는 것이 아니다. 가면—피부, 주름진 이마—만이 거기에 있는 전부이다.

고래에 대한 멜빌의 이해 속에는, 표면적인 사건들 배후에 감춰진 우주에는 아무런 의미도 없으며, 표면적인 사건들 자체—모순되고 신비스럽고 다양한—가 의미의 전부라는 생각이 들어있다. 책 뒷부분에서 말하고 있듯이, "아무리 고래를 해부해 보아도 피상적인 것밖에는 알 수 없다"[53]는 말이 그 뜻이다. 이슈메일의 놀라운 힘은 이런 표면적 의미만을 가지고도 잘 살아간다는 데 있으며, 거기서 즐거움과 안식의 참된 처소를 발견한다는 데 있다. 그는 그 의미들에서 더 이상의 것을 바라지 않는다. 우리가 얻을 수 있는 행복에 대한 기대치를 낮추라는 말의 뜻이 바로 이것이다.

나는 오랫동안 되풀이된 경험을 통해 느낀 바 있다. 인간이란 어떤 경우에서건 자기가 얻을 수 있는 행복에 대한 기대치를 결국에는 낮추거나, 적어도 전환시켜야 한다는 것을 말이다. 행복은 결코 지성이나 상상 속에 있는 것이 아니라 아내와 심장, 침대, 식탁, 안장, 난롯가 그리고 전원 등에 있는 것이다.[54]

이렇듯 표면에 머무르며 사는 능력, 즉 일상 속에 감춰진 목적을 찾는 대신 그것이 선사하는 의미들을 그대로 받아들이는 능력, 이미 주어져 있는 행복과 즐거움을 발견하는 능력은 기독교 이전 시대에서는 쉽게 만날 수 있는 것이었다. 기독교 이전 시대뿐 아니라 불교 이전, 플라톤 이전, 힌두교 이전, 유교 이전에도 마찬가지였다.

사랑의
공동체적 경험

1949년 칼 야스퍼스가 『역사의 기원과 목표』[55]라는 책을 출간한 이래로, 많은 역사학자들과 사회학자들은 야스퍼스가 "축의 혁명Axial Revolution"이라 부른 기원전 천년 동안의 문화로 돌아가야 한다고 주장해왔다. 플라톤의 형이상학적 철학, 붓다의 열반 개념, 그리고 영생에 대한 다양한 종교적 관념들을 낳았던 시대로 말이다. 이 시대는 인간이 일반적으로 성취할 수 있는 것 너머에 선이 존재한다는 생각, 신적인 것의 본성으로서 어떤 초월적 선이 존재한다는 생각을 처음 소개한 시대였다. 찰스 테일러는 이것을 다음과 같이 설명한다.

축의 혁명은 신적인 것만을 궁극적 선으로 보는 경향이 있다. 그와 동시에 인간의 평범한 성취를 초월하는 것으로 그 선을 재규정하는 경향이 있다. 예컨대 열반이나 영생 같은 것으로 말이다.[56]

반면 멜빌의 얼굴 없는 고래는 우리에게 이런 "초월"의 관념에 맞설 수 있는 용기를 준다. 에이해브가 고집했듯이 가면의 배후에 숨겨진 어떤 합리성을 찾기보다는, 이슈메일처럼 그날그날의 실존에 대한 정조를 찾고 기르도록 해준다. 즉 아내, 심장, 침대, 식탁 등에 간직되어 있는 정조를 통해 이미 주어져 있는 의미들을 찾게 해준다는 얘기다. 니체가 지적하고 있듯이, 이런 삶은 축의 혁명이 일어나기 전인 호메로스 시대에 최고조에 이른 바 있다.

오, 그들 호메로스 시대의 그리스인들이여! 그들은 사는 방법을 알고 있었다. 삶을 위해 필요한 것은 표면, 주름, 피부에 용감하게 머물거나 가상을 숭배하는 것, 즉 형태, 음정, 말 등 가상의 올림포스 전체를 믿는 것뿐이다. 그리스인들은 피상적이었지만, 그것은 심오한 깨달음에서 나온 것이었다.[57]

이런 표면적 삶의 깊이는 가족의 단란한 저녁식탁에서 참된 의미를 찾아낼 수 있어야만 도달하는 것이 아니다. 예컨대 헬레네처럼 아프로디테의 에로틱한 세계에서 의미를 발견해낼 수 있어야만 도달하는 경지가 아니라는 얘기다. 오히려 이런 의미들이 빚어내는 모순을 받아들이고 사는 것으로도 우리는 그런 깊이에 이를 수 있다. 헬레네는 그런 사례 중 아마도 가장 극단적인 사례일 것이다. 처음에 그녀는 아프로디테의 빛에 이끌려 매력적이고 잘생긴 손님 파리스와 도주한다. 그 후 그녀는 가정의 신 헤라가 예시해준 삶, 즉 헬레네의 첫 남편 메넬라오스가 보장하는 안락한 가정적 삶으로 되돌아가 행복을 누린다. 이런 전환과 모순에도 불구하고, 아니 오히려 바로 그것 때문에, 호메로스는 메넬라오스의 입을 빌려 그녀를 칭찬하는 노래를 부른다.

이슈메일 역시 의미심장한 모순으로 가득한 인물이다. 하지만 그의 모순은 더 종교적인 색채를 띠고 있다. 예컨대 이슈메일은 매플 목사의 인상 깊은 설교가 주는 즐거움으로부터 퀴케그의 기이한 우상숭배 의식이 보여주는 경이로움으로 옮겨가는 데 전혀 불편함이 없다. 매플 목사는 전직 고래잡이로서, 물보라 여인숙 아랫녘에 있는 포경선원 예배당에서 설교하는 성직자이다. 피쿼드 호의 항해가 시작되기 전 어느 일요일 이슈메일이 교회를 방문했을 때, 우연하게도 매플은 성서 속의 요나와 고래 이야기를 설교하고 있었다. 예배가 끝나기도 전에 교회를 빠져나가는 퀴케그와 달리, 이슈메일은 설교가 끝날 때까지 들으면서 우주에 대한 매플 목사의 장로교적 이상에서 뭔가 배울 만한 점이 없는지 찾는다. 예를 들어 설교가 끝날 즈음 이슈메일은 이렇게 말한다. 매플의 "눈에는 깊은 기쁨이 담겨 있었다."[58] (추정컨대 이 기쁨은 기독교를 거부하는 퀴케그로서는 맛보거나 탐지조차 할 수 없는 어떤 것이다.) 이슈메일의 목표가 "부슬비 내리는 11월 같은 영혼"을 떨쳐버리는 것이라면, 아마 이런 종류의 기독교적 즐거움 역시 목표 중의 하나가 될 수 있을 것이다.

그러나 매플의 입장 속에는 이슈메일이 거부하는 것도 분명히 존재한다. 왜냐하면 매플의 진정한 목표는 지상의 기쁨이 아니라 천상의 지고한 희열이기 때문이다. 매플은 말한다. "최고의 기쁨은 어떤 법률이나 주인도 인정하지 않고 오직 신을 주인으로 받들며 천국에만 충성을 바치는 애국자에게 있습니다."[59] 일상의 공동체적 실존이나 기독교가 아닌 종교들이 주는 기쁨은 여기서 제외된다. 그러나 기독교 신이 다른 것을 허용하지 않으며 기독교적 기쁨이야말로 완벽한 천상의 희열이라는 이 주장은 이슈메일이 설교 직후 보여주는 행동으로 곧 훼손된다. 매플의 설교가 끝난 뒤 이슈메일은 물보라 여인숙으로 돌아와 퀴케그의 우상숭배 의식에 참여한다.

이런 전환이 매플의 전통적인 기독교 관념과 어긋나는 것은 말할 나위도 없다. 하지만 "엄격한 장로교회의 품에서 태어나고 자란"[60] 이슈메일은 이처럼 폐쇄적이고 전체주의적인 기독교 해석에 반대하여 놀라운 기독교적 논증을 제시한다. 이 논증에서 확신을 얻은 그는 표면에 머무르기로 하고 퀴케그의 의식에 참여한다. 논증은 이러하다.

1. 예배란 신의 의지를 행하는 것이다.
2. 신의 의지는 타인이 나에게 해주기 바라는 것을 그에게 해주는 것이다.
3. 나는 퀴케그가 나의 (장로교적) 예배 의식에 동참해주기를 바란다.
결론 : 그러므로 나는 그의 (우상) 예배 의식에 동참해야 한다.[61]

이 논증을 진지하게 검토해보면, 이슈메일은 매플의 기독교 신앙이 빠져 있는 폐쇄적이고 내면적이며 전체주의적인 고립에 대해 반대하는 듯이 보인다. 물론 이것은 기독교를 단호하게 거부하는 퀴케그에 반대하는 것이기도 하다. 대신에 이 논증은 기독교가 본질적으로 타자에 대한 개방성—심지어 비기독교적인 예배형식에 대한 개방성까지—과 공동체 정신을 요구한다는 점을 암시한다. 다시 말해서 기독교 자체는 "모든 사람의 종교적인 의무를 최대한 존중"[62]할 것을 요구하며, 심지어 그 의무에 참여하는 것을 요구한다는 것이다. 기독교가 길을 잃은 것은 그 기본적 방향성 때문이 아니라 전체주의적인 방향 전환 때문이라는 비판이 이 속에 내재되어 있다. 기독교가 자신만이 참된 신앙이라 고집할수록, 그리고 전체적이고 유일하며 초월적인 진리라고 주장할수록, 그것은 더욱 고립에 빠질 것이고 공동체 정신을 잃을 것이다. 왜냐하면 기독교가 초월적이고 신성한 것을 추구하면 할수록 여기 지상에 이미 주어져 있는 공동체적 행복과 다양한 선들은 포기될 것이기 때문이다.

이슈메일이 보여주는 다신주의적 입장은 일상에서 만나는 공동체 의식 속에서 주어진 그대로의 의미들을 찾게 해준다. 모순적이고 다의적이며 복합적인 의미들을 말이다. 이런 의미들이야말로 부슬비 내리는 11월 같은 영혼을 쫓아내는 것이다. 이런 생각은 「손으로 쥐어짜기A Squeeze of the Hand」라는 장에서 분명하게 나타난다. 이야기 후반부에서 피쿼드 호 선원들은 향유고래 한 마리를 해체하는 일에 매달린다. 향유고래Sperm whale는 머리에서 채취되는 우윳빛 흰색의 밀랍 물질인 경뇌유spermaceti에서 이름이 유래했는데, 그것을 정액sperm으로 오해했기 때문에 그렇게 이름이 붙은 것이다. 경뇌유는 고래에서 얻을 수 있는 아주 값비싼 물질 중 하나인데, 양초를 만들거나 윤활제, 감미료, 연화제, 연고 등을 만드는 데 두루 사용된다. 문제의 장에서 경뇌유는 커다란 욕조 같은 통에 모아진다. 통 속에 담긴 경뇌유는 단단하지만 만지면 미끈거리는 흰색의 결정체 상태를 이루고 있다. 이슈메일은 다른 선원들과 함께 "이 덩어리를 짜서 다시 액체로 만드는"[63] 과제를 부여받는다. 과제를 수행하는 동안 이따금씩 그는 함께 작업하는 동료의 손을 무의식중에 쥐어짜곤 한다. 이런 종류의 사랑, 공동체적 경험에 대한 묘사는 멜빌이 이해하는 기독교적 아가페, 또는 타인에 대한 기독교적 사랑의 핵심인 것 같다. 따분하고 단조로운 임무로 보일 수 있는 일에서 이슈메일은 그럭저럭 기독교적인 즐거움을 찾는다.

쥐어짜고, 쥐어짜고, 또 쥐어짜고! 아침 내내 기름을 쥐어짰다. 나는 나 자신이 경뇌유 속에 녹아들 때까지 그 경뇌유를 쥐어짰다. 이상한 광기에 사로잡힐 때까지 그 경뇌유를 쥐어짰다. 나도 모르게 동료들의 손을 부드러운 기름 알갱이로 착각하고 쥐어짜기도 했다. 그러면 풍부하고 애정이 넘치고 친근하고 다정한 감정이 생겨났기 때문에, 마침내 나는 끊임없이 동료들의 손을 쥐어짜며 그들의 눈을 감상적으로 들여다보면서 이렇게 중얼거리기도 했다. 오오, 사랑하는 동료들이여! 우리는 무엇 때문에 더 오랫동안 신랄한 감정을 품어야 하고, 조금이라도 언짢은 기분이나 질투를 경험해야 하는가. 자, 우리 모두 서로의 손을 쥐어짜자. 아니, 우리 모두 자기 자신을 쥐어짜서 서로에게 녹아들자. 친절함이라는 우유와 경뇌유 속에 우리 자신

을 통째로 쥐어짜 넣자.[64]

이런 공동의 임무 속에서 이슈메일은 "풍부하고 애정이 넘치며 친근하고 다정한 감정"을 경험한다. 확실히 그 경험은 아가페적 사랑에 대한 이슈메일의 생각을 보여주는 듯하다. 이슈메일은 이런 지상의 느낌, 타인들과 함께 공동의 의식을 수행하며 얻는 이 감정이야말로 천국에서 천사들이 가질 만한 그런 느낌이라고 아무런 의심 없이 말한다.

나는 이 경뇌유를 영원히 짠다고 해도 좋을 듯했다! (…) 그날 밤 나는 환상의 상념 속에서 천국의 천사들이 제각기 손을 경뇌유 통 속에 넣은 채 길게 줄을 서 있는 것을 보았다.

그러므로 이슈메일의 입장은 기독교 신앙에 대해 반대하는 것이라기보다는 그것의 고유성을 다시 회복하자는 것이다. 이슈메일이 경험한 기독교적 즐거움은 우리가 주목하기만 한다면 주변에 널려 있다. "아내와 심장, 침대, 식탁, 안장, 난롯가, 그리고 전원" 속에서 늘 만날 수 있다. 이슈메일이 공동 작업자들과 함께 경뇌유를 짜면서 경험한 "풍부하고 애정이 넘치며 친근하고 다정한 감정"은 이 모든 것들에서 발견할 수 있다. 그러나 이런 종류의 기독교적 즐거움은 우리에게 감춰져 있다. 왜냐하면 우리는 더 깊은 곳에 있는 것들만을 찾은 나머지 그것을 간과해왔기 때문이다. 우리는 단지 주의를 기울이기만 한다면, 주변의 모든 것들에서 즐거움—이슈메일의 관점에서는 기독교가 약속했던 진짜 즐거움—을 느낄 수 있다. 바로 이것이 "자신이 얻을 수 있는 행복에 대한 개인적 기대치를 낮추거나 어떤 식으로든 바꿔야만 하는" 궁극적인 이유이다. 반면에 에이해브의 완고한 일신주의는 이곳 지상에서 이미 찾을 수 있는 현실적이고 다신주의적인 즐거움을 덮어버린다. 우리가 잠깐만이라도 주변에 이미 주어져 있는 즐거움을 인식한다면, 이 즐거움이야말로 지금 이곳에서 우리가 갖고 있는 정조임을 알 수 있다. 그러기 위해서는 영원히 즐겁거나 항상 즐거울 필요도 없다. 기회가 왔을 때마다 그것을 누리면 된다.

우리는 이런 문맥을 통해서 멜빌의 기이한 예언을 이해할 수 있게 된다. 즉 옛날의 쾌활한 신들을 다시 불러내겠다는 예언 말이다. 멜빌이 살았던 세계는 에이해브의 세계이기도 하다. 그 세계에서 에이해브는 자율적 의지의 힘으로 우주의 심오한 의미를 꿰뚫고자 했다. 에이해브는 인간을 자율적 자아로 이해한 칸트의 이론과 영원한 축복에 대한 단테의 종교적 희망을 결합한 인물이다. 이 설명들 각각은 혼자 살아남을 수 없지만, 하나로 결합되었을 때는 최악의 사악함을 이룬다. 그것들은 우리가 살고 있는 "오늘날의 이기적인 하늘"이 무엇인지 설명해준다. 즉 인간의 자기충족적 의지로 성취할 수 있는 것 너머의 의미들이 왜 허용되지 않는지를 설명해준다. 또한 그것들은 어떻게 우리가 지상에서 신들을 쫓아버렸는지, 그리하여 "신들이 사라진 언덕"만을 남겨두었는지를 설명해준다. 그러나 이렇게 쫓겨난 "옛날의 쾌활한 오월제 신들"은 "고도의 문화를 가진 어느 시적인 민족"에게 다시 돌아올 것이다. 그 나라는 삶의 일상적 의식들에서 의미를 발견할 수 있는 사람들의 나라이다. 그들이 발견하는 의미는 재현될 수 없는 것들이다. 배후에 아무것도 깊이 감춰져 있는 것이 없기 때문에, 그럼에도 우리가 기여하는 것 이상의 의미들을 우리에게 가져다주기 때문에, 그 의미들은 재현 불가능하다. 이것이 바로 거대한 향유고래가 제우스의 자리에 앉는 이유이다. 향유고래의 텅 빈 이마, 그것이 지닌 재현 불가능한 신비야말로 모든 의식을 즐겁고 의미 있게 만드는 것이기 때문이다. 그것은 또한 부슬비 내리는 11월 같은 영혼을 말끔히 닦아주는 것이기도 하다.

흰색의 공포

모비 딕은 흔한 향유고래 중의 하나가 아니다. 선원들은 모비 딕의 특징을 금세 알아차린다. 꼬리를 흔드는 방법, 독특하게 물을 분출하는 모습, 몸에 꽂혀 있는 작살들이 그 특징들이다. 그 가운데 모비 딕의 특히 두드러진 특징은 완벽한 흰색에 있다. 바로 이 점 때문에 모비 딕은 향유고래들 가운데서도 특기할 만하며, 모범 중의 모범 즉 "끝없는 바다의 왕들" 중 제왕의 자리를 차지한다. 이슈메일이 섬뜩해 하면서도 본질적이라고 본 것이 바로 이런 흰색이다.

무엇보다도 나를 몸서리치게 한 것은 고래의 색깔이 희다는 사실이다. 그런데 여기서 내 말뜻을 정확히 설명하려면 어떻게 해야 좋을지 모르겠다. 하지만 그에 대한 설명이 없다면 이 책 전체가 아무 의미도 없어질 테니, 막연하게나마 생각나는 대로 설명하지 않으면 안 될 것 같다.[65]

「고래의 흰색」 장은 접근이 어렵고 잘 읽히지도 않지만, 모비 딕의 본질적 특징을 설명하고 있는 장이다. 이 장은 거의 전체가 인용과 사례들로 구성되어 있는데, 그것들은 흰색이 우리 문화에서 갖는 광범위한 의미들을 보여주는 데 초점이 맞춰져 있다. 먼저 멜빌은 한 페이지 가득한 사례를 통해 흰색이 어떤 방식으로 보이는지에 대해 설명한다. 흰색은 "마치 자신의 특별한 장점을 남에게 나눠주기라도 하듯이 그 아름다움을 더욱 세련되게 높이는"[66] 색인데, 그럼에도 불구하고 그것은 근본적인 측면에서 두려움을 불러일으킨다고 멜빌은 결론짓는다.

감미로운 것, 명예로운 것, 숭고한 것과 관련된 것들을 모두 모아보아도 이 흰색의 가장 깊숙한 개념 속에는 좀처럼 포착하기 어려운 무언가가 숨어 있어서, 두려움을 불러일으키는 붉은 핏빛보다 더 많은 공포를 우리 영혼에 불러일으킨다.[67]

멜빌은 여러 페이지에 걸쳐서 흰색에서 연상되는 두려운 느낌들을 사례로 제시한다. 대초원을 질주하는 흰말 무리에서부터 시신의 창백함까지, 하얀 북극곰에서부터 열대의 백상어까지, 흰색은 "이름 없는 공포를 강요하는" 능력을 가지고 있고 "공포를 가장 먼 한계까지 드높이는" 능력을 가지고 있다. 문제는 왜 흰색 자체가 두려운가 하는 점이다. 북극곰이나 백상어, 시신이나 백마가 아닌 색깔로서의 흰색이 왜 두렵다는 말인가? 우리는 그 답을 통해 에이해브의 세계가 지닌 특수한 사악함을 이해할 수 있을 것이다.

결정적인 것은 이슈메일이 느낀 공포가 흰색 자체에 대한 반응이라는 점이다. 다른 사람은 이상하게 여기겠지만, 그는 자신이 우주의 본성에 관한 심오한 진리에 도달했다고 확신한다. 그는 이런 민감성이 자기에게는 일종의 본능 같은 것이라고 말한다. 버팔로나 다른 포식동물을 한 번도 본 적이 없는 버몬트 낙농지대의 망아지가 냄새만 맡고도 두려움을 느끼듯이 말이다.

그렇다면 이슈메일이 두렵다고 생각하는 흰색 자체란 무엇인가? 그것은 가장 성스럽고 순수한 것에서부터 가장 비천하고 혐오스런 것까지, 무엇이든 표현할 수 있는 그 특성과 관련이 있다. 말하자면,

[흰색은] 영적인 것의 가장 의미심장한 상징, 아니 기독교 신이 쓰고 있는 베일 그 자체인 동시에, 인류에게 가장 무서운 존재에 내재하면서 그것의 속성을 더욱 강화하는 역할을 한다.[68]

흰색이 두려운 것은 그것이 어떤 특별한 의미나 함의를 가지기 때문이 아니다. 그보다는 극도로 넓은 범위의 의미를 담을 수 있는 그 능력으로 말미암아 매우 의미 있게 보이기는 하지만, 사실상 의미 같은 것은 전혀 가지지 않는 그 특성 때문이다. 그래서 이슈메일은 흰색을 "의미로 가득 차 있는 말 못하는 공백"[69]이라고 부른다.

이런 생각을 이해하려면 우리가 소위 "흰 빛"이라고 할 때의 흰색을 생각해보면 된다. 우리가 어떤 빛을 하얀 빛으로 지각하는 것은, 망막에서 색을 감지하는 3가지 원추세포 모두가 거의 같은 정도로 빛에 의해 자극을 받기 때문이다. 이 원추세포들이 감지하는 적, 청, 녹의 가시광선들이 모두 합쳐지면 우리는 흰색을 감지하게 된다. 하지만 흰색 자체는 눈에 감지되지 않으며, 그런 색깔도 없다. 즉 우리는 흰 빛을 볼 수 없지만, 그것을 통해 다른 모든 것을 본다는 얘기다. 멜빌이 말하고 있듯이 "눈에 보이는 색깔이 없는 상태"[70]가 바로 이것이다. 이 책의 맥락에서 보면, 흰 빛내지 흰색 자체는 문화의 배경적 관례들처럼 작용한다. 우리는 배경에 있는 흰 빛은 볼 수가 없지만, 그 배경 덕분에 다른 모든 것들을 볼 수가 있다.

빛의 원리는 본질적으로 영원히 흰색이거나 색이 없기에, 매개물 없이 직접 물체에 쏘이게 되면 튤립이나 장미조차도 그 자체의 공허한 색조로 보이게 할 것이다.[71]

만일 우리가 흰색 자체를 보려고 한다면, 다시 말해서 "매개물 없이 직접 물체에 쏘인" 흰 빛을 보려고 한다면, 그것은 배경적 관례들을 그 자체로 보려고 하는 시도이다. 그러나 있는 그대로의 배경에 대해서는 아무것도 말할 수 있는 게 없다. 한 송이 튤립이나 장미를 볼 때처럼, 단지 그 배경이 어떤 것과 비슷하게 보인다고 말할 수 있을 뿐이다. 배경은 오로지 우리가 뭔가 다른 것을 응시할 때만 자신을 내비친다.

이렇듯 흰색의 의미는 우리가 볼 수 있는 것을 통해서만 우리 경험에 들어오는 배경 같은 것이다. 놀랍게도 이것은 향유고래에게도 적용된다. 우리는 이미 향유고래에게 얼굴이 없다는 점을 살펴본 바 있다. 그런데 이제는 고래의 등 역시 알 수 없는 것으로 드러난다. 문화의 배경적 관례들이 그렇듯이, 꼬리 역시 익숙하고 의미심장한 것이지만 묘사할 수는 없다. 유대의 신을 언급하는 부분에서 놀랍게도 멜빌은 다음과 같이 말한다.

이 강력한 꼬리를 생각할수록 내가 그것을 제대로 표현할 수 없는 것이 더욱 한탄스러울 뿐이다. (…) 고래의 꼬리조차 모르는 데 어떻게 머리를 알 수 있겠는가? 게다가 고래는 얼굴이 없는데, 내가 어떻게 고래의 얼굴을 알겠는가? 고래는 나한테 이렇게 말하는 듯하다. 그대는 내 뒷부분인 꼬리는 보겠지만, 내 얼굴을 보지는 못할 거라고. 그런데 나는 고래의 뒷부분인 꼬리조차 완전히 이해할 수 없으니, 그가 제 얼굴에 대해 어떤 암

시를 주더라도 나는 다시 말할 수밖에 없다. 고래에겐 얼굴이 없다고.[72]

"꼬리는 보겠지만 내 얼굴은 보지 못할 것"이라는 인용구는 정확하게 유대 신을 상기시킨다. 주님이 모세에게 자신을 보여주겠다고 약속할 때도 주는 조심스럽게 그 상황을 예비한다.

주께서 말씀하시기를, "그러니 너는 내 곁에 있는 이 바위 위에서 있어라. 내 영광의 광채가 지나갈 때 내가 너를 바위틈에 넣어 내가 다 지나갈 때까지 내 손으로 너를 덮었다가 그 후에 손을 거두겠다. 너는 내 등만 보고 얼굴은 보지 못할 것이다."(출애굽기 33:21~23)

즉 유대적 전통에서 신의 얼굴은 항상 감춰져 있지만 그의 등은 드러날 수도 있다는 얘기다. 그러나 이 이야기의 멜빌 버전에서는 새로운 신은 얼굴이 없으며, 그의 등 역시 분명히 볼 수 없다고 한다. 우주에 깊이 숨겨져 있는 진리란 없다. 그런 진리가 있다고 해도 우리는 그 의미들을 선명하게 볼 수가 없다. 그 대신에 우리는 우리 자신의 문화와 타인들의 의례 및 실천에 참여함으로써 그 의미들을 사용할 수 있다. 하지만 이런 배경적 의례들은 우리가 분명하게 알 수 있는 것들이 아니다. 흰색이 두려운 까닭은 그것이 단지 말 없는 공백임에도 불구하고, 마치 다른 색깔들처럼 하나의 색깔—우리가 의미를 이해할 수 있는 색깔—로 보인다는 데 있다. 물론 그것은 의미들로 가득 차 있다. 그 속에는 모든 가능한 의미들이 다 존재한다. 흰색에 대한 이런 생각과 고래에 대한 생각 사이의 유사성은 책의 후반부 장에서 더욱 분명하게 드러난다.

신의 베틀 소리

흰색은 두 가지 극단적 형태로 나타날 때 특히 두려움을 일으킨다. 이슈메일은 "이 현상만으로도 무서운 공포를 느끼고, (…) 특히 그 현상이 침묵이나 보편성에 가까운 형태로 일어나면 공포의 정도가 더욱 높아진다"[73]고 말하고 있다. 우선 "보편성에 가까운 형태"란 스펙트럼에 있는 모든 색을 합친 것을 말하는 것이 틀림없다. 그렇다면 "침묵에 가까운 형태"란 무엇일까? 멜빌은 흰색의 공포에 대한 의견을 말하면서 왜 청각적 은유를 사용하고 있는 것일까?

책 후반부 「아르사시드 군도의 나무 그늘」[74]이라는 장에 그 답이 있다. 이 장은 책의 구상이 거의 끝난 다음에 추가된 듯하다. 책의 줄거리와는 전혀 관계가 없기 때문이다. 이 장은 잠시 줄거리를 벗어나 이슈메일이 예전에 했던 여행을 회상하는 형식을 취하고 있다. 여행 자체 또는 여행의 환경에 관해서는 아무런 설명도 나오지 않는다. 우리가 알 수 있는 것이라곤 여행 중 이슈메일이 작은 섬에 상륙했고, 그 섬이 호주 북동쪽 어딘가 아르사시드라 불리는 군도에 있다는 것뿐이다. 이슈메일은 그곳에서 친구들을 사귀고, 휴일을 그곳에서 보냈다고 말한다. 종교 축제에 초대받아 축제 기간 동안 머물렀던 이야기이다.

나는 아르사시드 군도의 휴일을 함께 보내자는 트랑코 왕의 초대를 받고 푸펠라에 있는 한적한 야자수 별장에 간 적이 있다. 푸펠라는 우리 선원들이 '대나무 마을'이라고 부르는 그 나라 수도에서 그리 멀지 않은 바닷가 골짜기였다.[75]

휴가 기간 동안 그가 주목한 것 중에는 트랑코 왕이 광범위하게 수집한 "경이로운 것들"이 있다. 그 가운데 최고의 것은 여러 해 전에 바닷가에 밀려온 죽은 고래의 뼈다. 섬사람들은 그 동물로부터 "두꺼운 층을 이룬 가죽과 피부"를 벗겨낸 다음, 고래 뼈를 바닷가 골짜기로 운반해서 신전으로 사용했다. 이슈메일은 풀과 고사리, 나뭇가지와 관목들이 뼈를 통해 일종의 융단을 짜놓은 것을 본다. 여기서 신은 일종의 직조자처럼 묘사된다. 베틀에 앉은 신들에 대한 고대의 다양한 묘사들처럼 말이다. 신은 자신의 베 짜는 소리에 귀가 먹어서 인간의 소리를 듣지 못한다. 확실히 이슈메일은 우리에게 이렇게 말하고 있는 듯하다. 만일 우리가 신의 베 짜기에 귀 기울인다면 우리도 귀머거리가 될 것이라고 말이다. "그곳에 울려 퍼지는 수천 개의 목소리"를 들을 수 있으려면, 그곳에서 충분히 멀리 떨어져 있어야 한다.

베 짜는 신이 베를 짠다. 베 짜는 소리 때문에 그는 귀머거리가 되어 인간의 소리를 전혀 듣지 못한다. 베틀을 바라보는 우리도 역시 그 윙윙거리는 소리 때문에 귀머거리가 된다. 그곳을 빠져나와야만 비로소 그곳에 울려 퍼지는 수천 개의 목소리를 들을 수 있을 것이다.[76]

만일 우리가 우주의 모든 소리를 단번에 들으려 한다면, 우리는 곧 귀머거리가 될 것이다. 모든 다양한 의미들은 서로를 소멸시킬 것이다. 우리는 합리적인 우주가 감추고 있는 단일한 진리를 듣기는커녕 정신없이 지직거리는 화이트 노이즈만을 듣게 될 것이다. 이것은 세상의 모든 색깔을 단번에 보려고 할 때 벌어지는 일과 정확히 맞아떨어진다. 우리는 뭔가 단일한 의미가 있다고 여긴 나머지 궁극적 의미가 무엇인지 찾으려 하지만, 곧 그것을 찾는 일에 미쳐버리게 될 것이다. 보편성이란 귀머거리와 다름없는 것이요, 혼돈을 뜻하기 때문이다. 이런 혼돈이 그 자체로 우주의 궁극적 본성이라 해도, 우리는 단지 그때그때의 관점에서만 그것을 헤아릴 수 있을 뿐이다.

멜빌의 설명에 따르면, 바로 이것이 에이해브의 열광주의가 미쳐버린 이유다. 우주의 다양한 의미들은 단일하고 보편적인 진리에 그저 추가로 덧붙여진 게 아니다. 우리의 유일한 희망은 그런 의미들 각각과 충분하게 관계를 맺는 것이고, 그것들이 계시하는 진리들에 만족해서 사는 것이며, 그것들을 강박적으로 화해시키려고 하지 않는 것이다. 이런 복수적 다신주의를 이미지로 표현한다면 귀를 먹게 하는 화이트 노이즈의 혼돈도 아니요, 흰색의 말없는 공백도 아닐 것이다. 그 이미지는 색채의 스펙트럼 속에서 저마다의 색들이 아름다운 색조를 드러내는 무지개와 같을 것이다.

이슈메일은 거대한 향유고래가 분출하는 물보라를 논하면서 이 점을 분명히 설명한다. 「분수」라는 장[77]에서 고래의 물보라는 그 머리 위에서 무지개를 만들어낸다. "하늘이 그의 생각을 보증하기라도 한 것처럼"[78] 말이다. 무지개를 이루는 각각의 색깔은 우주에 대한 수많은 참된 관점들을 말한다. 우리가 최대로 가질 수 있는 것은 이런 참된 관점들의 나열뿐이다. 이것이야말로 이슈메일이 자신의 변덕스런 정조들을 통해 발견한 것이다. 그것들을 억지로 화해시키려 든다면, 그 관점들은 서로 충돌하거나 싸울 것이다. 따라서 우리가 희망할 수 있는 최선의 것은 "자신이 얻을 수 있는 행복에 대한 기대치를 낮추는 것"뿐이다. 색깔들을 모두 더하면 무슨 색이 나올지 궁금해 하지 말라. 그보다는 가능한 한 많은 정조들 속으로 들어갈 수 있도록 노력하고, 성스러운 것에 반응하는 갖가지 방식을 받아들이도록 노력하라. 이처럼 성스러움에 끝없이 공명하는 삶은 궁극적으로 만족스럽고 행복하며 즐겁기까지 한 것이다. 하지만 그렇다고 해서 이런 태도가 궁극적이고 최종적인 의미를 우리 삶에 부여하는 것은 아니다. 그보다는 우리로 하여금 모든 의미를 공평한 눈으로 바라보는 사람이 되게끔 해준다.

이 거대한 신비의 괴물이 잔잔한 열대의 바다를 유유히 달리고 있는 것을 보면, 우리는 그 웅대한 신비감에 감동되어 가슴이 뛰는 것을 느끼게 될 것이다. 그 거대하고 온화한 머리 위에는 말로 표현할 수 없는 명상이 낳은 증기가 닫집처럼 덮여 있고, 그 증기는—여러분도 이따금 보게 되겠지만—하늘이 그의 생각을 보증하기라도 한 것처럼 일곱 빛깔 무지개로 아름답게 장식되어 있다. 여러분도 알다시피 맑은 하늘에는 무지개가 찾아오지 않는다. 무지개는 증기만 빛나게 할 뿐이다. 그래서 내마음 속에 숨어 있는 희미한 의심의 짙은 안개를 뚫고 신성한 직관이 이따금 분출하여, 내 마음속의 그 짙은 안개를 천상의 찬란한 빛으로 태워버릴 때가 있다. 나는 이것을 신에게 감사드린다. 모든 사람이 의심을 품고 많은 사람이 부정하지만, 의심하거나 부정하는 사람들 가운데 직관을 더불어 가진 사람은 극히 드물기 때문이다. 지상의 온갖 것에 대한 의심, 천상의 무언가에 대한 직관, 이 두 가지를 겸비한 사람은 신자도 불신자도 되지 않고, 양쪽을 공평한 눈으로 바라보는 사람이 된다.[79]

광기의
두 가지 유형

책 속에는 이 모든 것들을 이해하는 인물이 한 명 나온다. 그는 승선한 모든 선원들 가운데 가장 계급이 낮지만, 일찍이 영웅으로 묘사된 바 있다. 그는 다른 선원들이 고래를 잡으러 보트를 타고 나갈 때 배에 남아있는 "배지기"이다. 배지기 핍은 작고 볼품없고 약골의 선병질인 데다가 밤처럼 아둔하기까지 해서 호메로스의 빛으로 보면 반영웅에 해당한다.

대체로 배지기는 보트에 사는 선원들 못지않게 건장하다. 하지만 어쩌다가 배에 몸이 허약하고 일이 서투르거나 소심한 겁쟁이가 있으면 그자는 틀림없이 배지기가 된다. 피쿼드 호에서는 별명이 피핀이고 그것을 줄여 핍이라고 부르는 흑인 소년이 그러했다.[80]

이런 불리함에도 불구하고, 또는 아마도 그 이유 때문에, 이슈메일은 핍을 처음부터 한 명의 영웅으로 소개한다.

검둥이 꼬마 핍! (…) 가엾은 앨라배마 소년! 피쿼드 호의 음산한 앞갑판 위에서 여러분은 머지않아 탬버린을 치는 그 소년을 보게 될 것이다. 영원한 시간을 예시하듯, 그는 천상의 뒷갑판에 불려 나와 천사들과 함께 연주를 시작하라는 명령을 받았고, 영광 속에서 탬버린을 쳤다. 그는 이 세상에서는 겁쟁이로 불렸지만, 저 세상에서는 영웅으로 추앙받고 있다.[81]

멜빌이 그를 영웅으로 만든 것에 대해 핍 자신은 어떻게 생각할까? 핍의 고난은 고래추격용 보트의 정식 승선자 대신 그가 탔을 때 시작된다. 첫 번째 고난은 그가 너무 겁을 먹은 탓에 일어난다. 선원들이 보트로 고래 꼬리를 들이받자 그는 보트 밖으로 뛰어내려 고래 밧줄에 엉기게 된다. 그를 구하기 위해 선원들은 밧줄을 잘라야 했고, 그 결과 고래를 잃게 된다. 핍은 선원들에게 욕을 얻어먹고, 피쿼드 호의 이등항해사이자 그 보트의 지휘자인 스터브로부터 엄한 꾸지람을 듣는다. 스터브는 핍에게 다시는 보트 밖으로 뛰어내리지 말라고 경고한다. 그러나 두 번째에도 그는 보트에서 뛰어내리게 되는데, 이번에는 스터브의 보트가 도망치는 고래를 재빨리 따라가는 바람에 핍은 그대로 버려지게 된다. 핍은 홀로 바다에 남아 자신을 영원히 바꾸어놓을 어떤 것에 마주치게 된다.

바다에서 핍에게 일어난 일은 과연 무엇일까? 문제는 그가 거의 익사할 뻔했다는 데 있지 않다. 그것은 두려운 일 가운데 하나에 지나지 않을 뿐이다. 핍이 직면했던 것은 단순한 죽음의 두려움보다 더 나쁜 공포였다. 이슈메일의 감동적인 묘사에 따르면, 핍은 표류자가 될 가능성, 인간세계와의 모든 연결을 잃을 가능성, 무한한 바다 위에 철저히 고립될 가능성에 직면한다. 그의 눈 앞에서 보트가 사라지는 것을 핍은 이렇게 본다.

스터브는 무정하게도 그에게 등을 돌리고 있었고, 고래는 날개 라도 달린 것처럼 빠르게 달아났다. 삼 분도 지나기 전에 핍과 스터브 사이에는 망망한 바다가 1마일이나 가로놓였다. 불쌍한 핍은 바다 한가운데에서 그의 곱슬곱슬한 검은 머리를 태양 쪽으로 돌렸다. 태양도 역시 그렇게 높은 하늘에서 그처럼 찬 란하게 빛나고 있었지만, 핍과 마찬가지로 외롭게 버려진 미아 였다.[82]

핍은 자기 존재의 중심을 이루었던 피쿼드 호 및 다른 선원들 과의 관계를 모두 잃고 말았다. 끝없는 망망대해에서 배는 사람 들에게 안정적이고 인간적인 토대를 제공해주는 곳이다. 핍이 공 포스럽게 느낀 것은 바로 이런 마지막 보루와 관련된 모든 것들 을 잃는다는 점이었다.

온화한 날씨에 넓은 바다에서 헤엄치는 것은 익숙한 사람에게 는 육지에서 스프링 달린 마차를 타고 달리는 것만큼 쉬운 일 이다. 하지만 무서운 고독감은 견딜 수 없다. 그렇게 무정하고 드넓은 바다 한가운데에서 한 점에 집중하는 자아. 오오, 신이 여! 그것을 누가 알겠나이까?[83]

그러나 존재 의미를 완전히 잃어버린 핍의 상황은 아름답게 표현된다. 그는 고개를 들어 태양을 "외롭게 버려진 미아"로 본다. 이것은 태양조차(플라톤의 이데아와 단테의 신을 상징하는 표현) 우주의 중심에서 그 자리를 잃었다는 뜻이다. 핍의 고독은 단지 끝없이 광활한 바다에서 개인이 느낄 수 있는 고독만을 말하는 것이 아니다. 그것은 우리 문화의 고독으로서, 우리에게 궁극적으로 토대를 마련해주는 모든 것으로부터 풀려나서 단절되는 것을 말한다. 핍이 경험했던 것은 이런 고독이 주는 공포였다. 그리고 그것은 결국 그를 미치게 했다.

그러나 핍의 광기는 또한 일종의 진실을 내포하고 있다. 핍은 우주의 완전한 공허—신이 떠난 뒤에 남는 완전한 부재—를 본다. 이슈메일이 표현하고 있듯이 "무정한 드넓음"을 본다. 그는 우주가 무작위한 행위의 무작위한 결과임을 이해한다. 그것은 마치 산호충이 아무런 지성이 없음에도 "물의 창공"에 떠 있는 무지개 빛깔의 "거대한 천체" 즉 산호초를 창조한 것과 같다. 다시 말해서 핍은 우주 속에 어떤 단일하고 통합적인 의미가 부재한다는 것—"흰색"—뿐만 아니라, 다양한 해석들이 존재한다는 점—"무지개"—도 이해한다. 그것은 그가 지성이 없는 산호충과, 그것들이 만들어낸 산호라는 무지갯빛 거대한 천체를 둘 다 보았다는 얘기이기도 하다. 즉 우주를 궁극적으로 떠받치는 것은 무의미일 뿐이며, 그럼에도 불구하고 놀랄 만한 의미들이 존재한다는 점을 핍은 보았다는 얘기다. 멜빌에 따르면, 이런 통찰은 둘 다 진실이지만 우리는 두 가지를 동시에 안고 살아갈 수가 없다. 불쌍하고 연약한 핍의 정신은 이 두 가지를 함께 감당하지 못하는 바람에 벼랑 끝으로 내몰리고 말았던 것이다.

그런데 천만 뜻밖에도 본선이 나타나 그를 구출했다. 하지만 그때부터 이 흑인 소년은 백치처럼 갑판 위를 거닐게 되었다. 적어도 사람들은 그렇게 이야기하고 있다. 바다는 조롱하듯 그의 유한한 육체만 물 위에 띄웠고, 영원한 영혼은 익사시키고 만 것이다. 하지만 완전히 익사시키지는 않았다. 영혼을 산 채로 끌고 놀랄 만큼 깊은 곳까지 내려갔다. 거기서는 왜곡되지 않은 원초적 세계의 낯선 형상들이 그의 생기 없는 눈앞을 미끄러지듯 이리저리 오가고 있었다. 그리고 '지혜'라는 이름의 인색한 인어왕자가 산더미처럼 쌓인 자신의 보물을 드러냈다. 즐겁고 무정하고 항상 젊은 영원의 세계에서 핍은 신처럼 어디에나 존재하는 수많은 산호충을 보았다. 그것들은 물의 창공에서 거대한 천체를 들어 올렸다. 핍은 신의 발이 베틀의 디딤판을 밟고 있는 것을 보고 그렇게 말했기 때문에, 동료 선원들은 그가 미쳤다고 생각했다. 따라서 인간의 광기는 하늘의 분별이며, 인간의 모든 이성에서 벗어나야만 비로소 인간은 이성으로 보면 불합리하고 황당무계한 천상의 사고에 도달하게 된다. 그러면 길흉화복을 초월하여 그가 믿는 신처럼 어느 쪽에도 치우치지 않는 떳떳한 기분을 느끼게 된다.[84]

핍은 영웅이다. 그는 우주에 어떠한 궁극적 의미도 없다는 것을 부정하지 않으면서도 우주에 대해 순수하게 열린 존재가 되기 때문이다. 핍이 그랬듯이 신의 발이 베틀의 디딤판을 밟는 것을 본다는 것은 곧 귀머거리가 된다는 뜻이기도 하다. 즉 인간으로서 어떤 의미를 듣기에 부적합한 존재가 된다는 뜻이다. 따라서 이 사건 이후 핍은 자신의 정체성을 완전히 상실하고 만다. 그는 아무런 정체성도 가질 수 없기에 모든 해석들에 대해 자신을 열 수 있게 된다.

핍이요? 누구더러 핍이라고 하는 겁니까? 핍은 포경 보트에서 바다로 뛰어들었어요. 핍은 행방불명이에요.[85]

자신의 정체성을 상실하고 자신의 관점이 없어지자, 핍은 세상의 모든 의미들이 일개 관점 내지 또 다른 일개 관점으로 취해진 것들임을 알게 된다. 또한 그는 이런 의미들을 궁극적이고 최종적인 의미로 보는 생각 속에 이기심이 내재해 있음을 본다. 왜냐하면 그는 모든 의미들이 궁극적으로는 더 깊은 진리를 갖지 않는 관점적인 해석임을 볼 수 있기 때문이다. 이것은 「스페인 금화」에 대한 매혹적인 장[86]에서 더 분명히 드러난다.

책 앞부분에서 에이해브는 피쿼드 호의 주 돛대에 금화 하나를 못질해서 걸어둔 다음, 선원들에게 모비 딕을 찾는 자가 금화를 차지하게 될 거라 말한다.[87] 소설의 한참 뒷부분에서 많은 인물들이 금화 위에 새겨진 문양이 무엇을 뜻하는지 보려고 금화를 살펴본다. 주화의 신비로운 문양 속에서 선원들은 각자 자기 자신에 관한 것과 우주에 대한 자신의 이해를 발견한다. 특히 에이해브는 자기 자신만을 발견한다. "산봉우리든 탑이든 웅장하고 높은 것에는 반드시 자기중심적인 무언가가 있는 법이다." 퀘이커 교도이자 일등항해사인 스타벅은 삼위일체의 재현(과 그에 대한 숨겨진 위험)을 발견한다. "태평하고 두려움을 모르는"[88] 스터브는 단지 인생의 자연적 순환만을 발견한다. 억세고 실용적인 삼등항해사 플라스크는 주화에서 16달러를 발견하고는 "2센트짜리 시거 960개에 해당하는 값어치"라는 데 주목한다(NCE판 『모비 딕』 편집자는 여기서 그의 허약한 산술능력을 지적한다). 다른 사람들도 차례로 비슷한 얘기를 한다.[89] 이런 식으로 우리는 책 속의 인물들에 관해 여러 가지 중요한 점들을 알 수 있다.

하지만 우리 목적에 비추어 볼 때 특히 흥미로운 점은 핍이 본 것들이다. 핍은 금화뿐만이 아니라 금화를 해석하는 사람들을 본다. 그리고 그는 금화를 보는 사람에 따라 금화에 대한 해석도 매번 달라진다는 점에 주목한다. 그래서 금화 자체에는 그것을 보는 사람들의 다양한 인식 이외에 더 깊은 것은 아무것도 없다. 핍이 마지막으로 금화에 다가갔을 때 최종적인 진리를 말하듯 금화에 대한 다른 어떤 실체적 해석도 제시하지 않는 까닭이 바로 여기에 있다. 대신에 그는 동사 활용법을 읊기 시작한다.

나는 본다. 너는 본다. 그는 본다. 우리는 본다. 너희들은 본다. 그들은 본다. (…) 나, 너, 그, 우리, 너희들, 그들은 모두 박쥐다. 그리고 나는 까마귀다. 특히 이 소나무 꼭대기에 서 있을 때는 까마귀다. 까악 까악 까악 까악 까악 까악! 나는 까마귀잖아! (…) 이 금화는 배船의 배꼽이다. 다들 이걸 빼내려고 안달이다. 하지만 배꼽을 빼내면 어떻게 되지?[90]

어떤 의미에서 핍은 자신의 배꼽을 빼냈다. 그는 우주의 궁극적 의미를 보았고, 신의 발이 베틀의 디딤판을 밟고 있는 것을 보았다. 그렇게 함으로써 그가 배우게 된 것은 어떤 깊은 진리, 근저의 진리도 거기에는 없다는 사실이다. 우리가 이미 살아내고 있는 실천들만이 있을 뿐이다. 그러나 이런 실천들을 궁극적이고 최종적인 기초, 즉 심오한 진리와 같은 것으로 간주하는 것은, 다른 모든 선원들이 시도하고 있는 것처럼 단지 박쥐들의 행태에 지나지 않을 뿐이다. 이것을 행하는 사람은 박쥐처럼 맹목적이고 박쥐처럼 미친 짓*을 하는 것이며, 그럼에도 자신의 특정한 관점을 마치 최종적 진리인 양 고수한다면 마침내 그는 궁지에 빠진 박쥐가 될 뿐이다.

그와 대조적으로 핍은 한 마리 까마귀다. 물론 그는 까마귀처럼 검은 흑인으로, 그의 말투 역시 새처럼 깍깍거리는 비분절음으로 들린다. 그러나 돛대 꼭대기의 까마귀 둥지에 앉아서 모든 해석을 단지 해석에 불과한 것으로 보고 자신의 해석은 전혀 남기지 않는다는 의미에서도 그는 까마귀이다.

핍과 에이해브가 서로에게 짝패라는 점에는 중요한 의미가 담겨 있다. 핍은 세계에 대한 지각만이 있을 뿐이며 최종적인 답은 없다고 생각한다. 그는 모든 관점들에 열려 있지만 어떤 관점 속에서도 살아갈 수 없다. 이것이 그를 세속적인 의미에서 미치게 만든다. 왜냐하면 그는 살아갈 수 있는 어떤 정체성도 가지고 있지 않기 때문이다. 그와 반대로 에이해브는 가장 강력한 정체성을 가지고 있다.

> 앞만 뚫어지게 바라보는 그 두려움 모르는 눈길에는 결코 흔들리지 않는 불굴의 정신, 단호하고 양보할 수 없는 무한한 고집이 담겨 있었다.[91]

하지만 에이해브의 고집은 우주에 대해 최종 진리를 드러내라고 강요한 끝에 세워진 것이다. 이것은 다른 방식으로 그를 미치게 만든다. 왜냐하면 그는 핍이 본 것을 보기로 결심했지만, 똑같이 그것을 그것 아닌 다른 것으로 만들기로 결심하기 때문이다. 멜빌은 선장과 배지기 사이의 놀라운 관계를 묘사하면서 이 두 광기의 유형을 함께 묶는다. 핍의 사건이 일어난 다음부터 에이해브는 소년을 보호하기 시작한다. 한번은 선장실에서 그들이 함께 나오는 것을 보고 맨 섬 출신의 늙은 선원이 결정적인 표현을 한다.

이제 미치광이 둘이 가는군. (…) 하나는 강해서 미쳤고, 또 하나는 약해서 미쳤어. 썩은 밧줄 끝이 이제 겨우 올라왔군. 흠뻑 젖었구나. 이걸 고치라구? 아예 새 줄로 바꾸는 것이 나을 것 같은데.[92]

존재하는 모든 것의 배후에 궁극적인 진리가 있다는 '축의 시대'의 직관을 상기해보면, 핍과 에이해브는 서양 문화가 가진 두 가지 근본적 가능성을 보여주는 인물들이라 할 수 있을 것이다. 즉 궁극적인 진리가 없다는 인식 때문에 미치거나, 또는 그 진리가 있음을 증명하느라 미쳐버릴 가능성 말이다. 맨 섬 출신의 선원이 암시하듯, 사실상 그것은 썩은 밧줄 끝이다. 아예 새 밧줄로 바꾸는 것이 최선일 것이다.

우주는 우리에게 무관심하다

밧줄이 썩었다고 말하는 것은 간단한 일이지만, 멜빌은 실제로 그것을 보여주고자 한다. 결국 에이해브는 자신의 마음이 욕망해온 것—무시무시한 모비 딕과의 정면대결—을 획득하고, 그 결과로 죽음을 맞이한다. 에이해브와 고래가 대면하는 세부 장면들은 멜빌의 관점이 지닌 미묘한 뉘앙스를 이해하는 데 중요하다.

이 책은 고래를 추격하는 사흘 동안의 이야기로 끝난다. 이 추격은 에이해브가 신들과 터놓고 대화하는 장면을 보여주기 위해 설정된 것이 분명하다. 에이해브는 흉조나 예언의 방식으로 의사소통을 하는 것이 아니라, 우주의 창조자들과 직접 이야기를 나누고자 한다. 어쨌건 에이해브는 자신이 그럴 수 있다고 생각한다. 예를 들면 책의 한 대목에서 에이해브는 스타벅의 미신적인 생각, 즉 때마침 일어난 어떤 사건을 추격의 불길한 흉조라고 여기는 생각을 조롱한다.

> 흉조라고? 흉조? 그런 말은 사전에서나 찾아봐! 신들이 인간에게 솔직히 말할 생각이라면, 정당하게 터놓고 말할 거다. 고개를 젓거나 노파들처럼 애매모호한 암시는 하지 않아![93]

과연 자신이 말한 대로 에이해브는 첫날부터 모비 딕과 정면으로 만나는 데 성공한다. 에이해브가 보트 뱃머리로 다가갈 때 보트가 빙글 회전함에 따라 그는 고래의 머리를 정면으로 마주보게 된다.

> 하지만 모비 딕은 이 전술을 알아차린 듯, 그가 지닌 그 사악한 지능으로 순식간에 몸을 옆으로 이동시키고는 주름진 머리를 잽싸게 보트 밑으로 들이밀었다.[94]

모비 딕이 보트를 산산조각 냈을 때, "푸르스름한 진주 빛을 띤

아가리 안쪽은 에이해브의 머리에서 한 뼘도 채 떨어지지 않은 곳에 있었다."[95] 이 날의 대면은 모비 딕의 사악한 지능을 분명하게 보여준 사건이었다. 이 대면에서 모비 딕은 악마적이고, 교활하고, 사악하고, 잔혹하고, 지적이며, 복수심에 불타는 모습으로 다양하게 묘사된다.[96] 아마도 이것은 우주의 본성에 관한 궁극적 진리일 것이다. 모비 딕은 분명 에이해브를 목표로 삼고 있으며, 그에게 치명적인 해를 입히려 한다.

그러나 추격 둘째 날 모비 딕은 전혀 다른 면모를 보여준다. 에이해브는 또다시 그를 정면으로 만나는데, 이번에는 측면에 붙은 고래의 눈을 속이는 전략을 쓴다. 다만 이번에는 고래에 대한 악마적이고 악의적인 묘사는 없다. 대신에 고래는 주위 사물과의 접촉에 반사적으로 반응하는 본능적인 야수로만 묘사될 뿐이다.

물에 떠 있는 노, 판자 조각, 또는 보트의 아주 작은 조각이나 부스러기라도 피부에 닿기만 하면, 그는 재빨리 꼬리를 들어 올려 수면을 비스듬히 내리쳤다.[97]

두 번째 만남에서도 역시 에이해브의 보트는 부서지지만, 모비 딕의 이번 의도는 약간 우회적인 것처럼 보인다. 모비 딕의 시야에 잡힌 것은 에이해브가 아니라 그가 탄 보트의 널판이었기 때문이다.

흰 고래는 (…) 보트를 이루고 있는 판자 조각 하나까지 남김없이 부숴버리겠다는 투였다.[98]

이 만남에서 고래는 비록 우연이기는 하지만, 페달라라는 신비로운 인물이 예언한 대로 움직인다. 이 장면은 페달라 자신이 전에 말했던 맥베스적인 예언*과 부분적으로 맞아떨어지는 듯 보인다. 게다가 에이해브 역시 이 흉조를 이전보다 더욱 진지하게 받아들이려고 한다. 마치 고래의 지능이 낮을수록 그에 비례해서 자신의 의사소통 능력을 높여야 한다는 듯이 말이다. 첫날 악마적이고 사악한 우주로 보였던 고래는 이제 본능적이고 의도가 없는 짐승처럼 보인다.

셋째 날에는 또 다른 우주가 드러난다. 에이해브의 보트가 흰고래의 옆구리를 따라가고 있는데도 모비 딕은 전혀 안중에 두지 않는다. 고래는 에이해브와 보트를 전혀 주목하지 않는다. 그것은 고래가 지능이 떨어지는 짐승이기 때문만이 아니다. 그보다는 고래에게 지능이 있건 없건, 에이해브의 존재가 그에게 전혀 중요하지 않기 때문이다. "고래는 이상하게도 보트의 진격을 알아차리

---

* 셰익스피어 『맥베스』에서 맥베스는 마녀로부터 "여자의 자궁에서 태어난 자는 결코 당신을 죽이지 못할 것"이라는 예언을 듣지만, 결국 제왕절개로 태어난 사람에게 죽음을 맞는다. 이와 비슷하게 『모비 딕』 117장에서 페달라(이교도 작살잡이 중 하나)는 에이해브가 죽기 전에 바다에서 두 개의 관을 볼 것이라고 예언하면서, 그 중 하나는 인간의 손으로 만든 것이 아니라고 말한다. 즉 모비 딕이 부순 보트 널판이 바로 페달라가 예언한 '관'을 말한다는 것이다.

지 못하는 것 같았다. 고래는 이따금 그럴 때가 있다."[99] 이처럼 완전히 무의미한 대면, 즉 고래가 에이해브를 없는 존재로 취급하는 모습은 묘하게도 모비 딕이 에이해브의 다리를 물어뜯는 장면을 떠올리게 한다.

> 낫처럼 생긴 고래의 아래턱이 갑자기 바로 밑을 휙 스치고 지나가는가 싶더니, 예초기가 들에서 풀을 베듯 에이해브의 다리를 싹둑 잘라버리고 말았다.[100]

예초기 앞에 놓인 풀 한 잎 같은 무의미함, 우주에서 전혀 역할을 갖지 못한다는 것, 이것이야말로 에이해브가 가장 두렵게 여기는 것이다. 따라서 그는 우주 안에서 자신의 참된 자리를 단호하게 드러냄으로써 자신의 의지를 표출하려 한다. 그러나 고래와 에이해브의 마지막 대면은 너무나 순식간에 끝나버리고 만다. 그의 죽음이 얼마나 순간적이고 예기치 않은 것이었는지, 심지어 아무도 그가 죽은 것을 눈치 채지 못했을 정도다. 에이해브가 모비 딕에게 마지막 작살을 던지자마자, 그는 물 밑으로 빠르게 들어가는 작살 밧줄에 목이 감겨 죽음을 맞게 된다. 그 누구도, 심지어 그 자신도 알아차리기 전에 벌어진 사건이었다.

> 작살이 던져졌다. 작살에 찔린 고래는 앞으로 달아났고, 밧줄은 불이 붙을 것처럼 빠른 속도로 홈에서 미끄러져 나가다 엉

클어졌다. 에이해브는 허리를 구부려 그것을 풀려고 했다. 그래서 엉킨 밧줄을 풀기는 했지만, 밧줄의 고리가 허공을 날아와 그의 목을 감았기 때문에, 그는 터키의 벙어리들이 희생자를 교살할 때처럼 소리 없이 보트 밖으로 날아갔다. 선원들은 그가 없어진 것을 알아차리지도 못했다.[101]

에이해브에 대한 모비 딕의 무관심은 세계가 실제로 존재하는 방식을 가리키는 것일 수도 있다. 실제로 우리 인생의 목적에는 아무런 의미도 진실도 없을지 모른다. 최종적인 진실은 허무주의일지도 모른다. 그러나 멜빌의 설명은 좀 더 정교하다. 우주는 때로 무의미하게 보이며, 사실이 그러하다. 죽음 역시 말이 없으며 아무런 의미도 갖지 않는다. 그러나 이 우주는 사악하고 악마적이고 복수심에 차 있을 뿐만 아니라, 본능적이고 반사적인 양태를 보여주기도 한다. 또한 우주는 이에 더하여 온화하고 즐겁고 성스러운 것이기도 하다. 예를 들어 추격 첫날 이슈메일은 모비 딕을 이렇게 묘사한다.

미끄러지듯 나아가는 고래는 조용한 기쁨, 빠르고 힘찬 움직임 속에서 맛보는 평화로운 안정감에 싸여 있었다. 에우로파를 납치하여 자신의 우아한 뿔에 매달고 헤엄쳐 가는 하얀 황소, 즉 제우스, 처녀를 계속 곁눈질하며 추파를 던지는 그의 아름다운 눈, 크레타 섬에 마련된 사랑의 보금자리를 향해 황홀할 만큼 빠른 속도로 거침없이 달리는 제우스, 그 위대한 최고신 제우스도 성스럽게 헤엄치는 저 아름다운 흰 고래를 능가하지는 못했다.[102]

우주의 궁극적 스토리는 우주가 우리에게 무관심하다는 데 있지 않다. 비록 핍과 에이해브의 신처럼 우리에게 무관심한 신도 있지만 말이다. 핍이 외롭게 버려진 미아처럼 바다에 남겨졌을 때 마지막으로 떠올렸던 생각, 즉 세상은 "그의 신처럼 냉담하다"는 생각을 상기해보자. 하지만 핍의 신과는 달리 세상에는 또 다른 신들, 즉 즐겁고 성스러운 신들과 사악하고 복수심에 차 있는 신들도 있다. 우주는 번갈아가며 이런 신들의 모습을 띤다. 우주가 그 신들 가운데 궁극적으로 어떤 신이냐고 묻는다면, 어떤 하나의 신도 아니라고 대답할 수밖에 없다. 실제로 존재하는 것은 신들의 만신전일 것이다.

구원의 실마리

퀴케그는 우리들의 썩은 밧줄에서 나온 사람이 아니다. 우리는 그가 항구적인 건강성을 갖고 있다는 것을 앞에서 살펴본 바 있다. 그의 이교도 문화는 우리 문화에서 너무 멀리 떨어져 있지만, 그럼에도 우리는 그의 삶에서 배울 것이 많다. 이 위대한 전사가 지닌 불멸의 건강은 자기 문화가 지닌 진리를 구현해야 한다는 선천적 인식에서 나온 것이기 때문이다. 그 진리가 무엇인지는 우리가 분명하게 알 수 없지만 말이다. 이 점은 퀴케그의 독특한 문신이야기에서 가장 확실하게 볼 수 있다.

퀴케그의 몸을 뒤덮고 있는 문신은 신비한 원천에서 나온 것이다. 즉 그 문신은 자신과 세계에 대한 그의 이해를 재현하거나구현한 것이 아니라는 얘기다. 그가 자기 모델로 받드는 마오리족 추장 테 페히 쿠페처럼,[103] 퀴케그는 기억을 그대로 복사하듯이 자기 이름을 문신 중앙부에 새겨 넣는다.[104] 전체적으로 볼 때, 문신들은 존재하는 모든 것들과 그 존재 방식에 대한 자기 문화의 이해를 육화한 것처럼 보인다. 즉 그 문신들은 코코보칸족의존재 이해를 나타낸다는 얘기다. 따라서 문양들을 해독하는 것은 거의 불가능하다. 그것은 마치 예이츠가 남긴 유명한 말에 대해 퀴케그가 한 발 앞서 주석을 붙인 것처럼 보인다. 예이츠는 죽기 몇 주 전에 남긴 편지에서, 심오하고 추상적인 진리에 대한 모든 열망을 거부한다고 썼다. "인간은 진리를 구현할 수 있지만, 그것을 알 수는 없다."[105] 바로 이처럼 퀴케그는 자기 문화가 지닌 진리를 구현한다.

이 문신은 그가 태어난 섬의 예언자 겸 점쟁이의 작품이었는데, 지금은 세상을 떠난 그 예언자는 하늘과 땅의 완전한 이치를 그의 몸에 상형문자로 기록하고 진리에 도달하는 방법에 대한 신비주의적 논문을 쓴 것이다. 그래서 퀴케그는 그 몸 자체가 풀 수 없는 수수께끼였고, 한 권으로 된 놀라운 책이기도 했다. 그의 심장은 그 밑에서 활기차게 고동치고 있었지만, 가슴에 새겨진 신비는 그 자신도 해독하지 못했다. 따라서 그 신비는 결국 그것이 새겨진 살아 있는 양피지와 함께 썩어서 사라질 운명이었고, 따라서 마지막까지 풀리지 않을 터였다.[106]

그러나 퀴케그의 삶이 건강하다고는 하지만, 모비 딕이 "더 거대하고 더 고귀한 적"[107]을 공격할 때 퀴케그 역시 배의 다른 선원들과 함께 가라앉고 만다. 확실히 피쿼드 호는 거대하고 고귀하다. 즉 멜빌의 이 마지막 역작에서 에이해브 배의 침몰은 서양 역사 전체의 침몰을 상징하는 것으로 볼 수 있다. 책 첫머리에 나오는 물보라 여인숙의 그림에서, 배의 삼중(삼위일체) 돛대는 향유고래의 강력한 머리에 부딪쳐 물 밑으로 천천히 가라앉는 것으로 나온다. 그런데 그림과 달리 피쿼드 호의 돛대 꼭대기에는 타슈테고가 서 있다. 그는 이교도 작살잡이 중 한 명으로, 돛대 끝이 물 위에 단 몇 인치밖에 남지 않았을 때까지도 용감하게 버티며 그 돛대에 에이해브의 붉은 악마 깃발을 못질한다. 타슈테고의 붉은 팔뚝은 운명이 더 확실하게 다가올수록 점점 더 빨리 망치질을 가한다. 마지막으로 망치를 내리칠 때 그는 우연히 돛대에 날아든 물수리 한 마리를 못 박게 된다. 타슈테고를 낚아챈 죽음의 손아귀는 새까지 붙잡게 되고, 새는 그와 함께 천상으로부터 물속의 심연으로 빨려들어간다. 멜빌은 이렇게 쓰고 있다.

물수리 한 마리가 별들 사이에 있는 보금자리에서 내려와 조롱하듯 돛대 꼭대기의 돛머리를 따라다니고 깃발을 쪼며 타슈테고를 방해하고 있었다. 그러다가 그 새의 넓은 날개가 우연히 망치와 나무 사이에 끼어들었다. 물속에 잠긴 야만인은 그 순간 공기의 떨림을 느끼고, 죽음의 손아귀에 사로잡혀 있으면서도 망치질을 늦추지 않았다. 그래서 하늘의 새는 대천사처럼 비명을 지르면서 황제 같은 부리를 위로 쳐들었고, 사로잡힌 몸뚱이는 에이해브의 깃발에 싸여 에이해브의 배—그 배는 악마처럼 하늘의 살아 있는 일부를 끌어당겨 투구처럼 쓰지 않고는 지옥으로 떨어지려 하지 않았다—와 함께 가라앉았다.[108]

여기에서 볼 수 있는 이미지는 완벽하다. 하늘의 새가 질러대는 대천사 같은 비명은 기독교 신앙이 피쿼드 호와 함께 침몰하고 있음을 가리킨다. 마찬가지로 새가 쳐든 황제 같은 부리는 로마 전통의 죽음을 암시한다. 그리고 마지막으로 이런 전통은 에이해브의 깃발에 싸여 바다 밑으로 가라앉는다. 다시 말해서 서양 역사를 규정해온 초월적 진리에 대한 에이해브의 철저한 투신이야말로 서양사의 전통을 내부로부터 침몰시킨 원인이라는 얘기다.

그렇다면 이제 우리는 어디로 가야 하는가? 비록 퀴케그는 피쿼드 호의 침몰에서 살아남지 못하지만, 그가 구현한 문화적 의례는 중요한 구원자의 역할을 한다. 왜냐하면 퀴케그의 관이 마지막에 남기 때문이다. 퀴케그는 자기 몸에 새겨진 문신을 본떠서 자신의 관에 "조잡하게나마"[109] 꼼꼼하게 조각을 해놓는다. 이 관은 이교도의 상형문자가 새겨진 관이자, 배가 마지막 침몰을 맞을 때 이슈메일을 구원하는 구명부표 역할을 한다. 책의 마지막 에필로그에서 피쿼드 호가 대양의 바닥으로 가라앉을 때, 단 한 명을 제외하고는 모든 선원이 바다 속으로 끌려들어간다. 그런데 배가 침몰하면서 만들어낸 소용돌이 밖으로 퀴케그의 관이 불쑥 떠오른다. 이슈메일은 그것이 "바다에서 높이 솟아오른 다음, 떨어져서 내 옆으로 떠내려 왔다"고 말한다.

나는 그 관에 의지하여 거의 하루 동안 부드럽게 만가를 불러주는 듯한 망망대해를 떠돌았다. 이제는 상어들도 입에 자물쇠를 채운 것처럼 나를 해치려 하지 않고 내 옆을 그냥 미끄러져 갔다. 사나운 물수리도 주둥이에 칼집을 씌운 듯 조용히 날고 있었다.[110]

비밀스런 모토

마지막으로 멜빌이 언급한 "책의 비밀스런 모토"에 대해 살펴볼 차례다. 여기에는 또 하나의 마지막 복선이 숨어있다. 멜빌 자신이 이 복선을 알고 있었는지는 모르겠다. 훌륭한 작가라면 다그렇듯이, 멜빌은 책 속의 은유들이 자신의 이해를 넘어선다는데 만족해할 뿐이다.[111] 하지만 여전히 그의 직관들은 훌륭하다.

예를 들어 『모비 딕』에서 그가 어떤 사악한 요소, 그러나 그 자신에게는 양처럼 순진무구하게 느껴지는 요소를 발견했다는 점에서 그는 분명 옳았다. 하지만 만일 책의 비밀스런 모토란 것이 에이해브 자신이 세례를 주며 읊은 주문을 가리킨다고 한다면, 그것은 멜빌을 에이해브의 자리에 앉히는 것이 될 것이다. 이것은 그에게 매우 어색한 설정 아닐까? 왜냐하면 에이해브는 이슈메일이 예언하는 다신주의적 미래와는 아무 상관이 없는 존재이기 때문이다.

복선은 끝맺지 않은 채 남겨놓은 모토 부분에 있을 것이다. 멜빌은 책의 비밀스런 모토에 대해 호손에게 편지를 쓰면서 그 모토를 끝맺지 않은 채 신비스럽게 남겨둔다. 그는 "나는 ~의 이름으로 당신에게 세례를 주는 것이 아니요"라고 쓰면서 "나머지는 알아서 완성하시기를…"이라고 말한다. 이것이야말로 멜빌과 에이해브의 결정적 차이가 아닐까?

에이해브는 로마 기독교 세계를 몰락시키는 악마적 사악함과 자신을 나란히 세움으로써 악마의 육화를 완성한다. 그러나 멜빌은 이 구절을 완성할 의향이 없는 듯하다. 실제로 그는 호손에게 그것을 스스로 완성하라고 말한다. 추측건대 이것은 책을 읽는 우리 모두에게도 해당할 것이다. 표면적 진리들에 대해 스스로를 닫는 내면적이고 전체주의적인 종교라면 무엇이건 멜빌은 "(그 종교의) 이름으로 당신에게 세례를 주지 않겠다"고 말하는 듯하다. 나는 모든 다신적 진리들을 당신 스스로 발견하도록 놓아둔다.

그런 진리들 속에서 살아가고, 그 속에서 모든 즐거움과 슬픔을 맛보도록 하자. 그것들이야말로 우리가 사는 세상에 의미를 선사하는 것임을 명심하고, 그 즐거움과 슬픔 속에 만족스럽게 머무르자.

7

우리 시대의 가치 있는 삶

숙련된 목수는 판사와도 같다. 왜냐하면 나무는
대패나 도끼 아래에서 이제까지 발견되지 않았던
특성을 드러내기 때문이다. 그 자신의 손으로
만졌기에 그의 눈으로 아는 것이다.
하지만 그것을 문외한에게 가르칠 수는 없다.

조지 스터트

루 게릭

1939년 7월 4일 뉴욕 양키스는 홈구장에서 벌어진 개막전에서 패배했음에도 관중들의 기분을 상하게 하지는 않았다. 루 게릭 때문이었다. 팬들은 훤칠하고 수줍음 많은 양키스의 주장 헨리 루이스 게릭^{Henry Louis Gehrig}을 보려고 길게 목을 뺐다. '철마'로 불리던 루 게릭은 얼마 전까지 2,130경기 연속출장을 기록했고, 그때까지 뛴 시즌 역시 14시즌을 넘어서고 있었다.

루 게릭이 경기에 처음 출전한 때는 1925년 시즌으로 돌아간다. 당시 루는 뼈가 부러졌는데도 경기를 치렀고, 허리 통증으로 고생하면서도 피칭을 이끌었다. 그에게 고통을 준 뼈들은 퇴역한 다음에야 발견되었다. 전설적인 강인함에도 불구하고 이 양키스 주장은 5월 2일 자발적으로 출전선수 명단에서 빠졌다. 원인 모를 근육 약화로 인해 경기에서 실수하는 일이 점점 늘어났기 때문이다. 그는 팀의 짐이 되고 있다고 느꼈다. 루는 주장으로서 더그아

웃에서 경기를 지켜보았지만, 그의 건강에 대한 뉴스들이 신문을 도배했다. 6월 하순 메이요 클리닉의 전문가를 찾은 후에야 그는 '근위축성 측삭경화증'*에 걸렸음을 알게 된다. 뇌와 척수의 운동신경이 파괴되는 치명적인 질병이었다. 루의 병은 상당히 진전된 상태였지만, 당시 이 병을 확실하게 아는 사람은 아무도 없었다. 루는 2년을 채 못 넘기고 37세의 나이로 죽었다.

아마도 루 게릭은 모든 야구선수들 가운데 가장 추앙받는 선수일 것이다. 그가 존경을 받은 것은 기술과 체력 때문만이 아니라 "스포츠 정신과 깨끗한 생활"[1]의 모범이기도 했기 때문이다. 그에게 쏟아진 스포트라이트에 대해 그 자신은 알레르기 반응을 보였지만, 루의 친구, 팬, 동료 할 것 없이 누구나 그의 삶을 칭송했다. 7월 4일 양키스 스타디움에는 "지금까지 야구장에서 보았던 것 중 가장 화려하고 드라마틱한 장관"이라 표현될 만큼 많은 군중이 헨리 루 게릭에게 "우레와 같은 갈채로 작별인사를 보내기 위해"[2] 모여들었다.

은퇴식은 실망스럽지 않았다. 경기 중 브레이크타임이 되자 마이크들이 홈베이스 주위를 에워쌌다. 동료들도 루를 응원하기 위해 그의 뒤에 모여들었다. 뉴욕 시장에서부터 야구장 관리직원에 이르기까지 많은 지지자들이 그에게 선물을 하고 찬사를 보내기 위해 긴 줄을 섰다.

---

* 후에 '루게릭병'이라는 별칭이 붙음.

루 게릭(Henry Louis Gehrig).

　감사의 답을 할 시간이 되자 루는 너무 감격한 나머지 말문을
열 수가 없었다. 은퇴식 사회를 맡은 동료 시드 머서는 루가 힘들
어하는 것을 눈치 채고 그를 대신하여 감사를 전하기 위해 마이
크 앞에 섰다. 그러나 루가 자리를 뜨고 동료가 마이크 앞에서 말
을 시작하자, 군중들은 "우리는 루를 원해요! 루를 원해요!"라고
외치면서 그의 말을 중단시켰다. 사태를 해결하기 위해 루는 다시
홈베이스로 향했다. 후들거리는 다리 때문에 마이크에 다가서는
것조차 힘겨워하는 것을 보고 친구이자 매니저인 조 매카시가 그

를 부축했다. 루는 특징 없는 말투와 거의 끊어질 듯한 목소리로 관중들에게 유명한 두 문장으로 연설을 시작했다.

팬 여러분, 지난 두 주 동안 제게 닥친 불운에 대해 들으셨을 겁니다. 하지만 오늘 저는 지상에서 가장 운 좋은 남자라고 생각합니다.

그는 선수 시절 내내 팬들로부터 받았던 성원과 격려에 대해, 팀 동료들과 함께 경기를 치르며 누렸던 영광에 대해, 그의 코치에 대해, 자기 가족과 "힘과 용기의 요새"인 아내를 만난 축복에 대해 가슴 깊이 감사를 표했다. 연설의 끝 문장 역시 명구가 되었다. "제게 불운이 닥쳤을지는 몰라도, 사는 동안 중요한 것들을 엄청나게 많이 얻었다고 말씀드리며 제 이야기를 마치겠습니다."

우레와 같은 박수가 2분이 넘도록 운동장을 가득 채웠다.

루 게릭의 고별사는 300단어도 안 되는 것이었지만, 정치권을 제외하고 미국에서 이제껏 있었던 수사修辭들 가운데 가장 감동적인 연설이었다.[3] 그 장면을 찍은 필름을 보면, 핀 떨어지는 소리까지 들릴 것 같은 적막과 우레와 같은 박수 사이에서 경기장이 오락가락하는 것을 볼 수 있다. 신문들은 그 광경을 "야구장에서 목격한 것 중 가장 감동적인 장면이자, 냉정한 선수들과 게임기록자들조차 감정을 억누를 수 없었던 명장면"[4]이라고 묘사했다. 그날 경기장에 있었던 어느 누구도 T. S. 엘리엇의 주저함이나 사뮈엘 베케트의 끝없는 기다림, 또는 인생에서 의미를 발견할 수 없는 무능력 때문에 데이비드 포스터 월러스가 가졌던 좌절감을 느끼지 못했을 것이다. 루의 연설로 하나가 되던 순간, 6만 2천여 명의 사람들은 자기들이 누구인지 정확히 알고 있었다. 그들 가운데 최고의 인간은 막 죽어가는 위대한 남자, 헨리 루 게릭 자신이었다.[5]

경기장에 강림한 신성

오늘날의 삶에 있어서 스포츠는 성스러운 공동체를 가장 쉽게 만날 수 있는 장소일 것이다. 루 게릭의 일화에서 보듯이 위대한 운동선수는 그리스 신처럼 빛을 발하며, 우리는 그를 통해 위대함의 의미를 손으로 만지듯 느낄 수 있다. 오늘날 미국 사회에서 스포츠가 일종의 국민 종교 역할을 하고 있다는 것은 잘 알려진 얘기다. 전통적인 종교 의례와 신앙을 스포츠가 대신하고 있는 것이다.[6] 스포츠가 역사적이고 사회학적인 측면에서도 실제로 이런 종교의 역할을 맡고 있는지는 잘 모르지만, 현상만 놓고 보면 반박할 수 없는 얘기다. 사람들이 신을 찬미하는 즐거움 속에서 하나가 되는 것이나, 환상적인 미식축구 장면에 환호를 보내며 하나가 되는 것이나, 그 느낌에는 본질적인 차이가 없을 것이다.

스포츠와 종교 사이의 이런 유사성은 이 공동체들이 그만큼 중요성을 띠기 때문에 만들어지는 것이다. 어떤 위대한 성취를 함께 축하하는 가운데 다른 사람과 하나 되는 느낌은, 축하를 보내는 그 일이 정말로 위대하다는 느낌을 강화시킨다. 물론 거실 소파에 홀로 앉아있는 것이나, 데이비드 포스터 월러스가 가끔 그랬듯이 TV에서 중계되는 놀라운 경기 장면에 경탄하는 것이나, 그리 다른 점은 없을 것이다. 하지만 같은 마음을 가진 공동체와 이런 순간들을 공유할 때, 그것들은 더욱 큰 의미를 띠고 다가온다. 우리는 교회에서든 야구장에서든 타인들과 멋진 순간을 공유하고 있다고 느낄 때 더 큰 감동을 받는다. 그것을 공유하고 있다는 느낌까지 공유하면, 이 멋진 순간들은 터져서 빛을 발한다. 관중석 벤치에 나란히 앉은 낯선 사람과 자신이 하이파이브를 하고 있음을 깨달을 때, "제가 복숭아 하나 먹어도 괜찮을까요?"* 같은 식의 정조는 저 멀리 사라져버린다.

더 나아가 이런 사건들은 단순한 기쁨의 정조 속으로 우리를 끌어들이는 것 이상의 역할을 수행한다. 이 사건들은 주어진 상황의 가장 중요한 측면들을 꺼내 보여주며, 그것들 모두를 최고의 모습으로 빛나게 해준다. 예를 들어 최고의 야구 경기는 그 경기가 벌어진 구장의 도시가 가진 아름답고 감탄스런 풍광까지 빛나게 해준다. 그 경기는 사람들을 끌어 모으고, 계절이 보여주는 가장

---

* T. S. 엘리엇의 시 「J. A. 프루프록의 연가」에서 프루프록이 한 말. 이 구절은 아무것도 단호하게 결정하지 못하고 타인과 쉽게 소통하지 못하는 현대인의 모습을 전형적으로 보여준다.

아름다운 것들에 주목하게 해주며, 공동체에, 경기에, 그리고 그들 자신에 대해 주목하게 해준다. 테크놀로지 철학을 연구하는 앨버트 보그만은 이런 일이 명백히 신적인 것의 현존과 관련이 있다고 쓰고 있다. 보그만은 그 가능성을 사뭇 감동적으로 기술한다.

공동체가 가지는 의미를 뒷받침하기 위해서는 풍부한 실재성이 필요하다. 정성들여 만든 우아한 구장은 사람들을 똑같이 조화로운 상태로 바꾼다. 그것은 공동의 자부심과 즐거움을 고취하고, 계절과 장소에 대한 느낌을 공유하게 해주며, 함께 드라마를 기대하도록 해준다. 그런 조율이 이루어지면, 조롱과 웃음이 낯선 사람들 사이를 자연스럽게 흐르면서 그들을 하나의 공동체로 통일시킨다. 실재와 공동체가 이런 식으로 공조를 이루면, 신적인 것이 경기 속으로 강림하게 된다. 비인격적이지만 강력한 신성이 말이다.[7]

보그만이 말하듯 경기장에 강림한 신성은 비인격적인 것이다. 하지만 형이상학적 문제를 내포하지는 않는다. 가령 어떻게 세 가지 신격이 하나의 신 안에서 조화될 수 있는지, 몇 명의 천사가 바늘 끝에서 춤출 수 있는지* 따위의 문제를 일으키지 않는다.

---

*비물질적인 존재들을 둘러싼 중세 때의 논쟁을 야유할 때 흔히 쓰는 표현으로, 토마스 아퀴나스가 이런 허황된 문제를 파고들었다고 한다.

'야구'라는 비인격적 신은 영혼의 본질이나 내세의 삶에 대해 어떤 물음도 던지지 않는다. 하지만 이런 인격적 요소의 결여야말로 성스러움의 개념이 갖는 본질을 드러내준다. 니체는 무엇을 성스러운 것으로 여기든 그런 문화를 비웃을 수 없다고 말한 바 있다. 다 자란 성인이 나무 막대기를 들고 딱딱한 공을 맞추려고 하는 모습이나, 덩치 큰 젊은이들이 선 너머로 타원형 구체[미식축구공]를 던지거나 들고 뛰는 광경을 보고 비웃을 수도 있을 것이다. 그런 점에서 모든 스포츠가 성스러운 의미를 지닌다고 말할 수는 없을 것이다. 그러나 스포츠에는 어떤 순간들이 존재한다. 경기하는 순간이나 그것을 목격하는 순간들 말이다. 그 순간이 오면 뭔가 압도적인 것이 우리 앞에 일어나 손으로 만질 수 있을 것처럼 우리에게 다가오며, 거센 파도처럼 우리를 덮어버린다. 이런 순간이 오면 사건과의 물리적 거리도 문제되지 않는다. 그야말로 성스러움으로 빛나는 순간이다.

퓌시스의 반짝임

데이비드 포스터 월러스는 이런 성스러운 순간들에 대해 고도의 감각을 지닌 사람이었다. 이런 주장이 의아하게 들릴지도 모르겠다. 월러스를 다룬 앞 장에서 그의 사상에 허무주의적 경향이 짙다는 점을 지적한 바 있으니 말이다. 하지만 니체적 허무주의가 월러스의 작품을 아무리 완강하게 지배하고 있다 해도, 그는 오늘날의 세계를 생기 있게 만드는 다양하고 모순적인 현상들 대부분에 공명했던 것으로 보인다. 특히 월러스는 스포츠의 성스러운 순간들을 다룬 글들에서 허무주의에 대해 강하게 반대하는 경향을 보여준다.

월러스는 각별한 테니스 애호가였다. 그가 숭배했던 선수들의 만신전에는 로저 페더러*가 가장 윗자리를 점하고 있다. 「뉴욕타임스」 주말판에 실린 "종교적 경험으로서의 페더러"라는 칼럼[8]을 보면 페더러에 대한 월러스의 찬가가 어느 정도인지 알 수 있다. 월러스는 이렇게 쓰고 있다.

만일 젊은이의 살아있는 경기를 본 적이 없다면, 2006년 두 주간 동안 말 그대로 모든 것을 말리는 폭염과 바람과 폭우를 견디면서 윔블던의 성스러운 잔디 위에 서 있었던 사람을 보면된다. 그러고 나면 대회 보도차량 기사가 "거의 피를 나누는 듯한 종교적 체험"이었다고 묘사하는 것을 쉽게 이해할 수 있을 것이다. 얼핏 들으면 이런 말은 사람들이 종종 쓰곤 하는 과장된 비유처럼 들릴지 모른다. (…) 하지만 그 기사의 말은 진실이다. 문자 그대로도 그렇고 잠시나마 우리를 도취시킨다는 점에서도 그렇다. 물론 그것이 진실임을 알기 위해서는 약간의 시

---

* 스위스 출신의 테니스 선수. 1981년생으로 1998년 윔블던 주니어 챔피언에 오른 이후 301주간 세계 랭킹 1위, 총 17개의 그랜드슬램을 달성한 역사상 최고의 테니스 선수로 평가받는다.

간과 진지한 시청이 필요하지만 말이다.[9]

월러스의 페더러 분석은 노련하다. 그는 논하기를, 페더러가 보여준 힘과 아름다움의 조합은 다른 선수들이 우려하는 강력한 베이스라인 플레이*를 부활시켰고, 그 진화의 최종점에 도달했다고 한다. 페더러는 이를 통해 "인간의 테니스가 비유적으로나 문자 그대로 어떻게 육화될 수 있는지" 보여주었다는 것이다. 그가 이렇게 새로운 게임 스타일을 육화해 보여줌에 따라, 수년 만에 처음으로 시합의 미래는 활짝 열리게 되었고 예측 불허의 것이 되었다. 월러스의 해석이 옳다면, 페더러의 플레이를 보는 것이 마치 종교적 체험을 하는 것 같다는 말도 쉽게 이해된다. 월러스의 해석은 인간 존재와 이 존재가 추구하는 것에 대한 새로운 이해를 보여준다.

성스러움에 대한 이런 새로운 이해는 월러스의 작품과 우리 문화 사이의 긴장관계, 즉 화해될 수 없는 갈등을 더욱 부각시켜 준다. 월러스가 페더러에게서 발견한 가치, 즉 페더러에게 내려진 은총과 아름다움을 체험하는 데서 얻는 구원은, 그가 공중 부양하는 세무조사관 미첼 드리니언에게서 찾으려 했던 탈육화된 행복과는 완전히 다른 방향의 것임을 알 수 있다.

성스러움의 개념들이 일으키는 이런 갈등을 이해하는 가장 좋

---

* 테니스 코트의 양쪽과 끝 라인에서 주로 공을 받아치는 게임방식.

은 방법은 몸에 주목하는 것이다. 인간이 지고 있는 과제들은 지적인 것이든 영적인 것이든 불문하고 어떤 식으로든 몸과 관련이 있다. 예컨대 돈 게이틀리가 입은 총상의 고통은 『끝없는 농담』 마지막 부분에서 그를 긴 몽상에 빠지게 한다. 그런데 이 몽상에서 얻은 계시는 육체는 연약한 것이니 거부하라는 것이었다. 아우구스티누스가 그랬듯이, 게이틀리도 궁극적으로는 탈육화된 상태를 추구한다. 그 상태란 육체와 그 한계가 다 녹아버려서 영원한 현재가 주는 생생한 행복감 외에는 아무것도 남지 않는 상태를 말한다. 월러스는 게이틀리가 나오는 부분을 무척이나 빨리—아마도 게이틀리 같은 몽환에 빠진 듯이—썼다고 하는데, 이 부분에 대해 뭔가 개인적 공감을 느꼈던 것 같다. 그는 친구에게 말하기를, 그 부분을 쓰던 당시 "의자 위에 내 엉덩이가 있다는 것을 느낄 수조차 없었다"고 한다.[10]

게이틀리의 경험과 엉덩이의 존재조차 잊은 월러스의 경험, 나아가 공중 부양하는 미첼 드리니언의 경험들에 공통적으로 들어있는 핵심은 몸이 어떤 장애요소처럼 취급된다는 점이다. 월러스에 따르면 참된 행복, 참된 해방은 몸의 짐에서 벗어나는 것이다. 몸에 대한 이러한 접근법은 오늘날에도 여전히 인정되고 있는 접근법이다.

그러나 페더러에게 내려진 은총은 몸에 대한 다른 이해 방식을 보여준다. 즉 성스러움을 경험하는 데 있어서 몸이 맡는 역할을 전혀 다르게 이해하게 해준다. 육체를 거부하는 것과는 거리가 먼 페더러의 숙련된 테니스 솜씨는 "인간 존재로 하여금 몸을 가졌다는 사실에 대해 화해하게 만드는" 사례이다. 물론 이것은 육체가 언제나 전적으로 바람직하다는 것을 뜻하지는 않는다.

육체를 가지는 것이 나쁘다는 증거는 아주 많다. 만일 누군가 이것이 사실이 아니라고 한다면, 우리는 당장이라도 고통, 쓰라림, 악취, 구토, 노화, 중력, 부패, 질병, 한계 등을 예로 들 수 있을 것이다. 그리고 마지막으로 우리의 육체적 의지와 현실적 능력 사이의 모든 분열을 예로 들 수 있을 것이다. 이것들을 화해시키는 데 도움이 필요하다는 점을 누가 의심할 수 있을까? 화해를 바라는가? 결국 죽는 것은 당신의 육체이다.

육체가 갖는 이런 비참한 측면에 초점을 맞추면, 육체를 지닌 존재에게 구원이란 불가능한 것이 된다. 행복의 황홀경은 엉덩이를 갖지 않는 데서만 올 수 있다. 반면에 페더러의 몸, 그의 신체에 내려진 은총은 우리로 하여금 육체가 가진 성스러운 경이들을 찬미하도록 해준다.

육체를 가지는 것이 놀라운 일이라는 증거 역시 많다. 분명히 그러하다. 다만 실시간으로 이 증거들을 감지하고 평가하기가 어려울 따름이다. 드물긴 하지만 우리가 감각의 절정("이런 일출 장면을 내 눈으로 목격하다니 얼마나 기쁜지!" 같은)을 맛볼 때 그러하듯이, 위대한 선수들은 접촉하고 지각하고 공간을 이동하고 사물과 상호작용하는 것이 얼마나 복된 것인지를 우리에게 새삼 깨닫게 해준다. 물론 그 선수가 보여주는 경지는 우리들로서는 꿈속에서나 할 수 있는 것들이다. 하지만 중요한 건 꿈이다. 그것이야말로 수많은 것들을 만들어낼 수 있다.

다시 말해서 페더러의 은총은 이 땅에서도 성스러움의 육화가 충분히 가능하다는 것을 입증해준다. 이런 성스러움의 개념은 육체의 한계까지 껴안는 것이다. 왜냐하면 우리는 육체의 한계를 탐색하고 확장하고 재구성하는 가운데 새로운 종류의 경험을 얻을 수 있기 때문이다.

그뿐만이 아니다. 이런 은총은 우리로 하여금 이 지상에서 신비와 마법을 발견할 수 있게 해준다. 월러스가 주장했듯이 우리는 "드물지만 초자연적인 운동선수들"―페더러, 마이클 조던, 무하마드 알리 같은 선수들―을 통해 형이상학적 신비를 접하곤 한다. "마치 그들은 부분적으로 물리적 법칙들에서 벗어나 있는 듯이 보인다"는 것이다. 월러스가 조던에 대해 "샤갈의 신부처럼 공중에 떠있다"[11]고 쓴 것도 바로 이런 뜻이다. 우리는 조던이라는 인간에게서 어떤 성스러움, 신적인 것을 발견한다. 빌 브래들리가 수비벽을 뚫거나 웨슬리 오트리가 지하철 선로에 뛰어드는 것을 볼 때, 우리는 인간의 위대함에 대해 자동적이고도 몰아적인 기쁨을 맛본다. 페더러의 믿을 수 없는 타구에 대해 월러스가 보인 반응—TV로 보았다고 해도 무방하다[12]—도 이것으로 설명된다.
즉 그것은 '매트릭스' 바깥에서 일어난 일인 것이다.

내가 무슨 함성을 질렀는지 전혀 모르겠지만, 아내는 말하기
를, 서둘러 들어와 보니 소파 주위에 팝콘이 흩어져 있고, 나는
한쪽 무릎을 떨어트린 채 눈동자는 가게에 새로 전시된 신상
품에 정신이 팔린 것 같았다고 한다.

이처럼 운동선수에게 육화되어 나타나는 은총은 우리에게 진
정한 종교적 체험을 가져다준다. 그러나 이것은 앞에서 보았던 아
우구스티누스의 성스러움의 개념과는 다르다. 또 그것은 게이틀
리의 영원한 현재와도 다른 것으로서, 자기통제나 의지 또는 대결
을 통해서는 얻을 수 없는 종교적 체험이다. 월러스는 이런 체험
을 얻기 위해서는 다른 접근법이 필요하다고 말한다.

우리는 이런 미학적 사실들에 좀 더 우회적으로 다가설 필요
가 있다. 그것의 가장자리에서 말하거나, 그것이 무엇이 아닌지
를 통해 그것을 정의하려고 노력해야 한다.

이런 우회적 접근법은 순수성보다는 화해를 지향하는 접근법
이다. 그것은 성스러움에 대한 지극히 인간적인 관념을 보여준다.
즉 고통과 권태, 분노와 불안을 거부하거나 초월하기보다는 우리

의 실존이 갖는 고통스런 측면을 인정하면서 성스러운 순간과 함께 살아가는 것을 의미한다. 그렇게 함으로써 우리는 서로를 완성하고 서로가 서로를 이해하게 된다. 이런 성스러움의 개념이야말로 우리에게 화내는 신들 없이는 우리를 보살펴주는 신들도 없다는 생각과 어울리는 개념이다.[13]

그리고 마지막으로, 바로 이런 점 때문에 이 경험은 "신적인 것을 달래기 위한"[14] 의식儀式이 필요하다는 것을 깨닫게 해준다. 이런 의식은 월러스로서는 생각할 수 없는 것이었지만, 이 책의 결론으로 조명되고 기술될 것이다. 월러스는 운동선수에게 육화된 은총을 민감하게 감지했음에도 불구하고, 니체의 허무주의적 세계에 깊이 빠져 있었다. 그에게 이런 의식은 성스러운 의례로서가 아니라 조야한 미신으로 보였을 뿐이다.[15] 왜냐하면 그는 여전히 데카르트의 "이기적인 하늘" 아래, "신들이 사라진 언덕" 곁에 살고 있었기 때문이다. 그가 신들을 부를 수 없었던 이유가 바로 이것이다. 하지만 이렇듯 인간의 종교적 경험이 충만하게 살아있는 세계를 보면서, 그는 경이와 두려움을 갖지 않을 수 없었다.

[페더러를 통해 얻은] 그 경험을 설명하기란 쉽지 않다. 그것은 하나의 생각이자 또한 하나의 느낌 같은 것이다. 이 점을 너무 따지려고 하거나, 둘 사이에서 공정한 균형을 취하고 싶어 하는 사람은 없을 것이다. 그냥 기묘하게 여길 것이다. 하지만 어떤 신성이든 실체성이든 에너지든 또는 유전자의 무작위한 발현

이든, 아픈 아이를 만들어낸 것이 또한 로저 페더러를 만들었다는 것은 진실이다. 그러니 저기 있는 그를 그냥 바라보도록 하라. 그 모습을 말이다.

이처럼 월러스는 페더러가 보여주는 은총 이상의 것을 볼 수는 없었다. 그러나 스포츠가 보여주는 성스러운 의례들에 대해 우리는 네 가지 점을 지적해 볼 수 있다. 그것들은 월러스가 볼 수 없었던 것들을 보여준다.

첫 번째로는, 진정으로 특별한 순간이 오면 뭔가 압도적인 일이 일어난다는 것이다. 그것은 거센 파도처럼 우리를 실어 나른다. 여기서는 파도라는 은유가 중요하다. 파도가 거세게 밀려올 때, 파도타기의 명인에게 그것은 그를 견고하게 지지해주는 기초가 된다. 파도는 더 크게 밀려올수록 더 힘차게 그를 실어 나른다. 하지만 파도가 지나가고 나면 남는 것은 기억뿐이다. 고요한 물 위에 서려고 노력해보라. 그러면 우리를 받쳐주던 기초가 사라져버렸음을 알게 된다. 스포츠의 순간들도 이와 같다. 만일 우리가 그 순간들에 올라탄다면, 그것들은 우리를 실어 나르고 삶에 의미를 안겨줄 것이다. 보그만은 이렇게 말한다.

실제 경기가 시작될 때, 무슨 일이 일어날지 예측하거나 통제할 수 있는 방법은 없다. 그 누구도 경기의 흐름을 만들거나 예측할 수 없다. 그것은 경기 중에 펼쳐지고 드러난다. 그것은 은

총을 부르거나 절망을 일으키며, 영웅적 행위나 실패를 낳는다. 또한 열광을 가져오거나 낙담을 불러온다. 하지만 그것은 언제나 개인적 느낌들의 총합보다 크다.[16]

스포츠의 순간들이 만들어내는 의미는 언제나 그렇듯이 임시적이다. 우리는 게임의 흥분에 사로잡혔던 순간을, 즉 상황에 내맡겨지고 통제되던 순간을 기억한다. 하지만 그 기억은 상황이 지나고 난 뒤 우리가 어떻게 행동해야 할지에 대해 아무것도 말해주지 않는다. 성스러움과 실재에 대한 이런 현대적 개념은 우리가 그간 익숙하게 생각해온 것들과는 근본적으로 다른 것이다. 이처럼 실존의 기초를 상황적인 것으로 보는 관념 속에는, 플라톤에서 데카르트와 칸트에 이르는 철학자들이 추구했던 영원하고 지속적인 확실성 같은 것은 없다. 오히려 확실성은 일시적이고 다양하게 주어지며, 따라서 언제나 관심과 주목을 요구한다. 그것은 우리를 잠시간 실어 나르기는 하지만 영원히 지속될 수는 없다.

두 번째로, 우리가 현대 문화에서 경험하는 이런 성스러움의 특징은 호메로스 시대의 그리스적 실재 개념과 매우 밀접하게 연관된다는 점이다. 호메로스 시대에 자연 내지 자연에 실재하는 것들을 부르는 이름은 '퓌시스 *physis*'였다. 영어 단어 '물리학 physics'은 이 말에서 파생된 것이다. 현대 물리학 역시 존재하는 것에 관한 학문이지만, 오늘날 우리는 호메로스와는 전혀 다른 실재 개념을 가지고 있다. 우리에게 자연의 최종 원소들은 쿼크와 경입자, 그리고 부피와 전하를 가지는 원자의 하위 입자들이다. 또는 진동 상태에 있는 아주 미세한 다차원적 초끈일 수도 있다. 아마도 물리학은 앞으로 전혀 다른 사실들을 밝혀낼지 모른다. 하지만 물리학이 우주에 대해 어떠한 결론을 내린다 해도, 그것은 근본적 구성요소들과 그것들의 상호작용에 관한 이야기가 될 것이다. 이런 실재 개념은 호메로스에게도 그리 틀린 것이 아니었을 것이다. 그것과 전혀 다른 물리학적 설명 역시 틀리다고 보지 않았겠지만 말이다.[17] 하지만 호메로스가 보기에 이런 인과론적 설명들은 모두 잘못된 지점에서 출발한 것이다. 왜냐하면 호메로스 시대에 '퓌시스'라는 단어는 우주의 어떤 궁극적 **구성요소**를 일컫는 이름이 아니었기 때문이다. 그것은 세상에 실재하는 사물들이 스스로를 우리에게 드러내는 **방식**을 가리키는 이름이었다.

호메로스적 세계에서 가장 중요한 것, 가장 실재적인 것은 갑자기 분출하여 잠시 우리를 사로잡다가 마침내 우리를 놔주는 어떤 것이다. 호메로스의 단어 '퓌시스'를 번역한다면 '반짝임'*이라는 단어가 가장 가까울 것이다. 호메로스에게 실제로 존재하

---

* 원래 단어는 '휙' 스쳐지나가는 것을 의미하는 'whooshing'이지만 옮긴이는 '반짝임'으로 번역했다. 저자들이 철학적 기초로 삼고 있는 하이데거에 따르면, "physis는 빛 안으로 열려 펼쳐지는 것, phyein은 빛남, 빛이 비침을 의미한다"고 『형이상학 입문』에서 말하고 있다(확실하지는 않지만 physis의 'phy'는 어원적으로 빛을 뜻하는 산스크리트어 bhū, bheu와 관련이 있다). 따라서 일순간 나타났다가 이내 사라지는 자연현상들을 가리키는 데는 '반짝임'이라는 단어가 가장 적절하게 보인다. 저자들은 아마도 공동체 구성원들이 잠시 동안이나마 하나가 되었다가 이내 흩어지는 현상 역시 '인간 내부의 자연'을 이룬다고 생각하는 듯하다.

는 것은 반짝이는 것이다. 전쟁터 한가운데서 빛나는 아킬레우스의 반짝임, 또는 파리스처럼 멋진 이국남자의 등장에서 보는 에로티즘의 반짝임, 소용돌이치는 바다에서 오디세우스가 손을 뻗어 잡으려했던 바위의 반짝임, 이런 것들이야말로 호메로스의 세계에서 실재가 빛나는 순간들이었다. 그리고 오늘날 이런 반짝임은 스포츠의 위대한 순간에서 일어나곤 한다. 무엇인가 휙 하고 빛을 터뜨릴 때, 그 빛은 모든 것을 자기 주위로 모으고 자신에게 초점을 맞추게 한다. 경기 중 위대한 선수가 솟아올라 빛을 내면, 모든 관심이 즉시 그에게 쏠린다. 그러면 거기 있는 모든 사람들─경기장의 선수들, 대기석의 코치들, 관중석의 팬들, 칸막이 방의 아나운서들─은 자신들이 누구인지를 이해하고, 지금 일어나고 있는 위대한 사건에 대해 자신이 즉각 어떻게 반응해야 하는지 이해한다. 호메로스의 세계에서 반짝임은 실제로 빛을 가지는 것이며 가장 중요한 것이다. 우리는 스포츠의 순간들을 통해서 그것을 이해할 수 있다.

실재에 대한 이런 호메로스의 관념이 오늘날의 과학적 이해와 대비된다는 점은 짚어볼 만한 부분이다. 확실히 우리는 두 가지 관념을 아무런 갈등 없이 받아들일 수 있다. 또 우리들 저자는 그래야만 한다고 생각한다. 과학적 실재 개념은 실재의 인과론적 구조에 초점을 맞춘다. 그와 대조적으로 호메로스의 설명은 실존의 가장 중요하고 의미심장한 순간들이 어떤 방식으로 자신을 우리에게 제시하는가를 기술하는 데 있다. 물론 스포츠의 위대한 순간들이 그렇듯이, 이런 의미심장한 사건들 역시 인과적 토대 위에서 있는 것이 사실이다. 하지만 루 게릭의 특별한 경기 장면, 또는 그의 감동적인 은퇴식에서 우리는 사로잡은 것이 무엇이냐고 물을 때, 그의 어깨 근육이 가진 인과적 구조는 하등 문제가 되지 않을 것이다.

세 번째로, 퓌시스 현상은 스포츠에서만 볼 수 있는 현상이 아니다. 물론 오늘날 우리의 문화에서 스포츠는 그런 현상을 접하는 데 있어서 중심적 위치를 점한다. 일반적으로 현대인들이 이런 공동체적 감각과 의미를 가장 많이 느끼는 분야는 아마도 스포츠일 것이다. 비록 일시적이기는 하지만 우리는 스포츠를 통해 우리가 누구인지에 대한 정확한 이해를 얻곤 한다. 물론 다른 영역에서 이런 일이 일어나지 않는다고 말하는 것은 아니다. 예를 들면 마틴 루터 킹 목사가 링컨기념관 앞에서 연설을 하는 동안, 수많은 사람이 자기 자신과 자기 세계에 대한 감각을 똑똑하게 느꼈을 것이다. 그런 느낌은 추수감사절의 가족식탁에서도 일어날수 있다. 아마도 어떤 사람들은 교실에서 이런 종류의 집약된 공동체적 의미를 느낄 것이다. 스포츠만을 주목해야 할 이유는 없다. 오늘날의 문화에서 그런 현상을 가장 익숙하게 만날 수 있는 곳이 스포츠라는 얘기일 뿐이다.

하지만 스포츠의 사례는 또 다른 이유에서 중요하다. 스포츠는 우리들 저자가 주장하는 성스러움의 네 번째 측면을 보여준다. 이를테면, 우리가 기술하고 있는 현상 속에는 본래적으로 위험스런

1963년 링컨기념관 앞에서 마틴 루터 킹이 한 연설과, 1936년 메이데이 집회에서 히틀러가 한 선동적 연설은 외견상 얼핏 유사해 보인다. 그것은 본디 '퓌시스'가 열정과 광기의 양측면을 다 갖고 있기 때문이다.

어떤 것이 숨어 있다. 그것은 위험할뿐더러 혐오감을 주기까지 한다. 이제 우리는 '퓌시스'의 마지막 측면을 언급할 필요가 있다.

야누스의 얼굴

최근 우리들 저자는 저녁 모임에서 이 반짝임의 현상에 대해 언급한 적이 있다. 식탁에 앉은 다른 동료―이미 이 문제에 대해 깊이 생각해본 적이 있는 친절하고 명석한 철학자―가 곧바로 반응을 보였다. "그것은 군중을 통해 에너지가 요동치는 느낌과 같지요. 나도 그것을 정확하게 압니다. 그래서 그 근처에 있게 될 때마다 가능하면 멀리 떨어져 있으려고 하지요." 사교상의 대화가 대개 그렇듯이 이 토론은 짧게 끝났고, 그 동료가 가졌던 관심의 배경은 명확히 밝혀지지 않았다. 하지만 이 말이 의미하는 바는 분명하다. 그 현상 이면에는 심각하게 걱정스러운 점이 숨어 있다는 것이다. 다음에 설명하는 관점들은 우리 친구에게서 나온 것이 아니지만, '반짝이는 것'이 갖는 위험성이 무엇인지 알 수 있을 것이다.

먼저 어떤 강력한 힘에 압도당한다는 것은, 내가 더 이상 나의 행위를 완전하게 통제할 수 없다는 뜻이기도 하다. 위대한 스포츠 게임에서 관중들과 하나가 되어 일어서는 것을 느낄 때, 그 행동의 원천이 내게 있지 않다는 데 중요성이 있다. 물론 행동을 일으킨 것은 나의 근육이다. 우리는 다리를 쭉 뻗고 팔을 올리면서

"와!" 하는 외마디 소리를 지른다. 그러나 내가 그렇게 하기로 결정하고서 움직인 게 아니라는 데 중요한 의미가 있다. 그 행동은 자의에서 나온 것이 아니기에 나의 통제를 벗어난 것이다. 물론 누군가가 나더러 뛰어오르고 환호하라고 강요했다는 얘기는 아니다. 우리는 충분히 떨어진 거리에서 그 상황을 냉소하거나, 우리 동료가 말한 대로 언제든지 그 자리를 떠날 수 있다. 하지만 그 상황에 이미 내맡겨져 있는 한, 나 자신은 더 이상 내 행동의 원천이 아니라는 점이 중요하다.

계몽주의의 관점에서 볼 때, 이런 상황은 끔찍하게 여겨질 것이다. 칸트는 한 유명한 에세이에서 "계몽이란 자기에게 부과된 미성숙의 상태로부터 벗어나 인간으로 태어나는 것"[18]이라고 말한 바 있다. 칸트적 의미에서 미성숙하다는 것은 자기 자신에 기초해서 자유롭게 선택하지 못하는 것을 의미한다. 관중들의 광기에 저항하지 못하는 것은 미성숙의 대표적인 사례이다. 이와 반대로 성숙함이란, 자신의 행동을 선택함에 있어서 자기 외부의 어떤 사람이나 어떤 것의 지시도 받지 않고 자기 자신의 지성만을 사용하기로 결단하는 것을 뜻한다. 그러므로 칸트적 의미에서 볼 때, 야구 경기장에서 가져야 할 성숙함이란 합리적 개인으로서 그 상황에 대한 적절한 반응이 무엇인지를 결정하기 위해 공동체의 반응이 갖는 힘에 저항하는 것이다. 당연히 우리는 어떤 선수의 기술이 박수갈채를 받을 만하다고 생각할 것이고, 그렇다면 박수를 치는 나의 행위는 내 판단을 적절하게 표현하는 것이 될 터이다. 하지만 관중과 하나가 되어 일어서는 것은 여기서 고려의 대상이 되지 않는다.

무슨 이런 하품 나는 고민을 야구 경기장에서 한다는 말인가 생각할 수도 있겠지만, 칸트의 경고 속에는 어떤 의미심장한 뜻이 있다. 결국 야구장에서 관중과 하나가 되어 일어서는 것과, 히틀러의 집회에서 군중들이 하나가 되어 일어서는 것 사이에는 포착하기가 매우 힘든 거리밖에 없기 때문이다. 더구나 루 게릭의 고별사를 위대한 스포츠 연설이 아니라 하나의 수사학적 웅변으로 본다면, 그 거리는 더욱 좁혀질 것이다. 현상의 반짝임은 야누스의 얼굴을 가지고 있다. 만일 우리가 루 게릭의 고별사와 히틀러의 선동 사이의 차이를 분명히 지적할 수 없다면, 아마도 칸트가 말한 성숙함이야말로 지루하기는 해도 우리가 따라야 하는 가장 현명한 지침이 될 것이다.

스킬라와 카리브리스 사이

지금 우리는 선택의 문제에 부딪혀 있는 것일까? 즉 한편으로는 지루하지만 성숙하고 올바른 행위의 삶과, 다른 한편으로는 위험스럽고 혐오스러울 수 있지만 그럼에도 의미심장한 행위의 삶 사이에서 하나를 선택해야 하는 문제인가? 그렇지 않다. 내기의 판돈은 훨씬 더 크다. 만일 계몽주의가 형이상학적으로 자율적인 개인을 내세우는 것이라면, 계몽주의는 단지 지루한 인생이 아니라 거의 살 수조차 없는 인생으로 불가피하게 우리를 인도할 것이다. 예를 들어 단테에게 개인이 자율적 의지를 갖는다 함은 곧 세계의 의미 원천에 반항한다는 뜻이었다. 그리고 멜빌의 에이해브 역시 이런 의미 원천이 가지는 어떤 힘 때문에 미쳐버리고 만다. 우주에서 개인이 점하는 위치에 대해 분명하고도 완벽한 답을 발견하려는 그의 집념이야말로, 즉 자신이 우주의 중심인지를 알아내려는 데 미쳐버린 그의 욕망이야말로, 멜빌이 보기에는 가장 비극적이고 심각한 결함이었다.

아마도 오늘날의 상황은 훨씬 더 좋지 않을 것이다. 개인 바깥의 무로부터 의미를 창조하려고 했던 월러스의 시도야말로 전통적인 신의 자리에 자신을 앉히려는 것이었다. 니체 역시 그런 자리를 찾으려 했다. 하지만 월러스는 이런 신의 자리를 끝까지 파고들었음에도 불구하고, 즉 의미 있는 실존을 위해서는 궁극적으로 그 자리가 꼭 필요하다고 생각했음에도 불구하고, 그것이 무엇인지를 이해할 수 없었고 그렇게 살 수도 없다는 점을 스스로 알고 있었다. 니체나 월러스가 그것을 알고 있었던 게 분명하다면, 그들을 비극으로 이끌거나 허무주의와 자살에 이르게 한 이유는 다름 아닌 개인주의적 자율성이었을 것이다. 이런 관점에서 보면, 계몽주의가 형이상학적 개인주의를 받아들인 것이야말로 서양사의 가장 극적인 전환이라 할 수 있을 것이다. 하지만 그것은 우리가 누구인지를 이해하기 위한 역사에서 진일보했음을 뜻하지 않는다. 그보다는 루터에서 시작하여 데카르트, 칸트, 니체를 거치면서 증폭되어 온 몰락의 마지막 발걸음이자, 가치 있고 의미 있는 실존의 가능성을 파괴하는 자아 개념의 마지막 몸부림이라 해야 할 것이다.

우리들 저자는 이런 상황에 대한 해독제로서 호메로스적인 다신주의―잠시 스쳤다가 사라지는 반짝임들―가 오늘날의 문화에 유용하다고 주장해왔다. 물론 이런 의미의 원천은 계몽주의가 내세우는 개인주의적 이상과 정면으로 대립된다. 왜냐하면 개인의 반응보다는 공동체적 반응 속에서 이런 반짝임이 시작된다는 말만 놓고 보아도 그렇기 때문이다. 예컨대 이슈메일이 경뇌유를 영원히 짠다 해도 좋을 거라는 느낌을 받은 것은 바로 이런 공동체적 행복 때문이었다. 야구장에서 접하는 환희의 순간 역시 마찬가지이다. 우리는 그런 순간이 영원히 지속되기를 바라지만 그럴 수 없다는 것을 잘 알고 있다. 그런 종류의 순간들은 자율성이 제공할 수 없는 것을 우리에게 가져다준다. 그리고 그런 경험은 우리가 기여할 수 있는 정도를 초월하는 어떤 것에 우리가 참여할 때만 주어진다.

이런 고대적인 현상에 대한 감각을 우리 것으로 만들고 발전시킴으로써 삶의 무의미함에 저항할 수 있다는 생각 속에는 대단히 희망적인 무엇인가가 존재한다. 그러나 상황이 이렇게 쉽다면 여기서 이야기를 멈춰도 될 것이다. 하지만 이런 전유專有의 잠재적 대가는 너무나 비싸다. 파시스트 선동가에게 자신을 맡기는 것은 우리가 지지하는 삶이 아니기 때문이다. 우리는 스킬라와 카리브디스* 사이에 끼여 있는지도 모른다. 한쪽에는 허무주의적이고 무의미한 삶이 있으며, 다른 한쪽에는 의미심장하지만 혐오스러울 수 있는 삶이 있다.

불행하게도 우리는 호메로스적 다신주의에 내포되어 있는 이런 위험들 사이로 마음 편히 방향키를 틀 수 없다. 호메로스 속에는 마땅히 거부해야 할 요소들도 많다. 그러므로 무작정 그리로 되돌아가자는 요구는 퇴행적인 요구에 불과하다. 예를 들어 『일리아스』에서 아킬레우스는 헥토르를 죽인 후 영웅적인 광기에 휩싸여 사흘 내내 트로이 성벽 주위로 시신을 끌고 다닌다. 물론 호메로스 역시 이런 악랄한 행동에 박수를 보내지는 않는다. 하지만 그것을 비난하지도 않는다. 단지 그 행동이 헥토르의 아버지 프리아모스 왕에게 끼친 영향만을 기술할 뿐이다. 설령 그 행동에 박수를 보내는 군중들 틈에 우연히 끼였다 해도, 우리는 이런 행동을 비난하는 입장에 서야만 한다. 위험스럽게도 이런 결정적 지점에서 호메로스는 시신을 묻어주는 쪽을 택하지 않는다.

---

* 오디세우스가 귀향길의 바다에서 만난 두 괴물. 스킬라(Scylla)는 커다란 암초 위의 괴물이고 카리브디스(Charybdis)는 무서운 소용돌이를 만드는 괴물이다. 두 괴물은 비슷한 정도로 위험한 두 가지 선택지를 가리키는 말로 쓰이는데, 한편으로는 불가피한 일부 손실(스킬라)과 완전한 파멸(카리브디스) 사이의 선택을 뜻하기도 한다.

장인의 포이에시스

호메로스가 열어둔 위험성을 피할 수 없다면, 지금까지 우리가 말한 모든 얘기는 공허한 것이 될 것이다. 이런 위험성에 대한 올바른 대처 방안은 우리 문화 속에 무아경의 퓌시스가 아닌 또 다른 성스러운 의례가 있는지 찾아보는 것이다. 그것을 정확히 찾아내고 우리 것으로 만들 수 있다면, 이 성스러움의 개념은 퓌시스의 혐오스런 출현을 막는 동시에 그것을 최고의 상태로 유지해줄 것이다. 퓌시스의 위험성을 막는 방안을 알아보기 전에, 우리는 먼저 우리 문화의 언저리에 여전히 이용 가능한 성스러움의 관례들이 있는지 검토해볼 필요가 있다. 그렇게 함으로써 우리는 퓌시스를 적절한 위치에 두기 위한 기초를 설계할 수 있을 것이다.

이런 육성 활동은 예로부터 포이에시스*poiesis** 라는 말로 불려왔다. 약 1백 년 전까지만 해도 우리를 육성하고 함양하는 포이에시스적 실천은 사물들을 다루는 방식의 핵심을 이루고 있었다. 이런 포이에시스적 실천 즉 창작적poietic 활동은 특히 사물을 최선의 상태로 만드는 장인의 기술에서 흔히 볼 수 있었다. 그것은 고대 때부터 문화에 간직되어온 실천으로서, 호메로스의 세계에서는 대장장이 신인 헤파이스토스가 사물들을 빛나게 만들었고, 당시

---

* 포이에시스는 제작 활동을 가리키는 말로, 윤리적이고 정치적인 실천을 가리키는 프락시스(praxis)와 대비되는 단어다. 특히 아리스토텔레스는 이 단어를 예술과 창작 활동을 가리키는 말로 쓰고 있다.

그리스인들은 그것들에 대한 경이감에 사로잡히곤 했다. 그러나 혜파이스토스는 호메로스의 만신전에서 주변 인물이었다. 아이스킬로스에 이르러서야 아테나 여신의 창작 스타일이 등장하여 문화를 세련되게 만들었고, 존재하는 모든 것들에 대한 이해를 조직했다. 이처럼 주어진 의미들을 최선의 것으로 연마하는 장인적인 창작 활동에 대한 이해는 19세기 말까지 살아 있었고, 그럭저럭 괜찮았다. 하지만 우리 테크놀로지 시대에 그것은 여러모로 공격을 받고 있는 중이다.

우리 시대의 일반적 경향이 창작적 기술의 발전과는 동떨어져 있음에도 불구하고, 이런 창작 능력이 여전히 필수적으로 요구되는 영역들이 있다. 예를 들어 야구나 테니스 기술 또는 피아노 연주기술은 지금도 전통적인 방식으로 전수된다. 연습은 운동선수나 음악가로 하여금 특정 상황에 반사적으로 반응하는 방법―왼쪽 땅볼, 3옥타브 주법 등―을 익히게 해준다. 그리고 우리는 이런 연습을 바탕으로 초심자가 그 분야에서 기술적으로 숙달되기를 기대한다. 그러나 이런 학습법은 매우 단조롭고 고된 것이어서, 그 과정을 통해 얻는 반사적 기술은 고생의 대가치고는 너무 사소해 보인다.

사실 기술은 이런 과정이 보여주는 것보다 훨씬 풍부한 현상이다. 우리는 기술적 성취가 물리적 능력의 단순한 습득 이상을 내포한다는 것을 지적해볼 수 있다. 하나의 기술을 배운다는 것은 세계를 다르게 보는 법을 배우는 것이다. 예컨대 숙련된 외과의사는 부러진 다리에서 단순히 뼈가 부러진 것 이상을 본다. 그는 골절의 특정 형태를 짚어내며, 정확하게 어떤 외과술이 뼈를 붙이는 데 필요한지를 본다. 마찬가지로 사람들은 미식축구의 빼어난 러닝백이 얼마나 "대단한 시야"를 갖고 있는지, 농구의 포인트가드가 얼마나 특출한 "코트 감각"을 가지고 있는지 얘기한다. 이렇듯 외과치료나 달리기 또는 패스의 특별한 기술들은 그런 기술을 가지지 않은 사람은 볼 수 없는 의미심장한 차이를 볼 수 있게 해준다.

하지만 이런 현상들에서 충분한 의미를 취하기 위해서는 단순한 물리적 기술을 넘어서는 차원의 것에 대해 생각해볼 필요가 있다. 우리는 그러기 위해서 기술이 삶에 있어서 중심적 위치를 점했던 시대로 되돌아가야 한다.

예를 들어 19세기 말의 수레바퀴 장인을 생각해 보자. 그의 공방에는 도제로 기술을 익히고 있는 일꾼들이 여럿 거주한다. 이런 기술 개념, 즉 장인적 숙련의 개념은 오늘날보다 훨씬 광범위하게 퍼져 있었다. 우리는 기술을 주로 기술적 숙련으로 이해하고 있지만, 수레바퀴 장인은 적어도 세 가지 점에서 이런 생각을 넘어선다. 빼어난 수레바퀴 장인으로서 거의 마지막 인물인 조지 스터트는 100년 전쯤 전통적인 기예 개념에 대해 다음과 같은 글을 남긴 바 있다.[19]

나는 무늬만 목재인 것들은 절대로 쓰지 않는 구식 일꾼들을 안다. 그런 목재는 일에 전혀 적합하지 않기 때문이다. 그들은 안다. 숙련된 일꾼은 결심 판사와도 같다는 것을. 왜냐하면 나무는 대패(지금은 거의 사용되지 않지만)나 도끼(역시 폐물이 된) 아래에서 이제까지 발견되지 않았던 성질을 드러내기 때문이다. 나 자신의 손으로 느꼈기에 나의 눈으로 아는 것이다. 하지만 그것을 문외한에게 가르칠 수는 없다. "채찍처럼 질긴" 톱밥과 "당근처럼 쐐기꼴을 한" 톱밥의 차이를 어떻게 가르칠 수 있으며, "썩은" 느낌과 "푸석푸석한" 느낌의 차이를 어떻게 설명할 수 있겠는가? 참나무건 너도밤나무건 이런 차이들은 다 고르게 있다. 하지만 실제 작업을 해본 사람들만이 그것을 안다.[20]

첫째로, 수레바퀴 장인은 목재 자체에 대한 숙련된 이해를 가지고 있다는 점부터가 다르다. 스터트가 여기서 강조하고 있는 부분은 숙련된 운동선수에게서 우리가 보는 부분과 같은 것이다. 순간적으로 골대를 감지하는 러닝백이 그렇듯이, 다년간의 경험을 쌓은 장인은 숙련된 기술 없이는 볼 수 없는 차이들을 분간해낸다. 그런데 스터트는 더 나아가 우리가 이제껏 주목하지 못한 부분, 즉 작업자의 능력과 그가 분간해내는 사물의 속성 사이의 관계에 대해서도 지적한다. 스터트에 따르면, 목재는 도끼나 대패를 거치면서 이전에는 보여주지 않은 성질들을 드러낸다. 우리가 시각적으로 이런 차이를 확인할 수 있는 것은 바로 우리 손으로 그것들을 느꼈기 때문이다. 이처럼 쓸모 있는 나무를 분간해내는 이 능력은 문외한에게 가르쳐줄 수 있는 것이 아니다. 왜냐하면 그것은 나무의 빛깔이나 결 등 외양상의 특징을 분간하는 문제가 아니기 때문이다. 그보다는 나무가 도끼나 대패에 어떤 적성을 보이는지를 즉시 알아챌 수 있는가의 문제이며, 바퀴로 쓰일 나무가 마차 무게를 견뎌낼지 견뎌내지 못할지를 즉각 알 수 있는가의 문제이다. 당시 환경에서 이런 차이를 분간하기 위해서는 나무를 쪼개고 톱질하고 대패질하는 기술이 우선 필요하다. 그리고 바퀴 형태로 짜서 농부의 필요에 맞게 마차에 끼우는 솜씨 또한 필요하다. 이런 기술적 통찰력은 본질적으로 실천 속에서만 발현된다.

수레바퀴 장인의 이런 통찰 속에는 어떤 신비스런 점도 없고 마법적이거나 초자연적인 요소도 없다. 그럼에도 불구하고 이 현상은 뭔가 우리에게 계시해주는 점이 있다. 왜냐하면 이 현상은 우리가 누구인지를 전혀 새롭게 이해하도록 하는 실마리를 제공해주기 때문이다. 수레바퀴 장인은 나무의 쓰임새라든지 성질 등 의미 있는 차이를 나무 속에서 발견하지 자기 자신에게서 발견하지 않는다. 숙련된 장인은 톱밥이 "당근처럼 쐐기꼴"을 했는지를 결정하지 않는다. 이것은 데이비드 포스터 윌러스가 계산대 줄에서 짜증내는 여인을 보고 가족 중 누군가 병원에 입원했을 거라고 단정하는 방식과 아주 다른 것이다. 오히려 문제는 세상 속으로 나가는 것이다. 장인의 과제는 의미를 만드는 데 있는 게 아니라, 기술을 자기 내부에서 육성하는 데 있으며, 이미 주어져 있는 의미를 분간하는 데 있다.

이런 현상에는 또 다른 측면도 있다. 수레바퀴 장인이 차이를 구분하는 능력만을 가진 게 아니기 때문이다. 스터트는 이 점을 분명히 알고 있었다. 그에 따르면, 잘 숙련된 장인은 작업하는 모든 나무덩어리를 구별할 수 있을뿐더러 그것들이 제각기 다른 특성과 개성을 가진다는 것을 이해한다. 각각의 나무덩어리는 늘 앞서 만진 것과는 다른 어려움을 가져다주며, 이전 것과 다른 취급을 요한다. 나무의 진짜 장인이 되려면 그것을 다루는 데 어떤 작업이 필요한지를 정확하게 인식할 수 있어야 한다.

옛날 장인에게 나무가 지닌 저항성을 매정하고도 몰상식하게 다루는 전기톱 따위란 없었다. 나무는 기계의 먹잇감이 아니요, 무력한 희생물도 아니었다. 오히려 나무는 그것을 잘 달랠 줄 아는 사람에게 자신의 미묘한 덕을 허락하곤 했다. 마치 이해심 많은 친구와 함께 일하듯이 그런 장인과 협력해서 일했다.[21]

스터트의 설명은 기술에 대한 두 번째 개념을 보여준다. 장인이 다루는 각각의 나무덩어리는 그에게 유일무이한 것이다. 더 나아가 각각의 나무를 다루는 작업 상황들도 그에게는 언제나 유일무이하다. 이 말은 장인이 자기 행위를 미리 계획하지 않는다는 것을 뜻한다. 즉 나무를 다루는 장인의 기술은 기계적이고 자동적으로 반응하는 활동이 아니라, 지성과 유연성을 지닌 활동이라는 얘기다. 그의 재능은 실천을 통해서 구현되며, 순간순간마다 달라진다. 아마도 똑같은 방식으로 작업을 반복하는 일은 장인에게 없을 것이다.

마지막으로 가장 중요한 기술의 개념은, 각 상황들의 유일성이 장인에게 성스러운 차원을 열어준다는 점이다. 스터트의 설명에 따르면, 각각의 나무덩어리들은 서로 구별되는 자기만의 특성을 가지기 때문에 장인은 작업하는 나무와 친밀한 관계를 맺는다. 나무의 덕성은 이처럼 보호받고 육성되는 가운데 드러난다. 나무에 대한 이런 친밀한 감각은 장인에게 나무에 대한 배려와 존경의 느낌을 불러일으킨다. 하지만 이런 느낌은 작업장에서 절단되고 건조되는 나무에만 국한되지 않는다. 나무는 그것을 키운 장소가 있으므로, 장인은 그곳의 토양, 지형, 수원에 대해서도 친숙해진다. 그는 또한 날씨와 계절에 대해서도 자세히 안다. 왜냐하면 이런 요소들로 인해 나무들은 제각기 장인의 톱에 달리 반응하게 되기 때문이다. 장인은 겨울에 벌목한 나무와 늦봄이나 여름에 벌목한 나무의 건조 속도가 제각기 다르다는 사실을 잘 안다.

결국 이렇듯 다양한 실천적 지식을 통해서 장인은 나무에 대한 단순한 책임감을 넘어서, 자신이 사는 고장과 땅에 대한 유대감을 가슴 깊이 간직하게 된다. 실제로 스터트는 자기가 사는 땅과 고장에 대한 장인의 존경심을 분명하게 언급하고 있다. 특정 장소에 대한 이런 존경심은 기술적 숙련이나 반사적 반응과 같은 우리의 기술 개념을 훌쩍 뛰어넘는 것이다. 그것은 자신이 사는 곳에 대해 성스러움의 감각을 갖게 해주며, 궁극적으로는 우리 자신을 최고의 상태로 고양시켜준다. 스터트가 현대의 기술 발전과 비교하면서 수레바퀴 장인이 자기 고장에 대해 갖는 존경심을 설명하는 부분은 상당히 설득력 있다. 땅과 더불어 일하는 장인의 기술과 지성이 "매정하고도 몰상식한" 기계로 대체됨에 따라, 땅에 대한 존경심도 사라지게 되었다는 것이다.

나무가 즐비한 지역과 거기 거주하던 영국인들은 서로 밀접한 관계를 맺고 있었다. 하지만 이런 관계를 통해 양육된 애정과 존경─진짜 토박이가 토종 나무에 대해 느끼는 마음은 거의 존경심에 가까운 것이다─은 이제 모두 사라지고 말았다. 게걸스런 탐욕들이 이 오래된 숲을 모독했기 때문이다. 나는 사물들이 경박한 마음으로 다뤄지는 것을 주변의 모든 것에서 보고 들었다. 나는 그런 경박함을 늘 혐오스럽게 여겼다. 나는 무거운 짐마차에 매인 말들이나 성당을 짓는 데 쓰이는 큰 돌을 볼 때 그렇듯이, 그런 취급을 당하는 사물들에 고통스런 동정심을 느낀다.[22]

즉 수레바퀴 장인에게 재료로 제공되는 나무는 단순한 물리적

속성들의 집합 이상의 것이다. 나무는 성당의 돌처럼 성스러운 것이며, 관심과 존경으로 다뤄야만 한다. 그렇게 대하지 않는 것은 모독이다.

스터트의 설명은 기술에 관한 설득력 있는 관념을 갖게 해준다. 스터트가 말하는 장인적 기술은 개인의 고립적이고 자동반사적인 기술 숙달과 달리, 전적으로 자기 지역과의 연대감 속에서 이루어진다. 훌륭한 관계들이 다 그렇듯이 한쪽은 다른 쪽을 최선의 상태로 만들어준다. 장인은 매정하고 몰상식한 기계가 아니라 나무에 대한 지적 관찰자이기 때문에, 나무는 그에게 자신의 미묘한 덕을 드러낸다. 그러나 장인이 나무를 분간하는 능력을 함양하고 나무와 그 땅에 대한 존경심과 책임감을 갖는 것은, 나무가 이미 이런 덕을 지니고 있기 때문이다. 따라서 장인과 기술 사이에는 일종의 피드백 관계가 만들어진다. 양자는 상호 이해와 존경을 통해 서로를 함양해준다.[23] 아리스토텔레스는 이런 장인과 기술의 상호 육성에 대해 포이에시스라는 이름을 붙였다.

하지만 불행하게도 장인적 기술이 지닌 육성의 힘만으로는 퓌시스의 위험을 없앨 수 없다. 아무리 자신의 땅을 존경하는 수레바퀴 장인이라 해도 히틀러의 현란한 수사에 휩쓸리지 않기란 어렵기 때문이다. 하지만 기술이 사물의 의미심장한 차이를 드러낸다는 관념은 결정적인 중요성을 갖는다. 왜냐하면 사람들의 삶 속에서 이미 작동하고 있지만 누구도 알아채지 못한 또 다른 종류의 창작적 기술이 존재하기 때문이다. 퓌시스의 위험스런 출현과 자비로운 출현 사이의 의미 깊은 차이를 분별하는 더 높은 차원의 기술 말이다. 이런 기술을 습득한 사람은 군중으로부터 빠져나오는 것이 언제나 능사는 아니라는 사실을 알고 있다. "나에게는 꿈이 있습니다"라는 정조에 휩싸여 2만 명의 사람들과 함께 킹 목사에게 환호하는 현장에 있어본 사람에게는, 그곳에서 빠져나왔다는 것이 그리 자랑할 만한 일이 아니다. 그날 국립기념공원에 있던 모든 사람이 거기에서 벗어나 냉정한 숙고와 합리적 판단으로 반응하려고 했다면, 그 사건은 원래만큼의 영향력을 가지지 못했을 것이고, 우리가 사는 세계는 더 가난해졌을 것이다.

그런 정조에 휩싸여야 할 때가 언제이고 빠져나와야 할 때가 언제인지를 깨닫는 것은 오늘의 세계를 사는 우리에게 결정적으로 중요한 기술이다. 다른 기술이 다 그렇듯이 이런 기술을 습득하기 위해서는 위험을 감수하는 것이 필요하다. 그 위험이 무엇인지는 뒤에서 살펴볼 것이다. 그러나 당장은 그런 기술이 오늘의 문화에 유용한 성스러움의 형태를 길러준다는 데 주목하기로 하자. '메타 포이에시스', 우리는 그것을 이런 이름으로 부를 수 있을 것이다. 그것은 세속 시대가 낳은 쌍둥이 위험에 빠지지 않도록 키를 잡아준다. 즉 그것은 우리로 하여금 퓌시스의 성스러운 현상들을 되찾게 함으로써 허무주의에 맞설 수 있게 해주는 한편, 퓌시스가 지닌 광적이고 혐오스런 측면에 맞설 수 있는 기술을 배양시켜 준다. 그러므로 이 세속적 허무주의 시대에서 잘 살아가려면, 열광하는 군중과 하나가 되어 일어나야 할 때가 언제이고, 발걸음을 돌려 그곳에서 재빨리 빠져나와야 할 때가 언제인지를 알아차리는 차원 높은 기술이 필요하다.

이제 우리는 메타 포이에시스에 대해 살펴볼 예정이다. 그러나 그러기에 앞서, 포이에시스에 의존해서 우리 자신을 이해하려는 시도가 테크놀로지 시대에 어떻게 공격을 받고 있는지 살펴볼 필요가 있다. 즉 기술을 통해 의미심장한 차이들을 구분하는 존재로 인간을 이해하려는 시도는 오늘날 어떤 위험을 맞고 있는가?

테크놀로지, 현대 세계의 공식

오늘날 거칠고 열광적인 퓌시스는 여전히 의미의 성스러운 왕국을 이루고 있는 반면, 따뜻한 양육적 활동으로서의 포이에시스는 죽어가는 예술의 처지에 있다. 이것은 부분적으로는 우리 자신이 성공을 거둔 데서 비롯된 결과다. 테크놀로지의 눈부신 발전은 오늘날의 삶에서 전문적 기예의 중요성을 감소시켜왔다. 확실히 현대 테크놀로지의 주요 목표는 당신이나 나의 기술 수준과 상관없이 전 분야를 모든 이에게 접근 가능토록 만드는 것이다. "어린아이들도 할 수 있도록!"이라는 표어야말로 테크놀로지 시대가 내세우는 주문이다. 음식을 조리한다는 것은 곧 버튼 하나를 누르는 것이요, 여행을 떠난다는 것은 비행기 티켓을 사는 것이다. 낯선 지리에서 운전한다는 것은 위성항법장치GPS가 가르쳐

주는 대로 좌회전하거나 우회전하는 것이다. 테크놀로지란 힘든 일들을 쉽게 만들어서 우리 삶을 향상시키는 것이다. 이것이 현대 세계의 기본 공식이다.

그러나 테크놀로지의 향상은 곧 궁핍함을 의미하기도 한다. GPS는 숙련된 운전 기술만이 분간할 수 있는 의미심장한 차이들을 덮어버린다. 테크놀로지는 기예의 필요성을 없애는 것만큼이나 의미의 가능성도 없애버린다. 숙련된 기예를 지닌다는 것은 그 분야에서 무엇이 중요하고 가치 있는 것인지를 안다는 뜻이다. 이런 기예는 우리에게 의미심장한 차이들을 밝혀주며, 우리로 하여금 그런 차이들 각각을 최선의 상태로 만드는 책임감을 기르게 한다. 이런 기예의 필요성이 사라졌다는 것은 그만큼 테크놀로지가 우리 삶을 단조롭게 만들었다는 것을 뜻한다.

이런 단조로움에는 두 가지 측면이 있다. 첫 번째로, 이 단조로움으로 인해 세계는 점점 기술할 수 없는 것이 된다. 즉 스터트가 나무에 대한 지역적 이해가 죽었다고 말한 것이 이 뜻이다. 오늘날 대부분의 사람들은 더 이상 "채찍처럼 질긴" 톱밥과 "당근처럼 쐐기꼴인" 톱밥의 구분─의미와 가치들의 구분─을 할 수 없다. 예전에 솜씨 좋은 목공술을 통해 드러나던 많은 차이들은 기예의 죽음과 함께 어둠에 묻히게 되었다. 예를 들어 전기톱은 옹이를 상관하지 않기 때문에 그것에 방해받지도 않는다. 능숙하게 비껴가야 할 장애로서의 옹이와 단단한 목질의 이점을 갖는 옹이를 더 이상 구분할 필요가 없게 된 것이다. 그런데 이런 차이를 인식하지 못하는 무능력은 결국 생산의 질을 떨어트린다. 즉 스터트가 말하듯이 "사무실의 책상물림들"에게는 기계로 생산한 바퀴 테두리가 더 나아보일지 모르지만, 숙련된 장인에게는 완전히 몰지성적인 것으로 보일 뿐이다. 질의 저하보다 더 나쁜 것은 차이를 설명하는 기술을 잃는다는 점이다. 기예에 대한 지식이 우리에게서 사라질수록 세계는 더욱더 가치의 구분을 잃게 된다.

두 번째는, 세계가 의미를 상실할수록 우리 자신에 대한 이해도 단조로워진다는 점이다. 사물에 대한 애착과 존경의 정조—어떤 분야에서 가치 있는 것들을 구분할 줄 아는 숙련되고 밀착된 관심—는 우리에게서 거의 사라지고 말았다. 아마도 루 게릭의 연설이 감동을 주는 까닭은 그가 죽어가는 영웅이었기 때문이 아니라, 이런 정조가 아직 우리에게 남아있다는 것을 관중들의 반응이 증명하고 있기 때문일 것이다. 그러나 존경은 또 다른 이유에서도 중요하다. 존경은 우리를 의미심장한 차이들의 양육자로 만들어준다. 즉 목재를 존경한다는 것은 그것에 찬탄을 보내고 떠받든다는 것만을 의미하는 게 아니고, 그것을 양육하고 최고의 상태로 빛나게 만든다는 것을 의미한다. 하지만 테크놀로지는 기예의 필요성을 없애는 동시에, 우리 자신을 의미의 육성자로 보는 고매한 관념마저 없애버린다.

이런 맥락에서 볼 때, 테크놀로지의 행진은 심각한 위험성을 내포한다. 그 위험성이란 기술 개발이나 기술 향상에 가로놓인 위험을 말하는 게 아니라, 우리 자신에 대한 이해에 놓여있는 위험을 말한다. 테크놀로지적인 삶의 방식이 부추기는 것만을 추구하는 위험성이 그런 것이다. 그러나 이런 위험에 대한 적절한 대처 방안은 테크놀로지 자체를 부정하는 데 있지 않다. 그보다는 테크놀로지적인 삶의 방식에 저항하는 창작적 실천을 지켜가면서 개별 테크놀로지의 발전을 받아들이는 것이야말로 더 적절한 대처 방안일 것이다.

GPS를 예로 들어보자. 이것만 있으면 길 잃을 일이 없다는 점에서 GPS는 굉장히 편리한 장치이다. 물론 가끔은 다리 한가운데서 우회전하라고 지시하는 문제가 있긴 하지만, 이런 오작동은 곧 해결될 것이다. 특히 우리 저자들 같은 길치들에게 GPS는 대단한 기술적 진보처럼 보인다.

하지만 이런 진보에 따른 대가에 주목해보자. GPS가 우리 대신 운행을 하는 동안, 주변 상황에 대한 우리의 이해는 최소한으로 줄어든다. 우리는 "여기서 우회전해야겠군!" 하는 정도만 알면 된다. GPS는 잘 작동될 경우 우리를 목적지까지 쉽고 빠르게 데려다준다. 하지만 그것은 내비게이션의 본래 뜻, 즉 항해라는 고귀한 기술을 매우 사소한 것으로 만들어버린다. 항해술은 해상 무역을 독점했던 페니키아인들로부터 탐험의 시대에 바다를 누볐던 항해자들에 이르기까지 위대한 문화를 이룬 기초였다. 하지만 GPS에 의존하는 항해는 우리가 어디에 있는지, 어디로 가는지, 그곳에 어떻게 도달할지에 대한 감각을 필요로 하지 않는다. 확실히 GPS의 장점은 우리에게서 항해의 어려움을 덜어준다는 데 있다.

하지만 항로를 찾기 위한 분투를 하지 않아도 된다는 것은 곧 항해술을 통해 드러나는 모든 의미심장한 구별들에 대한 감각을 잃는다는 뜻이기도 하다. 우리는 길잡이 건물이나 도로표지판, 태양과 별들의 위치에 대한 감수성도 함께 잃는다. GPS로 운행한다는 것은 무의미한 휴지休止 상태를 간헐적으로 견뎌야 한다는 뜻이기도 하다. 휴지 다음에는 메시지가 가르쳐주는 것을 정확히 따르기만 하면 된다. 여기에는 철저히 비인간적인 무엇이 들어있다. 그것은 농담도 할 줄 모르는 베케트 연극의 주인공과 같다. 더 나아가 이런 경험은 우리 자신을 GPS가 시키는 대로 일하는 자동화 장치로 변모시킨다. 이것 역시 세계가 존재하는 방식 가운데 하나이며, 때로는 최선의 방식이기도 하다. 하지만 이것을 삶의 목표로 삼는다면, 우리를 최고로 만들어주는 기예와 관심, 그리고 존경심과 경외감을 가질 기회는 사라지고 말 것이다.

가치 있는 분야의 일들에 관심을 갖고, 그 안에서 의미심장한 차이를 드러내는 기예를 육성하는 것이야말로 테크놀로지적인 삶의 방식에 저항하는 길이다. 그러나 우리는 누구를 사랑할지 결정하는 일만큼이나 어떤 분야에 관심을 가져야 할지 결정하기가 어렵다. 무엇이 관심가질 만한 가치를 지닌 일인지 어떻게 알 수 있는가?

우리가 알든 모르든, 이미 우리는 주변의 모든 일들에 관심을 가지고 있는 게 분명하다. 의미가 밝혀지기를 기다리고 있는 세계처럼 인간은 자신 속에 수많은 관심의 양태들을 숨겨두고 있는 존재이기 때문이다. 이 말이 상당히 의아하게 들릴지도 모르겠다. 나의 관심이 나의 이해보다 더 크다는 말은 자기 인식의 근본 원리를 부정하는 말처럼 들리기 때문이다. 만일 내가 어떤 것에 관심을 갖고 있다면, 나는 이미 그것을 알고 있는 것이 틀림없다. 자율성에 대한 계몽주의적 전통은 바로 이런 원리를 제시하고 있으며, 현대 철학에서는 그것을 확신의 문제라고 본다. 하지만 인간은 자신에 대해 아는 것 이상으로 확장될 수 있는 존재, 즉 세계를 의미심장하게 드러내주는 정조들에 자신을 늘 열어두고 있는 존재이다. 다시 말해서 인간 존재의 확장은 무엇에 관심을 가질지를 결정하는 데 있지 않고, 이미 관심을 기울이고 있는 것을 발견하는 데 있다는 얘기다.

간단한 사례를 들어보자. 우리는 아침에 비틀거리며 일어나 주방에 가서 커피를 내리곤 한다. 모닝커피 잔으로 어떤 컵을 쓸지가 고민인가? 아니면 모닝커피 마시는 데 컵이 무슨 상관이냐고 생각하는가? 만일 아무거나 낡은 컵을 택한다면, 즉 종이컵이건 멋진 본차이나 잔이건 잡히는 대로 커피를 따른다면, 그것은 당신이 컵을 단순한 도구 이상으로 여기지 않기 때문이다. 당신에게 그 컵은 언제든 대체가능한 것일 뿐이다. 이럴 때는 아무리 특출한 컵, 유일무이한 컵이라 해도 일반적이고 진부한 컵과 다를 바 없게 된다.

그렇다면 컵의 진부함과 수레바퀴 공방의 나무가 지닌 고유성

사이의 뚜렷한 차이에 대해 주목해보자. 수레바퀴 장인이 나무에 대해 느끼는 친밀함은 틀에 박힌 커피 마시기에서는 전혀 찾아볼 수 없는 감각이다. 나무는 자기를 최선의 상태로 만드는 방법을 아는 숙련된 개인에게만 그 미묘한 덕성을 드러내며, 이해심 많은 친구가 되어준다. 이런 의미에서 목공작업은 친밀함과 가치 있는 의미들로 가득한 성스러운 의식과도 같다. 이와 반대로 아무 컵이든 상관없이 커피를 따라 마시는 것은 커피를 매정하고도 몰지성적으로 다루는 것이다. 이런 태도는 배려 받아야 할 대상을 전혀 가치 없는 것으로 만들어버린다.

하지만 이렇게 묻는 사람도 당연히 있을 것이다. 액체를 담는 일반적 기능 외에 컵에서 무엇을 더 바란다는 말인가? 적절하게 만들어진 컵이라면 무엇이든 그 기능을 잘 수행하리라는 점은 확실하다. 그런데 만일 이 말이 특정한 종류의 컵에 대한 것이라면, 그런 말이 얼마나 이상하게 들릴지 생각해보지 않을 수 없다. 예컨대 그 컵이 일본의 다도용 찻잔이거나 최후의 만찬에서 예수가 사용한 성배라면 어떻겠는가 말이다. 아마도 이것은 극히 예외적인 사례일 것이다. 보통의 경우에는 이렇게 반문할 것이다. 컵에 대한 모독이라는 게 어떻게 가능하다는 말인가? 더 나아가 내가 별로 의미 없이 생각하는 커피 마시기를 무엇이 모독할 수 있다는 말인가?

이처럼 컵과 그 안의 커피에 대한 무차별적 취급은 커피에 대한 의미 있는 구별을 모호하게 만들며, 우리가 마시는 커피의 맛을 희석시킨다. 서투른 커피 애호가는 더 좋은 방법으로 커피를 마시는 데 늘 실패한다. 이런 상황은 스터트의 불평을 떠오르게 한다. 스터트가 혐오한 전기톱의 몰지성적 특성은 종이컵의 몰지성적 특성을 반영한다. 일반 컵의 우둔함은 지금 마시는 커피와 전에 마셨던 커피를 전혀 차이 없는 것으로 만들어버린다.

커피 마시기에 대한 이런 접근법은 우리 자신까지 비인간적으로 만들어버린다. GPS에 의존하는 운전이 그렇듯이, 가치를 구별하지 못하는 커피 마시기는 커피 시음자를 고정된 틀에 가둬버리며, 그 틀 안에서 시음자는 언제든 대체가능한 존재가 되어버린다. 말하자면 그는 똑같은 일상의 틀 속에서 몽유병자처럼 돌아다니는 다른 수백만의 사람들과 동일화되어버린다. 컵이 마음대로 대체가능하다면 당신도 대체가능하다. 컵이 그저 수단으로만 취급된다면 당신도 그저 수단으로 취급될 것이며, 결국 당신 자신을 비인간적 존재로 만드는 셈이 될 것이다. 왜냐하면 당신이 컵에 대해 가지는 관심을 구별할 수가 없기 때문이다.

당장은 이런 시간도 나쁘지 않을 것이다. 우리 실존의 매 순간이 의미와 가치의 성스러운 축전이기를 기대할 수는 없기 때문이다. 아마도 우리 안에는 이런 기대를 좌절시키거나 심지어 그런 기대를 불가능하게 하는 어떤 요소가 있을지도 모른다. 하지만 의미의 부재를 참는 것과 그 부재를 받아들이는 것은 다른 일이다. 인간이라면 어쨌건 자신을 다른 인간과 구분해야만 한다. 일반적이고 진부한 상태에서 벗어나 특별하고도 세련된 활동에 뛰어드는 순간이 그런 때이다. 하지만 우리는 어떻게 커피 마시기 의례가 이런 순간들 가운데 하나인지 알 수 있을까?

답은 '보는 법'을 배우는 데 있다. 당신 속에는 커피 마시기에 대한 관심이 이미 숨어있다. 정말 그러한지를 알기 위해서는, 일상을 기능적인 일들로 채우는 것이 과연 좋은지 스스로에게 물어보면 된다. 사실 아침 의례에는 우리를 잠에서 깨어나게 하는 즐거움이 있다. 하지만 우리를 깨우는 것이라면 무엇이든 다 즐거운 것일까? 팔을 꼬집는 대신 코카인을 재빨리 흡입한다면? 너무 극단적인 비유인가? 그렇다면 커피를 마시는 대신 차 운전 중에 삼킬 수 있는 작은 카페인 알약을 먹는 것은 어떨까? 이렇게 하는 게 괜찮아 보인다면, 커피는 잠을 깨우는 기능 외에는 아무런 의미도 갖지 못할 것이다. 각성 효과를 가진 것이라면 무엇이든 커피의 기능을 대신할 수 있을 것이다. 하지만 이것이 그다지 괜찮아 보이지 않는다면, 당신은 이미 커피에서 각성의 기능을 넘어서는 의례의 측면, 즉 커피에 대한 또 다른 관심을 갖고 있는 셈이다.

만일 당신이 모닝커피 마시기에 관심을 갖고 있다면, 더 많은 의미의 구별도 가능하다. 어떤 구별들이 가능한지는 당신 자신에게 질문을 던져보면 곧 알 수 있다. 왜 나는 카페인 알약이나 홍차보다 커피 마시기를 더 좋아할까? 커피의 어떤 점 때문일까? 커피가 가진 각성 효과보다는 그 향내와 온기, 그것을 마시는 의식, 그 밖에 다른 요소들 때문 아닐까? 만일 그러하다면 어떤 커피, 어떤 추출법, 어떤 컵이 가장 좋으며, 어떤 친구와 함께 어떤 장소에서 마시는 게 가장 좋을까?

　이런 질문들은 추상적으로 답할 수 있는 것들이 아니다. 정답을 얻으려면 실제적인 노력이 필요하다. 만일 내가 원하는 것이 추운 겨울에 몸을 덥혀줄 따뜻한 커피라면, 집안 아늑한 구석에 놓인 히터 곁에서 손에 온기를 전달해주는 컵으로 커피를 마시는 것이 최선의 의례가 될 것이다. 만일 내가 원하는 것이 커피의 검은 빛과 향이라면, 반짝이는 흰색 머그컵이 최선의 선택이 될 것이다. 이 의례들을 최선으로 만드는 데는 한 가지 답만 있는 것이 아니다. 우리 스스로 이런 의미 있는 차이들을 분간하려면, 위험과 보상이 함께 따르는 실험과 관찰이 필요하다. 커피에 대한 이런 실험과 관찰은 결국 의례가 지닌 특징들을 분간해내는 솜씨를 우리에게 길러주며, 궁극적으로 그 특징들을 최선의 상태로 만드는 솜씨를 길러준다. 이런 기예는 다중적인 것이다. 적당한 커피와 컵, 커피 마실 장소를 정확히 고르는 안목, 마음에 맞는 친구를 찾는 방법을 동시에 육성해야 한다. 우리가 이런 기예를 익히고 그것에 걸맞은 환경들을 육성한다면, 우리는 틀에 박힌 일 대신 의식적인 활동을, 진부하고 의미 없는 기능을 수행하는 대신 우리 자신과 주변에 대한 의미 깊은 경탄을 얻을 수 있을 것이다.

　우리가 관심을 가질 만한 분야들은 매우 넓고 다양하다. 하지만 어떤 분야가 그런 곳인지를 객관적이고 독립적으로 결정할 수 있는 원리는 없다. 단지 그것을 찾기 위한 노력만 있을 뿐이다. 어떤 사람들은 수학에, 또 어떤 사람들은 음악에 관심을 갖는다. 어떤 이는 야구를 좋아하고 다른 이는 축구를 좋아한다. 어떤 이들은 친구와 커피를 마시기보다 와인 마시기를 더 좋아할 수 있다. 어떤 분야가 관심을 가질 만한 분야인지는 자신에게 어떤 것이 더 깊고 의미 있는 몰입을 가져다주느냐에 따라 다르다.

여기에는 객관적 규칙이 없으므로 우리는 언제나 모든 것에 열려 있어야만 한다. 우리 마음을 끄는 분야가 너무 자극적이거나 너무 시시한 게 아닌지, 너무 고립적이거나 너무 따분하지는 않은지, 모든 것을 최선의 상태로 만드는 데 부적합하지 않은지, 이 모든 가능성들에 대해 열려 있어야 한다. 헬레네가 그랬듯이, 우리는 그런 세계에 이끌렸던 사실을 후회하고 더 풍요롭고 의미 있는 세계에 이끌릴 수 있도록 스스로 준비를 해야 한다. 이런 후회의 위험성은 의미심장한 것들에 결부되어 있는 위험성으로, 그런 위험이 없는 삶이란 무의미와 권태, 무표정과 불안으로 추락하는 삶일 뿐이다.

메타 포이에시스, 적시에 성스러움을 얻는 기술

이런 상황은 우리를 다시 메타 포이에시스로 돌아가게 한다. 어떤 분야에 대한 초보적 기술이 안고 있는 위험성을 제거하기 위해서 우리는 더 높은 차원의 기술 즉 메타 포이에시스적인 기술을 발전시켜야 한다. 그것이야말로 퓌시스를 최선의 상태로 만들 수 있기 때문이다. 우리 문화는 장인들의 성스러운 영역이 가지는 온화한 양육적 기예뿐만 아니라, 거칠고 열광적인 형태의 성스러움에도 닻을 내리고 있다. 그러나 우리는 이것이 위험스런 측면을 지닌다는 것을 보았다. 열광하는 군중과 하나가 되어 일어설 때가 언제이고, 빠져나와야 할 때가 언제인지를 구분하는 기예는 어떻게 계발할 수 있을까?

여기에 걸려 있는 판돈은 매우 크다. 열광하는 형태의 성스러움이 없이는 우리 세계가 매우 궁핍해지리라는 것은 이미 살펴본 바 있다. 어쨌건 군중이 하나가 되어 일어설 수 있기 때문에 문화의 정조도 긍정적인 방향으로 바뀔 수 있는 것이다. 퓌시스 현상이 없다면 이런 근본적인 패러다임 전환은 결코 일어나지 않을 것이다. 그러므로 우리는 이런 성스러움의 형식을 최선의 상태로 만들기 위해서는 퓌시스 현상을 솜씨 있게 가다듬는 방법을 찾아야 한다. 퓌시스를 철저히 거부하는 방식, 안전하지만 지루하고 합리적인 접근법에만 만족하고 있을 수는 없다.

이 길로 가기 위해서는 새로운 종류의 용기가 필요하다. 군중의 광기에 저항하는 칸트적 용기가 아니라, 그 속에 뛰어들어 그것을 경험하려는 용기가 필요하다. 국립기념공원의 마틴 루터 킹처럼 때로 그것은 이례적으로 훌륭한 결과를 거두기도 한다. 이런 일이 일어나면 패러다임이 바뀌는 것은 물론이요, 문화는 더욱 새롭게 빛나게 되며 의미심장함을 얻게 된다. 이와 반대로 우리는 악마와 춤을 추게 될 수도 있다. 하지만 단 한 가지만을 미친 듯이 추적하는 에이해브의 정조에 전염된 이슈메일처럼, 우리는 세상이 드러내는 위험스런 경험을 겪어봐야만 그 불같은 어둠에서 살아남을 수 있다. 광적인 지도자의 전체주의적인 선동에 휩쓸려본 경험을 통해서만, 그리고 그것의 위험하고 황폐한 결과를 경험할 때만, 따를 만한 지도자와 배척해야 할 지도자를 구별할 수 있을 것이다.

어떤 기술을 발전시키는 데는 필연적으로 위험이 수반된다. 그 것이 좌측 땅볼이건 커피 만들기이건, 아니면 퓌시스를 최선의 상태로 만드는 메타 기술이건, 이런 기회들을 회피하고 실수의 결과로부터 배우지 않는다면 우리는 결코 장인이 되지 못할 것이다. 하지만 우리 문화는 특별한 종류의 기예를 요구한다. 서양의 숨겨진 역사는 우리에게 한 가지 형태의 성스러움만이 아니라 상이하고도 양립 불가능한 성스러움의 형태들을 여럿 남겨 놓았다. 퓌시스는 우리를 파도처럼 고양시키는 거칠고 열광적인 성스러움을 보여주고, 포이에시스는 사물들을 가장 훌륭하고 성스러운 상태로 만드는 온화한 양육적 스타일을 보여주며, 테크놀로지는 모든 성스러운 것들을 비웃는 삶의 자동적이고 자족적인 형태를 우리에게 보여준다.

오늘날의 역사 단계에서는 특별한 메타 포이에시스 기술이 필요하다. 이 기술은 우리에게 있는 성스러움의 양태들 각각을 공평하게 대우하는 기술이다. 세계가 지닌 다차원적인 성스러움들 속에서 사는 장인은 어떤 순간에 전자레인지가 필요하고 어떤 순간에 감사의 축제가 필요한지를 반성 없이 즉각 이해할 수 있다. 그는 거칠고 열광적인 스포츠의 신들에게 자신을 내맡기는 동시에, 광적이고 위험한 선동가의 웅변에 이끌리지 않도록 구별하는 기술도 습득하고 있다. 그의 삶은 빛나는 사물들에 조율되어 있으며, 따라서 신들이 돌아올 수 있는 장소를 열어두고 있다.

우리들 저자는 모든 사람들이 다신주의적 삶을 살아야만 한다고 말하는 것이 아니다. 우리는 지금 도덕적 주장을 하고 있는 게 아니다. 그보다는 신들이 우리에게 행동하라고 부르고 있음을 주장하고 있는 것이다. 우리가 왜 이런 부름을 들어야 하고, 그 부름에 유념해야 하는지를 묻는 것은 자연스런 반응이다. 하지만 이것이 도덕적 경향을 띠는 것은 피해야 한다. 신들의 부름을 반드시 들어야 하고, 거기에 응답해야 할 이유는 없다. 그 부름은 단지 우리가 듣고 따르기만을 요구할 뿐이다. 우리 문화 속에서 우리는 행동하라는 부름에 민감하게 반응하는 존재로 우리 자신을 기르도록 부름 받고 있다. 부름이 있으니, 문화와 그 풍부한 유산에 대해 민감한 사람은 그것을 들을 것이다. 하지만 고립적이고 자율적인 주체로서의 자기 이해는 신들을 추방하는 결과를 빚어 왔다. 다시 말해서 세계 안에 이미 존재하는 성스러운 것들에 대한 우리의 감수성을 덮거나 막아왔다는 얘기다. 신들이 여전히 우리를 부르고 있음에도, 우리가 듣기를 멈춰버린 것이다. 그들은 감수성을 육성하라고 부르고 있지만, 우리는 『신곡』의 죄인들처럼 자족적임을 주장하면서 우리 자신을 폐쇄시켜 왔다.

우리가 신들의 부름으로부터 자신을 닫아버린 것은 스스로를 자율적 주체로 여겼기 때문이다. 신들을 추방했다는 멜빌의 말은 바로 이런 뜻이다. 하지만 아무도 이 점을 주목하지 않는 듯하다. 마르틴 부버는 신의 몰락을 말했고, 베케트는 우리가 신의 귀환을 기다린다는 데 대해 말한 바 있다. 하지만 우리들 저자가 제시하는 그림은 이런 20세기의 전통적 이야기와는 다른 것이다. 신들이 우리에게서 퇴장하거나 우리를 포기한 것이 아니다. 우리가 그들을 발로 걷어찬 것이다. 신들은 여전히 우리가 그들의 부름을 듣기를 애타게 기다리고 있다. 왜 신들이 우리를 저버렸는지 묻지 말고, 왜 우리가 신들을 버렸는지를 묻기로 하자.

우리 시대의
성스러움

호메로스 시대의 그리스인들이 경험했던 강렬하고 의미심장한 세계는 명백히 성스러운 힘으로 빛나는 세계였다. 그 세계에 비해서 우리의 테크놀로지 세계는 궁핍하고 둔감해 보인다. 하지만 우리는 호메로스의 세계로 되돌아갈 수 없으며, 또한 되돌아가기를 원해서도 안 된다. 왜냐하면 우리에게도 현대적인 신들의 만신전이 가능하기 때문이다. 그것은 루 게릭과 로저 페더러가 비추었던 길이요, 마릴린 먼로나 아인슈타인이 우리가 사는 세계를 보는 시각을 바꿈으로써 보여주었던 길이다. 또한 우리는 옛 신들을 다시 부를 수도 있다. 과거 한때 존경받았고 지금도 여전히 성스러운 가치를 경험할 수 있는 위대한 고전들을 통해서 말이다. 그렇게 하려면 이 작품들을 단순히 독서목록과 강의안에 올려 정전正典으로 삼는 것 이상의 일이 필요하다. 우리는 탈마법화된 우리 세계의 가장자리에서 아직까지 발견되지 않은 채 남아있는 성스러움들을 찾아내는 기예를 개발할 필요가 있다.

이런 성스러움의 개념들은 호메로스가 알고 있었던 것보다 훨씬 풍요롭고 다채로운 것이다. 왜냐하면 호메로스의 신들은 한 가지 스타일밖에 가지고 있지 않았기 때문이다. 그 신들은 문자 그대로 가족유사성을 지니고 있었다. 아프로디테의 성스럽고 에로틱한 세계이든, 아레스의 성스러운 전쟁의 세계이든, 아테나의 실천적 지혜의 세계이든, 헤파이스토스의 아름답게 세공한 사물들의 세계이든 간에, 호메로스 신들의 세계는 공통적인 특징을 보여준다. 그 신들은 파도처럼 휩쓸고 지나가는 속성을 지니고 있었다. 잠시 동안 우리를 실어나르다가 마침내 힘을 잃고 우리를 떠나도록 놔두는 신들이었다. 이런 퓌시스적 성스러움은 오늘날 우리 문화의 주변부에서 여전히 유용하지만, 우리에게 유일하게 열려 있는 성스러움은 아니다.

우리는 퓌시스 외에도 포이에시스적인 성스러움의 개념을 가지고 있다. 그것은 호메로스 시대에는 전혀 없었던 개념으로, 세계를 양육하는 감각이자 세계를 가장 빛나는 것으로 만드는 기예를 계발하는 감각이다. 성스러움에 대한 이런 포이에시스적 이해는 여러 형태를 띠고 나타난다. 세계가 아가페적 사랑이라는 정조를 통해 가장 잘 드러날 수 있다는 예수적 의미를 띨 수도 있고, 태양과 별들을 움직이는 사랑의 수용적 능력을 우리 스스로 기를 수 있다는 단테적 의미를 띠고 나타날 수도 있다. 또는 모든 미성숙한 힘들에게도 적합한 자리매김을 해줌으로써 문화를 최선의 상태로 만들 수 있다는 아이스킬로스의 의미를 띨 수도 있으며, 아니면 자연이 이미 지니고 있는 성스러운 가치들과 더불어 살아갈 수 있다는 스터트의 의미를 띨 수도 있다. 이 가운데 어떤 것이든 포이에시스적인 성스러움의 개념은 따뜻한 양육의 의미를 갖는 것으로서, 호메로스의 세계에서는 낯선 것이었다.

성스러움에 대한 이런 이해에 덧붙여서, 우리는 또한 세계에 대한 테크놀로지적 이해도 가지고 있다. 그것은 존재하는 것을 생산하고 통제하도록 해주는 이해 방식이자 사물에 대한 효율적이고도 영리한 이해 방식이다. 때때로 세계는 이런 방식으로 존재하기도 한다. 그것은 성스러운 점도 내적인 가치도 없지만, 우리의 욕망과 의지에 따라 어떤 형태로든 주조될 준비가 되어 있는 세계이다.

이처럼 세계의 다양한 존재 방식들을 드러내기 위해서 우리는 지금까지 서양사 전체에 나타났던 실천적 관례들을 모아보았다. 아마 그런 실천들을 모으는 다른 방식도 가능할 것이다. 하지만 일신주의의 오랜 유혹에서 풀려난 바로 지금에서야 우리는 이런 존재 방식들을 위한 자리를 오늘날의 세계 안에 마련할 수 있게 되었다. 세계의 다양한 존재 방식들에 균형을 잡아주는 다신주의야말로 호메로스가 알았던 그 무엇보다 더 변화무쌍하고 더 흥

분되는 것이리라.[24]

이 현대적 다신주의 세계는 성스럽게 빛나는 것들로 이루어진 놀라운 세계일 것이다.

빛나는 모든 것들

  늙고 지혜로운 스승에게 오랫동안 가르침을 받아온 두 제자가 있었다. 어느 날 스승이 말했다. "제자들아, 너희들은 이제 세상에 나갈 때가 되었다. 세상의 모든 것들이 빛난다는 사실을 발견한다면, 너희들의 인생은 복될 것이다."

  제자들은 아쉬움과 흥분이 뒤섞인 채 스승을 떠나 각자의 길로 갔다. 여러 해가 지난 후 그들은 우연히 다시 만나게 되었다. 그들은 서로를 다시 만난 것에 행복해했고, 상대방이 어떻게 살았는지를 들으려는 기대감으로 들떴다.

첫 번째 제자가 두 번째 제자에게 시무룩하게 말했다.

"나는 세상에 있는 많은 빛나는 것들을 보는 법을 배웠지. 하지만 여전히 불행하네. 슬프고 실망스러운 것들 역시 많이 보았기에 스승님의 충고를 따를 수 없다고 느낀다네. 아마 나는 결코 행복과 즐거움으로 충만해질 수가 없을 것 같으이. 솔직히 말해서 모든 것들이 빛난다는 것을 발견할 수 없었으니까 말이야."

두 번째 제자는 행복감에 반짝이며 첫 번째 제자에게 말했다.

"모든 것들이 빛나는 건 아니라네. 하지만 빛나고 있는 것들은 모두가 그러하지."

1장

1 「브루클린의 첫 개화(開花)」(*New York Sun*, January 3, 2007).

2 이하 설명은 카라 버클리의 기사 「한 남자, 지하철 선로에서 낯선 이에게 구조」(*New York Times*, January 3, 2007)와 이후 게재된 뉴욕타임스의 몇몇 기사들에서 참고함.

3 「단합된 나라」(*New York Times*, January 24, 2007) 및 「지하철 구조자, 뉴욕 최고시민상 수상」(*New York Times*, January 5, 2007) 참고.

4 「영웅은 선로로 뛰어들고 우리는 그러지 못하는 이유」(*New York Times*, January 7, 2007).

5 「대도시의 대영웅」(*New York Times*, January 4, 2007).

6 「영웅은 뛰어들지만 평균적인 조(Joe)는 어떻게 할까?」(*New York Times*, January 7, 2007).

7 「한 남자, 지하철 선로에서 낯선 이에게 구조」(*New York Times*, January 3, 2007).

8 「영웅은 뛰어들지만 평균적인 조는 어떻게 할까?」(*New York Times*, January 7, 2007).

9 John McPhee, *A Sense of Where You Are: A Profile of Bill Bradley at Princeton* (New York: Farrar, Straus and Giroux, 1999). 초판은 1965.

10 위의 책, 156쪽.

11 위의 책, 61쪽.

12 위의 책, 86~88쪽.

13 여기서 단테를 언급하는 것은 다소 성급할 수도 있다(5장 참조). 엄격하게 말해서, 누군가가 자의적으로 자기 정체성을 선택한다는 것이 단테에게서는 상상조차 할 수 없는 일이었다고 말하기는 어렵기 때문이다. 그러나 이런 종류의 자의적 선택이 신에 대한 가장 나쁜 종류의 반항이라고 단테가 생각한 것은 맞다. 이런 생각은 오늘날의 우리가 가진 생각, 즉 그런 선택이

인간의 자연적 조건이거나 필연적 조건이라는 생각과는 아주 다른 것이었다. 확실히 단테는 그런 행동에 빠진 사람들을 지옥의 가장 밑바닥 단계에 두었다.

14   찰스 테일러의 주저 *A Secular Age* (Cambridge, MA: Harvard University Press, 2007) 참조. 또한 찰스 블로(Charles M. Blow)의 글 "Heaven for the Godless?"(*New York Times*, December 27, 2008) 참조. 블로의 글은 '종교와 공적인 삶에 관한 퓨 포럼'(Pew Forum on Religion and Public Life)에서 최근 조사 보고한 것을 특집으로 실은 것인데, 이 보고에 따르면 미국인의 70퍼센트만이 자기 자신보다 종교로부터 영생을 얻을 수 있다고 믿는다고 한다.

2장

1   이렇게 평가하는 사람들로는 립스키와 스코트를 참조. David Lipsky, "The Lost Years and Last Days of David Foster Wallace" (*Rolling Stone*, October 30, 2008). A. O. Scott, "The Best Mind of His Generation" (*New York Times*, September 21, 2008).

2   D. T. Max, "The Unfinished" (*The New Yorker*, March 9, 2009)에서 인용. 원래는 Larry McCaffery와 1991년에 가진 인터뷰에서 한 말이다. www.dalkeyarchive.com의 'interviews'난 참조.

3   Lipsky, 앞의 글 참조.

4   브루스 웨버의 부고기사 참조. Bruce Weber, "David Foster Wallace, Influential Writer, Dies at 46" (*New York Times*, September 15, 2008).

5   Mary Karr, *Lit: A Memoir* (New York: Harper, 2009).

6   아래 인용한 인터뷰는 www.salon.com/1996/03/09/wallace_5/ 참조.

7   D. T. Max, 앞의 글 54쪽 참조.

8   인터뷰 www.bookreporter.com/authors/elizabeth-gilbert/news/interview-032406 참조.

9   Elizabeth Gilbert, *Eat, Pray, Love*, (New York: Penguin Books, 2006), 10쪽.

10   Larry McCaffery, 앞의 인터뷰 참조.

11 D. T. Max, 앞의 글, 58쪽.

12 D. T. Max, 앞의 글, 60쪽.

13 D. T. Max, 앞의 글, 57쪽.

14 Charlie Rose와 가진 동영상 인터뷰 www.charlierose.com/view/interview/5639 참조. 인용한 구절은 3분 16초 지점에 나오며, 성경 구절에 대한 언급은 제외했다.

15 David Foster Wallace, *Infinite Jest* (Boston: Little, Brown, 1996), 230쪽.

16 위의 책, 940쪽.

17 위의 책, 54쪽.

18 Shakespeare, *Hamlet*, 제5막 1장, 185행.

19 월러스는 평론가들—그의 소설에 가장 정통한 이들조차—이 작품에 담긴 깊은 슬픔을 간과하고 있다고 끊임없이 불평했다. 1996년 『살롱*Salon*』 인터뷰와 1997년 Charlie Rose와의 인터뷰 참조.

20 우연하게 시작된 영화 시청 후 등장인물인 행크 호인(Hank Hoyne)의 세계는 붕괴되어 버린다. *Infinite Jest*, 507~508쪽 참조.

21 D. T. Max, 앞의 글, 57쪽.

22 그런 매체들로는 "Good People", *The New Yorker* (Feb. 5, 2007), "The Compliance Branch", *Harper's Magazine* (Feb. 2008), "Wiggle Room", *The New Yorker* (Mar. 9, 2009) 등이 있다. 또한 D. T. Max의 글에도 초고의 구절들이 추가 인용되어 있다.

23 위의 글 "Wiggle Room", 63쪽.

24 위의 글.

25 D. T. Max, 앞의 글.

26 Wallace, *Infinite Jest*, 859~860쪽.

27 위의 책, 860쪽.

28 위의 책, 같은 쪽.

29 위의 책, 860~861쪽.

30 『살롱』 인터뷰.

31 위의 인터뷰.

32 D. T. Max, 앞의 글

33 D. T. Max, 앞의 글

34 로마서 7:7~10. 성서 번역은 『현대인의 성경』(생명의말씀사, 1999) 판본을 따름—옮긴이.

35 Wallace, *Infinite Jest*, 205쪽.

36 Friedrich Wilhelm Nietzsche, *The Gay Science*, trans. Walter Kaufmann (New York: Vintage Books, 1974), 242쪽. 한국어 번역판은 『즐거운 학문』, 안성찬·홍사현 옮김 (책세상, 2010), 183쪽.

37 놀랍게도 『끝없는 농담』은 어디에서도 신을 언급하고 있지 않으며, 언급한다 해도 매우 경멸적으로 하고 있다. 예컨대 초반부에 등장인물 할(Hal)은 형 마리오(Mario)—"보(Boo)"라고도 부르는—로부터 보통 묻는 뜻으로 신을 믿는지 질문을 받는다. 할은 이 질문이 싫은 나머지 어떻게든 피하려 한다. 하지만 입장을 밝히지 않을 수 없게 되자, 그는 신이 있다 해도 존경받지는 못할 거라고 말한다.
"오늘밤 형 입을 다물게 하려면, 내가 신에게 불만이 많다고 얘기하면 어떨까? 나는 신이 거만한 관료 스타일로 보인다고 말하고 싶어. 별로 끌리지 않는 타입이지. 나는 사형반대론자인데 신은 아무리 변명을 해도 사형찬성론자로 보인다는 말이지. 신과 내가 이 주제에 어떻게 의견 일치를 볼 수 있겠어, 보 형."(*Infinite Jest*, 40쪽.)

38 니체가 그랬듯이 개인의 의지를 중시하는 월러스의 이런 견해는 『끝없는 농담』의 다른 구절과 상충된다. 하지만 월러스의 입장이 철학적으로 일관된 견해라고 할 수는 없기 때문에 별로 놀랄 것은 없다. 오히려 그것은 관찰한 사실들의 혼성모방(pastiche)이라고 할 수 있겠다. 진리가 해석하는 사람의 상황적 의지에 따라 달리 보인다는 니체의 관점주의(perspectivism)가 그렇듯이 말이다. 이런 것을 보여주는 부분이 『끝없는 농담』 291쪽의 구절들이다. 거기서 화자는 이렇게 말한다.
"보스턴 지하철에서 짐짓 공손한 체 접근하는 흑인들처럼, '운명의 키스'나 '운명이 뒤통수를 쳤다'는 말들도 개인들의 기본적인 무기력을 보여주는 표현들이지요. 인생의 의미 깊은 사건들에 대한 무기력증 말이에요. 다시 말해서 우리에게 아무런 중요한 일도 안 생기는 건 바로 우리 자신이 그 일을 만들었기 때문입니다. 운명은 호출기가 없습니다. 운명은 언제나 지하철의 흑인처럼 트렌치코트를 입고 길 옆에 기대어 있다가, 우리가 대개 잘 듣지도 못하는 '잠깐만요'라는 말을 건넵니다. 그 소리를 못 듣는 까닭은 우리가 중요하게 생각한 일 속에서만 우리가 바뻐 오가고 있기 때문이지요."

이런 생각은 게이틀리의 의지력을 설명하던 때의 관점과 배치된다. 고통에 기꺼이 몰입함으로써만 자신만의 행복한 경험을 만들어낼 수 있다고 한 관점 말이다. 월러스의 관점들이 서로 이렇게 충돌하는 이유는, '운명'과 '영원한 현재'가 다른 의미로 쓰였기 때문일 수도 있다. 물론 아닐 수도 있다.

39 Dante Alighieri, *Paradiso*, trans. John Ciardi (New York: Signet, 1970). 『신곡』 (김운찬 옮김, 열린책들, 2008), 「천국편」 제33곡, 142~145행.

40 Nietzsche, 위의 책, §124.

41 Herman Melville, *Moby Dick* (New York: W. W. Norton, 2002), ch.23, 96쪽. Hershel Parker and Harrison Hayford가 편집한 Norton Critical Edition, 2nd ed에서 인용(이하 동일). 한국어 번역판은 『모비 딕』(김석희 옮김, 작가정신, 2011)을 사용했고, 인용 쪽수도 번역판을 따르기로 한다. 23장, 151쪽. ― 옮긴이.

42 위의 책, 3장, 47쪽.

43 위의 책, 23장, 152쪽.

44 위의 책, 152쪽.

45 위의 책, 152쪽.

46 David Lipsky의 *Rolling Stone* 기사에서 인용.

47 엘리자베스 길버트, "창조성의 양육" 참조. http://www.ted.com/talks/elizabeth_gilbert_on_genius.html

48 Nietzsche, 위의 책, §125.

49 우리 자신을 구원함에 있어 우리가 매우 굼뜨고 미약한 역할밖에 하지 못한다는 생각은 루터의 후계자인 칼뱅에게서 더 분명하게 나타난다. 칼뱅주의에서는 구원에 이르는 길이 신에 의해 예정되어 있다. 칼뱅의 예정설은 우리가 결과에 대해 아무런 영향력도 끼칠 수 없다는 점을 더 철저하게 보여준다.

3장

1   Homer, *Odyssey*, 4권 266행. 원저자는 다양한 판본들을 열거하고 있지만 옮
    긴이는 한국어 판본 중 『오뒷세이아』(천병희 옮김, 단국대학교 출판부, 2004)
    를 인용함. 단, 이하의 표기는 국립국어원 용례에 따라 '오디세이아'로 표기
    한다.—옮긴이.

2   위의 책, 4권 305행.

3   예를 들면 다음과 같은 책이 그러하다. Robert E. Bell, *Women of Classical
    Mythology: A Biographical Dictionary* (New York: Oxford University Press,
    1991). 또한 통상 인정받는 판본에서조차 이런 해석을 암시하는 구절이 나
    온다. 위 *Odyssey*, 23권 218~224행 참조. 이 구절은 우리를 저자의 해석에
    의문을 던진다. 우리가 해석하기로, 호메로스는 헬레네가 경솔하게 행동한
    죄로 벌을 받아 마땅하다고 생각하는 대신에 그녀에게 깊은 존경심을 표
    하고 있기 때문이다. 그러나 헬레네가 칭찬받을 만한가의 문제와는 무관하
    게, 이 구절이 후대에 와서 원래 텍스트에 추가된 것임을 주석가들이 일찌
    감치 지적해왔다는 것을 발견하고서 우리들 저자는 기뻤다.

4   고전이 된 Bruno Snell, *The Discovery of the Mind in Greek Philosophy and
    Literature* (New York: Dover, 1982)과 그에 대한 답변인 E. R. Dodds, *The
    Greeks and the Irrational* (Berkeley: University of California Press, 1951), 그리고
    더 최근 작품인 Bernard Williams, *Shame and Necessity* (Berkeley: University
    of California Press, 1993) 참조.

5   Martin Heidegger, *Parmenides*, trans. A. Schuwer and R. Rojcewicz,
    (Bloomington and Indianapolis: Indiana University Press, 1992), 111쪽.

6   호메로스의 핵심 작품은 『일리아스』와 『오디세이아』이다. 그것은 서구 문
    화의 토대를 이루는 작품들이지만 성서와 마찬가지로 작품 성립에 대해서
    는 알려진 바가 거의 없고, 저자(또는 저자들)에 대해서는 알려진 바가 더욱
    없다. 전승에 따르면, 호메로스는 맹인 시인이었고 고대 이오니아 도시, 스
    미르나, 또는 키오스 섬 부근 출신이라고 한다. 하지만 그런 인물이 도대체
    있었는지, 있었다면 과연 그의 이름이 붙은 서사시들의 유일한 저자였는지
    는 고대로부터 줄곧 논쟁거리였다. 이런 논쟁의 역사와 현재의 논의를 알

아보려면 다음 글을 참조. Robert Fowler, "The Homeric Question," in *The Cambridge Companion to Homer*, ed. Robert Fowler (UK: Cambridge University Press, 2004) 220~32쪽.

만일 호메로스가 실존 인물이라면 기원전 8세기쯤 살았던 것으로 보통 추정된다. (우리들 저자는 '기원전'을 표기하는 약어로 BCE 즉 before common era 보다는 BC 즉 before christ를 쓰겠다. 예수 신앙이 유대와 이교도 세계를 기독교 세계와 분리시켰다는 사실을 오히려 강조하기 위해서다.) 고대로부터 전해지는 텍스트들은 그 시대쯤에 처음 필사되었음이 분명하다. 그러나 시 속에서 묘사된 사건들은 그것들이 사실에 바탕을 두었다고 가정할 때 거의 500년 앞서 일어난 것들이다. 『일리아스』는 이야기상 두 책 가운데 먼저 쓰인 책이다. 그것은 10년간의 트로이 전쟁에서 일어난 중요한 사건들을 차례로 열거한다. 한 가지 전승에 따르면, 트로이 전쟁이 일어난 연대는 기원전 1194~1184년인데, 이 연대는 아직까지 유효한 고고학적 증거들과 대충 일치하는 것 같다. 『오디세이아』는 오디세우스가 전쟁이 끝난 후 고향 이타카로 귀향하는 데 걸린 10년 동안의 모험을 그리고 있다.

전쟁과 모험에 관한 잘 쓰인 이야기라는 점 외에도, 하프 반주로 낭송한 이 서사시는 기원전 8세기의 그리스 문화에서 분명 중요한 역할을 담당했던 것 같다. 즉 이 작품은 그리스인들로 하여금 자신들이 하나의 문화에 속해 있다는 느낌을 갖게 하는 데도 초점을 맞추고 있었다. 300년이 지난 후 아이스킬로스와 플라톤 시대의 아테네 사람들조차 호메로스 작품의 상당 부분을 잘 알고 있었고, 도덕이나 법률적 논쟁 또는 외교적 논쟁을 벌이는 데 있어서 호메로스를 끌어오곤 했다. 당시 그리스 고전 작가들을 통해 판단해볼 때, 사람들이 호메로스 서사시의 특정 부분을 아무 때나 인용하는 것은 특이한 일이 아니었다. 요새 사람들이 성서의 익숙한 구절들을 인용해서 특정 상황에 대해 해설하는 것과 마찬가지로 말이다.

7 특히 19세기 교육론이 이런 시대착오적 유혹의 피해자가 되었다. 당시 모든 인문 교육은 단일한 목표를 갖는 것이 당연시되었는데, 즉 모든 것이 기독교적 시민을 양성하는 것과 관계가 있었다. 미에 대한 취향과 감각을 함양하기 위해 그리스와 라틴 고전들을 읽을 때도 사람들은 이런 관점으로 읽어야 했다. 따라서 세상에서 가장 아름다운 여인이 지닌 탁월성이 실존의

성스럽고 에로틱한 측면을 붙잡는 그리스적 방식에서 온다는 점을 이 빅토리아 시대의 엄숙주의로는 거의 이해할 수 없었다. 하지만 우리들 저자는 바로 그 점이야말로 호메로스 자신이 헬레네를 숭배한 이유라고 주장하는 바다.

8   Friedrich Nietzsche, *On the Genealogy of Morals*, trans. Walter Kaufmann (New York: Random House, 1967) 참조.

9   Bernard Knox의 『오디세이아』 주석 참조. *The Odyssey*, trans. by Robert Fagles (London: Penguin Classics, 1996). 녹스는 '아레테'라는 인물을 논하는 『오디세이아』 7권 62행에 대한 주석에서 아레테와 아라오마이 사이의 연관성을 지적한다. 이 인물의 이름으로 쓰인 '아레테'라는 단어를 잘 고려해보면 그 연관성은 명백하다.

10   『오디세이아』, 3권 48행.

11   위의 책, 4권 499~511행.

12   그 시대 전까지만 해도 튀케는 존재감이 없었고, 존재했다고 해도 신들에 대한 믿음을 몰아내는 힘으로 간주되곤 했다. 예컨대 에우리피데스의 희곡 『키클롭스*Cyclops*』 606행을 보라.

13   『오디세이아』, 22권 255행 이하.

14   위의 책, 22권 272행.

15   Quentin Tarantino and Roger Avary, "Pulp Fiction", Internet Movie Script Database, IMSDb, n.d., May 24, 2009 (www.imsdb.com/scripts/Pulp-Fiction.html).

16   헤시오도스의 『신통기』, 특히 750행 이하 참조. 여기에서도 잠과 그의 형제인 죽음은 "무서운 신들"로 묘사된다. 아마도 그것들이 두려움을 불러일으킨다는 의미로 그렇게 표현했을 것이다.

17   이런 현상은 호메로스 시대 그리스인들에게는 매우 중요했던 나머지 언어 문법으로까지 만들어진 듯하다. 당시 그리스어에서 우리는 수동태도 능동태도 아닌 중동태(middle voice)라는 생소한 동사 태를 볼 수 있다. 이 태는 우리에게 너무 낯선 것으로, 학자들 사이에서도 그것이 어떻게 사용되었는지에 대해서 의견의 일치를 거의 보지 못한 상태다. 그러나 오히려 이 점이 정직한 것이다. 대부분의 현대 언어는 오로지 두 가지 동사 태 즉 능동태와

수동태만을 가지고 있다. 동사가 능동태로 사용될 때, 주어는 행위의 작인(作人)이다. "존은 공을 던졌다"라는 말에서처럼 말이다. 그와 반대로 동사가 수동태로 쓰이면, "존은 던져졌다"라는 말에서처럼 사람은 행위를 수동적으로 수용하는 자가 된다. 그러나 호메로스 시대 그리스어는 제3의 선택, 즉 중동태를 가지고 있었다. 중동태의 정확한 기능이 무엇이었든지 간에, 그것은 해당 인물이 순전히 능동적이지도 수동적이지도 않은 상황에 있음을 가리킨다는 점이 분명하다. 우리가 신들을 통해 살아간다거나 인도된다고 말할 때, 우리는 바로 이런 현상을 말하는 것이다.

중동태가 어떻게 쓰였는지를 보려면, 위 본문에서 "움직임 속에 놓여진"이라고 수동태로 번역한 동사가 실제로 그리스 원문에서는 중동태라는 점을 알면 이해하기 쉽다. 호메로스는 오디세우스가 아테나의 강요를 받아 그의 손을 뻗은 것이 아니라는 점을 강조하려 했던 것 같다. 그의 의지에 반해 그녀가 그 행동을 하도록 시킨 것이 아니라는 얘기다. 결국 그 현상은 분명 오디세우스를 행위에 연루시킨 어떤 의미가 있었음을 지시해준다. 하지만 그의 연루는 순수하게 능동적이고 의지적인 것도 아니었다. 여신에게 간청한 데서 볼 수 있듯이 오디세우스가 자신의 힘으로 그것을 하기란 거의 불가능하다고 생각했다는 점을 알 수 있다. 중동태는 이런 현상을 가리키는 완벽한 문법적 표식이다. 그리고 호메로스가 이런 태의 사용에 있어서 가장 위대한 대가였다는 점도 우연은 아닐 것이다. 사실상 이 태는 기원전 5세기 그리스 고전기에는 거의 사라지고 말았다.

18 『오디세이아』, 7권 22행 이하와 13권 221행 이하.

19 예를 들어 오디세우스가 논쟁에서 이긴 것을 아테나 덕분으로 묘사하는 부분이 그렇다. 위의 책, 8권 193행.

20 위의 책, 8권 7행 이하.

21 Stephen Holder, "Film View; Adrift, Fleetingly, in Warhol's World", *New York Times*, April 28, 1996.

22 Jean-Paul Sartre, "Existentialism Is a Humanism", *Existentialism from Dostoyevsky to Nietzsche,* ed. and trans. Walter Kaufmann (New York: Meridian Books, 1995), 291쪽. 『실존주의는 휴머니즘이다』(방곤 옮김, 문예출판사, 1997) 17쪽.

23 John Donovan, "Head Games: Ankiel, Knoblauch Struggle to Rediscover Their Arms," *CNN Sports Illustrated*, March 23, 2001.

24 물론 호메로스는 어떤 분야에서건 탁월성에 도달하기 위해서는 일정한 요구, 즉 그 분야의 기술과 관습을 배우는 과정이 필요하다는 요구를 알고 있었다. 척 노블락이 코치나 전문가들의 조언 없이도 위대한 내야수가 되었을 거라고 믿는 것은 어리석은 생각이다. 그러나 문제는 코치나 전문가들만으로는 충분치 않다는 점이다. 일단 어떤 분야의 정상에 오르면, 우리는 신들에게 우리 자신을 열 준비가 되어 있어야 한다. 이런 사례가 바로 텔레마코스이다. 텔레마코스가 아이의 세계에서 어쩔 수 없이 빠져나와 어른의 세계로, 즉 구혼자들에게 맞서야 하는 어른의 세계로 이행하는 데 결정적인 도움을 주는 존재가 아테나이다. 이처럼 아이에서 어른으로 이행하는 것 자체가 호메로스에게는 신의 일에 속한다. 어느 누구도 자신의 힘만으로는 그렇게 할 수 없기 때문이다. 물론 실제로는 적절한 교육도 필요하다. 아테나가 멘토르라는 이름의 인물을 집안의 중요 구성원으로 살게 하고, 그렇게 해서 텔레마코스를 도운 것은 단지 우연만이 아니다. 하지만 세상의 요구를 이전과 다르게 받아들이는 능력은 텔레마코스 혼자만으로는 기를 수 없다. 설득력을 갖춰 말하고 강제력 있는 권위를 행사할 수 있는 경험이 텔레마코스에게도 필요하다. 호메로스는 텔레마코스에게 이런 일을 잘 해낼 전문성이 부족하다는 것을 알고 있었다. 즉 텔레마코스가 감동적인 연설을 했음에도 원하던 결과를 얻지 못했을 때 결정적인 일이 벌어진다(2권 270행). 새파란 젊은이들이 그렇듯이 텔레마코스 자신은 경험의 중요성을 인지하지 못한다. 그는 연설의 중요한 대목에서 유년기의 상태로 떨어진다. 홀을 땅에 집어 던지며 갑자기 울음을 터뜨린다(2권 80행). 따라서 중요한 점은, 신들이 우리를 대신해서 마술적으로 기술을 탁월하게 발전시킨다는 데 있는 것이 아니다. 그보다는 최고의 기술을 발휘하도록 신의 도움을 필요로 하는 때가 바로 우리가 최고의 기술을 발휘할 수 있는 때라는 것이다.

25 『오디세이아』, 19권 209행 이하.

26 『오디세이아』, 6권 19행 이하 참조.
   "(…) 번쩍이는 문짝들은 닫혀 있었다.

아테나 여신은 바람의 입김처럼 재빨리 소녀의 침상으로 가서는
그녀의 머리맡에 서서 그녀를 향하여 말했다.
그 모습은 나아시카아와 동갑이고 또 그녀의 마음에 들었던
이름난 뱃사람 뒤마스의 딸과 같았다."
또한 같은 책, 4권 838행 이하 참조.
"이렇게 말하고 환영은 문설주의 빗장 옆을 지나
바람의 입김 속으로 사라졌다."

27 이런 가벼운 연속극 같은 에피소드들은 『오디세이아』 8권에서 읽을 수 있
다. 가령 아프로디테와 아레스의 불륜이라든지, 그런 아내의 외도에 질투
하는 남편 헤파이스토스의 이야기가 연대순으로 나온다.

28 그렇다고 해서 모든 여성들이 오로지 그녀에 준해서 평가되었다고 말하는
것은 아니다. 호메로스에게는 다른 위대한 여성들도 여럿 있었다. 헬레네는
에로스의 차원에서 모범이지만, 가령 페넬로페의 지혜는 헬레네가 지닌 탁
월성과는 조화되지 않는 부분에서 돋보이는 것이었다. 기실 페넬로페가 보
여주는 정절과 충실—20년 간 오디세우스만을 바라보았던 정절—은 현재
의 에로틱한 상황에 민감했던 헬레네와 극명한 대조를 이룬다. 이런 두 가
지 탁월성을 모두 받아들일 수 있는 것은 호메로스의 다신주의 때문이며,
그것들에 순위를 매기거나 서로 비교할 필요가 없는 것도 그 때문이다.

29 오디세우스는 심지어 여러 별명 가운데 "많은 슬픔을 가진 남자"라는 별명
까지 가지고 있다.

4장

1 Aeschylus, *Oresteia*, trans. Richmond Lattimore (Chicago: University of
Chicago Press, 1953), *The Eumenides*, 614~618행. 우리말 번역은 『아이스퀼로
스 비극』(천병희 옮김, 단국대학교출판부, 2004)에서 인용하였으나 외래어 표
기는 국립국어원 규정에 따라 '아이스킬로스'로 적음. 또한 영어판과 우리
말 번역판은 행수 표기가 약간 다르지만 찾는 데 큰 문제가 없으므로 영어
판 행수를 그대로 옮긴다. 옮긴이.

2   Aeschylus, *The Eumenides*, 421행.

3   Aeschylus, *The Eumenides*, 381~384행.

4   Aeschylus, *Agamemnon*, 206~211행.

5   Aeschylus, *Agamemnon*, 1522~1527행.

6   Aeschylus, *Agamemnon*, 1560~1563행.

7   Aeschylus, *Agamemnon*, 1489~1495행.

8   Aeschylus, *Agamemnon*, 1563~1566행.

9   Aeschylus, *The Eumenides*, 385~387행.

10 텔레마코스: "어머니께서는 집을 떠나시며 무서운 복수의 여신들을 부르실 테니까요. 그리고 나는 사람들에게 비난받게 될 것이오."(『오디세이』 2권 135~138행); "나는 오이디푸스의 어머니, 아름다운 이오카스테도 보았소. (…) 그녀는 슬픔에 꼼짝없이 사로잡혀 자신을 위해서는 높다란 대들보에 고를 맨 밧줄을 높직이 매달았고, 그에게는 복수의 여신들이 어머니를 위하여 이루어지게 하는 온갖 고통들을 많이도 남겨 놓았소."(『오디세이』 11권 271행 이하); "만일 가련한 사람의 잘못을 복수하는 어둠 속에 복수의 여신이 있다면, 안티노오스는 결혼식 전에 죽음을 만날 것이다."(『오디세이』 17권 622행 이하); "폭풍의 정령들이 그 소녀들을 낚아채어 가증스런 복수의 여신들에게 시녀로 주어 버렸지요."(『오디세이』 20권 77행 이하).

11 Aeschylus, *The Eumenides*, 864~866행.

12 Aeschylus, *The Eumenides*, 914~915행.

13 Aeschylus, *The Eumenides*, 1047행.

14 Aeschylus, *Agamemnon*, 160행.

15 Aeschylus, *Agamemnon*, 1487행.

16 Aeschylus, *The Eumenides*, 899행.

17 Martin Heidegger, "The Origin of the Work of Art," in: *Poetry*, *Language*, *Thought*, trans. A. Hofstadter, (New York: Harper & Row, 1971), 42쪽.

18 도덕적 공간의 차원들과 방향에 대해서는 찰스 테일러의 다음 책을 참조. Charles Taylor, *Sources of the Self*, (Cambridge, MA: Harvard University Press, 1989).

19 Martin Heidegger, 앞의 글, 41쪽.

20 위의 글, 43쪽.

21 호메로스는 이 가운데서도 다소 독특한 경우다. 그의 작품 이전에는 갈등
    이나 분노와 같은 혼돈에 관한 신화들만 있었다. 그러나 호메로스가 감사
    와 경이 같은 감정을 강조함에 따라 신화에도 질서가 부여되었다. 물론 호
    메로스는 자신이 혐오스럽게 느낀 것, 즉 복수와 같은 원시적이고 어두운
    힘은 삭제해버리고 삶의 새로운 길을 닦았다. 따라서 그는 특별히 창설자
    (originator)라고 부를 수 있을 것이다.

22 마태복음 5:27~28.

23 로마서 7:7

24 아가페적 사랑, 즉 모든 사람들을 위해 예수가 보여준 흘러넘치는 사랑이라
    는 정조는 플라톤이 결핍으로 정의한 에로스적 사랑과 대비된다.

25 Saint Augustine, *Confessions*, trans. R.S. Pine-Coffin (Penguin Classics,
    1961), Book VII, ch.17, 151~152쪽. 『고백록』 (김기찬 옮김, 크리스챤다이제스
    트, 2002), 181쪽.

26 위의 책, 제7권 18장, 181쪽.

27 위의 책, 제10권 27장, 276쪽.

28 위의 책, 제7권 18장, 181쪽.

29 David M. Friedman, *A Mind of Its Own: A Cultural History of the Penis*, (New
    York: Penguin, 2003) 참조.

30 『고백록』, 제6권 3장, 137쪽.

31 위의 책, 제10권 6장, 251쪽.

32 데카르트가 말한 '코기토'는 이미 아우구스티누스가 탐구했던 것이다. 위
    의 책, 제10권 11장, 259쪽 참조.

5장

1   A. T. MacAllister, "Historical Introduction", *The Inferno* by Dante
    Alighieri, trans. John Ciardi (New York: Penguin, 1982), xiii.

2   Dante Alighieri, 『신곡』 「지옥편」, 제3곡 9행. 우리말 번역판은 『신곡』 (김운

찬 옮김, 열린책들, 2008)에서 인용.

3   위의 책, 제4곡 42행.

4   위의 책, 제5곡 38행.

5   위의 책, 제8곡 104~105행.

6   위의 책, 제8곡 112~116행.

7   위의 책, 제8곡 120행.

8   위의 책, 제11곡 20~21행.

9   위의 책, 제9곡 107~108행.

10   일부일처제적인 이성애만을 한 이들은 최소한의 고통만을 받는다. 그들
     은 연옥의 꼭대기에서 불로 정화되는데, 거기서 단테는 자기 친구들을
     여럿 만난다.

11   단테가 특별히 자세한 설명을 하고 있지는 않지만,「지옥편」제34곡 76~77
     행의 묘사를 보면 사탄의 몸 가운데 정확히 어떤 부위가 물질적 우주의 밑
     바닥에 해당하는지를 알 수 있다.

12   위의 책,「연옥편」, 제14곡 85행 이하.

13   위의 책,「천국편」, 제1곡 117~126행.

14   위의 책,「연옥편」, 제18곡 63행.

15   위의 책,「천국편」, 제31곡 참조.

16   위의 책,「천국편」, 제33곡 100~102행.

17   위의 책,「천국편」, 제22곡 134~135행.

18   위의 책,「천국편」, 제22곡 152~153행.

19   위의 책,「천국편」, 제33곡 143~145행.

20   위의 책,「천국편」, 제30곡 42행.

21   위의 책,「천국편」, 제33곡 131행.

22   Martin Luther, *Selections from His Writings*, ed. John Dillenberger (New
     York: Anchor Books, 1962), 470쪽.

23   *The Life and Letters of Martin Luther*, (Cambridge, UK: The Riverside Press,
     1914). 우리말 번역판은『독일 기독교 귀족에게 고함』(원당희 옮김, 세창미디
     어, 2010) 126쪽 이하에서 인용.

24   Martin Luther, *Martin Luther's Basic Theological Writings*, ed. Timothy Lull

(Minneapolis: Augsburg Fortress, 1989), 43~44쪽.

25   Luther, *Selections*, 78쪽.

26   위의 책, 76쪽.

27   위의 책, 105쪽.

28   위의 책, 160쪽. 키르케고르는 설명하기를, 예수가 아가페적 정조를 도입한 일은 다음과 같은 의미를 갖는다고 한다. 즉 육화 이후로는 성부 하느님과 직접적 연관을 맺을 필요도, 그럴 방법도 없게 되었다는 것이다. 하지만 키르케고르는 일기에 또 이렇게 쓰고 있다. "루터는 올바르게 행동했지만, 그의 설교가 언제나 명확하거나 자신의 삶과 꼭 일치했던 것은 아니다. 오히려 그의 삶이 설교보다 나았다." Søren Kierkegaard, *Journals & Papers*, Volume 3, L-R, ed. and trans. by Howard V. Hong and Edna H. Hong, assisted by Gregor Malantschuk (Bloomington: Indiana University Press, 1975), 78쪽.

29   Luther, *Selections*, 112~113쪽.

30   루터의 음악에 대한 사랑은 후에 바흐의 교회 칸타타에서 완벽히 표현되었다. 그 칸타타들은 개인의 의미부여 행위나 수동적인 신비적 축복을 표현한 것이 아니라, 성스러움에 대한 감각을 공유하는 즐거운 예배자들의 공동체를 표현한다. 그 감각은 그들이 즐겁게 키워낸 정조라 할 수 있다. 루터는 자신이 지은 찬송가집의 제4판 서문에서 다음과 같이 쓰고 있다. "우리가 노래를 부를 때, 분명 우리는 마음이 밝아지고 유쾌해진다. (…) 왜냐하면 신이 우리의 가슴과 마음을 즐겁게 만들었기 때문이다. 우리를 죄와 죽음 그리고 악마로부터 구원해 준 그의 사랑하는 아들을 통해서 말이다. 진솔하게 이것을 믿는 자는 즐거움과 기쁨으로 그것에 대해 노래하지 않을 수 없으며 다른 이들도 듣고 올 것이다."

31   Luther, *Selections*, 24~25쪽.

32   René Descartes, *Meditations on First Philosophy*, Fourth Meditation, in *The Philosophical Writings of Descartes*, Vol. II (1641), trans. John Cottingham, Robert Stoothoff, and Dugald Murdoch (New York: Cambridge University Press, 1984), 40쪽. 우리말 번역판은 『성찰』(이현복 옮김, 문예출판사, 2009), 85쪽에서 인용.

33 René Descartes, *Discourse on Method*, Part III, in Descartes: *Philosophical Writings*, ed. and trans. Norman Kemp Smith (New York: The Modern Library, 1958), 111쪽. 우리말 번역판은 『방법서설』 (이현복 옮김, 문예출판사, 2010), 173쪽.

34 자율성(autonomy)과 타율성(heteronomy)은 그리스 어원으로 보면 더 이해하기 쉽다. 그리스어로 노모스(Nomos)는 법을 뜻하며, 'auto'와 'hetero'라는 접두어는 각기 자기와 타자를 가리킨다. 따라서 자율성은 문자 그대로 자신의 법, 타율성은 타인의 법을 뜻한다.

35 칸트에 따르면, 계몽주의의 위대한 가르침은 성숙한, 즉 충분히 전개된 인간존재가 행위방법을 결정하기 위해서 그 자신의 지성을 사용한다는 점이다. "계몽이란 인간이 자기에게 부과된 미성숙성으로부터 탈출하는 것이다." Immanuel Kant, "계몽이란 무엇인가: 그 물음에 대한 하나의 대답" in *Perpetual Peace and Other Essays*, trans. and introduction by Ted Humphrey (Indianapolis: Hackett, 1983), 41쪽.

36 Jean-Paul Sartre, 앞의 책, 291쪽.

6장

1 1851년 11월 17일 호손에게 보낸 편지. 다음 책에 수록되었다. Norton Critical Edition of *Moby Dick*, ed. Hershel Parker and Harrison Hayford (2002), 545~547쪽. 앞으로 영어판 『모비 딕』은 NCE로 표기함. 한국어 번역판은 『모비 딕』 (김석희 옮김, 작가정신, 2011)의 쪽수로 표시.

2 Hershel Parker, "International Controversy ove Melville" 참조. NCE, 468쪽.

3 1846년 4월 6일자 리뷰. NCE, 476~477에 부분적으로 재수록됨.

4 Hershel Parker, 앞의 글.

5 앤 알렉산더(Ann Alexander) 호에 관한 보도는 Alexander Starbuck이 쓴 *History of the American Whale Fishery from Its Earliest Inception to the Year 1876, The Ploughboy Anthology*, 2003년 4월 17일, http://mysite.du.edu/~ttyler/

ploughboy/starbuck.htm 참조. 특히 F항 "The Dangers of the Whale Fishery"라는 소제목을 참조하라.

6 1851년 11월 7일 뒤킹크(Evert A. Duyckinck)에게 보낸 편지. NCE 544~545쪽에 재수록. 이 편지는 멜빌이 전날 밤 친구 뒤킹크가 보낸 편지의 답장으로 쓴 것이다. 친구의 편지에는 앤 알렉산더 침몰에 대한 기사를 잘라낸 신문이 동봉되어 있었다. 멜빌은 그 편지가 "내게 기절할 만한 영향을 미쳤다"고 기록했다.

7 1851년 6월 29일 호손에게 보낸 편지. NCE, 541~542쪽.

8 이 주문의 완전한 문장은 1933~1934년 겨울 무렵에 어떤 학자 그룹에서 발견되었다. 웨슬리언 대학에서 미국사와 문학을 공부하던 23살의 대학원생—나중에 유명 시인이 됨—인 찰스 올슨(Charles Olson)이 멜빌이 수집한 셰익스피어 작품의 일곱 번째이자 마지막 권의 여백에서 그 문장을 발견했다. 올슨은 멜빌이 셰익스피어를 읽은 것이 『모비 딕』을 쓰는 데 중요한 역할을 했음을 보여주기 위해 여백 메모들을 연구했다. (올슨의 첫 번째 저작인 『Call Me Ishmael』 참조.) 그러나 최근 학계는 올슨의 해석에 반대한다. 마지막 권의 여백 메모가 『Quarterly Review』 1823년 7월호에 프랜시스 팔그레이브(Francis Palgrave) 경이 익명으로 실은 마법에 관한 에세이를 베낀 것이라는 사실이 1992년 밝혀졌기 때문이다. (제프리 샌번Geoffrey Sanborn의 논문, "The Name of the Devil: Melville's Other 'Extracts' for Moby-Dick", in 『Nineteenth-Century Literature』, 1992년 9월호 참조.) 학계에서 최근 논의되는 것은 다음 몇 가지 물음들이다. 멜빌은 그 에세이를 읽은 것은 정확히 언제인가? 19세기 초 영국 수필가 레이 헌트(Leigh Hunt)의 작품도 멜빌이 당시 읽었을까? 의붓아버지 거실 소파에 기대어 이 책들을 읽었는지 안 읽었는지가 그렇게 중요한 문제일까? (제프리 샌번의 글, "Lounging on the Sofa with Leigh Hunt: A New Source of the Notes in Melville's Shakespeare Volume," in 『Nineteenth-Century Literature』, 2008년 6월호 참고.) 더 미묘하고 상세한 문제들은 전문가들에게 맡겨두기로 한다.

9 멜빌은 여기서 "Jove"라는 이름을 쓰고 있는데, 로마신화의 "제우스"에 해당한다.

10 『모비 딕』, 79장, 426쪽.

11 『모비 딕』, 발췌록, 13쪽.

12 『모비 딕』, 발췌록, 13쪽.

13 「이사야」 27:1처럼 "리바이어던(Leviathan)"이라는 이름은 일반적으로 사탄을 지칭하기 위한 말이었으나, 이후에는 사용되지 않다가 오늘날에는 모호한 말로 남아있다. 『영어 고어 사전*Old English Dictionary*』에서 볼 수 있는 마지막 인용은 1595년 바른(Barne)이 사용한 것이다. 그는 주에게 탄원하며 이렇게 말한다. "당신께서 옛 리바이어던의 턱을 깨트려주소서, 영광된 정복자시여!"

14 『모비 딕』, 발췌록, 16쪽.

15 『모비 딕』, 79장, 426쪽.

16 『모비 딕』, 1장, 37쪽.

17 『모비 딕』, 1장, 35쪽.

18 Hershel Parker, NCE, 466쪽 참조. 횔덜린에 대한 하이데거의 해석과의 연관성을 주목해보자. 하이데거의 설명에 따르면, 횔덜린은 현대 독일에 대해 생각하는 법을 찾기 위해서 고대 그리스—또는 적어도 남프랑스—로 떠날 필요성을 느꼈다고 한다.

19 『모비 딕』, 1장, 31쪽.

20 『모비 딕』, 1장, 31쪽.

21 『모비 딕』, 3장, 42쪽.

22 『모비 딕』, 3장, 42쪽.

23 1851년 11월 17일 호손에게 보낸 편지.

24 위의 편지 앞부분에서.

25 『모비 딕』, 32장, 182쪽.

26 『모비 딕』, 32장, 194쪽.

27 『모비 딕』, 96장, 512~13쪽.

28 『모비 딕』, 17장, 130쪽.

29 『모비 딕』, 4장, 59쪽.

30 『모비 딕』, 4장, 59쪽.

31 『모비 딕』, 3장, 55쪽.

32 『모비 딕』, 5장, 64쪽.

33 『모비 딕』, 3장, 57쪽.

34 『모비 딕』, 4장, 58쪽.

35 『모비 딕』, 18장, 134쪽.

36 『모비 딕』, 4장, 62쪽 참조.

37 예를 들면, 멜빌의 전기에 관한 다음 자료를 보라. Andrew Delbanco, *Melville: His World and Work* (New York: Vintage, 2005), 특히 130~134쪽.

38 『모비 딕』, 12장, 95쪽.

39 『모비 딕』, 12장, 95쪽.

40 『모비 딕』, 110장, 570쪽.

41 두 사람이 보여주는 평행성은 멜빌의 다른 묘사에서 더욱 분명하게 나타난다. 퀴케그는 철저한 교육을 통해 기독교 문화를 습득해가는 과정에 있다. 하지만 옷 입는 습관이 보여주듯 그는 아직 이행 상태에 있다. "애벌레도 아니고 나비도 아닌 상태에 있는 존재였다. (…) 그의 교육은 아직 끝나지 않았다. 그는 아직 졸업하지 않은 재학생이었다."(『모비 딕』, 4장, 62쪽.) 퀴케그가 문명에 적응해 가는 것과는 대조적으로, 이슈메일은 바다에서 교육된다. 이슈메일의 교육은 기독교 문명 안으로 들어가기 위한 것이 아니라 빠져 나오기 위한 것이다. 이슈메일은 말한다. "포경선은 나의 예일대학이며 하버드대학이기 때문이다."(『모비 딕』, 24장, 158쪽.)

42 『모비 딕』, 94장, 503~504쪽.

43 『모비 딕』, 19장, 137~139쪽. 이 일화는 일라이저라는 이름의 예언자가 짧게 전해준 이야기다. (일라이저의 성서적 이름은 '엘리야Elijah'로, 폭군 '아합Ahab'에 맞서 싸운 이스라엘의 선지자 이름이기도 하다―옮긴이.)

44 『모비 딕』, 41장, 235쪽.

45 『모비 딕』, 36장, 217쪽.

46 『모비 딕』, 36장, 217쪽.

47 『모비 딕』, 108장, 561쪽

48 『모비 딕』, 41장, 235쪽.

49 블레이크나 셸리 같은 낭만파 및 악마파 해석가들이 밀턴을 이렇게 해석한다. 포머(Henry F. Pommer)는 주장하기를, 멜빌은 동시대인들이 찬미했던 경건한 밀턴보다는 이런 밀턴 해석가들에게서 더 큰 영향을 받았다고

한다. 포머의 *Milton and Melville* (New York: Cooper Square Press, 1970)에 나오는 이런 평가는 레슬리 셸던(Leslie Sheldon)의 다음 글에 인용되어 있다. "Messianic Power and Satanic Decay: Milton in *Moby Dick*," in: *Leviathan: A Journal of Melville Studies*, vol.4, no.1 (March, 2002), 29~50쪽.

50 Sheldon, 위의 글에서 인용.

51 『모비 딕』, 19장, 137쪽.

52 『모비 딕』, 79장, 425쪽.

53 『모비 딕』, 86장, 460쪽.

54 『모비 딕』, 94장, 503~504쪽.

55 다음 책 참조. Karl Jaspers, *The Origin and Goal of History*, trans. Michael Bullock, (London: Routledge and Keegan Paul, 1953) 독일어로 된 원래 판본은 Karl Jaspers, *Vom Ursprung und Ziel der Geschichte*(München: Piper Verlag, 1949).

56 Charles Taylor, *A Secular Age*, p. 687.

57 Friedrich Wilhelm Nietzsche, *The Gay Science*, 서문. 우리말 번역판은 『즐거운 학문』(안성찬, 홍사현 옮김, 책세상, 2010), 31쪽.

58 『모비 딕』, 9장, 86쪽.

59 『모비 딕』, 9장, 86쪽.

60 『모비 딕』, 10장, 90쪽.

61 『모비 딕』, 10장, 91쪽.

62 『모비 딕』, 16장, 124쪽.

63 『모비 딕』, 94장, 502쪽.

64 『모비 딕』, 94장, 503쪽.

65 『모비 딕』, 42장, 246쪽.

66 『모비 딕』, 42장, 246~247쪽.

67 『모비 딕』, 42장, 248쪽.

68 『모비 딕』, 42장, 255쪽.

69 『모비 딕』, 42장, 255쪽.

70 『모비 딕』, 42장, 255쪽.

71 『모비 딕』, 42장, 256쪽.

72 『모비 딕』, 86장, 460쪽.

73 『모비 딕』, 42장, 253쪽.

74 『모비 딕』, 102장, 538쪽.

75 『모비 딕』, 102장, 539쪽.

76 『모비 딕』, 102장, 540쪽.

77 『모비 딕』, 85장, 450쪽.

78 『모비 딕』, 85장, 455쪽.

79 『모비 딕』, 85장, 455쪽.

80 『모비 딕』, 93장, 497쪽.

81 『모비 딕』, 27장, 167~68쪽.

82 『모비 딕』, 93장, 500쪽.

83 『모비 딕』, 93장, 500~501쪽.

84 『모비 딕』, 93장, 501~02쪽.

85 『모비 딕』, 125장, 618쪽.

86 『모비 딕』, 99장, 517쪽.

87 『모비 딕』, 36장, 214쪽.

88 『모비 딕』, 27장, 164쪽.

89 이런 다양한 관찰들은 99장에 기록되어 있다.

90 『모비 딕』, 99장, 523쪽.

91 『모비 딕』, 28장, 171쪽.

92 『모비 딕』, 125장, 620쪽.

93 『모비 딕』, 133장, 657쪽.

94 『모비 딕』, 133장, 651쪽.

95 『모비 딕』, 133장, 652쪽.

96 『모비 딕』, 전체 및 133장, 652쪽.

97 『모비 딕』, 134장, 664쪽.

98 『모비 딕』, 134장, 662쪽.

99 『모비 딕』, 135장, 678쪽.

100 『모비 딕』, 41장, 241쪽.

101 『모비 딕』, 135장, 682쪽.

102 『모비 딕』, 133장, 649~50쪽.

103 다음 참조. Geoffrey Sanborn, "Whence come you Queequeg?", in *American Literature*, vol. 77, no. 2 (June 2005), pp. 227~257.

104 『모비 딕』, 18장, 133쪽.

105 1939년 1월 4일자 편지. 에이츠는 그해 1월 28일에 죽었다.

106 『모비 딕』, 110장, 574~75쪽.

107 『모비 딕』, 135장, 679쪽. '피쿼드' 호를 뜻함(옮긴이)

108 『모비 딕』, 135장, 683쪽.

109 『모비 딕』, 110장, 574쪽.

110 『모비 딕』, 에필로그, 684쪽.

111 예를 들어, 멜빌이 1852년 1월 8일 소피아 피바디 호손(Sophia Peabody Hawthorne)에게 쓴 편지 참조. NCE 547쪽에 재수록.

7장

1 "End of a Career," *New York Times*, 1939년 6월 22일자, 18면.

2 "6만 1,808명의 팬들이 게릭에게 찬사를 보내다. 양키스 선장이 스타디움에서 얻은 영예―자신을 '지상에서 가장 운 좋은 남자'라고 부름", *New York Times*, 1939년 7월 5일자, 1면.

3 예컨대 미국의 수사들을 담은 웹사이트 www.americanrhetoric.com는 게릭의 고별사를 미국 역사상 100대 연설 중 73위에 올리고 있다. 그것 앞을 점하고 있는 연설들은 대부분 정치 연설이다.

4 위 웹사이트.

5 연설 발췌문을 포함해서 은퇴식 동영상은 http://www.youtube.com/watch?v=a4msaZTJrTA 웹사이트에서 볼 수 있다. 그 밖의 세부사항들은 1939년 5월, 6월, 7월에 발행된 『뉴욕타임스』 기사들에서 수집했다. 고별사 전문은 http://en.wikipedia.org/wiki/Lou_gehrig 참조.

6 *From Season to Season: Sports as American Religion*, ed. Joseph L. Price (Macon, Georgia: Mercer University Press, 2001) 참조.

7   Albert Borgmann, *Crossing the Postmodern Divide* (Chicago: University of Chicago Press, 1992), 135쪽.

8   다음 사이트 참조. http://www.nytimes.com/2006/08/20/sports/ playmagazine/20federer.html.

9   위 웹사이트.

10   D. T. Max, 앞의 글.

11   David Foster Wallace, "How Tracy Austin Broke My Heart", reprinted in *Consider the Lobster: And Other Essays* (New York: Little, Brown and Company, 2005).

12   "물론 TV로 보는 테니스와 실제 테니스의 차이는, 포르노 비디오와 인간이 실제로 나누는 사랑의 차이와 비슷한 것이 사실이지만 말이다."

13   호메로스 시대의 그리스인들은 이 점을 잘 알고 있었다. 그들은 신들의 격한 모습과 성스러움 속에서 위험하고 위협적인 요소들이 있다는 것을 알고 있었다. 신들이 잠시 우리를 버려두거나(아테나가 오디세우스에게 그랬듯이) 우리에게 화를 낸다(헤라가 종종 그랬듯이)는 사실은 그들은 알고 있었다. 하지만 이런 위험이 신들이 가진 힘과 의미의 일부분이라는 점을 그들은 이해하고 있었다. 바다가 언제나 아름답고 고요하기만 하다면, 포세이돈의 포도주빛 어두운 바다의 압도적인 힘과 장엄함은 그 위력을 갖지 못할 것이다. 그것은 '퓌시스'라는 개념이 그렇듯이 무엇인가 발생하는 방식으로서의 위험과 광포함이며, 있는 그대로 위대하고 신적인 위력을 갖는 것이다.

14   *Infinite Jest*, 243쪽.

15   "프로가 된 후에야 당신은 진짜 곤충의 눈을 가진 운동선수의 미신에 대해 알게 됩니다. 할리. 당신이 쇼를 시작할 때가 당신은 원시적인 것을 이해하게 될 겁니다. 연승행진은 천연의 물거품을 올라오게 하지요. 경마기수의 채찍은 비행기 객실화물칸에 실릴 때까지, 거듭되는 경기 중에는 빨지 않아요. 옷 입고, 먹고, 소변을 보는 일도 기상천외한 방식으로 의례화 되어 있지요." *Infinite Jest*, 243쪽.

16   A. Borgmann, 앞의 책, 243쪽.

17   일반적인 역사서술에 따르면, 고대 그리스에서 사물의 물질적 기초에 대한 탐구는 기원전 6세기 이전에는 시작되지 않았다고 한다. 그리스 문화가

우주에 대한 신화적 설명에서 과학적 설명으로 옮겨가기 시작했을 때 이 런 탐구가 시작되었다는 주장이다. 비록 이것이 존재에 대한 그리스적 이해 를 지나치게 단순화하거나, 그 중요 측면들을 왜곡한 것이기는 하지만, 그 럼에도 여기에 표면적 개연성이 있는 것은 사실이다. 호메로스가 실재의 물 질적 기초에 대해 관심이 없었던 것은 분명 사실이다. 또 이런 설명은 소크 라테스 이전 철학자들에 대해서도 의미를 가진다. 예를 들어 탈레스가 만 물을 물이라고 주장하고, 헤라클레이토스가 불에서 모든 것이 시작된다고 말했을 때, 이들 철학자들이 존재하는 것에 대한 원시과학적 설명을 시도 했다는 점을 설명해줄 수는 있다.

18 I. 칸트, 『계몽이란 무엇인가』(1784)의 첫 문장.

19 George Sturt, *The Wheelwright's Shop* (Cambridge, UK: Cambridge University Press, 1976), 첫 출간은 1923년. 앨버트 보그만은 스터트의 책을 다음 책에서 논하고 있다. Albert Borgmann, *Technology and the Character of Contemporary Life* (Chicago: University of Chicago Press, 1984). 보그만 이전 에 스터트의 책을 깊이 있게 다룬 사람으로는 리비스(F. R. Leavis)가 있다. F. R. Leavis, *Culture and Environment: The Training of Critical Awareness* (London: Chatto and Windus, 1933). 우리가 스터트를 소개할 수 있었던 데는 이들 저 자—특히 보그만—에 힘입은 바 크지만, 우리는 스터트의 '기예' 개념을 그 들과는 다르게 설명한다. 매슈 크로퍼드(Matthew Crawford)의 최근 책, *Shop Class as Soulcraft* 역시 흥미로운 방식으로 기예의 중요성에 대해 다루고 있 으며, 간략하게 스터트도 인용하고 있다. 로버트 피어시그(Robert M. Pirsig) 는 명시적으로 스터트를 인용하지는 않지만, 그의 고전 『선과 모터사이클 관리술(*Zen and the Art of Motorcycle Maintenance*)』은 의미의 기초를 찾는 데 있 어 기술이 점하는 위치에 대해 다루고 있다. 우리는 이들 저자들에 대해 공 감하지만, 일신주의 철학 전통과 단단히 연결되어 있는 그들의 입장에 대 해서까지 찬성하는 것은 아니다. 플라톤이 그랬듯이 피어시그도 그 스스 로 "특질(Quality)"이라 부른 것에서 추상적인 의미의 원천을 발견하다. 또 한 크로퍼드는 아리스토텔레스가 그랬듯이, 손으로 만든, 구체적이고 사회 적으로 각인된 의미의 원천을 강조한다. 하지만 우리는 창작적인 기술을 상 세히 다루고 있다는 점에서, 또한 세계가 존재하는 여러 방식 가운데 포이

에시스를 구분한다는 점에서 그들과 구별된다. 마지막으로 퓌시스, 포이에 시스, 테크놀로지에 대한 이해들에 균형을 잡아주는 기술이 있다는 생각— 우리 문화의 가장자리에 실재에 대한 또 다른 이해가 소생하고 다시 전유 되기를 기다리고 있다는 생각—과, 이런 종류의 기술에 대한 이해는 이제 껏 없었다는 점에서 우리는 그들과 구별된다. 우리들 저자는 이것이 이 책 의 긍정적인 공헌 가운데 하나라고 생각한다.

20 George Sturt, *The Wheelwright's Shop*, 24쪽.

21 위의 책, 45~46쪽.

22 위의 책, 23쪽.

23 보그만 역시 자기 책에서 간략하게나마 이 점을 잘 지적하고 있다. "사 람들이 땅에 적응하는 것처럼, 땅은 사람들에게 자신을 열어보인다." in *Technology and the Character of Contemporary Life*, 44쪽.

24 멜빌의 직관이야말로 이 같은 가능성을 드러내주는 대표적 사례로, 이 때 문에 멜빌은 우리 시대의 참된 예언자라 할 만하다. 하지만 제우스처럼 높 은 지위를 부여받은 향유고래는 사실 호메로스의 제우스와 똑같다고 할 수는 없다. 얼굴이 없는 향유고래는 신들의 만신전에서 가족유사성을 가 질 수가 없다. 왜냐하면 세계가 존재할 수 있는 방식들인 퓌시스, 포이에시 스 및 테크놀로지를 벗어나서는 어떤 신도 다른 신과의 유사성을 가질 수 없기 때문이다. 멜빌이 이처럼 토대를 이루는 통일성이 존재하지 않는다 는 것을 직관하고 있었다는 점은 놀라운 일이다. 세계의 존재 방식들에 대 해 아는 바가 없었고, 서양 역사에서 그것을 상속받지 않았다는 점에서 더 욱 그러하다. 만일 호메로스와 멜빌 같은 다신주의의 거장들이 성스러운 관례들을 구현하는 법을 배운다면, 그들은 방랑하는 이슈메일—난파된 문 화에서 유일하게 구조된 인물—과의 특별한 유사점을 발견할 수 있을 것이 다. 이슈메일은 자신의 몸에 장대한 성스러운 의미들을 문신으로 새김으로 써 새로운 문화의 토대를 마련한다. 그 의미들은 그가 횡단하고 입어보고 드러내본 것이다. 이러한 다신주의의 거장은 땅의 안락함을 차버리고 숨은 역사의 바다로 떠나갈 것이다. 신들을 다시 오도록 꾀어낼 장소를 확보하 기 위해서 말이다.

허무주의 시대에 삶의 의미 되찾기

1. 삶의 진부한 진리: "사는 게 뭐 별거 있어?"

"사는 게 뭐 별거 있어?"

10살을 갓 넘긴 어린아이가 퉁명스럽게 말을 맺는다. 아이는 이 말을 이전에도 여러 번 사용했던 것 같다. 얼마나 오랫동안 입에 달고 지냈는지, 말하는 표정이나 상황에도 한 치의 어긋남이 없다. 아이는 무서울 만큼 태연하게 말한다. "1 더하기 2는 3이지, 사람은 밥을 먹어야 살 수 있어"라며 누구나 알고 있는 평범한 이치를 말하듯, 담담하지만 단호한 어조로 말한다. 그런데 정말 아이는 자신이 하는 말의 의미를 알고 있을까?

아이의 말은 사뭇 충격적으로 들린다. 당장 뭐라 대구를 해야 할지가 묘연하다. 환갑을 훌쩍 넘긴 어르신에게서 이런 말을 듣는 다면, 그냥 대수롭지 않게 지나칠 수도 있을 것이다. 심지어 인생의 지혜가 담긴 말, 최소한 반세기 이상의 인생 체험이 고스란히 녹아있는 말로 들을 수도 있다. 어쨌든 나이든 어른은 '살았던 시간'을 회고하고 거기에 '별거 있는지'를 평가할 수 있는 사람일 테니 말이다. 그렇다면 아이의 말이 충격적인 것은 어른이나 말할 수 있는 것을 아이가 말했다는 점에 있는 것일까? 어떻게 그 아이는 '어른스러운' 말을 할 수 있었던 것일까?

매우 조숙한 아이일 수도 있다. 요즘에는 사춘기가 일찍 온다고 하는데 사춘기의 극심한 혼돈을 표현한 말일지도 모른다. 조숙한 사춘기 아동이 아니라면, 아마도 누군가로부터 주워들은 말일 것이다. 아이의 어른 흉내 가운데 하나일 것이다. 그렇다면 어른은 누구에게 그 말을 들었을까? 지금 시대의 어른들은 왜 그런 말을 아이가 흉내 낼 만큼 입에 달고 사는 것일까? 진정 사는 것은 별 것 아닌 것일까?

아이의 말에서 "별것"이란 다양한 의미를 함축하고 있는 말이다. "별난 것", 즉 인생에서 소중하고 기억할만한 것, 특별하고 가치 있는 것, 어두운 밤하늘의 별처럼 반짝거리는 어떤 것을 뜻한다. 아니 "별것"은 의미 있는 다양한 것들을 지시할 뿐만 아니라 '의미' 자체에 대한 총칭이기도 하다. "사는 게 뭐 별거 있어?"라는 말이 지독하게 냉소적으로 들리는 까닭은 '삶의 의미' 전체를 거부하는 말로 들리기 때문이다. 이렇게 새겨듣는다면, 이 말은 삶에 한줌의 의미도 없다는 냉혹한 현실 선언이 된다. 절망이 짓무른 냉소가 된다.

세파에 찌들지 않은 어린이의 눈에는 세상의 모든 것들이 반짝이는 의미로 충만할 것만 같다. 보통 우리는 그렇다고 믿거나 그렇게 믿고 싶어 한다. 이런 통념을 깨고 아이의 입에서 "사는 게 뭐 별거 있어?"라는 말을 듣는다면, 당연히 큰 충격을 받을 만도 하다. 그렇다면 이 경우 충격의 본질은, 최소한 해맑게 자라나는 아이들에게만은 숨기고 싶은 진실이었는데 그 비밀이 누설된 낭패 감일까? 삶이 무의미하다는 사실은 도대체 언제부터 삼척동자도 알고 있는 진부한 진리가 되어버린 것일까?

2. 신은 죽었다

처음부터 삶은 무의미한 것이었을까? 일단 그것이 지금 우리 시대의 평범한 진리라고 해두자. 말을 배우듯이 아이는 그것을 어른에게서 배웠고, 어른은 어른의 어른에게서 배웠다. 그렇다면 그 진리를 말한 원조는 누구일까? 고대 그리스의 회의주의자나 인도의 석가모니도 후보로 지목될 수 있겠다. 아니 누가 원조랄 것도 없이 인간이면 누구나 보편적으로 경험하는 진리일 수도 있다.

철학이 기존의 자명한 상식^{doxa}을 의심하는 데서 출발하는 것이라면, 풋내기 철학자도 이 정도 진실쯤은 알고 있을 것이다. 알을 깨고 나오듯, 제2의 탄생을 위해 그간 세뇌당한 의미체계를 모조리 사장시킨 사춘기 젊은이도 이런 무의미는 경험할 수 있다. 사업에 실패하거나 연인을 잃고 우울증에 빠진 사람도 유사한 무의미를 잘 알고 있다. 하지만 여기에서 우리가 말하고픈 현상은 이런 무의미─다른 의미체계로 이행할 때 발생하는 일시적인 혼

돈 현상―가 아니다. 이전과는 달리 현대를 특징짓는 특별한 무의미가 우리의 관심대상이다. "모든 것이 허용된다"는 관용의 탈을 쓰고 있지만 종국에는 철두철미 의미를 거부하는 절대 무의미, 그것이 바로 현대 허무주의가 설파하는 무의미다.

우리 시대는 허무주의의 시대다. 니체가 정확히 짚어내고 있듯이, 이 시대는 모든 것들이 의미를 잃고 흔들린다. 니체는 유럽 허무주의의 기원을 플라톤 철학과 기독교에서 찾은 바 있다. 그 둘의 공통점은 우리가 살고 있는 이 세계의 배후 세계를 가정한다는 점에 있다. 깊숙이 감춰진 무엇인가가 이 세계를 만들고 조정하고 지배하기 때문에, 현상 세계를 인식하고 지배하기 위해서는 그 배후의 힘을 알아야 한다는 것이다. 지금껏 서구인들은 '신'으로 불리는 배후의 그 무엇인가를 찾으려 했다. 그리고 얼추 찾은 것을 가지고서 '의미의 집'을 만들었다. 하지만 니체가 보기에 그것은 모래 위에 지은 집처럼 헛된 망상일 뿐이다. 원래부터 없던 신을 찾지 못하는 것은 당연한 일이다. 하지만 사람들은 신을 찾지 못해 안달하다가 결국 죽음에 이르는 절망에서 허우적댄다. 지금껏 신을 통해 축조된 의미의 가건물들이 일시에 무너져 내린다. 이처럼 우리 시대의 허무주의는 '신의 죽음'이라는 니체의 한마디 말로 요약된다.

신의 죽음이라는 현대적 사건에서 니체는 두 가지를 읽어낸다. 하나는 허무주의의 기원과 본질이고, 다른 하나는 허무주의를 극복할 수 있는 방안이다. 신이 죽었기에 지금까지 살던 의미의 집도 허물어지는 게 당연하지만, 동시에 더 이상 신에 의지하지 않고 새로운 집을 지을 수 있는 가능성도 열렸다. 그러나 과연 신 없이 의미의 집을 짓는다는 것이 가능할까?

근대 사회는 처음부터 신에 의지하지 않고 인간 혼자만의 힘으로 의미의 집을 지으려 했다. 세속화, 탈신화화, 탈마법화된 세계를 구축했던 것이다. 그래서 근대적 정치체제와 자본주의 경제체제를 만들었고 괄목할 만한 과학기술문명을 이룩했다. 하지만 결과적으로 극단의 허무주의에 도달했다. 나름 의미의 집이라고 말하며 건물을 올릴수록 그 집은 더욱 황량하고 을씨년스럽게 변모해간다. 지상은 점차 사람이 살 수 없는 황무지로 변해간다. 왜 이런 일이 발생한 것일까? 신 없이 의미의 집을 만들려는 근대 계몽의 기획은 실패한 것일까?

3. 세속에 남겨진 성스러움의 흔적

의미는 믿음을 먹고 자란다. 믿음이라는 토대가 없다면 의미는 발붙일 곳이 없다. 예컨대 아이에게 옛날이야기를 들려주는 경우를 생각해 보자. 어느 똘똘한 아이가 "옛날 옛적 호랑이가 담배 피우던 시절에"라는 말이 떨어지기가 무섭게 그런 일이 어떻게 가능하냐고 할머니에게 따진다면, 적어도 그 아이에게 할머니의 옛날이야기는 아무런 의미도 가지지 못할 것이다. 또 질투라는 "녹색 눈을 가진 괴물"에 사로잡힌 오셀로에게는 데스데모나의 어떤 말과 행동도 무의미하게 여겨질 것이다. 좋든 나쁘든 그럴듯하든 그렇지 않든, 믿음은 의미를 구성하는 데 필수적인 요소이다.

보통 이러한 믿음은 크게 두 가지 종류로 나뉜다고 한다. 하나는 실증적인 증거와 앎에 의거한 믿음이고, 다른 하나는 희망이나 욕망 또는 무지에 의거한 믿음이다. 전자는 근거 있는 믿음으로, 후자는 터무니없는 믿음으로 여겨진다. 근대 이후 사람들은 전자만을 인정하려 하지만, 그런 태도도 터무니없는 믿음이기는 마찬가지다. 우리가 전지전능한 신이 아닌 유한한 존재임을 뼈저리게 자각한다면 이 엉성한 구분법을 절대적으로 믿지도 않을 것이며, 더욱이 그 중 하나만이 옳다고 강변하지 않을 것이기 때문이다. 인간의 지식이 절대적인 것이 아닌 한, 앎의 확실성에도 언제나 다소간의 믿음이 섞여 있게 마련이다. 이런 근본적인 수준에서 논의되는 믿음은 받아들이거나 거부할 수 있는 선택 대상이 아니다. 차라리 그것은 '인간의 조건'으로서의 믿음이다.

서양의 근대는 신을 축출한 시대다. 신의 축출은 아마도 서구 역사에서 가장 혁명적인 사건일 것이다. 왕을 내쫓은 프랑스 혁명은 신의 축출 다음에 필연적으로 이어진 수순이었을 뿐이다. 그러나 종종 우리가 잊는 것이 있다. 신은 쫓겨났어도 신이 있던 자리는 그대로 남아 있다. 그 자리에 사람들은 인간 자신―왕, 성직자, 과학자―을 앉히기도 하고 권력과 자본을 놓기도 한다. 소소하게는 그곳에 연예 스타를 세워두기도 하며 자신만의 연인을 모셔두기도 한다. 왜 그럴까? 신을 추방하고도 왜 사람들은 신의 자리만은 남겨두는 것일까?

내가 보기에, 그 자리는 바로 의미를 낳는 믿음의 자리이기 때문이다. 또 인간은 의미 없이는 살 수 없는 존재이기 때문이다. 성서의 용어로 말하면, 믿음과 소망 그리고 사랑이 한 곳에서 응결된 지점이기 때문이다. 여기에서의 믿음은 믿지 않을 수도 있는 선택지로서의 믿음이 아니다. 차라리 그것은 얄팍한 믿음의 저편에 있으며, 사랑하고 소망하는 인간의 유한성과 긴밀하게 뒤엉킨 믿음이다. 그곳은 세속을 가능하게 해 주는 비세속적 성소이자 성스러움의 장소다. 때문에 근대의 계몽은 다시 성스러움을 만날 수밖에 없다. 아무리 피하고 축출하려 해도 벗어날 수 없는 장소로 되돌아올 수밖에 없는 것이다. 이성의 빛만으로 미신을 타파하려 했던 계몽이 새로운 미신에 빠져든 것은 세속에 남겨진 성스러운 흔적을 그 자체로 인정하지 않았기 때문이다.

목욕물을 버리려다 씻기던 아이마저 내버린다는 속담처럼, 근대 계몽주의자는 신을 버리려다 신이 현상하는 자리인 성스러움마저 버렸다. 그는 버릴 수 없고 버려서도 안 되는 것을, 버렸다고 자신했다. 성스러움마저 버리고 난 뒤에 찾아든 것은 새로운 미신이고 야만이다. 황량한 무의미의 사막만 남는다. 그것이 바로 현대판 허무주의다. 모든 것이 무의미해지고 빛을 잃어간다. 지금 시대에는 꼬맹이들도 "사는 게 뭐 별거 있어?"라는 말을 서슴지 않고 내뱉는다.

4. 커피 마시기

과거 호메로스의 다양한 신들과 유대-기독교의 유일신이 세상을 지배할 때에는, 다시 말해서 지상의 구석구석까지 신이 영향력을 행사하던 때에는 삶의 의미와 목적이 전통 속에 확고하게 주어져 있었다. 뿐만 아니라 존재하는 개개 사물들은 저마다 빛을 발하고 있었다. 생활세계의 구석구석에 침투해 있는 거대한 믿음의 체계가 의미를 지속적으로 생성했기 때문이다. 하지만 근대 세속화 시대로 접어들면서 인간은 신의 자리에 대신 들어선다. 자율적인 주체인 인간은 자기 이외의 모든 것을 일단 배제하고 거부한다. 그리고서 모든 것을 자기중심적으로 재배치하고 재평가한다. 그로부터 자기와 무관한 것들은 의미를 잃고 만다. 자기 아닌 것들의 의미 있는 색깔들이 바래지자마자, 동시에 자기 자신에 관한 것들마저 무의미해진다.

또한 모든 행위의 선택과 성패는 주체의 책임으로 전환된다. 근대인에게는 선택할 것이 너무 많고 짊어져야 할 책임이 너무 무겁다. 과도한 책임은 책임의 의미를 압사시킨다. 감당하기 힘든 책임은 우연과 필연의 탓으로 돌려지고, 과거에 신의 이름으로 존재했던 경이와 감사의 미덕은 상실된다. 게다가 인식의 주체로서 우리가 믿고 있는 과학적 지식은 모든 것을 앙상한 수학공식과 자연법칙으로 환원시킨다. 과학적 지식 이외의 나머지는 개인의 주관적 감정, 공상 등으로 치부된다. 세상에 존재하는 수많은 현상들은 과학적 원리의 우산 아래 놓이며, 개별적 사례들에 일반 공식이 적용된 결과로 간주된다. 근대적 주체가 신을 몰아내고 자신이 신의 자리에 앉는가 싶더니만, 이내 객관적인 지식에게 그 자리를 넘겨준 셈이다. 인간보다 지적으로 훨씬 더 탁월한 인공지능이 미래에 인간을 지배하리라는 SF의 전망은 시간이 지날수록 개연성을 더해만 간다. 이 모든 것의 최종 결과는 허무다.

이 책에서 저자들이 들고 있는 사례 하나를 살펴보자. 커피 이야기다. 어느새 한국 사람치고 커피를 즐겨 마시지 않는 사람은 드물게 되었다. 도심 어디에나 커피전문점이 즐비하다. 미국 학자가 그들의 일상생활에서 흔히 접하는 사례이겠지만 그 사례는 우리에게도 꼭 들어맞는다.

아침에 일어나면 우리는 잠을 깨려고 비몽사몽간에 커피 한 잔을 마신다. 늘 마시던 머그컵이 보이지 않는다. 그럴 때는 아무 컵─종이컵이건 맥주잔이건─에나 커피를 마신다. 아침에 시간이 없다면, 간편하게 커피전문점에 들러 일회용 컵에 담긴 커피를 테이크아웃해서 거리를 활보하며 마실 수도 있다. 혹 돈이 궁하면 어디에나 널려있는 자동판매기에서 값싼 커피를 마실 수도 있다. 현대인은 커피 한잔에 잠을 깨고 바쁜 와중에 잠시 여유를 즐긴다. 그런데 이렇듯 커피를 마시는 전체 과정이 아무렇게나 이뤄져도 괜찮은 사람에게 커피─그와 관련된 제반 사물 혹은 행위들 역시─는 별반 큰 의미를 지니지 못한다. 종이컵이든 머그컵이든 맥주잔이든, 커피가 진하든 연하든, 맛이 어떻든 향이 어떠하든, 언제 어디서 누구랑 어떤 분위기에서 마시든, 커피 마시는 과정에 분별이 없는 사람에게 커피는 그다지 중요한 것이 아니다. 왜냐하면 그 모든 것들이 대체 가능하기 때문이다.

기능만을 생각한다면 어떤 컵, 어떤 커피여도 상관없다. 즉 잠을 깨우는 기능만 있다면, 커피 대신 각성제나 담배 또는 마약을 택할 수도 있을 것이다. 이렇듯 언제든 대체 가능한 것은 극소량의 의미와 가치밖에 갖지 않는다. 또한 이렇게 인간 주위의 모든 사물이 대체 가능한 것이 되면, 그런 상황은 그것들을 이용하는 인간마저도 대체 가능한 존재로 만든다. 어느덧 사물도 사람도 의미를 잃게 되는 것이다. 커피가 잠을 깨우는 기능만을 가지는 것이 아니라 새로 시작된 아침에 감사하며 하루를 준비하고 타인과 함께 여유를 즐기는 것이라면, 그래서 커피 마시기가 분별력이 요구되는 일종의 빛나는 의례─다도茶道가 그렇듯이─와 같은 것이 된다면, 커피 마시는 모든 단계와 절차는 중요한 의미를 갖기 시작한다.

커피가 인체에 미치는 영향에 대한 과학적 설명은 커피와 커피 마시는 행위를 얼마만큼이나 설명해줄 수 있을까? 어느 과학자가 특정 기분을 만들어내는 커피의 효능을 해명했다고 치자. 그렇다면 커피에 함유된 특정 화학물질─예컨대 카페인─을 투여하는 것으로 커피마시기를 대신할 수 있을 것이다. 이 경우에도 커피와 커피 마시는 제반 행위들은 사라지고 카페인만 남는다. 같은 방식으로 과학적 설명에만 의존한다면, 바흐의 칸타타는 사라지고 주파수만 남으며, 고흐의 자화상은 사라지고 화소만 남는다. 결국 인간마저 사라지고 신경 뉴런간의 화학물질이나 유전자 배열의 메커니즘이라 밝혀진 과학 법칙만이 남게 된다.

근대 이후의 허무주의는 이렇게 시작되었다. 신을 인간으로, 인간을 지식으로 대체하는 과정에서 무의미만을 양산한 셈이다. 신을 추방하면서 성스러움마저 쓸어버린 것이 근대인의 실수였다. 그러나 정확히 말해서 성스러움은 상실할 수 있는 것이 아니다. 세속화 시대에도 성스러운 자리는 남아있다. 우리가 아직 자각하지 못했을 뿐이다. 허무의 늪은 깊어만 가지만, 아직 탈출할 희망은 남아있다. 성스러움의 흔적은 형체를 알아보기 힘들 정도로 변형된 상태지만, 여전히 이곳에 존재하기 때문이다. 그렇다면 허무주의를 극복하는 방법은 성스러움을 다시 밝히는 길이라 말할 수 있을 것이다. 모든 것들이 의미로 빛나기 위해서는 성스러움을 다시금 불러와야 한다. 그렇다면 어떻게 성스러움을 다시 불러올 수 있을까?

5. 다신주의와 메타 포이에시스

성스러움을 불러오기 위해서 과거로 퇴행할 수는 없다. 전염병이 창궐하는데 지금 시대에 무당을 불러 굿판을 벌일 수는 없지 않는가? 구닥다리 신들, 즉 호메로스의 신들이나 단테의 신을 믿으라고 강요할 수도 없다. 신격화된 왕을 다시 옹립할 수 없고 독재자를 신격화해서도 안 된다. 계몽의 성과를 모조리 사장시켜서는 안 된다. 계몽주의자가 이전 전통을 전면적으로 부정했던 것과 같은 실수를 반복할 수는 없다.

그렇다면 도대체 어떻게 성스러움을 다시 불러 올 수 있다는 말인가? 이것이 우리 시대의 화두다. 이것은 단순히 신학적인 화두가 아니다. 허무주의의 늪에서 허우적대는 것이 아니라 올곧게 의미 있는 삶을 희구하는 사람이라면 누구나 성스러움을 불러올 방법을 찾아야 한다. 이 화두에 대해서 섣불리 답해서는 안 된다. 숱한 시행착오들을 점검하는 가운데 조금씩 답의 실마리를 찾아야 할 것이다. 이 문제를 진지하게 고민했던 드레이퍼스와 켈리가 제출한 답을 살펴보면서, 이 시대의 화두에 답해 보도록 하자.

저자들이 제출한 답은 다신주의polytheism라는 것이다. 다신주의라는 말에는 다시 두 가지 강조점이 있다. 첫째, '다多'-신주의라는 말에는 전체주의, 환원주의에 대한 경계의 의미가 담겨 있다. 서양 전통철학과 유대-기독교적 전통은 일신주의monotheism 편향을 가지고 있었다. 그런데 일신주의는 의미의 다양성을 하나로 축소시킬 위험에 노출되어 있다. 예컨대 호메로스의 『오디세이아』에서 헬레네는 남편과 자식을 버리고 젊은 남자랑 도망간 행위를 자랑스럽게 말하는 장면이 등장하는데, 도덕의 관점 내지 가정을 수호하는 헤라 여신의 관점에서 보면 지탄받을 일이지만 미의 관점에서 보면 이해 가능한 행위로 정당화된다. 이것은 헤라 여신만 있는 것이 아니라 아프로디테 여신도 있기 때문에 가능한 일이다. 이 점에서 다신주의는 서로 충돌하고 경쟁하는 복수적인 믿음체계를 인정하고, 각각을 충분히 고려하는 가운데 사태에 유연하게 대처하는 것이 현명한 일임을 함축한다. 그렇다면 다신주의는 일단 성스러운 신의 자리에 지금껏 앉아있었던 것들과 앞으로 앉게 될 모든 신들을 허용한다는 말이다.

둘째, 다-'신神'주의라는 말에는 신을 인정할 수밖에 없다는 의미를 함축하고 있다. 여기에서 신은 앎으로 해소되지 않는 믿음 체계를 뜻한다. 동시에 인간이 주도할 수 없는 타자적 영역이 존재함을 의미한다. 어떤 사람이 행위를 하고 목적한 바를 이루는 과정에는 행위주체가 통제할 수 없는 영역이 숨어있다. 예컨대 가요 경연에 출전한 사람은 결과가 어떻게 나올지 완벽히 예상할 수 없으며, 또 노래를 목적의식적으로 부르기보다는 망아忘我의 몰입상태로 부르는 편이 더 나을 수 있다. 위험에 빠진 사람을 구해낸 영웅들이나 창작 활동을 하는 예술가, 현란하고 초인적인 기술을 선보이는 운동선수들은 모두 자신이 어떤 의도나 목적으로 행했는지를 정확히 모른다. 그들은 전승된 문화, 오랜 시간 동안의 연습, 또 미지의 힘에 이끌려 즉각적으로 행한다. 행위 주체의 관점에서 볼 때, 그것은 무엇이든 주체의 통제 바깥에서 벌어진 일이다. 우리의 행위와 사건에는 이처럼 타자적인 계기가 언제나 동반한다. 이 모든 것을 아울렀던 말이 '신'이다. 그리고 이런 신에 대한 믿음 속에서 경이와 감사의 마음도 생겨날 수 있다. 그런 마음에서만 의미도 증폭될 수 있다.

다신주의라는 말의 두 의미는 모두 인간 중심주의, 주체 중심주의를 경계하고 있다. 그러면서 다신주의는 타자성을 소중히 살리려고 한다. 의미는 인간 혼자만으로 형성되지 않는다. 또한 의미는 한 개별 주체의 힘만으로 형성되지 않는다. 신으로 표현되는 인간 이외의 타자 내지 자연과 함께 다수의 주체가 어우러지는 과정에서 의미는 발생한다. 다신주의에서 공동체가, 그리고 공동체 구성원들이 공유하는 문화가 중요한 까닭이 여기에 있다. 이 속에서 작지만 의미 있는 목소리들이 커다란 파문을 이루며 확성된다. 과거 아이스킬로스의 비극이 공동체 구성원들 사이에서 상연되어 빛을 발하듯이, 현대에는 '붉은악마'의 응원과 촛불 집회가 빛을 발한다. 그 속에서 개개 구성원들은 자신이 누구이고 무엇을 어떻게 해야 할지 분명하게 이해할 수 있다. 하지만 이런 다신주의에도 여전히 위험이 도사리고 있다. 공동체 중심주의가 열광주의로, 종국에는 파시즘 비슷한 것으로 빗나갈 위험이 있기 때문이다. 여전히 그것도 일종의 '중심주의'에서 벗어나지 못한 셈이다. 그래서 저자들은 다신주의에 대한 논의에서 메타 포이에시스에 대한 논의로 넘어간다.

저자들은 의미를 밝히는 성스러움이 세 차원에서 일어난다고 본다. 그들은 그것을 퓌시스*physis*, 포이에시스*poiesis*, 메타 포이에시스*meta-poiesis*라고 말한다. 역사상 지금까지 앞의 두 가지 차원이 일어났고, 이제 마지막 메타 포이에시스 차원이 열려야 한다고 보고 있다. 저자들이 보기에, 테크놀로지는 포이에시스의 일종이지만 성스러움을 파괴한다. 그러나 어쨌든 테크놀로지도 포이에시스이다. 또한 어느 누구도 전적으로 테크놀로지를 부정할 수 없다면, 테크놀로지가 성스러움을 드러낼 수 있는 가능성은 남겨두어야 할 것이다. 그 가능성이 무엇인지는 저자들도 언급하고 있지 않다. 여하간 퓌시스, 포이에시스, 테크놀로지, 메타 포이에시스에 관해서 간략히 정리해 보기로 하자.

첫째, 퓌시스는 그리스어로 '자연'을 뜻하는 말이다. 번역을 해서 그렇지, 우리가 통상 알고 있는 자연自然 개념과는 조금 다르다. 퓌시스의 근원적인 의미는 생성과 소멸, 드러남과 사라짐의 강렬한 교차에 있다. 밤하늘에 순식간에 반짝였다 사라지는 별똥별이나 봄에 신기하게 움텄다가 늦가을 어느 날 갑자기 시드는 풀잎처럼, 퓌시스는 빛과 어둠의 강렬한 대조 속에서 사유되어야 할 개념이다. 스피노자가 신이 곧 자연이고 자연이 곧 신이라고 생각했던 것처럼, 그리스적 자연은 신적인 것이다. 나타났다 사라지고 이내 또 다른 모습으로 나타나는 것은 신들이 세상이라는 연극 무대에 번갈아 등장했다가 퇴장하는 모습으로 상상할 수 있다. 그래서 위에서 말한 다신주의는 일차적으로 퓌시스의 다양한 모습임이 판명된다. 이 퓌시스의 차원이 성스러움의 근간이다. 허무주의를 극복하기 위해서는 먼저 이것을 살려야 한다. 하지만 퓌시스만으로는 안 된다. 왜냐하면 퓌시스를 참칭하는 인간 중심주의가 존재할 수 있고, 퓌시스만으로는 세상에 의미가 충만해지기 어렵기 때문이다.

둘째, 포이에시스는 그리스어로 '창작'을 뜻하는 말이다. 플라톤에 따르면, 그것은 없던 것을 있게 만드는 기술을 뜻한다. 일반적으로 그것은 인간의 제작술을 뜻하는 말로 사용된다. 그런데 저자들은 하이데거에게서 영감을 받아 포이에시스를 퓌시스에 가깝게 해석한다. 즉 퓌시스가 감춰진 모습을 드러내는 힘이듯이, 포이에시스는 이전까지 감춰진 것을 인간의 손으로 현상하도록 만드는 기술이다. 퓌시스의 위용을 더욱 잘 드러내는 인간의 능력이 포이에시스인 것이다. 이런 점에서 창작은 기독교적 신과 연관된 '무로부터의 창조'가 아니라, 퓌시스의 바탕 위에서 퓌시스를 더 잘 드러내는 창작이라 말할 수 있다. 가령 운동선수처럼 인간에게 감추어진 몸의 재능을 극대화한다거나, 예술가처럼 작품을 통해 이전에는 볼 수 없던 것을 보여준다거나, 아니면 장인처럼 재료가 지닌 특성을 최대한 드러내는 기술이 포이에시스다. 이런 창작적 활동을 통해서 인간은 자연을 잘 이해하고, 그것의 의미를 더 풍요롭게 드러낸다.

셋째, 테크놀로지는 원래 포이에시스와 밀접한 관계에 있던 개념이다. 그 말의 어원인 '테크네*techne*'는 포이에시스와 거의 같은 뜻을 지니고 있었다. 둘 모두 퓌시스를 드러내는 인간의 활동을 뜻한다는 점에서 일치한다. 하지만 근대 이후 테크놀로지 개념은 변화한다. 이제 '자연의 결'에 '따라' 창작하는 포이에시스와는 달리, 테크놀로지는 인간을 중심으로 자연을 통제하고 지배하는 기술로 탈바꿈한다. 테크놀로지 시대로 진입하면서 포이에시스적인 목수가 대패질하면서 살폈던 나뭇결과 옹이, 그 지역 나무들의 특성, 나무를 키운 토양과 기후 등등에 관한 앎은 사라져가고 있다. 거침없이 자를 수 있는 전기톱을 가진 사람에게 이전의 목수가 가졌던 앎 따위는 더 이상 익힐 필요가 없다. 더 좋은 녹차를 만들기 위해서 다양한 맛으로 구별되던 물은 사라지고 물을 구성하는 화학물질만 남게 된다. 근대 이후 테크놀로지는 퓌시스의 극히 작은 일면만을 극대화했다. 왜 그랬을까? 인간을 위해서였다. 그러나 곧 인간을 위한 것도 아님이 밝혀진다. 왜냐하면 인간마저 복잡한 수식과 법칙, 유전자 지도로 분석되어 결국 사라지기 때문이다. 그리하여 과학기술에 매혹된 과학맹신주의자들은 또 다른 차원의 일신주의자이며 종국에는 허무주의자가 되지 않을 수 없다. 결국 테크놀로지는 인간의 편의를 위해 퓌시스의 일면만을 배타적이고 강압적으로 드러냄으로써 도리어 퓌시스를 철저히 은폐하는 결과를 초래했다.

마지막으로 드레이퍼스와 켈리는 메타 포이에시스를 제안한다. 메타 포이에시스란 포이에시스처럼 퓌시스를 최선의 상태로 드러내면서도 동시에 여전히 남아있는 인간 중심주의의 흔적을 경계하는 태도를 뜻한다. 다시 말해서 메타 포이에시스는 앞서 언급한 퓌시스, 포이에시스, 테크놀로지 가운데 어느 하나에 얽매이는 것이 아니라 그들 사이에서 절묘한 균형을 잡는 기술이고, 다른 것으로 부단히 옮겨^{meta} 다닐 수 있는 기술을 뜻한다. 그것은 예컨대 군중과 하나가 되어 일체감을 형성했다가도 어느 순간 냉철하게 빠져나올 수 있는 능력이자, 군계일학의 한 인물에 열광했다가도 파시스트와 훌륭한 정치가를 분별할 수 있는 안목이다. 스마트폰과 GPS를 애용하다가도 때로는 그것들을 과감하게 끄고 서 손으로 편지를 쓰고 창밖의 경치를 주의 깊게 살피는 지혜다. 이런 지혜를 가져야만 이 시대에 다신주의를 제대로 관철할 수 있 다. 그래야만 허무의 암흑이 걷히고, 모든 것들이 빛날 수 있다. 오 직 그럴 때에만, 미래의 아이들에게 "사는 게 뭐 별거 있어?"라는 냉소어린 말을 더 이상 넘겨주지 않을 수 있다.

§

옮긴이가 휴버트 드레이퍼스^{Hubert Dreyfus}라는 철학자를 처음 알게 된 것은 대학원 과정에서였다. 은사이신 이승종 선생님을 통해서였다. 선생님은 이미 그 무렵에도 하이데거 철학에 각별한 관심을 갖고 유럽 철학과 영미 철학의 교차점을 찾는 작업을 하 셨다. 그 결실이 바로 10여 년 전 출간된『크로스오버 하이데거』 (생각의 나무, 2010)라는 빼어난 책이다. 당시 영미 철학에 문외한 이었던 나는 미국 학자 드레이퍼스의 하이데거 해석이 성에 차지 않았다. 지금 남아있는 기억의 부스러기들을 대충 조립해 보면, 드레이퍼스가 지엽적인 문제에 매달려서 하이데거 철학의 주요 문제를 종합적으로 깊이 있게 다루지 않는다고 판단했던 것 같 다. 그래서 선생님의 추천에도 불구하고 이후 드레이퍼스 글은 제 대로 읽지 않았다.

그러고서 세월이 훌쩍 흐른 뒤, 출판사 '사월의책'의 대표인 안희곤 선배가 하이데거 철학에 바탕을 둔 좋은 책이 나왔다며 드레이퍼스와 켈리의 신간 『*All Things Shining*』(2011)의 번역을 권했다. 하지만 촘촘히 짜인 강의와 연구 일정 탓에 처음에는 부득불 사양할 수밖에 없었다. 그러다 오래전 이승종 선생님의 소개가 떠올랐고, 이제는 거장이 된 드레이퍼스의 글을 새삼 읽고 싶은 충동이 일었다. 그래서 일단 책을 본 다음 번역을 결정하겠다고 답했는데, 책을 읽자마자 급속히 빠져들었고 주저 없이 번역하기로 마음먹었다. 옮긴이는 이 책의 모든 장에서 영감을 얻었지만, 특히 6장 멜빌의 『모비 딕』 분석은 가히 압권이었다. 드레이퍼스의 원숙하고 통찰력 있는 직관에 감탄을 연발하지 않을 수 없었다(아마 젊은 학자 켈리의 재기발랄함이 더해져서 그의 통찰이 더욱 빛을 발했을 것이다). 짜릿한 지적 전율에 감전되어서 나는 금쪽같은 여름 방학 내내 번역 이외에는 아무 일도 하지 못했다. 비유컨대 저자들이 책 속에 거미줄처럼 촘촘하게 쳐 놓은 유혹의 덫에 사로잡혀 불가항력으로 번역을 한 셈이다.

여하간 이번 번역에 공功이 있다면, 그것은 누구보다 이승종 선생님과 안희곤 대표에게 돌아가야 할 것 같다. 두 선배님의 탁월한 안목에 감사드린다. 감사의 마음을 표하는 이 대목에서 당연히 책의 저자인 드레이퍼스와 켈리 교수를 빠트릴 수 없다. 아름다운 책으로 옮긴이를 유혹하여 번역이란 무거운 짐을 지게는 했지만, 독서의 즐거움과 배움을 선사한 그분들에게 고마움을 표한다. 그리고 고대 그리스와 라틴 문화에 대한 이해 부족을 실감할 때마다 귀찮게 찾아다니며 자문을 구했던 연세대 철학과의 조대호 선생님과 정현석 박사님께 진심으로 감사의 마음을 전한다. 또한 이 책을 수업 교재로 삼아 열띤 토론을 벌였던 중앙대와 연세대 학생들에게도 감사의 말을 남기고 싶다.

그런데 사실, 이 번역서 출간의 숨은 공신은 따로 있다. 2011년 초여름에 태어난 딸 지은이다. 세상에 막 나온 딸에게 이 번역서는 아빠가 당장 해줄 수 있는 전부였다. 먼 훗날 성장한 딸이 세상에 부딪혀 상처받을 때, 이 책을 읽고 지혜와 용기를 얻었으면 하는 바람이었다.

§

그렇게 하여 책이 나온 지 10년째인 올해 봄, 출판사의 안희곤 대표로부터 전화가 왔다. 이 책 『모든 것은 빛난다』의 개정판을 출간하고 싶다는 취지의 전화였다. 이전보다 훨씬 더 멋진 책으로 출간하고 싶단다. 나는 속으로 "출판사 사정이 어렵다고 그리도 노심초사하더니, 또 괜한 사고를 치시는군!" 하며 중얼거렸다. 이 책이 정말 좋은 책인 것만은 분명하지만, 그것과 책 판매와는 무관하다는 사실을 익히 알고 있기에 나온 염려였다.

그러고 보니 처음 한국어 번역본이 출간된 지 꽤 긴 시간이 지났다. 그 사이 저자 중 한 명인 드레이퍼스 교수는 2017년에 운명하셨다. 늦게나마 이 자리를 빌어 고인의 명복을 빈다. 그 사이 개인적인 사정도 많이 달라졌다. 둘째 아들 진솔이가 태어나 벌써 초등학교 2학년이 되었고, 이 책을 번역하게끔 했던 딸 지은이는 사춘기 소녀가 되었다. 또 울산대학교에서 일자리를 얻어 우리 가족은 지금 태화강 근처에서 살고 있다.

이렇듯 많은 변화가 있었지만, 책은 그대로다. 몇몇 표현과 오탈자를 교정하고 디자인을 더 '폼 나게' 바꾸어도 책 내용은 그대로다. 정신없이 초 단위로 변하는 세상에서 대체 책이라는 걸 읽을 필요가 있을까? 볼거리들이 넘쳐나는 세상에서 출간된 지 10년이나 지난 책을 다시 찍어낼 이유가 있을까? 경제 논리만 뺀다면, 나는 '있다'고 답할 것이다. 이유에 대해서는 두 가지 형식으로 답할 수 있다. 간결한 형식으로, 그리고 반문의 형식으로.

먼저 짧게 답하면, 이 책은 고전이니까. 시간의 오랜 풍화 작용에도 살아남는 게 고전이고, 이 책은 서양 문화를 한 눈에 조감할 수 있게 해 주는 이 분야 최고의 고전이 분명하니까.

다음으로 반문의 형식으로 답하면 이렇다. 현대를 살아가는 우리 중 과연 짙은 허무를 느끼지 않는 사람이 있을까? 번번이 자신을 속이는 삶 때문에 방황하고 시대 변화에 허둥대면서, 생의 좌표를 그리며 방향을 잡고 싶은 욕망을 단 한 번도 가져 본 적이 없는 사람이 과연 있을까? 아무리 따져보아도 10년 전보다 허무주의가 심화되면 심화되었지 결코 완화되지는 않았다. 그렇다면 허무주의의 원인과 해법을 담고 있는 이 책의 시의성은 더 커졌다고 말할 수 있을 것이다.

소신 있는 출판사 대표도 아마 믿는 구석이 전혀 없지 않기에 이 책의 재출간을 결정했을 것이다. 짐작건대 그간 많은 독자들이 이 책을 사랑해주었던 점이 그 믿는 구석일 것이다. 책의 옮긴이로서 그 동안 큰 관심을 가져주신 독자들과 앞으로 이 책을 읽게 될 미래의 독자들에게 깊은 감사를 드린다.

2023년 매미 소리만큼 치열한 여름날

옮긴이 김동규